Paul Helfritzsch
Als Andere unter Anderen

Für Thomas !

Danke für das wiederholte In-
Fragestellen der Thesen d.
„post modernen" Aus würdse
& danke für die netten
„Vor"- Abende im den Sommen
auf den Stufen der Johannes-straße.

31.05.2020 Paul

Edition Moderne Postmoderne

Für uns Andere

Für eine andere Gesellschaft

Paul Helfritzsch, geb. 1994, lehrt Philosophie mit methodischem Schwerpunkt in Phänomenologie und Poststrukturalistischer Theorie an der Friedrich-Schiller-Universität Jena. Er forscht in den Bereichen Sozialphilosophie und radikale Demokratietheorie sowie zum performativen Verhältnis von Versammlungen und Politik.

Paul Helfritzsch

Als Andere unter Anderen

Darstellungen des Füreinander als Weg zur Solidarität

[transcript]

Zugl.: Dissertation, Friedrich-Schiller-Universität Jena, 2020.

Bibliografische Information der Deutschen Nationalbibliothek
Die Deutsche Nationalbibliothek verzeichnet diese Publikation in der Deutschen Nationalbibliografie; detaillierte bibliografische Daten sind im Internet über http://dnb.d-nb.de abrufbar.

Erschienen 2020 im transcript Verlag, Bielefeld

© **Paul Helfritzsch**

Umschlaggestaltung: Maria Arndt, Bielefeld
Lektorat: Dr. Matthias Warkus
Druck: Majuskel Medienproduktion GmbH, Wetzlar
Print-ISBN 978-3-8376-5245-1
PDF-ISBN 978-3-8394-5245-5
https://doi.org/10.14361/9783839452455

Gedruckt auf alterungsbeständigem Papier mit chlorfrei gebleichtem Zellstoff.
Besuchen Sie uns im Internet: *https://www.transcript-verlag.de*
Unsere aktuelle Vorschau finden Sie unter *www.transcript-verlag.de/vorschau-download*

Inhalt

Danke!

An alle, die es ausgehalten haben, in den letzten zweieinhalb Jahren mit mir an einem Tisch zu sitzen, mit mir spazieren zu gehen oder mit mir zusammen zu wohnen (ganz viel Dank gebührt dir, Johannes), während ich immer wieder mal kurz oder länger am Stück über den Inhalt des folgenden Buches gesprochen habe ... Es war sicher nicht immer einfach. Aber diese Gespräche waren und sind mir immer mehr Anregung gewesen als das bloße Lesen, Verarbeiten und Aushandeln eines Textes allein mit mir selbst. Im einsamen Diskurs mit mir selbst komme ich auch auf Ideen, aber sinnvoll werden sie erst im Austausch mit Anderen, ohne die sie manchmal sehr komische Auswüchse annehmen. Deshalb möchte ich also allen danken, die in den letzten Jahren zum Austausch mit mir bereit waren. Besonders möchte ich mich bei den Teilnehmer*innen des Forschungskolloquiums für Bildtheorie und Phänomenologie der FSU Jena unter der Leitung von Prof. Lambert Wiesing bedanken.

Spezieller Dank gebührt auch meiner Familie, da sie mich sowohl finanziell wie auch persönlich bei dieser Arbeit unterstützt hat, obwohl wir nicht immer und auch sicher nicht in allen Punkten die Meinung der jeweils Anderen teilen. Danke, ohne euch und das Privileg relativer finanzieller Unabhängigkeit wäre das Arbeiten in dieser Form nicht möglich gewesen. Danke auch den Sekretärinnen am Institut für Philosophie der FSU Jena Frau Örtel, Frau Dorn und Frau Huber, die mir mit Ihrem Wissen um die Strukturen der Universität immer wieder freundlich halfen und ohne die ich wohl manchmal in die Untiefen der Bürokratie geraten wäre. Ein weiterer Dank geht an meine Kolleg*innen im Quirinus die mich, wenn es nötig war mit Bier, Sekt oder Rotweinschorle versorgten, und mit denen zusammen zu arbeiten, während ich zusätzlich noch an der Dissertation saß, immer wieder ein Erlebnis war. Ich danke euch ganzherzlich für die schöne Zeit! Bis bald. Ein Dank auch den unendlich freundlichen und geduldigen Mitarbeitern der Bücherstube Jena, die mit mir einige sehr lange Buchbestellungen herausgesucht haben. Bei ihnen Bücher zu bestellen macht aus dem reinen Konsum ein Ritual, bei dem die Gedanken der Autor*innen den Leser*innen anvertraut werden. Mein aller herzlichster Dank geht an Jörg, Johannes, Wiebke (für die Fluchten nach Bremen und die tollen Gespräche), Sophie, Jens, Toni, Thomas, Micha, Michi, Mariana und Cindy (mit euch beiden Skat zu spielen, war und ist mir ein Vergnügen). Ohne eure Freundschaft, die Aufmunterungen, die vielen Diskussionen und die langen gemeinsamen Abende hätte mir wohl manchmal die Pause und damit die Energie gefehlt, weiter zu schreiben. Ich danke auch ganz herzlich Prof. Andreas Schmidt, der meine Dissertation mit guten und immer hilfreichen Ratschlägen betreut hat, obwohl sie nicht zu seinem Fachbereich gepasst hat und der mir mit Lehraufträgen die Möglichkeit geboten hat, auch ohne Stelle Erfahrungen in der Lehre zu machen und das immer zu Themen, die ich selbst auswählen durfte. Danke dafür und für die wirklich großartige Betreuung und ihre Zeit. Außerdem danke ich allen für ihre Zeit, die meine Arbeit gegengelesen haben, für ihre Anmerkungen, vor allem, wenn meine Sprache sich mal wieder selbst hermetisch abgedichtet hatte und unverständlich geworden ist, ohne euren Blick und eure Genauigkeit beim Nachfragen, wäre diese Arbeit eine andere. Und unter diesen danke ich besonders Dr. Matthias Warkus für das großartige Lektorat und Anke Poppen für die sehr freundliche und ausgezeichnete Zusammenarbeit an der Veröffentlichung.

Lisa Gleis (dir einen besonderen Dank für die vielen Gespräche, Anregungen und die umfassende Unterstützung in den letzten Monaten) und Dr. Peggy Breitenstein danke ich für Diskussionen, die meinen Horizont für Kritische Theorie und die Theorie von Karl Marx erweitert haben, auch wenn diese Überlegungen – wenn sie zu finden sein sollten – nur implizit einen Weg in die Arbeit genommen haben. Zuletzt möchte ich noch meinem Erstgutachter PD Dr. Jens Bonnemann ganz, ganz, ganz herzlich für eine rundum kollegiale, verständnisvolle und wirklich unübertreffbare Betreuung danken: Danke Jens, ich sehe noch vielen tollen Diskussionen und gemeinsamen freundschaftlichen Abenden entgegen – ohne Dich wäre diese Arbeit und ihr Ausgang von existenzphilosophischen Überlegungen niemals entstanden! Danke, danke, danke. Es gäbe noch so vielen mehr zu danken, die beim Entstehen dieser Arbeit eine unverzichtbare Rolle gespielt haben: Ich hoffe ihr fühlt euch auch ohne explizite Nennung angesprochen. Nochmal an alle: Merci!

Jena, den 04.02.2020

durchnelken

beim Schnipseln an einem Foto
als ich wegschnitt was mir nicht gefiel an mir
als die Zunge mir sprang und zersprang
weil ich zu viel verraten hatte von mir
kühner und leichter durch feuchten
Flieder der Fingerzeig leuchtet
als Weiszes unter der wilden Echse
ein Azaleenmund so hingepinselt
am Schmerzort als die Tränen mir flossen
am Morgen ohne dasz jemand mir Leides getan
doch dann pulsierten
Flüsse in Kristall und Hunde rodeten
das Springkraut während
von so viel Wirklichkeit verhext
der Gewitterbach vorübersprengte und
der leuchtende Feuerschein in den Wolken
knisterte[1]

1   Friederike Mayröcker: »durchnelken«, in Marcel Beyer (Hg.): Friederike Mayröcker Gesammelte Gedichte 1939 – 2003, Frankfurt a. M.: Suhrkamp, 2004, S. 516.

Zur Eröffnung: Das Spiegelkabinett der Anderen

Egal, was man betrachtet, berührt, worüber man nachdenkt, was man sich imaginiert, was man gerade tut und wie man sich dabei fühlt, immer befindet man sich dabei in einer Situation. Man befindet sich im Kontext von Gegenständen und Anderen; in einer Kulisse ihrer Gedanken, Gefühle, Wahrnehmungen, Imaginationen, ihrer Verhaltensweisen und der Erzeugnisse ihrer Handlungen. Davon ausgehend entstand dieses Projekt zunächst aus der Überlegung, eine erkenntnistheoretische Betrachtung des Situationsbegriffs bzw. der Situiertheit *des* Menschen als notwendigen Baustein für eine phänomenologische Beschreibung herauszustellen. Damit sollte ein Bezugspunkt in die Beschreibung mit aufgenommen werden, um der Kontingenz, die alle Bereiche des Lebens durchzieht – denn wir sind zwar immer in einer Situation, aber die Art und Weise, wie sie ist, ist nicht notwendig – Rechnung zu tragen. Das ist ein Vorzug der phänomenologischen Methode; zu beschreiben, *wie man etwas erlebt*, erlaubt es, die Kontingenz in ihren Formen darzustellen, nicht nur zu sagen, dass es Kontingentes gibt. Dieses Vorhaben wandelte sich in den ersten Monaten nach der Lektüre von Judith Butlers Texten *Körper von Gewicht* und *Anmerkungen zu einer performativen Theorie der Versammlung* und dem Text Gilles Deleuze' zu Michel Tourniers *Freitag oder Im Schoß des Pazifiks*: Es ist zwar sinnvoll, zu versuchen, die erlebte Situation als Grundlage für eine phänomenologische Beschreibung zu wählen, aber von einer bloß subjektiven und vereinzelten Person als Strukturgeber*in darin auszugehen – wie es der Phänomenologie oft vorgeworfen wird –, führt zu einer verengten Beschreibung dessen, wie sich *unsere* Wirklichkeit darstellt. Deshalb rückte die Situation selbst aus der vorrangigen Betrachtung heraus. Sie wurde ersetzt durch die Beschreibung der Beziehungen der Menschen zueinander in der Welt: Das Erleben in Beziehung zu Anderen, die Art und Weise, wie es sich darstellt und welche Strukturen es präsentiert, stellt nun den Ausgangspunkt dieser Arbeit dar. In den bisher verfassten Zeilen zeichnet sich demnach schon die Veränderung ab: Ich schrieb, die Phänomenologie beschreibe, wie *man* etwas erlebt. Diese Formel ist der Unterschied zur Subjektphänomenologie, in der beschrieben wird, wie »ich« etwas erlebe. Eine These, die im Verlauf dieses Buches (besonders im ersten Teil *Der Vorzug des Erlebens*) ausgeführt werden wird, ist, dass schon dieses Subjekt nicht ohne Beziehung zu Anderen, nicht ohne Verbindung zu sozialen Strukturen gedacht werden kann, dass es ihnen nicht vorausgeht. Die Konzeption der Arbeit transformierte sich also von einer erkenntnistheoretischen Bestimmung des Wesens der Situation hin zu einer Strukturbeschreibung des Erlebens und der Eigenheiten des Miteinanders (auf welche Art und Weise man dadurch sowohl sozial in Beziehung zum Erlebten steht, als auch wie sich dieses Erleben selbst verkörpert). Das erkenntnistheoretische Interesse, mit dem ich angefangen hatte zu recherchieren, ist einem sozialphilosophischen gewichen. Nicht aus reiner Willkür, sondern aus dem bewussten Entschluss heraus, dass eine Betrachtung des Sozialen – also eine Beschreibung der Bedeutung der Anderen füreinander – einen sinnvolleren Beitrag zur Beschreibung der Wirklichkeit leisten kann.[1]

Geht es also darum, die Situation zu beschreiben, dann beschreibt man kein abstraktes Konzept, sondern eine konkrete Situation, die sich immer als *soziale Situation* darstellt, also als ein Miteinander von Anderen unter Anderen. In diesen sozialen Situationen, so die Vermutung, der ich hier nachgehen werde, können wir uns gegenseitig genau in dem Maße gegenseitig verstehen, wie wir uns missverstehen können, weil wir uns jeweils (selbst) als Andere erleben. So gibt es für die soziale Situation also nicht eine eindeutige Bestimmung durch den Standpunkt eines weltlosen bzw. idealistischen Subjektes, sondern es ist gerade die Pluralität der Menschen, die untereinander in Beziehung stehen, die zu jener Betonung des Sozialen führt. Diese Beziehungen können direkt (Face-to-Face-Interaktion), indirekt (gemeinsames Erleben), unmittelbar (man fühlt wie es jemandem geht) oder vermittelt (Gespräche) sein. Alle Formen bedingen die Wirklichkeit und lassen sich nicht gänzlich voneinander unterscheiden, da sie im Erleben zumeist miteinander verworren auftreten: Schaut man sich um, hört man sich um, tastet man umher, stellt man sich etwas vor, versucht man etwas zu tun, an etwas zu denken: Immer liegt in dem, worauf wir gerichtet sind eine Beziehung zu Anderen. Ich richte also zum Ausgang eine Frage an Sie, die Lesenden: Erleben Sie irgendetwas, das nicht eine Verbindung zu Anderen oder einen Verweis auf Andere bedeutet? Ich werde dafür argumentieren, dass alles für uns in Bezug zu Anderen steht und dass die-

---

1   Vgl.: Burkhard Liebsch: *Einleitung*, in ders. (Hg.): *Sozialphilosophie*, Freiburg/München Alber, 1999, S. 45. Liebsch diskutiert in dieser Einleitung die Möglichkeit, dass die Sozialphilosophie zur Ersten Philosophie aufgerückt sein könnte, ohne dieser These eine eindeutige Antwort zu geben. Wenn dem so sein sollte, konstatiert er, dann wegen der Erfahrung der Gewalt. Ich werde hier versuchen, die Bedeutung des Sozialen nicht ausschließlich an den Aspekt der Gewalt zu knüpfen, sondern gerade daran, dass das Erleben selbst ohne Andere nichts wäre, man füreinander immer Widerfahrnis und Zumutung ist. Dabei ist zu beachten, dass einem nicht nur negatives widerfährt und man Anderen nicht nur Negatives zumutet.

ser Bezug deshalb notwendig vieldeutig ist, sich der Bezug aber immer auch als solcher darstellen muss.[2]

Die Vieldeutigkeit bestimmt somit alle unsere Interaktionen mit Anderen zu einer generellen Offenheit. Diese Offenheit ist es, die die Richtung der Arbeit von einem vorrangig erkenntnistheoretischen Interesse zu einem sozialphilosophischen hin verrückt hat. Im Rahmen dieser Verrückung ist es auch nicht mehr eine Frage des Wissens, die hier betrachtet wird, sondern die Frage nach dem Verstehen von Anderen aus den sozialen Situationen heraus. Es ist vielmehr der Gang einer Bewusstwerdung hin zu und zurück zu Anderen. Diese Einsicht hat also nicht zur Verwerfung des Projektes geführt, sondern zur Formulierung folgender, radikal anmutender Hauptthese: *Unsere Wirklichkeit ist es, uns als Andere unter Anderen darstellen zu müssen.* Das heißt: Wir erleben die Welt, darin die Gegenstände und die Anderen, immer schon durch und in soziale Situationen, wodurch wir die Strukturen, die in diesen Situationen wirken, miteinander dadurch teilen, dass wir sie darstellen. Dies kann man als die Zumutung des Sozialen verstehen: *Die Anderen sind die formgebende Bedingung unserer Wirklichkeit.* D.h., die Anderen und unsere Verbindung zu ihnen bestimmen die Form des jeweiligen Umgangs miteinander und in der Welt. Warum diese These über eine triviale Einsicht in das Miteinander hinausgeht, wird am Ende dieser Vorbemerkung im Hinblick auf den Begriff der Darstellung ausgeführt werden.

Je mehr ich also darüber nachgedacht habe, in welchem Umfang der Begriff der Situation innerhalb dieser Arbeit betrachtet werden kann und soll, umso mehr wurde aus dem Erkenntnisinteresse ein Fokus auf die sozialen Gegebenheiten und Bedingungen, die unsere Wirklichkeit untereinander darstellen. Alle bewussten Fähigkeiten der Menschen, das Denken, das Fühlen, das Handeln, das Imaginieren und das Wahrnehmen bilden ein Prisma im Erleben der sozialen Situation, das alle eigenen (zumeist als innerlich angenommenen) Bereiche als mit anderen Menschen verbundene Bereiche bestimmt, die die sozialen Situationen durch die grundlegenden Verbindungen mit Anderen beschreibbar machen. Und was durch alle diese Brechungen im Erleben immer deutlicher wurde, ist eben, dass die Situationen, die wir als unsere Wirklichkeit erleben, egal, wie sie erlebt oder bewusst erfahren werden, nicht ohne Andere bestehen können. Deshalb ist diese Arbeit eine Hinführung zum Begriff der Situation in ihrer radikalsten Denkform: der *sozialen Situation*, einer Zumutung unter Anderen.

Ich spreche in dieser Arbeit deshalb auch nicht, wie es für die meisten Arbeiten über die Gesellschaft oder Interaktionen mit Anderen üblich ist, von *dem* anderen

---

2   Vgl. ebd. S. 9: Liebsch betont ganz zu Beginn seiner Einleitung einen eher biologischen Aspekt: »Nachkommen, die nicht in die Gemeinschaft derer, die bereits da sind, aufgenommen werden, haben kaum Überlebenschancen. [...] Selbst das physische Überleben hängt vom Aufgenommenwerden in eine ›soziale‹ Gemeinschaft ab.«

im Singular, sondern von *den* Anderen im Plural. Von *den* Anderen zu sprechen bzw. zu schreiben meint dabei, zum einen die Anderen selbst in ihrer Vielheit zu betonen und zum anderen die Anderen, die wir je selbst für uns und Andere sind, nicht aus dem Blick zu verlieren: Dies bedeutet über alle Rollen und Institutionen, die das Miteinander strukturieren, hinweg, die je eigene Position nicht zu übergehen, sie also als das zu betrachten und wissenschaftlich zu beschreiben, was sie ist: bloß eine Perspektive unter Anderen. Das meint es, als Andere unter Anderen zu sein; eine doppelte Zumutung, eine für Andere und eine durch Andere. Dabei wird das Wort »die Anderen« also fast durchgängig im Plural und großgeschrieben verwendet, womit der Unterschied aufgezeigt werden soll, den es schon alleine sprachlich macht, in einer Theorie von *den* Anderen auszugehen und nicht von *dem* Anderen, sei es eine Verallgemeinerung anderer Menschen, der große Andere als Sinnbild der Gesellschaft oder eine andere Reduktion der menschlichen Vielheiten. Zum Begriff der Anderen soll es also gehören, immer im Plural zu stehen. Und Plural meint dabei nicht eine Konstellation aus »Subjekt, Anderem und Drittem«[3], die suggeriert, dass die einzelnen Aspekte bei unterschiedlichen Subjekten zu finden wären, dass manche durch die Interaktion zu Anderen und manche zu Dritten würden, während mein Betrachtungsstandpunkt immer der des Subjekts bliebe, sondern zu schreiben, dass es um *die Anderen* im Plural geht, bedeutet nicht nur Andere als mögliche Dritte zu sehen, sondern sich selbst als Andere*n zu verstehen. Dadurch wird die Kategorie des Dritten in der Beschreibung der Pluralität der Anderen ein reflexives Ergebnis, das die erlebbare Pluralität auf die sozialen Rollen verengt, die zwar auch erlebt werden, aber nicht zuerst oder ausschließlich, sondern *auch*. So steht diese Arbeit einer Definition des Sozialen entgegen, die Thomas Bedorf in *Verkennende Anerkennung* gibt: »Daß sich auf der Ebene des Sozialen nicht Andere, sondern Dritte begegnen, bedeutet, daß die Ko-existenz des Sinns sich nicht so friedlich darbietet [...], sondern die Ebene des Dritten von normativen Konflikten durchzogen ist«.[4] Das Soziale wird damit jedoch auf seine Konflikte beschränkt, die zwischen unterschiedlichen Rollen und damit sozialen Bedürfnissen bestehen. Ohne in Frage stellen zu wollen, dass diese konflikthafte Seite besteht, zwängt aber gerade das alltägliche Erleben die Vermutung auf, nicht nur die Konflikte – aufgrund der Verschiedenheiten der Ansprüche – zu beschreiben, sondern eben auch die Ähnlichkeiten der Ansprüche zu betrachten, die Andere für Andere darstellen. Diesem zweiten Bereich Rechnung tragend, ist der des Sozialen *auch* der Bereich des Dritten, aber ebenfalls der der Anderen unter Anderen, die diese Rollen füllen. Bspw. können sich Konflikte zwischen Lehrpersonen und Student*innen ergeben, aber ebenso ähneln sich Ansprüche wie die angemessene

---

3   Thomas Bedorf: *Andere – Eine Einführung in die Sozialphilosophie*, Bielefeld: transcript 2011, S. 11.
4   Thomas Bedorf: *Verkennende Anerkennung – Über Identität und Politik*, Frankfurt a. M.: Suhrkamp 2010, S. 211.

Bezahlung von studentischen Hilfskräften und Dozent*innen und persönliche Interessen an einer sinnvollen Gestaltung der Lehre: So stehen sich nicht nur Dritte im Sozialen gegenüber, sondern Andere unter Anderen mit verschiedensten Rollen. Es gilt also durch die nachstehenden Beschreibungen explizit zu zeigen, auf welche Art und Weise die Anderen konstitutiv für unsere Wirklichkeit sind, um so die Frage nach Subjekt und Drittem implizit in der Beschreibung der Anderen als Andere umzuformulieren.

Überlegungen zur Metapher des Spiegelns Für diese begriffliche Überlegung über den Plural des Begriffs der Anderen wird in dieser Arbeit eine Metapher zur Veranschaulichung genutzt: Sie sind Spiegel. Nicht für ein im Zentrum der Spiegel stehendes einzelnes Subjekt, sondern alle für alle sind *wir* Spiegel. Dies bedeutet, dass gerade das Subjekt, was gerne als Zentrum aller Fähigkeiten betrachtet wird, in dieser Arbeit ebenfalls als Spiegel für wieder Andere beschrieben werden wird. Jede*r ist für jede*n Andere*n ein Spiegel, der die Darstellung auf die darstellende Person zurückwirft, weil die Darstellungen aufeinander antworten: Wir beschreiben, zeigen auf und stellen gegenseitig füreinander die Möglichkeiten und Wirklichkeiten der Anderen dar. Wir inszenieren etwas und werden von Anderen inszeniert. Im Anschluss an die hier vertretene These heißt das, dass unsere Wirklichkeit nur durch die Anderen in sozialen Situationen beschrieben und verstanden werden kann, dass wir uns in einem unentwirrbaren *Miteinander*, *Füreinander* und *Gegeneinander* befinden. Der Anfang des Beschreibens dieser Verknüpfungen kann nicht ohne eine willkürliche Setzung ausgemacht werden, da es jeweils plurale Verbindungen zu Anderen in die Vergangenheit, die Zukunft und in der Gegenwart gibt, die wir nicht abbrechen können. Hinter den Spiegelungen von Anderen ist nichts, was uns selbst darstellen kann, deshalb muss die Beschreibung an einem kontingenten Punkt beginnen. Kurz: Wir sind Andere unter Anderen und damit entweder für-, gegen- oder nebeneinander und immer miteinander; man kann das Soziale verschieden unterteilen und analysieren, aber man kann es nicht hintergehen. Dies ist der Grund dafür, diese Arbeit wie bisher geschehen einzuleiten: mit einer Reflexion über das eigene Projekt, nachdem es abgeschlossen wurde.

Ein offensichtlicher Einwand gegen diese Überlegungen der permanenten Verbindung zu Anderen könnte mit dem Fall des Robinson Crusoe oder anderer Robinsonaden – wie Deleuze Geschichten des Entzugs von Anderen nennt – vorgebracht werden.[5] Dabei vergäße man jedoch, dass diese Erzählungen niemals ahistorisch funktionieren, wenn sie auch nur einen Absprung in der Wirklichkeit nehmen. Was soll das nun heißen? Es bedeutet, dass selbst Crusoe in den Jahren auf der Insel nicht von den Auswirkungen »verschont« bleibt, die seine Sozialisation und

---

5   Vgl. Gilles Deleuze: *Die Logik des Sinns*, Frankfurt a.M.: Suhrkamp 1993, S. 383.

die gelebten Jahre mit Anderen verursachen. Außerdem löst sich Crusoes Lage genau in dem Moment auf, wo statt der Kokosnuss, die als imaginärer Ersatz für die Anderen dient, tatsächlich wieder ein Anderer, nämlich Freitag, in sein Leben tritt. Selbst in dieser Situation der – und es lohnt sich dies zu betonen – *gezwungenen* Isolation sind die Anderen als Abwesende Teil seiner Wirklichkeit und der Art und Weise, wie er sich verhält.

Die Frage, die man sich im Anschluss an das gerade Beschriebene und in Bezug auf die Metaphorik des Spiegels und des Spiegelns bzw. des Reflektierens stellen sollte, ist weder »Ist das Gesehene im Spiegel ein Äußeres?« noch »Wo oder wie beginnt das Spiegeln?«, sondern: »*Wie* ist es, dass wir uns durch Andere spiegeln und selbst Andere spiegeln?«.[6] Die Spiegel zeigen füreinander an, wie es wäre, das Gespiegelte zu sein, und damit werfen sie den Anderen zurück, wie das Erlebte für den jeweils anderen Spiegel ist. Die Spiegel – und in Auflösung der Metapher also die Anderen – vertauschen weder oben und unten, noch rechts und links, noch verzerren sie *mich*. Sie stellen etwas Anderes bzw. jemand Anderen dar; sie ermöglichen den Wechsel der Perspektiven. Umberto Eco beschreibt diese Transferleistung des Spiegelns dahingehend, dass intuitiv ein Übertragungsproblem aus Sicht der den Spiegel betrachtenden Person besteht, das jedoch ganz und gar nicht notwendig für das Blicken in einen Spiegel ist; noch ist es hinreichend um zu bestimmen, wie es ist, in die Spiegel zu blicken. Dieses Problem besteht darin, anzunehmen, dass der Spiegel, oder eben die andere Person, mir zeigen müsste, wie es für mich ist, sich auf diese oder jene Art zu verhalten, doch die Spiegel zeigen, wie es für sie ist, dieses Verhalten zu spiegeln (zu erleben). Der Spiegel und das Spiegelkabinett der Anderen verzerren nicht was ich bin; sie zeigen wie wir uns in einer bestimmten Situation zueinander verhalten *hatten*, *haben* oder *haben könnten*.

> Es ist der Betrachter [...], der sich qua Identifikation mit seinem Abbild vorstellt, er wäre der Mensch im Spiegel, und der dann, während er sich betrachtet, auf einmal entdeckt, daß er, sagen wir, die Uhr am rechten Handgelenk trägt. Tatsache ist aber, daß er sie dort nur tragen würde, wenn er derjenige wäre, der sich im Spiegel befindet *(Je est un autre!)*.[7]

Die Funktion der Spiegelmetaphorik, wie ich sie in dieser Arbeit verwende, liegt zwischen den Klammern des letzten Zitats: »Ich ist ein Anderer!« Dieser Satz, den Eco aus dem *zweiten Seherbrief* (Brief an Paul Demeny, 15. Mai 1871) von Arthur Rimbaud übernimmt, fasst meine Vorstellung des Spiegelns zusammen. Die Spiegel sind die Anderen und jedes »Ich« ist eine*r dieser Anderen für sich selbst. Von Spiegeln zu sprechen, bleibt dabei natürlich eine Metapher, jedoch ist es eine Metapher, die bildlich sehr genau das ausdrückt, was die Anderen für uns sind, was

---

6   Vgl. Umberto Eco: *Über Spiegel*, München/Wien: Hanser 1988, S. 29.
7   Ebd., S. 30.

sie für uns ausmacht und was wir als Andere für Andere ausmachen: Wir *geben* uns *wieder;* oder besser, wir zeigen, wie wir etwas tun. Indem Andere darstellen, wie wir uns verhalten würden, und auch wie wir uns verhalten, wenn wir sie wären und wenn sie wir wären, stellen Andere sich gegenseitig dar. Erleben wir Andere, dann sind es gemeinsam vermittelte Handlungen, Gefühle, Gedanken, Geräusche, Wahrnehmungen und Imaginationen, die wir bei Anderen und durch sie erleben können. Damit nehmen wir es als Andere auf uns, uns je selbst als Andere zu verstehen und zu verändern: Denn die Anderen sind jeweils ein »Duplikat des Reizfeldes«[8] und damit selbst eigenständige Personen, die – und das soll im Verlauf dieser Arbeit bewiesen werden – jeweils nur durch die geteilte Wirklichkeit in sozialen Situationen Eigenständige sein können; d.h., dass die Anderen nur durch die Relationen der Ähnlichkeit und Verschiedenheit zu Anderen als jeweils Andere, d.h. als Individuen, verstanden werden können.

Die mit Eco beschriebene und problematisierte Metaphorik des Spiegels und Spiegelns läuft zusammengefasst eben nicht darauf hinaus, dass die Spiegel das *was* ist scheinbar kopieren wöllten und dabei scheiterten.[9] Denn der dargelegte Widerspruch zeigt, dass es eher der Wirklichkeit entspricht, wenn man den Spiegeln zuspricht, dass sie zeigen, *wie* etwas von einem anderen Standpunkt aus ist. Sie sind als Andere ein »Kanal«[10] zu den Weltverhältnissen und Sichtweisen der Anderen. Das heißt, sie zeigen, wie man für Andere ist oder wie man für Andere erscheint, ohne dass man genau diese* dieser Andere sein muss, der* die einem gezeigt wird. »Das Spiegelbild ist [...] anwesend, und zwar *in Präsenz eines Referenten, der nicht abwesend sein kann.*«[11] Es »ist nicht *mit einem allgemeinen Inhalt korrelierbar*«, weil es »*immer nur zwischen Einzelfällen*« besteht.[12] Stellt man sich hier die Frage, was im Alltäglichen – also ohne metaphorische Ausmalung – die Stelle der Spiegelung besetzt, so ist es die Darstellung, die Art und Weise, wie wir mit der Welt und mit Anderen umgehen, und die Stelle des Spiegels wird durch andere Menschen eingenommen. In der Spiegelung durch Andere liegt also unsere konkrete Beziehung zu den anderen Menschen, liegt unsere Notwendigkeit, immer mit Anderen in derselben Welt zu leben. Kontingent zusammengestellt, sind wir füreinander die Bedingung unserer Wirklichkeit. Oder anders: Wir befinden uns in einem Spiegelkabinett zwischen Anderen.

Die soziale Situation als *Spiegelkabinett der Anderen* zu bezeichnen, bedeutet, dass dabei sowohl die Jahrmarktimplikation, sich in Spiegeln anders zu sehen als gewöhnlich, intendiert ist, als auch der negative Beigeschmack, das Unbehagen, das einen bei dem Gedanken an ein Spiegelkabinett ohne Ausweg beschleicht.

---

8   Ebd., S. 38.
9   Vgl., ebd. S. 34.
10   Vgl., ebd. S. 36.
11   Ebd., S. 45.
12   Ebd., S. 45.

Denn wenn wir von Anderen so abhängig sind, wie ich es darstellen werde, dann gibt es auch immer das Problem, sich in der Allgemeinheit der Anderen, im *man* und unter den sozialen Strukturen zu verlieren, sich im Spiegelkabinett zu verlaufen oder etwas zu erleben, was man nicht erleben wollte: Es besteht ein permanentes Risiko im Miteinander. Vergrößern uns die Spiegel, ziehen sie uns in die Breite, strecken sie uns in die Höhe oder zeigen sie uns sogar zwei sich widersprechende Spiegelungen von uns, dann verzerren sie uns nicht, sondern stellen Perspektiven auf uns dar, mit denen wir umgehen müssen. Eine Verzerrung wäre am ehesten als absichtliche Täuschung zu bestimmen, die das Risiko im Miteinander noch vergrößert. *Aber*, und darauf kommt es mir besonders an, es besteht auch immer die Möglichkeit, gerade durch die verschiedenen Perspektiven auf die Darstellung durch andere Darstellungen sich und die Anderen zu verstehen, gerade weil man nie aus dem antwortenden Bezug der Spiegel zueinander ausbrechen kann.

Dieses metaphorische Spiegelkabinett zu beleuchten ist die Aufgabe, die ich mir für diese Arbeit gestellt habe. Dabei soll es nicht darum gehen, eine klare und deutliche Struktur in das Spiegelkabinett zu bringen; sondern, ich werde versuchen, verschiedene Relationen aufzuzeigen, die jeweils miteinander in Verbindung stehen. Angefangen bei dem Erleben als Relation in der Welt zu Anderen wird sich der Fokus der Beschreibung verschiedentlich erweitern und verengen, um über die Sorge und die *parrhesia* (das freimütige Für-wahr-Sprechen, welches ich im Verlauf des Abschnitts *Parrhesia als Darstellungsform des Füreinander* zu einem freimütigen Für-wahr-Darstellen überführen werde) als Verhältnisse des Füreinander zu Anderen zu einer möglichen Solidarität miteinander zu gelangen, die gerade deshalb möglich sein muss, weil wir nicht ohne einander auskommen. Deshalb soll auch die *parrhesia* nicht als Weg zu einem authentischen Selbst gesehen werden, da dies postulieren würde, dass es neben der Darstellung, die für alle durch einander erlebbar ist, noch etwas gäbe, das als ein eigentliches Selbst gelten könnte. Diese Arbeit beschreibt unsere Wirklichkeit *als Andere unter Anderen* und hat somit keinen Ort für einen Bereich, der hinter, vor oder jenseits des Sozialen läge und an dem unser »authentisches« Selbst darauf wartete, entdeckt zu werden.

Methodenreflexion Was bedeutet die gerade beschriebene Motivation aber für methodische Gesichtspunkte, für die Art und Weise, in der die Arbeit geschrieben wird? In aller Kürze bedeutet sie Folgendes: Ich werde mich in dieser Arbeit im weitesten Sinne auf phänomenologische Beschreibungen stützen. D.h. hier speziell, dass ich beschreiben werde, was im Alltag, was in unserem Erleben der Wirklichkeit geschieht, um explizit zu machen, wie sich dieser Alltag jeweils gestaltet und was er zur Darstellung bringt. Dazu nehme ich nicht Bezug auf einzelne Theoretiker*innen, um aufzuzeigen, wie diese sich dem Problem genähert haben, sondern ich nehme die Sache selbst, den Alltag mit Anderen als Grundlage für die Analyse.

Die Theoretiker*innen, die im Verlaufe der Arbeit erscheinen, treten fast durchgängig als Argumentationspartner*innen auf, die in bestimmten Teilen ihrer Werke einen systematischen Gewinn, eine produktive Transformation in der Betrachtung Anderer vollzogen haben. Diese produktiven Transformationen werde ich in die hier vorliegende Arbeit einbeziehen, auch wenn sich andere Teile meiner Arbeit mit Stellen der zitierten Autor*innen möglicherweise nicht überschneiden, ihnen vielleicht sogar widersprechen. Diese Widersprüche – wenn vorhanden – werden nur in wenigen Fällen Teil meiner Rekonstruktion und Bezugnahme werden, nämlich genau dann, wenn sich an ihnen zeigen lässt, inwiefern die vorliegende Arbeit eine produktive Veränderung für vorhandene Begriffe liefern soll. Man könnte also sagen, dass der methodische Umgang mit anderen Texten demjenigen folgt, den Deleuze für den Umgang mit seinen eigenen Texten empfiehlt: Es wird sich hier gefragt, wie die zitierten Stellen mit dem hier Geschriebenen funktionieren, wie sie interagieren und wie sie für die Beschreibung der Wirklichkeit mit Anderen als zielführend erscheinen.[13]

Eine dieser Transformationen, oder vielleicht besser: ein methodischer Weg, der anders gedacht werden soll, ist die oft behauptete Unvereinbarkeit poststrukturalistischer Thesen mit der Phänomenologie. Die Gemeinsamkeit beider Denkwege ist die Bezugnahme auf die Form, auf das *Wie etwas ist* und die damit verbundene Offenlegung der Prozesshaftigkeit, in der sowohl die Intentionalität (als Größe der Phänomenologie), als auch historisch gewachsene soziale Strukturen (als Größe der poststrukturalistischen Theorien) gedacht werden müssen. Dass diese beiden Richtungen methodisch miteinander eng verknüpft sind, soll sich in dieser Arbeit implizit im gesamten Verlauf zeigen, indem sie gemeinsam genutzt werden und so produktive Ergebnisse liefern; implizit deshalb, weil das Hauptthema der Arbeit, Menschen als Andere unter Anderen zu bestimmen, um zu den sozialen Bedingungen der erlebten Wirklichkeit zu gelangen, nicht durch methodische oder philosophiehistorische Überlegungen in den Hintergrund treten soll. Aus eben jenem Grund gibt es diesen der Hauptarbeit vorgelagerten Teil zur Eröffnung des Rahmens. Dass diese Überlegungen nun nicht losgelöst von einer aktuellen philosophischen Debatte stattfinden, zeigen Publikationen, die in den letzten Jahren das Verhältnis von Judith Butlers Denken und der Phänomenologie nachgezeichnet haben. Richtungsweisend sind bspw. die Monographie *Existenz – Differenz – Konstruktion* von Silvia Stoller sowie die Sammelbände *Feministische Phänomenologie und Hermeneutik* und *Phänomenologie und Geschlechterdifferenz*, die sie mit herausgegeben hat, und der 2018 veröffentlichte Sammelband von Gerald Posselt, Tatjana Schönwälder-Kuntze und Sergej Seitz *Judith Butlers Philosophie des Politischen*.

Durch die dadurch angeregte gemeinsame Betrachtung von Struktur und Phänomen, die in Verbindung als die Form des wirklich Erlebten beschrieben werden

---

13   Vgl.: Gilles Deleuze & Félix Guattari: *Rhizom*, Berlin: Merve 1977, S. 7.

kann, wird in dieser Arbeit versucht, diese Verbindung im Alltag miteinander aufzuzeigen. Der Alltag wird somit als der Ort dargestellt, in dem wir uns wirklich
in sozialen Situationen befinden und dies nicht nur, weil wir quantitativ häufiger
im Alltäglichen sind als im Besonderen, sondern deshalb, weil qualitativ das Besondere nur als Kippphänomen im Alltag verstanden werden kann. Die Übergänge
zwischen Alltag und Besonderem sind – und auch das ist eine methodische Überlegung – nicht im Extrem, nicht in einer Kontradiktion zu finden, sondern im
Kleinsten, eben im Umkippen zwischen Alltag und Besonderem selbst: Dadurch
gibt es jedoch nicht eine Sphäre des Alltags und eine des Besonderen, sondern es
gibt alltägliches Erleben und das Erleben besonderer Phänomene. Sitzt man im Zug
und liest die Zeilen, die man auf eine Postkarte geschrieben hat, noch einmal, um
diese Karte am nächsten Bahnhof einzuwerfen, dann fließt dies alles ohne besondere Vorkommnisse dahin. Doch in dem Moment, in dem man den Gruß »Bis bald«
liest und einem – metaphorisch – schwer ums Herz wird, bekommt die alltägliche
Situation eine Wendung, die Gedanken springen zu der Person, für die diese Karte
bestimmt ist; zu dem Großvater, der im Krankenhaus liegt. Das Wiedersehen, auf
welches das »Bis bald« verweist, ist ungewiss: Der Alltag des Zugfahrens kippt in
die Besonderheit, an jemanden zu denken, den man vielleicht nicht wiedersieht.
Anders sieht das für eine*n Beschäftigte*n auf einer Palliativstation im Krankenhaus aus, wo Menschen genau aus dem Grund liegen, dass ihr Tod begleitet werden
soll. Man hat es also nicht mit getrennten Seiten und Dualismen zu tun, wenn man
die Wirklichkeit beschreiben will, sondern mit einer Pluralität, in der die Zuschreibung, was alltäglich ist und was besonders von der Situation abhängt, und nicht
intrinsisch bestimmt werden kann. Sucht man für diese Beschreibung eine griffi-
ge begriffliche Bestimmung, dann bietet sich möglicherweise an, es als *Plurallektik*
zu bezeichnen. Nicht nur die Bestimmung, was These und was Antithese ist, un-
tersteht einem Wandel, sondern gerade der Bezugspunkt, von dem aus etwas als
These oder Antithese betrachtet wird, ist in Bezug auf das Soziale nicht in einem
zweipoligen Schema zu denken, selbst dann nicht, wenn es sich in einer Synthese
aufhebt. Im Sozialen gibt es keine Aufhebung, sondern Wechselverhältnisse, die
den Alltag als Interaktionsort bestimmen, der *zwischen* allen Dualismen steht und
somit Schattierungen des Miteinanders bildet, die immer schon plural sind. Aus
eben diesem Grund finden sich auch in den Beispielen, die ich zur Veranschaulichung beschreiben werde, immer wieder Wechsel der Perspektiven zwischen den
Pronomina der Einzahl, der Mehrzahl und dem »man«.

Methodisch ist diese Arbeit insgesamt eine Vermischung aus Phänomenologie und bestimmten poststrukturalistischen Theorieansätzen (oder zumindest solchen, die so benannt wurden). Diese Arbeit gliedert sich also selbst zwischen verschiedenen Strömungen ein, um die Gedanken und Ausformulierungen, die in diesen zu Anderen gemacht wurden, aufzunehmen. Damit kann hier aber kein vollständiger Überblick über alle Theorieansätze gegeben werden, in denen es um die

Anderen geht. Die Lücken, die für manche Leser*innen als allzu offensichtlich erscheinen, stellen deshalb keine Abwertung oder Nichtbetrachtung aus Gründen der Vermeidung dar, sondern sind aus dem Grund entstanden, dass die Zusammenführung der hier vertretenen Autor*innen und Systematiken sich auf die Frage konzentriert, wie sich ein Miteinander und davon ausgehend ein Füreinander produktiv und ungeachtet der unterschiedlichen Positionen herausarbeiten lässt. Methodisch erscheint diese Arbeit deshalb als ein Teil unter anderen, der von mir beschrieben werden konnte und zu dem andere hinzutreten können. So versteht sich diese Arbeit als eine Aufgabe, die man in der Philosophie als gemeinschaftliches Projekt mit Anderen, die man kennt, und solchen, die man nicht kennt, ausführt, nicht um zu *einem universellen* Ziel zu gelangen, sondern um die Beschreibungen aktuell und an die wechselnden Verhältnisse wie an die Fortbestehenden anzupassen. Philosophie ist also in meinen Augen ein Gemeinschaftsprojekt aller Personen, die philosophische Gedanken anstellen. Die hier zu beweisende These, um es zu wiederholen, ist, dass sich *die Anderen* nicht als die von mir völlig Verschiedenen, sondern als *Andere unter Anderen* darstellen, zu denen man je selbst gehört und von denen wir uns unterscheiden, aber denen wir eben auch ähneln, gerade weil wir die Bedingung der Wirklichkeit füreinander sind.

Man könnte schon hier einwenden, dass es zutiefst offensichtlich ist, dass die Anderen für unsere Wirklichkeit eine entscheidende Rolle spielen: Wenn das so ist, dann ist diese Arbeit eine einzige Wiederholung von Wiederholung, damit es offensichtlich bleibt, dass wir als Andere unter Anderen leben. – Die fragende Ergänzung sei erlaubt: Spiegelt sich dies – wenn es so offensichtlich seien sollte – auch in den Begriffen wider, die benutzt werden, um den Bereich des Sozialen zu beschreiben? Der Titel »Als Andere unter Anderen – Füreinander zwischen sozialen Strukturen und Erleben« der hier vorliegenden Arbeit drückt also einen Vorschlag für die Deskription aus, in der die Anderen unter Anderen als solche zur Darstellung kommen. Diese Beschreibung soll sich dabei gerade auf diejenigen Phänomene im Sozialen beziehen, in denen wir als Andere unter Anderen *füreinander* sorgen – was in dem Abschnitt *Die Modi der Fürsorge* explizit geschehen wird. Es werden also solche Verhaltensweisen bestimmt, in denen die Bedingung unserer Wirklichkeit – sich gegenseitig mit Anderen im Zusammenleben darstellen zu müssen – am deutlichsten zur Geltung kommt.

Was damit jedoch nicht argumentiert werden kann, ist eine unabhängige Größe, weder in Form einer moralischen Norm noch einer epistemischen Gewissheit, die nicht selbst aus den Interaktionen entsteht. Wenn jedoch in pragmatischer Hinsicht in späteren Teilen der Arbeit von einer gelingenden Interaktion gesprochen wird, dann ist die Frage nach dem Maßstab des Gelingens nicht zu umgehen. Die Antwort, die ich vorschlage, ist, die Interaktion nicht durch den Maßstab eines Subjekts als gelingend oder nicht zu bestimmen, sondern den Maßstab selbst zur Verhandlung zu stellen, ihn dadurch zu bestimmen, dass im Verhalten ein gegenseitiges Verstehen möglich und wirklich ist. Kurz: Der Maßstab ist nicht festgelegt, sondern er entsteht, wenn sich Andere Anderen zuwenden, um miteinander füreinander zu wirken.

Einleitung: Ausgehen von der Wirklichkeit

Sind wir als Andere unter Anderen? Oder anders gefragt: In welchem Verhältnis stehen wir als Menschen in der Wirklichkeit zueinander? Was sind die Bedingungen unserer Wirklichkeit? Diese Fragen sind der Ausgangspunkt für die hier vorliegende Arbeit – sowohl in methodischer als auch in systematischer Hinsicht. Es geht also darum, eine Beschreibung zu versuchen, die darstellt, wie die gelebte Wirklichkeit zur Erscheinung kommt: Ich blicke mich um, ich höre hin, tippe auf die Tasten meines Laptops, denke daran, wie der Satz weitergehen kann und dabei spüre ich die Blicke auf meinem Rücken, an meiner Seite. Eine unbehagliche Situation? Nicht notwendigerweise! Denn ich sitze in der Bibliothek zwischen Büchern und technischen Hilfsmitteln gemeinsam *mit Anderen*: Wir sind *miteinander* hier, ob absichtlich gemeinsam, um zusammenzuarbeiten, zufällig oder gezwungenermaßen. Bezieht man diese Situationsbeschreibung auf die gerade gestellten Fragen, dann lassen sich in der Philosophie, aber auch in der Soziologie unterschiedliche Ausgangspunkte in der Methodik und der Systematisierung für eine Sozialphilosophie vorfinden. Sie unterscheiden sich vor allem danach, unter welchem Aspekt das Miteinander betrachtet werden soll. Bevor ich also in der Einleitung einige Abgrenzungen zu ähnlichen Theorien aufzeigen möchte, folgt eine kurze Bestimmung dessen, welche Perspektive in meiner eigenen Arbeit besonders hervorgehoben wird: Ausgehend von Beschreibungen, wie wir etwas erleben, wird sich hier der Darstellung des Erlebens zugewendet, denn sie ist es, die im Miteinander erscheint. Die Darstellung des Verhaltens ist weder die eines einzelnen »Ichs«, noch die eines einzelnen »Dus« oder einer »Wir«-Gruppe, sie gehört niemandem persönlich, sondern sie ist die Form, in der das Miteinander *zwischen* Anderen in Erscheinung tritt. Dieser These werde ich im Verlauf der gesamten Arbeit Ausdruck verleihen. Damit steht der Fokus nicht in der Perspektive eines Subjekts, eines »Ichs«, »Dus« oder »Wirs«, nein, der Fokus liegt auf der Art und Weise, wie sich Andere als Andere darstellen.

Ich stelle in dieser Arbeit deshalb nicht in üblicher Weise die Frage danach, ob das Soziale als »Wir«, als »Ich« und »Du« oder durch »signifikante« und »nicht signifikante« Andere konstituiert wird oder durch die Internalisierung eines »verallgemeinerten Anderen«.[1] Ich gehe davon aus, dass wir als Andere mehr sind als das, was durch die Pronomina »ich«, »du«, »wir« oder »sie« bezeichnet werden kann; wir sind mehr als das, was man durch die Frage nach einem »Wer« erfahren kann. Die Struktur, die all diesen Pronomina gemeinsam ist, ist, dass sie für Andere stehen. Andere sind also eine Komplexität, die sich durch die Beziehungen zueinander auszeichnet. Die Darstellung dieser Beziehung ist die Aufgabe, der sich diese Arbeit widmet.

Dabei kann man die Bedeutung der Anderen bspw. nicht allein durch den Begriff der Signifikanz erklären. Aus den unterschiedlichsten Gründen kann irgendjemand für jemanden signifikant werden, also für die Darstellung der eigenen Person ausschlaggebend sein: Sei es durch den Beruf (ein*e Ärzt*in, die einer*m Auskunft über die Krankheit gibt und damit für das jeweilige Verhalten signifikant wird), durch familiäre Beziehungen (die Eltern, die einen mit den Regeln der Gesellschaft bekannt machen), durch Zufall (die Person, die auf der anderen Straßenseite steht und sieht, wie man stolpert, wodurch man vielleicht peinlich berührt ist); sobald man von »signifikanten Anderen« spricht, schreibt man aus der exklusivierenden Subjektperspektive und steht vor den Fragen, für wen, warum und wofür diese andere Person signifikant ist. Damit gerät die Fokussierung der Darstellung selbst aus dem Blick. Es wird nicht mehr nach der Darstellungsart gefragt, nicht, wie das Verhalten zueinander ist, sondern danach, als was sich die andere Person identifizieren lässt. Es geht um eine Erklärung, nicht mehr um eine Beschreibung. Der größte Unterschied zwischen den Vorhaben, die sich durch die Verwendung von Begriffen wie »signifikanter Anderer« und »verallgemeinerter Anderer« zu dem vorliegenden Vorhaben ergibt, ist also, dass diese Theorien versuchen, Erklärungen dafür zu geben, warum man so oder so reagiert – sie bestimmen vorrangig den Weg der Sozialisation und ihre Folgen – während hier versucht wird, zu beschreiben, *wie* man sich zueinander verhält.

Das methodische Vorgehen, durch eine Summierung der Subjekte zum Sozialen zu gelangen, verdeckt jedoch die primäre Stellung, die das Soziale, das Miteinander für die Darstellung, also für die vielfältigen Verhaltensweisen hat. Denn

---

1   Alfred Schütz spricht von der »signitiven Erfassung« von Anderen in *Der sinnhafte Aufbau der sozialen Welt – Eine Einleitung in die verstehende Soziologie*, Frankfurt a.M.: Suhrkamp 1974, S. 141, was von Peter L. Berger und Thomas Luckmann in der Beschreibung des Sozialisationsprozesses durch den Begriff »signifikante Andere« auf den Punkt gebracht wird. Vgl. Peter L. Berger & Thomas Luckmann: *Die gesellschaftliche Konstruktion der Wirklichkeit – Eine Theorie der Wissenssoziologie*, Frankfurt a.M.: Fischer 1980. In diesem Zuge ist auch George H. Mead zu nennen, der im Hinblick auf die Internalisation der Gesellschaft, also die Rollen, die von Anderen übernommen werden, vom »verallgemeinerten Anderen« spricht; dieser Begriff spiegelt das abstrakte Vermögen wieder, anzunehmen, was Andere tun könnten, und sich darauf einzustellen. Vgl. George H. Mead: *Geist, Identität und Gesellschaft aus Sicht des Sozialbehaviorismus*, Frankfurt a.M.: Suhrkamp 1973, S. 196.

wenn die hier vertretene These – notwendig im gesamten Erleben in Bezug zu Anderen zu stehen – zutrifft, dann kann nur sinnvoll von einem Subjekt gesprochen werden, wenn man dieses Subjekt nicht als Ausgangspunkt für eine Beschreibung nimmt, sondern als ein Ergebnis, da die Darstellung jedes Subjektes von dem Umgang mit Anderen abhängt. Das Soziale steht damit vor dem Subjektiven. Nimmt man also das Subjekt zum Ausgang, ergibt sich im Hinblick auf die Theorie von Berger und Luckmann bspw. eine ähnliche These, nämlich dass die Wirklichkeit gesellschaftlich konstruiert wird, nur liegt ein nicht marginaler Unterschied in der Art und Weise, wie man zu dieser These gelangt. Aus meiner Beschreibung soll sich eine Ebene des Sozialen ergeben, hinter die man nicht blicken kann, sondern von der man notwendig ausgehen muss. Bei Berger und Luckmann gibt es neben der Gesellschaft noch andere Sphären, in denen nur das Subjekt eine Rolle spielt.[2] Die Beschreibung kann demnach vom Ergebnis nicht völlig entkoppelt werden. Denn es soll nicht nur bestimmt werden, dass *die* Wirklichkeit sozial konstruiert wird, sondern auch wie diese Konstruktion erlebt wird und was dieses Erleben bedeutet, um grundlegend zu verstehen, was die Andersheit der Anderen füreinander bedeutet.

Es soll deshalb auch nicht die Figur des Dritten spezifisch fokussiert werden, wie dies bspw. in den Sammelbänden *Die Figur des Dritten – Ein kulturwissenschaftliches Paradigma* von Eva Eßlinger, Tobias Schlechtriemen, Doris Schweitzer und Alexander Zons und *Theorien des Dritten – Innovationen in Soziologie und Sozialphilosophie* von Thomas Bedorf, Joachim Fischer und Gesa Lindemann getan wird.[3] Genauer gesagt sind die Anderen in dieser Arbeit die konkreten Anderen, die das Soziale als Miteinander konstituieren, und damit widerspricht diese Darstellung bspw. derjenigen von Thomas Bedorf – um auf die schon zitierte Stelle auf Seite iv zurückzukommen –, der in *Verkennende Anerkennung* das Soziale ohne konkrete Andere bestimmt, dafür aber durch *den* Dritten.[4] Er tut dies, wie dargelegt, um die Konflikthaftigkeit des Sozialen zu betonen. Diese Position ergibt sich aus seiner Rekonstruktion der Levinas'schen Theorie, in der der Andere an das Subjekt einen

---

2   Vgl. Berger & Luckmann: *Die gesellschaftliche Konstruktion der Wirklichkeit*, S. 25: »Die Wirklichkeit der Alltagswelt stellt sich ferner als eine intersubjektive Welt dar, die ich mit anderen teile. Ihre Intersubjektivität trennt die Alltagswelt scharf von anderen Wirklichkeiten, deren ich mir bewußt bin. Ich bin allein in der Welt meiner Träume.« Damit kommt man jedoch in das Problem, wie man mit der Trennung dieser Welten umgeht und ggf. welche davon die eigentliche ist, also in welcher das Selbst wirklich beheimatet ist. Dieses Problem wird in der vorliegenden Arbeit im Blick auf Heidegger untersucht werden. (Vgl. in dieser Arbeit *Erleben und »Dasein«*)

3   Eva Eßlinger, Tobias Schlechtriemen, Doris Schweitzer & Alexander Zons (Hg.): *Die Figur des Dritten – Ein kulturwissenschaftliches Paradigma*, Frankfurt a.M.: Suhrkamp 2010, sowie Thomas Bedorf, Joachim Fischer & Gesa Lindemann (Hg.): *Theorien des Dritten – Innovationen in Soziologie und Sozialphilosophie*, München: Wilhelm Fink 2010.

4   Bedorf: *Verkennende Anerkennung*, S. 211.

unhintergehbaren ethischen Anspruch stellt.[5] Diese »singulären Forderungen« – wie Bedorf sie nennt – stellen jeweils einen Anspruch an die Anderen durch ein Medium, durch eine Rolle, durch den Dritten.[6] Nun greift dieses »Medium« zwar auf, dass der Anspruch nicht ohne Formung durch Andere in Erscheinung tritt; was durch diesen Begriff jedoch nicht mitrepräsentiert ist, sind Situationen, die offensichtlich sozial sind, die aber nicht aus singulären Ansprüchen bestehen. Auf einer Demonstration stehen nicht singuläre Ansprüche gegeneinander, sondern ein gemeinsamer Anspruch miteinander für oder gegen etwas. Hier zeigt sich wieder, warum das Ausgehen bei einem Subjekt problematisch ist, denn dann kann der singuläre Anspruch nur von einer Person ausgehen und kann dann, wenn »singulär« wirklich »einzigartig« bedeuten soll, nicht von Anderen geteilt werden. Man stünde immer allein, auch wenn davon ausgehend vom Sozialen gesprochen wird. Diesen sozialen Atomismus kritisiert bspw. Kurt Röttgers in *Kategorien der Sozialphilosophie*: »Sozial sind die Menschen eben keine Individuen, sondern Dividuen: Sie sind immer schon geteilt.«[7] Wenn »singulär« – im Hinblick auf das Zitat – also bedeutet, aus einer kontingenten, nicht wiederholbaren Situation heraus einen Anspruch an Andere zu stellen, dann können sowohl Mehrere einen Anspruch an Andere stellen als auch nur eine Person. Diese Beschreibung scheint den vielfältigen Schattierungen des Sozialen gerecht werden zu können. Außerdem kann der Anspruch einer Person, beachtet zu werden, so einfach es klingen mag, nicht nur durch ein Medium oder eine Rolle vermittelt werden, selbst wenn der Anspruch darin besteht, bspw. als Wissenschaftler*in anerkannt zu werden. Es ist der konkrete Anspruch einer Person im Gespräch mit einer oder mehreren Anderen, den diese Personen bspw. auf einer Tagung miteinander teilen, ohne dass daraus ein Konflikt entsteht oder die Forderung ausschließlich singulär – wenn dies bedeuten sollte: nur von einem Subjekt ausgehend – wäre. In dieser Situation sind konkrete Andere unter Anderen in einer Konstellation, die man als Miteinander und damit auch als sozial bestimmen kann. Die jeweils konkrete *Alterität* wird in der vorliegenden Arbeit also als Struktur des Miteinanders bestimmt, die sich nur *zwischen* den konkreten Anderen verorten lässt, wodurch jede erlebbare Situation radikal als soziale Situation verstanden werden muss, was im dritten Hauptteil *Soziale Situation: Widersprüche vielfältiger Weltverhältnisse* genauer dargelegt werden wird.[8]

---

5   Vgl., ebd. S. 138.
6   Vgl., ebd. S. 226.
7   Kurt Röttgers: *Kategorien der Sozialphilosophie*, Magdeburg: Scriptum 2002, S. 17.
8   Außerdem wird hier auch nicht der Frage nachgegangen, wie viele Menschen es braucht, um eine Gruppe zu formieren, was ein anderer Grund wäre, über die Figur des Dritten – im Hinblick auf Sartres »fusionierende Gruppe« – zu sprechen. Es geht nicht um eine bestimmte Reihenfolge, in der die Anderen zuerst das Individuum, dann das Du und dann das Wir bzw. der Dritte sind, sondern darum, dass die Anderen immer alle diese Perspektiven bedeuten *und das direkt in dem Moment, in dem sie erlebt werden.* Alle sind zugleich Ich, Du und Teil eines

Wirft man einen Blick in die bestehende Forschung, so zeichnet sich darin ab, dass es hauptsächlich drei Ausgangspunkte sind, die bisher für ähnliche Untersuchungen benutzt wurden. Zum Ersten gibt es das schon erwähnte Ausgehen von einer Person, einem Subjekt als Grundlage für jede Aktion, aber auch Interaktion: Die Wirklichkeit wäre unter diesem Aspekt vorrangig durch einen je selbst geprägt. Die Liste derer, die diese Konzeption vertreten haben, reicht in der Philosophie über Heidegger, Husserl, Hegel, Fichte und Kant bis zu Descartes. Zweitens gibt es in den Forschungen französischer Phänomenolog*innen, wie bspw. Simone de Beauvoir, Paul Ricœur, Emanuel Levinas und Jean-Paul Sartre, ein Ausgehen von der Ich-Du-Beziehung, die direkt erlebt werden kann – bei Sartre in der Scham und dem Blick, bei Levinas und Ricœur im Antlitz und bei de Beauvoir im objektivierenden wie subjektivierenden Blick.[9] Für die Darstellung der Wirklichkeit bedeutet dieser Ansatz, dass sie sich nicht mehr nur durch jede*n selbst erschafft, sondern sie entsteht immer im Miteinander »signifikanter Anderer«.[10] Die Verschiebung im Gegensatz zum ersten Typus ist offensichtlich: Jede*r ist nicht nur selbst das Zentrum der Wirklichkeit, sondern es gibt mindestens zwei Zentren der Bezugnahme, nicht nur ein Zentrum mit zwei Teilen. Der dritte Typus stellt gegen diese beiden einen systematischen Schnitt dar, da in ihm gerade nicht mehr von einem Subjekt oder von einer Person ausgegangen wird, sondern von der Gesellschaft bzw. den gesellschaftlichen Strukturen, die sowohl die Wirklichkeit als auch die einzelnen Personen hervorbringen. Zu finden ist diese Form der Darstellung sehr deutlich im poststrukturalistischen oder postmodernen Denken oder beispielhaft auch in der Gesellschaftstheorie Niklas Luhmanns. Die Frage, was unsere Bedingung der Wirklichkeit ist, wird in den drei Herangehensweisen also 1. mit »das Subjekt«, 2. mit »Ich und signifikante Andere« und 3. mit »die Gesellschaft« beantwortet. Dies

---

Wir; d.h. es als Andere unter Anderen zu (er)leben. Und genau dies soll in der vorliegenden Arbeit ausformuliert werden. Vgl. Jean-Paul Sartre: *Kritik der dialektischen Vernunft*, Bd. I, *Theorie der gesellschaftlichen Praxis*, Reinbek b. H.: Rowohlt 1967, S. 397ff.

9   Vgl. Simone de Beauvoir: *Das andere Geschlecht – Sitte und Sexus der Frau*, Reinbek b. H.: Rowohlt 1992, S. 25/Jean-Paul Sartre: *Der Idiot der Familie – Gustave Flaubert 1821 bis 1857*, Band I, *Die Konstitution*, Reinbek b. H.: Rowohlt 1977, S. 19f./Emanuel Levinas: *Die Spur des Anderen – Untersuchungen zur Phänomenologie und Sozialphilosophie*, Freiburg/München: Alber 2012, S. 207./Paul Ricœur: *Das Selbst als ein Anderer*, München: Wilhelm Fink 2005, S. 205f. Solche Theorien, die nicht von einem komplexen Dialog als Wechsel von Darstellungsformen (Mimik, Gestik, Sprache, Berührungen) ausgehen, sondern den Primat auf die Sprache, genauer auf einen *rationalen* Diskurs legen, wie es bspw. Habermas tut, können hier nicht gesondert betrachtet werden, da das Forschungsfeld der Sprachtheorien selbst solche Ausmaße annimmt, dass eine umfängliche Behandlung, die dieses Feld bedarf, verdient und schon erfahren hat, hier nicht möglich sein wird.

10   Vgl. Berger & Luckmann: *Die gesellschaftliche Konstruktion der Wirklichkeit*, S. 142: »Der Mensch wird, was seine signifikanten Anderen in ihn hineingelegt haben. Das ist jedoch kein einseitiger, mechanischer Prozeß.«

führt dazu, dass auch die Rolle oder Bedeutung der Anderen für die Wirklichkeit in diesen Bereichen unterschiedlich aufgefasst werden muss. Für die erste Herangehensweise können die Anderen nicht auf einer primären Stufe für die Wirklichkeit bedeutend sein. In der zweiten sind es einige Andere, die von Bedeutung sind, und in der dritten sind die Anderen genauso unbedeutend wie man je selbst. Diese Positionen sind sicherlich nicht mit der Absicht entwickelt wurden, sich gegenseitig auszuschließen, sondern um zwei Facetten der Wirklichkeit besonders zu fokussieren, zum einen die Interaktion zwischen zwei Personen (Ich und Du) und zum anderen die gesellschaftlichen Strukturen. Stellt man aber die Frage danach, wie die Anderen unter Anderen etwas erleben, so liegt darin schon eine Komplexität vor, von der nur einzelne Aspekte benannt werden können, wenn man den Blick auf persönliche Interaktionen oder die Strukturen der Gesellschaft lenken und von einem Aspekt den gesamten Bereich bestimmen will.

Alle drei hier skizzenhaft aufgegriffenen Herangehensweisen geben also eine andere Antwort auf die hier gestellte Frage. Meine Arbeit soll sich nun nicht in eine der drei Herangehensweisen einordnen. Sie stellt vielmehr in Frage, dass der Ausgangspunkt für eine solche Untersuchung vom Standpunkt des Subjekts oder von dem der Gesellschaft aus gemacht werden sollte. Beide Ansätze fokussieren zu stark die Extrempole, um etwas darüber auszusagen, wie man die soziale Wirklichkeit *zwischen* Gesellschaft und individualistischen Perspektiven als Interaktion von Menschen *zwischen* Menschen erlebt. Der Ansatz der Ich-Du-Beziehung scheint dahingehend geeigneter, da sie ebensolche Interaktionen *zwischen* Menschen mitbeschreibt und damit diese Menschen zueinander in Beziehung setzt. Dabei entsteht jedoch eine Fixierung auf direkt anwesende Andere, so wie man es bei Alfred Schütz in *Der sinnhafte Aufbau der sozialen Welt* sehen kann:

> Wir können also die umweltliche Dueinstellung definieren als die besondere Intentionalität der Akte, in denen das Ich, solange es in ihnen lebt, von dem Dasein eines Du im Modus des originalen Selbst Erfahrung hat. Jede äußere Erfahrung im Modus des originalen Selbst setzt aber die leibhaftige Vorgegebenheit des Erfahrenen in zeitlicher und räumlicher Unmittelbarkeit voraus.[11]

Die Anderen bekommen hier nur unmittelbar eine Bedeutung, wenn sie als anderes Ich, also als Du unmittelbar anwesend sind. Das heißt, sie sind von Bedeutung, wenn ich sie direkt bzw. fokussiert erleben kann. Verschwinden sie aus meinem Erleben, dann habe ich mit dieser Beschreibungsform keine Möglichkeit mehr, sie sinnvoll mit einzubeziehen. Sie verschwinden aus meinem Fokus und damit verlieren sie ihre Bedeutung.

Dass dem wirklich so ist, scheint in der ersten Intuition nicht widersprüchlich, da es ja tatsächlich meist konkrete und einzelnen Andere sind, die einem als be-

---

11   Alfred Schütz: *Der sinnhafte Aufbau der sozialen Welt*, S. 228.

deutend für das eigene Leben widerfahren: Eltern, gute Freunde etc., die man mit Berger, Luckmann und Mead wohl als »signifikante Andere« und relevant für die Sozialisation bezeichnen kann. Aber es gibt auch die anonyme, nicht anwesende Person, die meine Überlegungen, mein Arbeiten in der Bibliothek dadurch stört, weil sie genau das Buch ausgeliehen hat, das ich gerade jetzt exzerpieren wollte. Wenn man also – so wie auch Schütz in seiner Arbeit – als Ziel hat, das Miteinander zu verstehen, oder wie es hier bisher hieß, die Bedeutung der Anderen für unsere Wirklichkeit zu bestimmen, dann muss sich dieser Fokus vom tatsächlich anwesenden Du verschieben lassen. Schütz verschiebt ihn dadurch, dass er das Du multipliziert und so ein Wir erhält, das die Sicherung für den schon bestehenden Sinnzusammenhang bietet.[12] Er füllt, vom Standpunkt der Wirklichkeit betrachtet, das Abstrakteste, das isolierte Ich immer mehr an, um es zu verstehen.

Dieser Bewegung möchte ich hier eine Alternative entgegenstellen. Ich werde den Weg vom Ich zum Du und dann zum Wir nicht einzeln vollziehen. Das soll heißen, dass ich nicht betrachten möchte, ab wann ein Ich zu einem Du oder zu einem Wir wird; sondern ich werde beschreiben, welche Bereiche des Erlebens immer schon von der Darstellung Anderer durchzogen sind, oder noch stärker: dass jede Rede von einem Ich notwendig die Andersheit der eigenen Person, also mein Erscheinen als Andere*r vor Anderen und die implizite oder explizite Abhängigkeit von den Verhaltensweisen und Selbstdarstellungen Anderer bestimmt. Ich werde mich also der Beschreibung der Intentionalität als Darstellungsverhältnis (wie wir uns Anderen zeigen) in sozialen Situationen zuwenden. Die Anderen und die Beziehung zu ihnen soll hier also nicht als Kategorie wie bspw. die des »verallgemeinerten Anderen« von Mead bestimmt werden, von der aus man das Soziale ableiten kann, sondern das Soziale ist das *Zwischen-den-Anderen*. Als Wirklichkeit muss es nicht abgeleitet werden, sondern kann nur beschrieben werden.[13]

Um für diese These zu argumentieren, werde ich mich bei zwei unterschiedlichen philosophischen Methoden und Vertreter*innen der daraus resultierenden Strömungen bedienen. Diese sind 1. die Phänomenologie als Beschreibungspraxis dessen, *wie es für einen ist, etwas zu erleben;* und 2. Autor*innen, die unter dem Label des Poststrukturalismus oder der Postmoderne zusammengefasst werden könnten. Die Methode dieser Autor*innen ist die Bestimmung der strukturhaften Bedingungsverhältnisse, die auf das Erleben und Leben in sozialen Situationen einwirken, ohne dabei zu einem Universalismus einer Struktur zu gelangen. Die Konstruktion der Strukturen aufgrund ihrer kontingenten Entstehung steht

---

12   Vgl., ebd. S. 231.
13   Damit entgeht man der Darstellung der Alterität als Problem des Sozialen, was laut Kurt Röttgers eine »Erblast der rationalistischen Ursprünge der neuzeitlichen Philosophie« ist (Röttgers: *Kategorien der Sozialphilosophie*, S. 121.) Die Alterität muss nicht erst ins Soziale eingeführt oder von ihm ausgehend bestimmt werden: Alterität und das Soziale sind untrennbar miteinander verwoben.

dabei im Fokus dieser Arbeiten. Konkret bedeutet das folgende methodische Mischung: Die Arbeit setzt sich aus der Beschreibung der wirklich erlebten Situation und den reflexiven Schlussfolgerungen darüber zusammen, was dieses konkrete Erleben der Situation für die Bedingungen der sozialen Wirklichkeit bedeutet. Der verbindende Punkt zwischen Phänomenologie und Poststrukturalismus liegt dabei im Angeben der *Art und Weise*, in der Frage nach dem *Wie*. Sowohl die phänomenologische Beschreibung als auch die Bestimmung von Strukturen zeichnen sich dadurch aus, dass sie bestimmen, *wie* (unter welchen Bedingungen) etwas sich präsentiert. Beides richtet den beschreibenden Fokus auf die Darstellung, eben auf die Art und Weise, *wie* eine soziale Struktur das Erleben formt und *wie* einem dieses Erleben gegeben ist. Für die hier vorliegende Arbeit bedeutet dies, dass die alltäglichsten sozialen Situationen in den Fokus der Beschreibung genommen werden, um an der Art und Weise, wie sie in Erscheinung treten, zu bestimmen, welche Strukturen sie mitbestimmen und wie durch sie ein Verständnis der Anderen und von sich je selbst als Andere*m unter Anderen ermöglicht wird. Illustrieren lässt sich diese methodische Verschmelzung anhand von Erving Goffmans Bestimmung der Unsicherheit, die notwendig darin liegen muss, wenn man eine Situation und mit ihr die Anderen vollständig verstehen wollte:

> Vollständige Informationen solcher Art sind nur selten zugänglich; in ihrer Abwesenheit stützt sich der Einzelne gern auf Ersatzinformationen – Hinweise, Andeutungen, ausdrucksvolle Gesten, Statussymbole usw. – als Mittel der Vorhersage. Kurz, da die Realität, mit der es der Einzelne zu tun hat, im Augenblick nicht offensichtlich ist, muß er sich statt dessen [sic!] auf den Anschein verlassen; und paradoxerweise muß er sich desto mehr auf diesen konzentrieren, je mehr er um die Realität besorgt ist, die der Wahrnehmung nicht zugänglich ist.[14]

Die Formulierung Goffmans, dass vollständige Informationen »nur selten zugänglich« sind, kann schon an dieser Stelle als zu zurückhaltend herausgestellt werden: Niemals wird jemand alle sozialen Aspekte einer Situation komplett erfassen können, einen solchen Standpunkt könnte man selbst nur außerhalb jeder Situierung einnehmen, da schon meine eigene Situation meinen Horizont und Fokus einschränkt und es mir unmöglich macht, die Perspektive einer anderen Person vollständig einzunehmen. Ich besetze jeweils nur eine Perspektive. Goffman liefert jedoch einen guten Anhaltspunkt dafür, wie man vorgehen kann, wenn es einen interessiert, warum auf dieser Grundlage nicht jede Konversation oder Interaktion mit anderen in einer unverständlichen Katastrophe endet. Man muss das Offensichtliche beschreiben, es in den Fokus nehmen, um die Teile der Wirklichkeit, die

---

14   Erving Goffman: *Wir alle spielen Theater – Die Selbstdarstellung im Alltag*, München: Piper 1969, S. 228.

sich einen nicht direkt aufzwängen – wie bspw. implizit wirkende soziale Strukturen –, bestimmen zu können.

Diese Beschreibung des Offensichtlichen, also der Art und Weise, wie man sich selbst und Andere sich im Umgang miteinander darstellen, ist die Beschreibung der Performativität der Körper, durch die sowohl eigene Vorhaben als auch soziale Strukturen in Erscheinung treten.[15] Oder, anders formuliert: Wir alle erleben die Welt auf eine bestimmte Art und Weise und dadurch werden wir auf diese Art und Weise erlebbar. Weil wir fühlende, denkende, handelnde, wahrnehmende und imaginierende Menschen sind, sind wir fühlbar durch Anderen, interaktionsfähig mit Anderen, Teil der Gedanken Anderer, in der Wahrnehmung von Anderen und imaginative Projektionsflächen für Andere. Und da diese Fähigkeiten nicht gesondert auftreten, sondern immer mehr oder weniger vernetzt miteinander, fasse ich diese Fähigkeiten für die Beschreibung in dieser Arbeit unter den Begriff des Erlebens, um zu zeigen, dass wir soziale Strukturen als Verkörperung auf den »Fassaden« Anderer erleben.

Bevor ich zur Beschreibung des Aufbaus der Arbeit komme, möchte ich noch auf einen Begriff eingehen, den man sicherlich in einer Arbeit über das Soziale erwarten kann: Es ist jener der Anerkennung. Er wird in dieser Arbeit nicht vorkommen, nicht weil er irrelevant wäre, sondern weil er – und das hat Bedorf sehr deutlich gezeigt – immer in Verbindung mit einer Identität steht, als die man jemanden anerkennt.[16] Doch es gibt keine Identität. Sie zu erkennen ist deswegen immer ein Verkennen und Anerkennung bedeutet eine Limitierung der Anderen auf eine Rolle, die zwar notwendig ist, um überhaupt jemanden anerkennen zu können, jedoch nicht, um sich zueinander zu verhalten. Auch ohne die Anerkennung einer Rolle – die nichtsdestoweniger einen Teil des menschlichen Miteinanders ausmacht, aber einen, der eher in ein konflikthaftes Gegeneinander führt, so ließe sich zumindest Bedorfs Ausführung zuspitzen, weil er im Zusammenhang von Identität und Rollen von der »Konkurrenz der Ansprüche« spricht, ohne die mögliche Ähnlichkeit dieser Ansprüche zu benennen[17] – ist es möglich, einander zu verstehen und miteinander in funktionierenden Beziehungen zu stehen, die ein Füreinander bedeuten können. Warum bestehe ich also auf einer Beschreibung

---

15   Den Begriff der Performativität verstehe ich in dieser Arbeit in der Form, in der ihn auch Judith Butler in ihrem Essay *Performative Akte und Geschlechterkonstitution – Phänomenologie und feministische Theorie* begreift: »Als intentional organisierte Materialität ist der Körper immer eine Verkörperung *von* Möglichkeiten, die durch historische Konventionen sowohl konditioniert wie beschnitten sind. Anders gesagt, der Körper *ist* eine geschichtliche Situation [...] und er ist eine Art des Tuns, der Dramatisierung und der *Reproduktion* einer geschichtlichen Situation.« Butler: *Performative Akte und Geschlechterkonstitution* in Uwe Wirth (Hg.) *Performanz – Zwischen Sprachphilosophie und Kulturwissenschaften*, Frankfurt a.M.: Suhrkamp 2002, S. 305.

16   Vgl. Bedorf: *Verkennende Anerkennung*, S. 146.

17   Vgl., ebd. S. 211f.

vor jedem Erkennen oder Anerkennen? Weil dadurch das Phänomen, sich Anderen durch das Erleben notwendig darzustellen, in den Blick genommen werden kann, ohne dafür einen dahinter liegenden Grund anzugeben. Man stellt nicht nur dar, was anerkannt oder erkannt werden soll. Das würde den Fokus auf eine aktive Darstellung des Subjekts richten. Die Darstellung ist aber nicht nur eine Aktivität, sie ist auch das, was einem widerfährt, wenn man mit der Welt umgeht. Bedorf hat demnach Recht, wenn er folgendes über Identität schreibt: »*Die* Identität gibt es nicht – und es gibt hinter diese Einsicht kein Zurück. Darin ist der diskurstheoretischen wie der postmodern-ironischen Entzauberung ohne jede Einschränkung beizupflichten.«[18] Doch in dem Versuch, die Bedeutung von temporären oder Quasi-Identitäten aufzuzeigen, die man anerkennen kann, beschneidet er die Bedeutung der Aussage, dass es keine Identität gibt: Keine Identität bedeutet Kontingenz und das wiederum bedeutet Pluralität. Eine Identität kann durch alle möglichen Faktoren immer auch anders sein. So birgt eine Identitätsanerkennung nicht nur die Gefahr der Verkennung, indem die Person nicht in all ihren Facetten abgebildet wird, sondern auch die Gefahr der Aberkennung von Facetten und der beschneidenden Überstülpung einer Identität, die nicht nur Konkurrenz von Ansprüchen, sondern Unterdrückung zur Folge haben kann.[19] Dadurch verstellt man sich den Blick auf die Anderen als Andere: Kontingenz und Pluralität erfordern ein sich beständig wandelndes Verstehen, das beschrieben werden, aber nie auf Identitäten, nicht einmal auf Quasi-Identitäten verkürzt werden kann, außer um damit genau diese Konkurrenz zu erzeugen und ein offenes Verstehen abzubrechen, denn man weiß ja zumindest für den Moment wer *der**die Andere ist oder *die* Anderen sind; eine Illusion. Auf die Thematik des Verstehens und der Offenheit durch Pluralität werde ich im zweiten Hauptteil ausführlich eingehen.

Nach diesen Abgrenzungsversuchen und dem stückweisen Aufbauen dessen, was das Hauptanliegen der vorliegenden Arbeit ist – die Darstellungen Anderer als Andere zu beschreiben, soll als Nächstes genauer auf das sozialphilosophische Interesse dieser Arbeit eingegangen werden. Dazu lohnt sich ein Blick in die Zusammenfassung *Sozialphilosophie: Eine Einführung* von Rahel Jaeggi und Robin Celikates. Sie halten fest, dass sich neben der Sozialphilosophie auch die Moralphilosophie und die Politische Philosophie, »mit der Frage befass[en], *was wir tun sollen* (und

---

18   Ebd. S. 9.

19   Man könnte einwenden, dass Anerkennung bei Charles Taylor und Axel Honneth anders bestimmt wird als bei Bedorf, doch eine detaillierte Untersuchung der Verhältnisse zwischen den Anerkennungstheorien würde den Fokus der Arbeit verändern und die Darstellungsweise im Miteinander als Perspektive verlieren. So muss diese kurze Stellungnahme ausreichen, um plausibel zu machen, warum der Begriff der Anerkennung hier nicht expliziter verhandelt wird.

warum)«.[20] Die Antwort, die ich hier auf diese Frage geben werde, ist folgende: Statt zu fragen, *was* wir tun sollen, stelle ich die Frage, *wie* wir das tun können, was wir tun, und welche Alternativen sich dadurch darstellen, dass wir erleben, wie Andere sich verhalten. Man könnte nun meinen, dass dadurch das kritische Potenzial der Sozialphilosophie, das Jaeggi und Celikates hervorheben, verloren geht.[21] Und das stimmt zum Teil, da in dieser Arbeit zwar Kritikansprüche vorgetragen werden können, aber nicht eindeutig geklärt oder vorgeschrieben werden kann, welche Art und Weise zu leben die *eine* richtige ist. Diesen Anspruch zu formulieren, wäre, auf Grund der Beschreibung der Pluralität des Sozialen, eine Hybris. So ist die Kritik, die Jaeggi und Celikates vorschlagen, eine immanente Kritik: »Dabei muss sie sich nicht an das faktische Selbstverständnis der Akteure binden, sondern geht vom wesentlichen Doppelcharakter von Krisen aus, der sich einerseits in objektiven Problemlagen und Fehlentwicklungen, andererseits in den Erfahrungen und dem Leiden der Akteure an sozialen Funktionsstörungen manifestiert.«[22] Diese immanente Kritik ist aber nicht die einzige Möglichkeit der Sozialphilosophie, denn durch die Frage danach, *wie wir gemeinsam als Andere erleben*, eröffnet sich eine produktive Dimension der Sozialphilosophie, die nicht nur aufzeigt, welche »Krisen«, »Fehlentwicklungen« und »Leiden an Funktionsstörungen« vorhanden sind, sondern auch, welche positiven, unterstützenden und akzeptierenden Verhaltensweisen im Miteinander zum Füreinander führen können. Dabei ist es kein Widerspruch, vom gemeinsamen Erleben und von Alterität im Sinne von konkreten Anderen zu sprechen: Man erlebt bestimmte Situationen gemeinsam, man ist am selben Ort oder zur selben Zeit und dadurch trifft man die Anderen und ihre alterierenden Perspektiven auf die Welt an. Es geht also, um es nochmals zu wiederholen, darum, Andere als Andere zu verstehen. Und damit schließe ich mich Detlef Horster an, der für die Sozialphilosophie festhält: »Darum kann man [...] sagen, dass die sinnverstehende Methode für die Sozialphilosophie unverzichtbar ist, ganz gleich, in welchem theoretischen System man sich befindet.«[23]

Aus der Bestimmung, dass wir immer schon für Andere in einer bestimmten Art und Weise (Darstellung) erlebbar sind, ergibt sich der Aufbau der vorliegenden Arbeit wie folgt. Im ersten Hauptteil *Der Vorzug des Erlebens* werde ich mich dem Begriff des Erlebens direkt zuwenden, um den Grundstein für die These der generellen Erlebbarkeit Anderer und von einem selbst als Andere*r unter Anderen zu legen. Dazu wird der Begriff des Erlebens mit den Begriffen Bewusstsein – in Form des husserlschen Verständnisses als theoretisierendes Bewusstsein – und Dasein – so wie es Heidegger bestimmt – kontrastiert. Dies bedeutet konkret, dass sowohl

---

20   Rahel Jaeggi & Robin Celikates: *Sozialphilosophie: eine Einführung*, München: C.H. Beck 2017, S. 8.

21   Vgl., ebd. S. 111.

22   Ebd., S. 116f.

23   Detlef Horster: *Sozialphilosophie*, Leipzig: Reclam 2005, S. 140.

der Begriff des »Daseins«, als auch der Begriff des Bewusstseins ins Erleben einflie-
ßen werden, jedoch nicht vollständig. Das Bewusstsein wird als Art und Weise, wie
einem etwas gegeben ist, zu einer attributiven Zuschreibung der im Erleben verei-
nigten Fähigkeiten des Denkens, Fühlens, Wahrnehmens, Handelns und Imaginierens überführt, wohingegen vom Dasein die praktische Eingebundenheit in eine
durch Gegenstände geformte Umwelt aufgegriffen wird. Dabei werde ich jedoch
gegen die Vorstellung Heideggers argumentieren, dass das Dasein genau dann *eigentlich* sei, wenn es isoliert ist.[24] Erleben bedeutet im Gegensatz dazu, niemals
isoliert, also von Anderen losgelöst zu sein. Nach diesen Schritten wird durch die
Übernahme und Ausformulierung der radikalen These Deleuze', dass die Anderen
die Kategorie des Möglichen konstituieren, aufgezeigt, dass eben diese Bedingtheit
des Erlebens durch Andere nicht nur darin besteht, dass Andere mit mir die erlebten Situationen teilen, sondern dass die Andersheit eine notwendige Struktur dieses Erlebens ausmacht. Dadurch, dass die Kategorie des Möglichen durch die Anderen konstituiert wird, trifft dies auch auf das jeweilige Selbstbild zu und macht
uns je selbst zu Anderen. Damit steht diese Arbeit im ersten Hauptteil in Opposition zu jeder Theorie des Erlebens oder des Sich-bewusst-Werdens-der-Anderen, die
rein vom Subjekt ausgeht. D.h. – in aller Deutlichkeit –, diese Arbeit befasst sich
damit, zu zeigen, dass eine Theorie über die Bedingung der Wirklichkeit, die die
Anderen nicht von Beginn an mit einschließt, einen Ausschluss der Möglichkeit bedeutet, die Anderen anzuerkennen und selbst von Anderen anerkannt zu werden.
In theoretischer Hinsicht gibt es im Verhältnis zu Anderen entweder eine Mitbe-
trachtung oder einen Ausschluss, der sich nachträglich nicht mehr auflösen lässt.
Das Erleben, in der hier beschriebenen Form als *bewusstes, intentionales,* nicht an
ein transzendentales Ego gebundenes, sich *leiblich verschiebendes Feld,* bildet durch
diese Struktur gerade eine Vielstimmigkeit ab, in der wir mit Anderen zusammen
in Erscheinung treten, wodurch auch das eigene Selbst jeweils als Andere*r und
Andere als Selbst anerkannt werden können.

Diese Beschreibung des Erlebens erreicht im ersten Hauptteil ihren Höhe-
punkt, wenn in der Rekonstruktion des cartesianischen Cogito durch Husserl nicht
nur die phänomenologische Beschreibung auf die Evidenz der Unanzweifelbarkeit
des eigenen Selbst gestellt wird, sondern auch die immer schon vorhandene
Existenz Anderer, also die Sozialität, in diese Gewissheit einbezogen wird: Es ist
also nicht nur gewiss, dass ich Bewusstsein habe oder dass ich Bewusstsein von
etwas habe, sondern dass mein Erleben von etwas Erleben mit Anderen notwendig
macht. Oder kurz: Erleben bedeutet immer, sich als Andere*r unter Anderen zu
erleben.

Diese komplexe Evidenz ergibt sich durch eine Übertragung der existenzphilosophischen Maxime, dass die Menschen zur Freiheit verurteilt sind, in eine Form,

---

24   Vgl. Martin Heidegger: *Sein und Zeit*, Tübingen: Niemeyer 2006, S. 188.

die von Anderen abhängig ist: Meine Freiheit ist nicht die Unableitbarkeit eines Wesens, sondern mein Mangel oder Leck an Wesenhaftigkeit ergibt sich gerade daraus, dass Andere mich mitbestimmen. Wie sollte man auf die Idee kommen, etwas anderes sein zu können als man ist, wenn es nicht Andere gäbe, die einem genau diese Veränderung spiegeln, indem wir uns zueinander unterschiedlich verhalten, indem wir Andere für Andere sind? In anderen Worten ist unsere Freiheit das Sich-zur-Welt-verhalten-Können, weil wir unsere Darstellung gegenüber Anderen aufs Spiel setzen. Die Möglichkeiten, wie man sich in der Welt verhält, entstehen deshalb nicht *ex nihilo*, sondern sie sind vorrangig die Verhaltensweisen von Anderen, die unter Anderen leben und deshalb Möglichkeiten präsentiert bekommen. Es sind strukturierte Umgangsweisen, gesellschaftliche Ablaufpläne, in denen man einen bestimmten Freiraum hat, wenn man sie annimmt, oder die Möglichkeit, diese Strukturen zu verändern: Die Freiheit ist immer auf und durch Andere gerichtet. All diese Darstellungen der Andersheit im Erleben lassen den ersten Hauptteil in einer Zurückweisung des Solipsismus enden. Durch diese Beschreibung wird es nicht nur möglich zu bestimmen, wie sich ein Füreinander einstellen kann, sondern es werden auch Phänomene beschreibbar – die in dieser Arbeit zwar nicht dezidiert untersucht werden sollen – wie Opportunismus, Gruppenzwang und Terrorbrüderlichkeit.[25]

Im zweiten Hauptteil *Das Erleben der Anderen* wird mit der Doppeldeutigkeit, die dieser Titel bietet, gespielt: Es geht also darum, das eigene Erleben in Verbindung mit dem Erleben, das Andere von einem selbst haben, zu beschreiben. Dabei wird im ersten Kapitel *Miteinander in sozialen Räumen* auf die Bedeutung der leiblichen Bewegung verwiesen, um im Erleben den eigenen Horizont, den Bereich bewussten Erlebens durch andere Perspektiven zu verschieben. Diese Verschiebbarkeit des Horizontes führt dazu, die Bestimmungen »Drinnen« und »Draußen« für das Erleben der Welt und damit auch der Anderen nicht als starre Seiten einer Grenze zu verstehen. Drinnen und Draußen sind relationale Kategorien, die eine Perspektive voraussetzen und damit variabel sind. Diese Beschreibung ist notwendig, um die gegenseitige Erlebbarkeit von Anderen unter Anderen nicht dadurch zu beschränken, dass einige Fähigkeiten zwar aktiv ausführbar sind, aber nicht in einer angemessenen Weise von Anderen erlebt werden können. Speziell geht es hier um die Gedanken und Gefühle Anderer, die intuitiv nicht als von Anderen erlebbar gelten. In dieser Arbeit soll jedoch dafür argumentiert werden, dass trotz einer erstpersonalen Autorität in der Deutung der Gefühle und im Denken keine erstpersonale Exklusivität folgt. Dies soll heißen: Nur weil es meine Gedanken sind, die ich denke, sind es nicht nur meine. Sie stellen sich durch meine Haltung,

---

25   Vgl. Sartre: *Kritik der dialektischen Vernunft*, S. 468. Sartre führt auf dieser Seite die möglichen negativen Konsequenzen unseres Seins unter Anderen sehr detailliert aus.

meine Gesten und meinen Ausdruck für Andere und damit auch erst für mich dar, oder, wie es Goffman beschreibt: Ich trage eine »Fassade«.[26]

Dieser Begriff ermöglicht es, in Verbindung mit der Relationalität des »Drinnen und Draußen« zu bestimmen, dass meine Gedanken für Andere in Erscheinung treten und dass sie nicht einmal nur meine sind, sondern dass Teile eines Gedankens, wenn nicht sogar der gesamte Gedanke, von einem Anderen außerhalb meiner Gedanken mitbestimmt werden. Neben Goffman werden in diesem Kapitel auch Maurice Merleau-Ponty, Bernhard Waldenfels und Judith Butler als Argumentationspartner*innen auftreten. Diese vier Autor*innen vereint der Gedanke der sichtbaren Verkörperung, der Performanz sozialer Strukturen im Verhalten bzw. als *Fassade*. Ausformuliert bedeutet dies, dass man in der hier vorgeschlagenen Beschreibung von sozialen Räumen, sowohl auf die eigenen als auch auf die Gedanken und Gefühle Anderer durch die Eigenheiten von sozialen Räumen zu sprechen kommen kann. Die Fassaden der Anderen bilden nämlich soziale Strukturen und Hierarchien ab, die auf die Menschen einwirken, die in ihnen leben. Diese Beschreibung soll so weit getrieben werden, dass es nicht bloß Räume sind, die diese Strukturen abbilden, sondern dass in einigen Fällen die Strukturen so stark durch eine Person verkörpert werden, dass diese Person die Strukturen als Teil der eigenen Fassade – wortwörtlich – zur Schau stellt.

Im zweiten Kapitel dieses Hauptteils *Der Alltag mit Anderen im Fokus* geht es dann, auf dieser Bestimmung der Verkörperung von Gedanken, Gefühlen und sozialen Strukturen aufbauend, darum, wie diese Strukturen – und damit auch diejenigen, die sie verstetigen – verstanden werden können. Dazu wird sich auf den Begriff der Sedimentierung gestützt, den Merleau-Ponty benutzt, um zu beschreiben, wie die eigenen Handlungen und die Handlungen Anderer nicht einfach im Nichts verschwinden oder aus dem Nichts heraus in Erscheinung treten. Auch minimale Handlungen hinterlassen Spuren in der materiellen Wirklichkeit, ob es Verhaltensweisen sind, die sich ritualisieren und so den eigenen Leib betreffen, oder ob es tatsächlich materielle Umformungen der Welt in Form von Kulturobjekten sind. Ein Beispiel, an dem beides besonders deutlich aufgezeigt werden kann, lässt sich in der Kulturtechnik des Schreibens finden: Die Handhabung der verschiedenen Schreibwerkzeuge und diese Werkzeuge selbst sind konkrete Beispiele für Sedimentierungen. Diese Sedimentierungen werden nun also herangezogen, um zu beschreiben, inwiefern uns der Sinn, den Andere in ihren Erlebensweisen ausdrücken, zugänglich ist, obwohl wir – wie schon mit Goffman angesprochen – nicht die Gesamtheit aller Bedingungen kennen, um zu hundert Prozent sagen zu können, warum, was und wie jemand anderes etwas tut.

Diese Beschränkung des Verstehens auf eine Wahrscheinlichkeit führt dazu, in diesem Kapitel eine pragmatistische Position dem Verstehen gegenüber einzu-

---

26   Goffman: *Wir alle spielen Theater*, S. 19.

nehmen. Das heißt: Verstanden ist das, was ein funktionierendes Verhalten miteinander eröffnet.[27] Dabei soll aber explizit darauf verwiesen werden, dass funktional nicht mit effektiv gleichzusetzen ist. Funktional kann auch ein Umweg, etwas Unsinniges oder etwas völlig Uneffektives sein, was jedoch nicht ausschließen soll, dass nicht auch das Effektive funktional sein kann. Wenn das Miteinander also funktional verstanden werden kann, dann ergibt sich die Möglichkeit, als Hauptthese dieser Arbeit mit Recht zu formulieren: Die Anderen sind die Bedingung unserer Wirklichkeit; was bedeutet, dass alle füreinander die Wirklichkeit konstituieren. Diese These beruht auf einer Überlegung, die wohl in weiten Teilen der Sozial-, Verhaltens- und Geisteswissenschaften als evident angenommen wird: Unsere Wirklichkeit baut sich konstitutiv auf den Sedimenten anderer Menschen, Generationen und direkt erlebbarer Anderer auf, weil ohne diese Pluralität an Anderen weder ein Sinn in der erlebbaren Wirklichkeit existieren würde, noch etwas verstanden werden könnte.

Durch diese konstitutive Leistung, die aus der Pluralität der Anderen erwächst, ergibt sich nun auch klarer der Titel »Der Alltag mit Anderen im Fokus« dieses Kapitels: Das Verstehen ist eine Form, die Anderen zu fokussieren und von Anderen fokussiert zu werden. Damit erreicht die Arbeit in diesem Kapitel den Punkt, an dem nicht mehr vorrangig beschrieben wird, dass die Anderen unsere Bedingung der Wirklichkeit sind. Bestimmt werden – neben dem Erleben der Darstellung der Anderen und der Beschreibung des Verstehens – zwei weitere Formen des Miteinanders, die die Grundlage für ein Verhalten bilden, das auf ein Füreinander ausgerichtet ist. Diese sind zwei miteinander verknüpfte Fokussierungsformen: die *Sorge* und die *parrhesia* (das Freimütige-für-wahr-Sprechen/sich-Darstellen). Mit ihnen soll aufgezeigt werden, welchen Unterschied es macht, von den Anderen als Bedingung der Wirklichkeit auszugehen. In Bezug auf die Sorge bedeutet dies im Speziellen eine Auseinandersetzung mit der Bestimmung dieses Begriffs durch Heidegger: Neben den von ihm angegebenen zwei Formen der Sorge – 1. der des *Einspringens* (ich erkenne dein Problem und löse es für dich) und 2. der des *Vorausspringens* (ich erkenne dein Problem und zeige es dir auf) – kann noch eine dritte Sorgeform bestehen. Dies wird offensichtlich, da in den ersten beiden Sorgeformen immer nur ein Subjekt der Ausgangspunkt für die Sorge ist: Es ist immer »meine« Sorge. In der von mir vorgeschlagenen Sorgeform wird im Gegensatz dazu eine soziale Struktur als Ausgangspunkt genommen, über die man *gemeinsam stolpert*. Man wird sich gemeinsam darüber klar, wie es ist, unter einer bestimmten Struktur zu leben. Diese dritte Form zu bestimmen, bedarf der Kombination der Kritik an der heideggerschen Beschreibung mit den Ausführungen Foucaults zur *parrhesia*: denn es ist das Aussprechen, wie es für einen tatsächlich ist, in dieser

---

27   Sowohl »Miteinander« als auch »funktional« sind hier keine normativen Kategorien. Es sind Beschreibungsdimensionen für die Wirklichkeit, als Andere unter Anderen zu leben.

oder jener Situation zu sein, das es ermöglicht gemeinsam auf die beschriebene Situation und durch sie hindurch auf die sozialen Strukturen einzuwirken. In der *parrhesia* als Ethos, als Art und Weise, miteinander umzugehen, zeigt sich außerdem offensiv die Verbindung zu Anderen: *Parrhesia* ist ein beständiges Risiko. Man tritt vor die Anderen und beschreibt die eigene Situation aus der eigenen Perspektive. Dabei trifft man auf die Perspektiven Anderer, die Situationen, in denen andere leben, und damit die Ansichten und Meinungen Anderer, die mit Verständnis, aber auch Unverständnis reagieren können. Die *parrhesia* ist im besten Fall der Grundstein für Verständigung, sie kann jedoch auch der Grund dafür sein, zu bemerken, dass man miteinander unvereinbare Ansichten hat.

Das Für-wahr-Sprechen stellt gleichzeitig auch die Überleitung in das dritte und letzte Kapitel des zweiten Hauptteils *Im Horizont mit Anderen* dar. In diesem Kapitel soll nämlich dasjenige in den Fokus der Beschreibung rücken, was einem selbst nicht ohne Zutun von Anderen erscheinen kann: Es sind die Perspektiven, die Licht auf die Verhaltensweisen von mir und Anderen werfen, die also jedem*r aufzeigen, wie man selbst erlebt wird. Durch diesen Perspektivwechsel hin zu dem, was Andere in und an mir erleben, können für jede*n selbst Teile des eigenen Umgangs mit der Welt und Anderen aus dem Horizont in den eigenen Fokus rücken. An einem alltäglichen Beispiel aufgezeigt, bedeutet dies Folgendes: Wir sitzen zusammen in einer Diskussionsrunde. Jemand stellt gerade den eigenen Text vor, über den im Nachhinein diskutiert werden soll. Der Vortrag beginnt in einem Tempo, das ihn gut nachvollziehbar macht, doch die Person wird immer schneller und das gleichzeitige Mitlesen des Textes dadurch nahezu unmöglich. Die lesende Person scheint dies jedoch nicht zu bemerken. In dieser Situation kann jede vom Lesen abweichende Geste (jeder Ausdruck oder auch eine hinweisende Handlung, bis hin zum Unterbrechen der lesenden Person) dazu führen, dass diese ihr schneller werdendes Lesen erfasst. Es wäre eine Fokusverschiebung von einer potentiellen Aufregung hin zum schnelleren Lesen, um es zu verändern. Die Anderen haben etwas angezeigt, was einem selbst nicht offensichtlich zugänglich war.

Diese Beschreibung eröffnet nun den Übergang zum letzten Hauptteil der vorliegenden Arbeit, dem Teil, der überschrieben ist mit »Die sozialen Situationen«. In ihm wird der Begriff des Risikos wieder aufgegriffen, der im Zuge der Beschreibung der *parrhesia* schon im zweiten Hauptteil eine Bedeutung hat. Durch den Begriff Risiko soll damit ein Phänomen beschrieben werden, das den Übergang zwischen verschiedenen sozialen Situationen markiert. Das Risiko, das man eingeht, wenn man aktiv eine Situation erlebt, ist nicht nur das Risiko der Person, die offensichtlich eine Handlung wie bspw. sprechen ausführt, sondern auch jenes der Personen, die eher passiv wirken. Sie tragen bspw. das Risiko, zu hören, was gesagt wird. Das Risiko ist damit nicht meines, deines, eueres, es ist ein gemeinsam geteiltes Maß dafür, ob die Situationen gewohnt ablaufen oder sich in Richtung absurd verändern. Diese beiden Kategorien (gewohnt und absurd) stellen für die

Beschreibung die zwei Pole dar, unter denen eine soziale Situation mit Anderen erlebt werden kann; als gewohnt freundlich, harsch, uninteressant oder gewohnt langweilig im Gegensatz zu absurd, also außerhalb dessen, wie man die Situation aufgrund der durchlebten und mitgeschaffenen Sedimente erwartet hätte.

In diesem letzten Kapitel kommen also alle Punkte zusammen, die bisher besonders hervorgehoben wurden: Die Gebundenheit des Erlebens an die Anderen ermöglicht uns soziale Situationen auf Grundlage von sedimentiertem Verhalten als gewohnt (egal in welcher Art gewohnt) oder als absurd zu verstehen, weil wir durch jedes aktive oder passive Erleben ein Risiko in einem gemeinsam geteilten Raum eingehen. Wir können immer Andere oder zumindest deren Spuren in den Dingen und unserem eigenen Verhalten bemerken, wenn wir *hinhören oder hinsehen*. Diese Arbeit gipfelt also in der Behauptung der generellen Anwesenheit von Anderen, entweder direkt oder vermittelt.

Im allerletzten Schritt führen die verschiedenen Darstellungen davon, wie die erlebte Alterität unsere Wirklichkeit konstituiert, zu folgender These: *Einander als Andere und sich selbst als Andere*n seiner*ihrer selbst zu verstehen, ist die Aufgabe, die die Wirklichkeit den Menschen stellt.* Diese kann mit Merleau-Ponty wie folgt paraphrasiert werden kann: »Es trifft lediglich zu, dass sie [die Wirklichkeit, P.H.] meinen Verpflichtungen als eines einzelnen jene Verpflichtung hinzufügt, andere Situationen als die meine zu verstehen, zwischen meinem Leben und dem der anderen einen Weg zu bahnen, das heißt mich auszudrücken.«[28] Diese Grundlage ist es, die mich zum Schluss dieser Arbeit für eine *mögliche Solidarität* plädieren lässt: Sehen und hören wir genau genug hin, dann spiegeln sich die Anderen in unseren Verhaltensweisen und wir uns in ihren, dann erleben wir uns aktiv als Andere unter Anderen.

Was gilt es also in dieser Arbeit zu beweisen? Es gilt durch die Beschreibung dessen, was erlebt wird, aufzuzeigen, dass das Erlebte eine Wirklichkeit darstellt, die ihre Konturen dadurch erhält, dass sie im Miteinander von einer Pluralität von Anderen konstituiert wird. Dafür sollen die Folgen unserer Wirklichkeit, mit Anderen in derselben Welt zu leben, bestimmt werden, indem die Art und Weise, wie sich das Miteinander im Erleben darstellt, beschrieben wird. Diese Arbeit schließt damit an Lambert Wiesings Überlegungen zur Wahrnehmungsphilosophie an, die er in *Das Mich der Wahrnehmung* entwickelt: Seine dort vorgestellte *inverse Transzendentalphilosophie* soll die Folgen der Wahrnehmung, eine Zumutung für die wahrnehmende Person zu sein, darlegen. Ich transformiere also Wiesings Argumentation über die Wahrnehmung durch eine Fokusverschiebung auf das gesamte Erleben: Nicht nur in der Wahrnehmung, sondern auch im Handeln, Imaginieren, Denken und Fühlen gibt es Formen der Zumutung, die gesondert bestimmt werden können. Darüber hinaus – so die These dieser Arbeit – gibt es jedoch eine ge-

---

28   Maurice Merleau-Ponty: *Zeichen*, Hamburg: Felix Meiner 2007, S. 103.

meinsame Zumutung dieser Fähigkeiten, die sich nur darstellen lässt, wenn man Denken, Fühlen, Handeln, Wahrnehmen und Imaginieren zusammen beschreibt, da sie alle zum Erleben der Wirklichkeit gehören: Ihnen ist gemein – so soll es sich im Verlauf der Arbeit herausstellen –, dass man nicht erleben kann, ohne sich Anderen darzustellen, sowie auf die Darstellungen Anderer zuzutreffen. Oder kurz: Man kann sich nicht nicht miteinander darstellen und jede Darstellung wirkt sich aus; ist Teil der Wirklichkeit.

Der Vorzug des Erlebens – eine historisch-systematische Revue

Wie wir leben können und leben wollen – so die These, die sich durch die gesamte vorliegende Arbeit zieht –, lässt sich nur in Beziehung zu Anderen beschreiben. Hier geschieht also die Darstellung dessen, was es für die Wirklichkeit bedeutet, dass wir gezwungenermaßen mit Anderen zusammenleben.[1] Diese Art und Weise zu leben werde ich in dieser Arbeit mit dem Begriff des Erlebens bestimmen, da durch ihn all das gefasst werden kann, was für uns darlegt, wie man sich verhält, und dadurch auch, wie es in Erscheinung tritt. Dies erfordert jedoch nicht nur eine Beschreibung des Notwendigen oder des Wesenhaften, wie es in der Phänomenologie durch die eidetische Variation erreicht werden soll. Es erfordert vielmehr eine Fokusverschiebung auf dasjenige, was in der eidetischen Variation als *kontingent* beiseitegelassen bzw. ausgeklammert wird (also nicht für eine Wesensbestimmung zu rechtfertigen ist). Es ist demnach die Aufgabe dieser Arbeit, aufzuzeigen, dass das Erleben notwendig bzw. wesenhaft mit nicht zu Rechtfertigendem beschäftigt ist, um auf dieser phänomenologischen Basis eine Bestimmung der sozialen Strukturen, unsere Abhängigkeit von Anderen, aufzuzeigen. Oder kurz: Wie kann das Zusammenspiel von kontingenten sozialen Strukturen und den Bedingungen unserer Wirklichkeit dargestellt werden? Um diese Frage zu beantworten, werden in dieser Arbeit phänomenologische Positionen mit poststrukturalistischen Bestimmungen der sozialen Strukturen zusammengebracht.

In diesem ersten Hauptteil wird dafür der Begriff des Erlebens in Abgrenzung zum Begriff eines theoretisierenden Bewusstseins beschrieben, durch welches vor

---

1   Mit dieser Fixierung auf die Wirklichkeit schließe ich mich einem Wunsch von Petra Gehring an, den sie in *Ist die Phänomenologie eine Wirklichkeitswissenschaft?* formuliert und unter der Bezugnahme auf Deleuze, Foucault und Merleau-Ponty darlegt. Die Verbindung dieser Autoren wird auch in dieser Arbeit benutzt, um phänomenologisch auf die Wirklichkeit Bezug zu nehmen. Vgl. Petra Gehring: *Ist die Phänomenologie eine Wirklichkeitswissenschaft? – Überlegungen zur Aktualität der Phänomenologie und ihrer Verfahren*, in Mathias Flatscher, Iris Laner u.a. (Hg.): *Neue Stimmen der Phänomenologie, Band 1, Die Tradition, das Selbst*, Nordhausen: Traugott Bautz 2011, S. 31, 36 & 46.

allem ein Erkenntnisinteresse im Umgang mit der Welt bestimmt ist. Diese Abgrenzung – die bei Weitem keine neue Beschreibung darstellt – geschieht hier, um begrifflich den Alltag miteinander im Erleben zu beschreiben. Dies bedeutet, die sozialen Strukturen im Alltag phänomenologisch zu thematisieren, um damit die volle Bedeutung der Anderen für das Erleben und die je eigene Stellung als Andere*r für Andere nicht zu unterschlagen, sondern sie explizit zu machen.

Dazu werden in der gesamten Arbeit verschiedene Theorien und Theoretiker*innen miteinander ins Gespräch gebracht, wobei sowohl die unterschiedliche Metaphorik, als auch die abweichende Schwerpunktsetzung beim systematischen Gebrauch von Begriffen beachtet werden muss: Bspw. meint *präreflexiv* bei Sartre, dass man in einem nicht reflexiven Bezug zu sich selbst steht, man sich also jeweils als einzigartig im eigenen Erleben erfährt, ohne dies reflektieren *zu müssen*.[2] Merleau-Ponty betont hingegen die Anonymität des Präreflexiven, weil nicht *ich* wahrnehme, sondern *man*.[3] Beide Aspekte gehören – folgt man den beiden Autoren – zum Präreflexiven; *man* ist bei sich selbst, ohne beständig auf sich reflektieren zu müssen, *man* hat dadurch noch kein *feststehendes* Ich, sondern was *man* erlebt, ist eine *anonyme* Beziehung zwischen der Welt und den Menschen. Erst in der Reflexion wird das Ich thematisch als eine bestimmte Einheit gesetzt.[4] Aus der Reflexion, die sich auf etwas Präreflexives richtet, leitet Merleau-Ponty ab, dass die Wahrnehmung, die präreflexiv abläuft, anonym geschieht, und Sartre bestimmt aus demselben Phänomen, dass schon das Präreflexive jeweils einzigartig sein muss, da die Einzigartigkeit der reflektierenden Person sich auf das präreflexive Erleben richtet. Eine einzigartige Anonymität ist das Ergebnis, wenn man beide Beschreibungen verbindet, und erscheint auf den ersten Blick wie ein begriffliches Paradox. Diese augenscheinlich paradoxe Struktur löst sich aber auf, wenn man keinen Extremfall daraus macht, sondern die Wirklichkeit im Alltag betrachtet: Ein Beispiel dafür kann ein Gang durch die Stadt sein. Man verlässt das Café am Markt und läuft zurück ins Büro, den gesamten Weg lang ist man es selbst, der*die läuft, aber man denkt nicht darüber nach, dass man läuft, noch wie, noch welchen Weg man einschlagen muss. *Man* geht ihn einfach. *Man* kann im Nachhinein darauf reflektieren, dass *ich* es war, und niemand sonst (Singularität) aber erst dann erkenne ich auch, was ich abweichend (Aufhebung der Anonymität) von den Anderen gemacht habe. Habe ich einen kleinen Hüpfer gemacht, als ich die Treppen hinunterlief, bin ich Anderen ausgewichen etc. Das Erleben ist vor der Reflexion einzigartig und anonym. Anonym ist das präreflexive

---

2   Vgl. Jean-Paul Sartre: *Das Sein und das Nichts – Versuch einer phänomenologischen Ontologie*, Rowohlt: Reinbek b.H. 2012, S. 21.
3   Vgl. Maurice Merleau-Ponty: *Das Primat der Wahrnehmung*, Frankfurt a.M.: Suhrkamp 2003, S. 39.
4   Vgl. Sartre: *Das Sein und das Nichts*, S. 25.

Erleben also deshalb, weil keine permanente Reflexion abläuft, die bestimmt, was *man* in diesen Momenten macht. *Man* antwortet mit den Verhaltensweisen auf die Situation; im Beispiel durch das Gehen ins Büro. Singulär ist es, weil es zwar theoretisch jede Person sein könnte, die die Stelle des *Man* ausfüllt, aber es ist immer nur eine, die sich in der Reflexion als eine bestimmte Person herausstellt. Schwierigkeiten dieser Art, beim Versuch verschiedene Theorien in Bezug auf die Aussagen über die Bedeutung von Anderen für unsere Wirklichkeit zu verbinden, werden die gesamte Arbeit begleiten. Sie im Alltag anhand von Beispielen aufzulösen, entspricht der Methodik dieser Arbeit.

Um zum Thema des Erlebens und dessen Bedeutung für uns Andere als Andere überzuleiten, beginnt die Beschreibung hier mit einem historischen Blick auf einige phänomenologische und poststrukturalistische Positionen: Den Anfang macht dabei die Beschreibung eines auf Erkenntnis ausgelegten Modells des Bewusstseins von Husserl. Diese Beschreibung markiert auch den Beginn der phänomenologischen Forschung im Allgemeinen. Dieses Konzept wird in der Phänomenologie selbst und erstmals umfassend durch Heideggers Konzeption des »Daseins« kritisiert. Diese kritische Haltung gegen den vorrangig erkennenden Weltumgang begründet eine Linie der Phänomenologie, die über Sartre, Gurwitsch, de Beauvoir und Merleau-Ponty zum hier verwendeten Begriff des Erlebens führt.

Das Erleben wird hier als die Verbindung der Menschen untereinander in der Welt aufgefasst und ist damit die komplexe Verkörperung der Intentionalität. Es soll die Strukturen des Handelns, Fühlens, Imaginierens, Wahrnehmens und Denkens als Einheit darstellen.[5] Die Argumentation für diese These führt also durch einen kurzen historischen Überblick, in dem auch Positionen betrachtet werden, die sonst eher unbeachtet bleiben, hin zu einer systematischen Aussage und These. Das Erleben umfasst die intentionalen Fähigkeiten, die *uns* einen bewussten Teil der Welt in unseren Empfindungen, unserem Fühlen, Denken, Handeln, Vorstellen und unserer Wahrnehmung erschließen: *Durch diese Fähigkeiten teilen wir das Erlebte miteinander.* Oder, um es in der Terminologie der Einleitung im Anschluss an Wiesing zu sagen: Die Zumutung des Erlebens ist es, das Erlebte immer mit anderen zu teilen. Es wird also in doppelter Hinsicht von einer grundlegenden Gemeinsamkeit ausgegangen: erstens von einer Gemeinsamkeit, die allen bewussten Fähigkeiten der Menschen zukommt; und zweitens von einer, die bedeutet, dass den Menschen als Andere durch das gemeinsame Erleben eine Wirklichkeit offenbar wird, in der wir nie getrennt von Anderen sind, sondern wir einen Bereich erleben, der zwischen uns geteilt ist.[6]

---

5   Vgl. Maurice Merleau-Ponty: *Phänomenologie der Wahrnehmung*, Berlin: de Gruyter 1966, S. 254.
6   Vgl. Merleau-Ponty: *Das Primat der Wahrnehmung*, S. 36. »Ich werde niemals wissen, wie Sie Rot sehen, und Sie werden nie wissen, wie ich es sehe; aber diese Trennung der Bewusst-

Zu den eher unbeachteten Positionen zählt dabei u.a. die von Aron Gurwitsch, die er in *Die mitmenschlichen Begegnungen in der Milieuwelt* darlegt. In diesem Werk zieht er in Zweifel, dass ich nichts über das *sogenannte* Innenleben der Anderen erfahren kann.[7] Der historische Überblick gliedert sich dafür in verschiedene Unterabschnitte, die den Begriff des Erlebens immer mehr spezifizieren, in denen aber auch klar werden wird, dass der Begriff gerade durch seine Beziehung zu Anderen nicht vollständig durch eine analytische Definition bestimmt werden kann. Es ist ein Begriff, der die Geltung der Genese innerhalb der Wirklichkeit bestimmt. In allen Unterpunkten werden sich die Anderen als miteinander in Verbindung stehende darstellen, wobei sich die Bedeutung der Anderen in diesem ersten Hauptteil in den verschiedenen hier betrachteten Positionen verschieden stark ausprägt. Besonders deutlich wird dies im zweiten und dritten Sinnabschnitt. In ihnen wird vor allem Heidegger den Part des Argumentationspartners einnehmen, dessen Plädoyer für eine Vereinzelung *des* Menschen als eigentliches Weltverhältnis in der Angst zurückgewiesen wird, um davon ausgehend die Abhängigkeit jedes Erlebens von anderen Personen zu bestimmen. Dafür werden einige kurze Passagen von Sartres Studie zu Gustave Flauberts Leben aufgegriffen, da durch sie gezeigt werden kann, dass die Anderen nicht nur mein Auftreten in der Welt beeinflussen, sondern auch das Erleben, das ich von mir selbst habe. Diese Überlegung bildet die Grundlage der gesamten folgenden Arbeit.

Nach dieser Beschreibung der Bedeutung der Anderen für das Erleben wird gezeigt werden, dass gerade die Form des *Miteinander-Erlebens* darauf schließen lässt, dass das Erlebte im Sozialen geteilt werden kann, da es keinen notwendigen oder hinreichenden Grund dafür gibt, warum etwas Erlebtes nur einem*r Einzelnen zugänglich sein sollte. Diese Theorie des Erlebens lässt sich vervollständigen, indem das Konzept der Intentionalität mit Aron Gurwitsch und Maurice Merleau-Ponty im fünften Abschnitt *Intentionalität raum-zeitlich gedacht* überdacht wird: Aus einer als Strahl metaphorisierten und zur Erkenntnis bestimmten Intentionalität wird eine intentionale Darstellung werden, die den Horizont für die Fokussierung von Anderen und Gegenständen eröffnet. Das Besondere dabei ist der Bezug zur Bewegung des eigenen Leibes, die man mit Emanuel Levinas folgendermaßen ausführen kann: »Das Subjekt verharrt nicht länger in der Unbeweglichkeit des idealistischen Subjekts, sondern findet sich in Situationen fortgerissen, die sich nicht in Vorstellungen, die es sich von diesen Situationen machen könnte, auflösen.«[8]

---

seinströme wird erst nach dem Scheitern der Kommunikation erkannt, und unsere erste Reaktion besteht darin, an ein Seiendes zu glauben, das zwischen uns ungeteilt ist. Es gibt keinen Grund, diese ursprüngliche Kommunikation als Täuschung anzusehen«.

7   Aaron Gurwitsch: *Die Mitmenschlichen Begegnungen in der Milieuwelt*, Berlin/New York: de Gruyter 1977, S. 50.

8   Emanuel Levinas: *Die Spur der Anderen*, S. 148.

In den Abschnitten *Erleben ist nicht Erlebnis* und *Der Solipsismus ist keine Möglichkeit* wird der so entwickelte Begriff des Erlebens mit dem Begriff des Erlebnisses bei Husserl verglichen, um zu bestimmen, welche anderen Möglichkeiten sich durch diesen transformierten und im Vergleich zu Husserl erweiterten Begriff des Erlebens ergeben, durch den eine Beschreibung des Solipsismus notwendig falsch sein und aus der Wirklichkeit herausführen muss. Um zu diesen Punkt zu gelangen, wird nun aber zuerst beschrieben, wieso überhaupt eine Untersuchung zum Begriff des Erlebens einer Arbeit zur Sozialphilosophie vorausgeht.

Der Weg zum Erleben Die Frage danach, wie einem Menschen etwas gegeben ist, wird in der Phänomenologie durch die Beschreibung beantwortet, dass Menschen Bewusstsein von etwas haben bzw. auf etwas gerichtet sind. Dieser Bestand wird mit dem Begriff *Intentionalität* bezeichnet.[9] Wie genau jedoch die Intentionalität strukturell beschaffen ist, ist eine Frage, die in der Phänomenologie selbst unterschiedliche Beantwortungen erfahren hat: Das intentionale Bewusstsein von etwas, das Husserl von Brentano ausgehend beschreibt, ist ein rein auf Erkenntnis ausgerichtetes.[10] Denn wenn man Intentionalität als Gerichtetheit auf einen Gegenstand versteht, den ich entweder in der »natürlichen Einstellung« oder in der »Epoché« seinem Wesen nach erkennen will, so wie es Husserl in den *Ideen I* vorsieht, geht es vor allem darum, *Wissen* über etwas zu erlangen.[11] Diese Art, das Bewusstsein zu denken, wird schon von Heidegger in *Sein und Zeit* durch einen größeren Praxisbezug ersetzt. Er beschreibt dazu den Begriff »Dasein« als Gegenentwurf zu dem des Bewusstseins, weil ersterer keine rein *theoretische* Beziehung zum Gegenstand mehr haben soll, sondern den Handlungsbezug des Menschen im Leben fokussiert.[12]

Das »Dasein« soll – laut Heidegger – eine grundlegende Neubestimmung für die Phänomenologie bedeuten, einen Wechsel vom Primat der Erkenntnis, hin zum Primat des Handelns, so schreibt Heidegger: »Das theoretische Verhalten ist unumsichtiges Nur-hinsehen.«[13] Das heißt, dass der Vorrang des Erkennens selbst eine Reduktion der menschlichen Fähigkeiten auf das theoretische Weltverhältnis darstellt: denn statt die Bedeutung des Handelns oder Fühlens mitzubeschreiben, wird alles auf ein Erkenntnisinteresse reduziert. Diese methodische Reduktion auf das Erkennen der Welt führt zu einer sachlichen Beschränkung des Erlebten auf das Erkennen. Damit ist man aber aus dem Bereich des tatsächlichen Lebens in

---

9   Vgl. J. N. Mohanty: *Intentionality*. In Dreyfus, Hubert L. (Hg.): *A companion to phenomenology and existentialism*, Malden, Mass: Blackwell, 2007, 69f.

10   Vgl. Edmund Husserl: *Logische Untersuchungen*, Band I, *Prolegomena zur reinen Logik* (Text nach Husserliana XVIII), Hamburg: Felix Meiner 1992, S. 7.

11   Edmund Husserl: *Ideen zu einer reinen Phänomenologie und phänomenologischen Philosophie* (Text nach Husserliana III/1 und V), Hamburg: Felix Meiner 1992, S. 201.

12   Vgl. Martin Heidegger: *Sein und Zeit*, S. 69.

13   Ebd.

den Bereich einer modellierten Theorie übergegangen, in dem es ein erkennendes Subjekt in Beziehung zu Erkenntnis*objekten* gibt.[14] Der Vorzug des Erlebens ist es, dass das Erkennen als Ergebnis des *Nachdenkens*, als *Reflexion* über etwas Wahrgenommenes, eine Handlung etc. beschrieben und somit nicht losgelöst vom Leben gedacht wird. Ähnlich konstatiert auch Bernhard Waldenfels den Wechsel der Perspektive von Husserl zu Heidegger in *In den Netzen der Lebenswelt*: »Bekanntlich hat Heidegger in *Sein und Zeit* die Perspektive Husserls verschoben: die pure Vorhandenheit [das Erkannte, P.H.] ist ein derivater Modus gegenüber einer ursprünglichen Zuhandenheit [einer Bindung an praktische Handlungen, P.H.], die auf einer spezifischen Vorhabe beruht.«[15] Waldenfels bezieht sich mit seinen Ausführungen auf den hier ebenfalls schon kurz erwähnten Gurwitsch.[16] Diese Kritik und Analyse Gurwitschs an Heideggers, und der Phänomenologie Husserls wird im Weiteren immer wieder Impulse für die Transformation dieser Theorien bieten. Die hier mit Waldenfels bestimmte Transformation des Primats der Erkenntnis hin zum Primat des Handelns soll dabei aber keinesfalls besagen, dass das Handeln losgelöst von jeder Theorie oder losgelöst von jeder Erkenntnis und schon gar nicht gelöst vom Denken verliefe, sondern nur, dass es auf der Ebene des Mit-der-Welt-Umgehens einen Vorrang des Praktischen gibt, weil durch die aktive Bewegung in der Welt erlebt wird, was im Erkennen als Wissen von etwas festgestellt werden kann.[17] Die Bewegung ist ein Prozess, dem gegenüber das Erkannte als Endpunkt des Erkenntnisprozesses einen statischen Bezugspunkt darstellt. Dieser erkannte Bezugspunkt liegt nach dem Erlebten, ohne das es wohl nichts Erkanntes und keinen Erkenntnisprozess geben könnte. Ich nenne das Erkannte deshalb Bezugspunkt, weil es von dem Zeitpunkt seines Erkannt-Seins oder Erkannt-Scheinens auf das Erlebte einwirkt.

Diese Kritik am Primat des Erkennens findet sich auch bei Gurwitsch in dem schon erwähnten Text *Die mitmenschlichen Begegnungen in der Milieuwelt*, mit dem er sich 1931 habilitierte. Gurwitsch führt – ebenso wie Heidegger – das Problem, wie das Weltverhältnis in der Bewusstseinsphänomenologie Husserls gedacht wird, auf die Art zurück, wie man das Bewusstsein beschreibt: »Wie weit die Wahrnehmung des Mitmenschen auch gehen und wie viele Einzelheiten sie auch umfassen mag, niemals kommen wir über den Bereich physischer Qualitäten und Veränderungen hinaus, niemals stoßen wir in der Wahrnehmung auf Fremdseelisches.«[18] So benennt Gurwitsch in kritischer Absicht, wohin Husserls reines Erkenntnisinteresse

---

14   Vgl. Aron Gurwitsch: *Die Mitmenschlichen Begegnungen in der Milieuwelt*, S. 62f.

15   Bernhard Waldenfels *In den Netzen der Lebenswelt* Frankfurt a.M., Suhrkamp 2016, S. 21.

16   Vgl. ebd.

17   Die Bedeutung der Bewegung wird im Unterkapitel *Miteinander in sozialen Räumen* noch weiter expliziert.

18   Gurwitsch: *Mitmenschliche Begegnung in der Milieuwelt*, S. 5f.

führt. Dieser Befund stellt sich in Gurwitschs Analyse als einseitig heraus.[19] Wendet man sich den Sachen selbst zu, in diesem Fall den anderen Menschen, die erlebt werden, so stellt er sich nicht nur als einseitig, sondern als fragwürdig heraus. Die Bewusstseinsphänomenologie Husserls stößt nämlich auf ein Problem: Die Anderen begegnen einem – im Gegensatz zu Steinen, Teer etc. – in jeder *Situation* mit *Ausdruck*. Wir zeigen uns gegenseitig immer auf eine bestimmte Art und Weise, weil wir uns *aktiv* darstellen. Oder, wie Gurwitsch sagt: »Niemals kommt uns im Alltagsleben der Gedanke, daß wir das, was in unseren Mitmenschen vorgeht, nicht unmittelbar in der Wahrnehmung selbst haben.«[20] Denn die Unterschiede und Ähnlichkeiten, die uns im Erleben der Anderen widerfahren, sind schon das »Fremdseelische« schlechthin. Genau diese Alltagserfahrung, die Anderen verstehen zu können, bildet einen Ausgangspunkt der hier vorliegenden Arbeit. Damit steht das Thema dieser Arbeit in einer Linie mit Gurwitsch, de Beauvoir, Sartre und Merleau-Ponty. Letzterer schreibt in *Die Abenteuer der Dialektik* in einem ähnlichen Wortlaut wie Gurwitsch: »Die Anderen brauche ich nicht erst anderswo zu suchen: ich finde sie innerhalb meiner Erfahrung, sie bewohnen die Nischen, die das enthalten, was mir verborgen, ihnen aber sichtbar ist.«[21] Es soll hier dementsprechend nicht gefragt werden, warum ich die Anderen als Andere verstehe, sondern *wie* die Nischen selbst erlebbar sein können.

Dabei zeigt sich deutlich der Unterschied zwischen dem hier beschriebenem Projekt und der anfänglichen Auffassung der Phänomenologie, da die eben beschriebene Alltagserfahrung von Husserl als »natürliche Einstellung« bezeichnet wird, genauer als »natürlich theoretische Einstellung«.[22] Die alltägliche Welt ist bei Husserl also schon durch eine erkenntnistheoretische Fragestellung überformt und wird dann noch weiter durch die *Epoché* umgewandelt, in der alles vorher Bekannte, das Alltägliche ausgeklammert werden soll: »Ich darf ihn [einen evidenten Satz] nur annehmen, nachdem ich ihn die Klammer erteilt habe. Das heißt: nur im modifizierenden Bewußtsein der Urteilsausschaltung«.[23] Doch das ausgeschaltete Urteil der Alltagswelt ist vor jeder *Epoché* die Grundlage, auf der aufbauend eine Erkenntnis erst möglich wird. Oder noch radikaler: Die Anderen in der *Epoché* auszuklammern, würde dazu führen, nichts mehr zum Untersuchen zu haben, da für uns nichts ohne Bezug zu Anderen besteht. Die Sozialität wird in dieser Arbeit zu einem unhintergehbaren Faktum erklärt.

Um fortzuschreiten, soll in diesem ersten Kapitel ausgehend von der gerade zitierten Kritik an einer Phänomenologie, die ein Erkenntnisinteresse als primäres Weltverhältnis setzt, gezeigt werden, dass es einen Vorteil bringt, die Menschen

---

19   Vgl. ebd.
20   Ebd., S. 6.
21   Maurice Merleau-Ponty: *Die Abenteuer der Dialektik*, Frankfurt a.M.: Suhrkamp 1974, S. 166.
22   Husserl: *Ideen I*, S. 10.
23   Ebd., S. 65f.

als einander im Handeln, Wahrnehmen, Fühlen, Imaginieren und Denken Begegnende zu verstehen. Die Menschen sind also Andere, die einander gemeinsam im Erleben begegnen. Dies führt zum Begriff des Erlebens, der alltagssprachlich unproblematisch verwendet wird, in der Philosophie jedoch als Terminus technicus eine explizite Ausformulierung verdient. Das Erleben ist im besonderen Fall dieser Arbeit immer das *Erleben der Anderen*. Es taucht als Begriff – neben der Lebensphilosophie Henri Bergsons und Wilhelm Diltheys – in der Phänomenologie vorrangig in der existenzphilosophischen Umformung dieser Philosophie bei Sartre auf. Dies geschieht in jener Phase seines Schreibens auf, in der er sich mehr als zuvor der sozialen Welt und ihrer Bedeutung für die einzelnen Menschen zuwendet.[24] Dabei beginnt er, immer noch ausgehend von einer phänomenologischen Beschreibung, dialektische Prozesse in den Blick zu nehmen; den Wechsel der sozialen Strukturen, denen man je selbst in der Gesellschaft begegnet.

Zum Erleben und zu einem Begriff, der diesem Erleben auch im Alltag gerecht wird, gelangt man also nicht, wenn man durch ein reines Erkenntnisinteresse die Komplexität des Verhältnisses der Menschen zueinander und damit zur Welt reduziert. Man erfasst das Erleben, indem man versucht, der Komplexität des Alltags gerecht zu werden, seine verschlungenen, und gegenläufigen Bedeutungen aufzunehmen und in Wechselverhältnisse zu setzen: Schon während ich hier sitze und schreibe, mich für diese Beschreibung aufs Schreiben konzentriere, fallen Bereiche des Erlebens in den Hintergrund; dass ich mit Freunden am Tisch einen Kaffee trinke, verliere ich bei dieser Bezogenheit aufs Schreiben fast völlig aus dem Blick. Anders das Ginger-Baker-Solo, das am Nebentisch abgespielt wird: Es lässt meine Füße und auch meinen Kopf und langsam auch mein Tippen in den Rhythmus und Takt der Trommelschläge miteinstimmen. Doch d.h. nicht, dass die befreundeten Personen am Tisch oder die Musik in diesem Moment ihre konstitutive Bedeutung für die Situation verlören. Die Anderen stehen mit mir und dem Solo von Mr. Baker in einer für den Moment nicht auflösbaren konstitutiven Relation. Die Arten unserer Einflüsse aufeinander sind plural. Diese Beschreibung führt zu der Frage, ob das Erleben dialektisch beschrieben werden kann, als Wechselspiel von Thesen und Antithesen. Dies wäre eine Möglichkeit, im Erleben nicht nur unmittelbar auf die Welt bezogen zu sein, sondern sinnvoll auf soziale Strukturen und die Bedingtheit durch Andere Bezug zu nehmen, ohne zusätzliche Konstruktionen anzunehmen.

Geformtes Erleben? Die Plurallektik der Darstellung Nachdem, wie in der Überleitung des letzten Abschnitts angekündigt, das Erleben mit sozialen Strukturen durch

---

24   Vgl.: Jean-Paul Sartre: *Fragen der Methode*, Reinbek b.H.: Rowohlt 1964, S. 144, ders.: *Entwürfe für eine Moral*, Reinbek b. H. Rowohlt, 2005, S. 753. & ders.: *Kritik der Dialektischen Vernunft*, S. 823.

die Dimension der Darstellung verbunden wurde, ist dieser Abschnitt eine Schlüsselstelle für das vorliegende Projekt, da hier gezeigt wird, inwiefern die Darstellung des Erlebens schon durch Andere strukturiert ist. Dieses Vorhaben klingt für eine phänomenologische Beschreibung im ersten Moment nicht einlösbar, da es in einer solchen um das subjektive Bestimmen einer Wesenheit geht – zumindest, wenn man Husserl folgt. Doch mit Levinas lässt sich hier eine argumentative Brücke schlagen, um im Ausgang von Sartre soziale Strukturen phänomenologisch zu beschreiben. Levinas überschreibt die phänomenologische Praxis wie folgt:»Die Rückkehr zu den Akten, in denen sich die intuitive Gegenwart der Gegenstände enthüllt, ist die wahre Rückkehr zu den Sachen.«[25] Levinas formuliert in diesem Satz Husserls Diktum für die Phänomenologie»Zu den Sachen selbst« um. Es ist eine Umformung in der schon beschriebenen Linie der Phänomenologie, die den nur auf das Erkenntnisinteresse abzielenden Untersuchungen Husserls die Beschreibung des praktischen Umgehens in der Welt gegenüber- oder zumindest beiseitestellt. Das Diktum könnte hier also – im Sinne Levinas´ – »Zu den Verhaltensweisen mit den Sachen selbst« heißen, wenn es hier um eine Phänomenologie der Gegenständlichkeit ginge. Doch es braucht noch einen weiteren Schritt hin zu »Zu den Verhaltensweisen der Menschen in der sozialen Welt selbst«, wenn abgebildet werden soll, was in diesem Abschnitt bestimmt werden wird. Hinzu kommt durch die Perspektive von Levinas die Betonung, dass diese Verhaltensweisen nicht aus dem Nichts entstehen, sondern eine Geschichte, ein Vorher und ein Nachher haben. Mit der Beschreibung der Verhaltensweisen kann man – laut Levinas – die »Zugangswege aller durchlaufenen und vergessenen Evidenzen wieder[finden]. An ihnen bemißt sich das ontologische Gewicht des Gegenstandes, der über sie hinauszugehen scheint.«[26] Diese modifizierte, häretisch anmutende Beschreibung der phänomenologischen Methode ist es, in der die Prozesse und die sozialen Strukturen zu Tage treten, die der Alltagswelt Gewicht verleihen.

Die Verhaltensweisen müssen also durch die Beschreibung, »wie sie in Erscheinung treten«, in der Situation verortet werden, in der man sich so oder so verhält. Die Beschreibung, von der hier ausgegangen wird, muss damit im Alltag beginnen, in dem dann soziale Strukturen, die das Verhalten formen, bestimmt werden können. Die Geltung dieser Strukturen verändert sich somit im Laufe der Zeit. Die Geltung wechselt hin und her, sie nimmt zu oder ab; sie kann sich ganz auflösen und wieder neu entstehen, wodurch sich zeigt, dass die Strukturen sich darstellen müssen, sich wieder verlieren und – am wichtigsten –, sich stetig verändern. Gäbe es keine Form, in der sich die Wechsel und die Beständigkeit der Strukturen darstellen würden, dann gäbe es auch keine Möglichkeit überhaupt, auf überindividuelle Strukturen zu verweisen. Nun versteht man jedoch die Anderen und de-

---

25   Levinas: *Die Spur des Anderen*, S. 88.
26   Ebd., S. 89.

ren Verhaltensweisen als ähnlich oder unähnlich, als absurd und gewohnt, als die Wiederholung von Normen, die einem*r selbst im eigenen Verhalten begegnen. Will man diese Phänomene nicht verdecken, so müssen sie in ihrer Darstellung beschreibbar sein. Es sind also diese Wechsel der Geltungen bzw. der Evidenz, die ein bestimmtes Verhalten leiten, die phänomenologisch beschrieben werden können, um das »Gewicht« (die momentane Bedeutung der sozialen Strukturen), mit dem wir Gegenstände und andere Menschen erleben, aufdecken zu können.

Durch diese Wechsel könnte man nun auf den Gedanken kommen, dass sich eine beständige dialektische Bewegung im Erleben zeigt. Die bestehenden Strukturen bilden eine These: Bspw. zeichnet sich darin ein Leistungsprinzip ab, dass man, wenn man sich an die Arbeit setzt – wenn man keine festen Arbeitszeiten hat –, es nicht schafft, sinnvoll Pausen einzulegen oder nach mehreren Stunden Arbeit einen Abschluss zu finden. Man erlebt sich selbst als unruhig oder unleidlich, nicht in einer Reflexion, sondern im Umgang mit Anderen, in ihren Reaktionen auf das eigene Verhalten, aber man macht weiter. Die Antithese bzw. der Widerspruch, der von einer befreundeten Person eingelegt wird, drückt sich in dem Satz »Du machst dich selbst kaputt!« aus. Die Antithese könnte sich weiter durch ein Verhalten ausformen, das auf die Unruhe mit Aufforderungen zur Pause reagiert, oder darin, Ruhe erzeugen zu wollen, indem man die Produktivität aufzeigt und die Möglichkeit, sich Zeit lassen zu können, gerade, weil man schon genug getan hat. Das Leistungsprinzip, das die eigenen Verhaltensweisen leitet, wird mit einem Widerspruch konfrontiert, der dieses Prinzip hinterfragt und der somit als Antithese verstanden werden kann.

Eine Synthese dieser Verhaltensweisen könnte man darin sehen, dass das Leistungsprinzip hinterfragt wird und man sich neu zu ihm verhalten muss, folgt man ihm implizit weiter oder versucht man explizit dagegen vorzugehen. Soweit die Möglichkeiten, eine dialektisch anmutende Beschreibung des Erlebens zu geben. Doch diese Beschreibung ist klar und eindeutig. Wenn man die Beschreibung an die Darstellung der Personen knüpft, dann zeigt sich, dass in einem momentanen Verhalten nicht eine einzelne These vorgestellt, sondern beständig eine Pluralität verkörpert wird. Das Erlebte ist nicht klar und eindeutig oder eine bloße Verbindung zwischen Zweien, es ist ein Wirrwarr an Relationen zueinander mit vielfältigen Gesichtern. D.h., übersetzt in die Rede von These und Antithese: Man kann ein Verhalten als These kategorisieren, genauso gut kann man dasselbe Verhalten jedoch auch als Antithese bestimmen. Die Unruhe ist für jemanden, der, die gerade beschriebene Hegemonie schätzt, kein negatives Verhalten, sondern ein Anzeichen für Zielstrebigkeit, Effektivität, Leistungsbereitschaft etc., also sicher keine Antithese zum eigenen Miterleben der Person (es sei denn, mit der Unruhe ginge ebenso ein ablehnendes Verhalten einher, das jedoch dann nicht auf die Ablehnung von übermäßiger Leistung bezogen werden muss, sondern auch darauf bezogen werden kann, was diese Person gerade selbst tut).

Im Erleben, so kann man das eben Geschriebene zusammenfassen, gibt es eine Vielzahl an Perspektiven, von denen ausgehend man eine Situation beschreiben kann, deshalb ist eine Anwendung der dialektischen Terminologie sinnvoll, bei der Beschreibung einer Position und eines Widerspruchs, nicht jedoch bei der Beschreibung der Darstellungen die plurale Positionen umfassen, aber keine Kontradiktionen oder vollständige Widersprüche aufzeigen. So werden die Unruhe und die Unleidlichkeit für eine andere Person Anlass, sich ebenfalls nicht gut zu fühlen, aber bspw. aus dem Grund, sich selbst nicht in dieser Form unter Druck setzen zu können, um mit bestimmten Deadlines anders umgehen zu können. Hier wird das Erlebte zu einer Antithese zum eigenen Arbeitsverhalten, aber nicht zur Meinung darüber, dass man Leistung erbringen sollte. Doch auch zu diesem Punkt kann das Erleben der Darstellung von Unruhe und Unleidlichkeit führen, nämlich dann, wenn man eine andere Vorstellung davon hat, wie der Wert von Arbeit beurteilt werden sollte. Die soziale Struktur des Leistungsprinzips formt demnach das Erleben der Darstellung der Anderen in Bezug auf die Arbeit. Und was durch diese Vielfalt an Perspektiven zum Ausdruck kommen sollte, ist, dass die eindeutige Zuordnung von These und Antithese im Erleben nicht getroffen werden kann. Man muss also, wenn man die Formung des Erlebens durch Andere und Strukturen bestimmen will, die Beschreibung einer pluralen Perspektivität in Angriff nehmen.

Diese abzubilden, ist der Zweck davon, den Bereich des Miteinanders in einer Plurallektik zu denken, denn die plurale Perspektivität kann nicht als Mangel bzw. Schwäche oder Stärke gesehen werden: Sie ist die Form, in der sich das Erleben für Andere darstellt. Jede dargestellte Perspektive ist zugleich These als auch Antithese, nicht in Form einer Synthese, sondern in einer konkreten Beziehung zu einer oder mehreren Anderen und deren Verhalten. Das jeweilige Verhalten mutet einem*r die Anderen also in unterschiedlichen Gegebenheitsformen zu: zum einen als direkte Interaktionspartner*innen, die im Verhalten aufeinander antworten; zum anderen als Prinzipien oder als gelernte Normen, kurz als soziale Strukturen, die man nicht selbst hervorgebracht hat, die aber Teil dessen sind, wie man selbst auf Situationen antwortet. Im Fall, dass man sich über die eigene Reproduktion des Leistungsprinzips mit Anderen beschwert, ist es also sowohl ein Antworten auf das Verhalten der Anderen, auf die Situation, in der man das Prinzip reproduziert, als auch auf die Performativität der sozialen Struktur in der Reproduktion. Diese Beschreibung ist deshalb möglich, weil das Erleben nicht für sich allein steht, sondern in mehrfacher Hinsicht für Andere eine Zumutung ist:[27] Eine Zumutung,

---

27   Vgl. Wiesing: *Das Mich der Wahrnehmung*, S. 124ff. Dort beschreibt Wiesing die fortwährende Zumutung der Anwesenheit von etwas durch die Wahrnehmung. Die hier geschehene Ausweitung auf das Erleben bedeutet, dass die Formen der Zumutung, die das Wahrnehmen zum Wahrnehmen machen, nämlich Anwesenheiten zu präsentieren, hier ergänzt werden. Die Wahrnehmung präsentiert nicht nur Anwesenheiten, sondern Anwesenheiten auf eine

die durch das Erleben der Darstellung der Anderen eine Antwort auf Verhaltensweisen ist, die von diesen Anderen schon dargestellt wurden, gerade dargestellt werden, oder die man als mögliche Darstellung der Anderen imaginiert. Damit ist die Zumutung des Erlebens kein Inhalt, kein vorgegebenes Etwas – es könnte ja zu Beginn des Hauptteils gezeigt werden, dass das Erleben bedeutet, kontingente Verhaltensweisen zur Darstellung zu bringen –, sondern die grundlegende Form, in der man etwas darstellt: Die Zumutung des Erlebens ist es, nichts darstellen zu können, was nicht in Bezug zu Anderen stünde. Es ist also für das vorliegende Projekt nicht vorrangig von Bedeutung, was das Ziel meiner Handlungen ist, was das Objekt meiner Wahrnehmung, das Sujet meiner Imagination, der Grund dafür, dieses oder jenes zu fühlen, oder was der Gegenstand meines Denkens ist. Der Fokus liegt in dieser Arbeit, wie bereits erläutert, auf der Darstellung des Erlebens (Zumutung für Andere) und dem Erleben der Darstellung von Anderen (Widerfahrnis der Anderen); als Andere muten wir Anderen Darstellungen zu und ebenso widerfahren sie uns.

In dieser Art und Weise lese ich auch Butler als Theoretikerin der Darstellung des Erlebens für und durch Andere, wenn sie von Ekstase spricht, was durch das folgende längere Zitat unterstützt werden soll:

> Wir neigen zum Beispiel dazu, die Geschichte der feministischen, der Lesben- und Schwulenbewegung so zu erzählen, daß die Ekstase in den sechziger und siebziger Jahren und bis in die Mitte der achtziger Jahre eine große Rolle spielte. Vielleicht ist aber die Ekstase viel ausdauernder als gedacht; vielleicht begleitet sie uns die ganze Zeit. Ek-statisch sein bedeutet buchstäblich, aus sich herausgetreten sein, und kann daher mehrere Bedeutungen haben: von einer Woge der Leidenschaft aus sich herausgetragen zu werden, aber auch vor Wut oder Schmerz außer sich zu sein. Ich denke, wenn ich immer noch ein »wir« ansprechen kann oder mich selbst darin einschließen kann, spreche ich zu denjenigen von uns, die in bestimmten Hinsichten außer sich leben, sei es in sexueller Leidenschaft, emotionaler Trauer oder politischer Wut.[28]

Diese Bestimmung des Außer-sich-Seins ist eine Beschreibung des Erlebens, in der man die Wirkung einer sozialen Struktur erfährt. In der politischen Wut, der Trauer oder der sexuellen Leidenschaft stellt sich die Ablehnung einer bestehenden Struktur dar, die gerade dieses Verhalten als außerordentlich bestimmen würde. Auf theoretischer Ebene erschließt dieses Zitat außerdem implizit das Außer-sich-Sein als Form, in der sich das Erleben darstellt. Damit ist nicht gesagt, dass man

---

bestimmte Art und Weise. Die Transformation ist es nun, die Art und Weise daran zu binden, wie wir uns miteinander verhalten.

28   Judith Butler: *Gefährdetes Leben – politische Essays*, Frankfurt a.M.: Suhrkamp 2005, S. 41.

notwendig von einem Drinnen startend sich aus sich heraus bewegt – dieser Metaphorik von Drinnen und Draußen ist das Kapitel Miteinander in sozialen Räumen dieser Arbeit gewidmet. Was damit gesagt ist, ist, dass man sich explizit und offen den Anderen darstellt, außer sich bei Anderen ist. Ohne die Bedeutung dieser intensiven Ekstase als Bruch mit bestehenden Strukturen schmälern zu wollen, ist die Ekstase jedoch nicht nur da zu finden, wo in voller Deutlichkeit das Empfinden auf Andere trifft, sondern jedes Verhalten ist eine Darstellung dessen, wie etwas erlebt wird und kann somit nur außer sich – oder noch genauer: bei Anderen sein. So kann auch Helmuth Plessner verstanden werden, wenn er über den Menschen als eine exzentrische Positionalität spricht.[29] So kann mit Butler und Plessner ein »Dass« bestimmt werden. Es ergibt sich aus dem Verhalten der Menschen zueinander, dass sie nicht bei sich – also getrennt von Anderen – existieren, sondern, dass sie außer sich bei Anderen sind, solange sie etwas erleben. Woher kommt nun diese Gewissheit? Sie wird dadurch nachvollziehbar, indem man sich, wie es hier in den Beispielen geschehen ist, der Beschreibung widmet, wie sich das Erleben darstellt.

Frage ich mich, um noch ein Beispiel anzubringen, wie ich dazu gekommen bin, zu promovieren, dann steht kein einzelner Entschluss dafür als abstrakte Grundlage meines Handelns, sondern das Promovieren ist eine präreflexive Einheit verschiedenster Verhaltensweisen (vergangenen, momentanen und zukünftigen), also verschiedensten aktiv entschiedenen genauso wie widerfahrenen Begebenheiten: Es sind implizit gespürte Erwartungen meiner Eltern und Großeltern, eigene Ambitionen, die sich während des Studiums entwickelt haben und die Unterstützung verschiedener Dozent*innen und von Freunden und den sozialen Strukturen, die sich bei mir bspw. in einem akademischen und finanziell abgesicherten Elternhaus verkörpern. All diese Punkte spielen in die Evidenz hinein, dass es möglich ist, diese Dissertation zu schreiben, an ihr weiterzuarbeiten. Dabei sind jedoch nicht alle Bestimmungen immer gleich intensiv erlebt: Während man schreibt, ist es wohl (reflexiv betrachtet) vor allem die Lust am Text, die eine*m auch nach einer langen und ablenkungsreichen Nacht am nächsten Morgen fortfahren lässt und weniger ein Gefühl des Drucks, den man auf sich selbst ausübt. Doch genau diese Beschreibung kann sich in der Reflexion unter einem anderen Fokus als nicht mehr evident herausstellen, wenn man die Schreibpraxis selbst in den Blick nimmt und ihre obsessive Form erkennt. Die Lust am Text und das obsessive Schreiben gehen Hand in Hand und bedingen den Arbeitsprozess gegenseitig. Zusätzlich verleihen die Anderen und die sozialen Strukturen, die sie und man selbst verkörpern, der Entscheidung Gewicht, wodurch eine Reflexion auf das Vorhaben aus verschiedenen Perspektiven erst ermöglicht wird. Erzählt

---

29   Vgl. Helmuth Plessner: *Elemente menschlichen Verhaltens* in ders., Gesammlte Schriften VIII, *Condition humana*, Frankfurt a.M.: Suhrkamp 1983, S. 190ff. & 195.

man jemandem, dass man promoviert, wird dadurch eine Erwartungshaltung geschaffen, die von der eigenen verschieden ist. Durch diese Reflexionen auf das Vorhaben kann also erkannt werden, welches Gewicht die einzelnen Bereiche für einen und Andere haben. Es wird explizit, was vorher im Präreflexiven implizit ablief. Genau durch diese Reflexion kann sich dann aber das tatsächliche Gewicht des Erlebten verändern: Die Geltung schwankt im Sozialen hin und her. Diese ganze Beschreibung ist hier deshalb notwendig, um verstehen zu können und explizit zu machen, welche Übergänge und Dimensionen man in einer Beschreibung des Erlebens nicht fokussiert und nicht fokussieren kann, wenn man etwas nur durch sein Erkenntnispotential bestimmt.

In diesem Beispiel findet sich die Verbindung der gerade eingeführten Plurallektik als Abbildung der mehrdeutigen, pluralen Bedeutungen, die die Verhaltensweisen und Darstellung der Anderen zueinander konstituieren. Denn von dieser Ebene ausgehend – die in Sartres Worten präreflexiv ist – kann durch die Reflexion festgehalten werden, was man gerade getan hat und wie. Präreflexiv ist das durch die Plurallektik Bestimmte deswegen, weil die Verhaltensweisen zwar reflexiv geplant sein können und man auf sie reflektieren kann, es aber keine Notwendigkeit darstellt, auf sie zu reflektieren. Damit ist das präreflexive Erleben, wenn man an den Anfang dieses Hauptteils zurückdenkt, der Ort, an dem man sich zueinander verhält. Er ist nicht ein Ort der Einheitlichkeit, gerade weil jede Person, die sich zu Anderen verhält, eine Perspektive darstellt, die, ohne darüber reflektieren zu müssen, auf die Perspektiven von Anderen trifft, und deshalb kann der Bereich dieses Erlebens nur als Pluralität verstanden werden. In diesem Bereich gibt es keine reine Erste-Person-Perspektive und keine reine Dritte-Person-Perspektive, weil das Erleben weder nur meines noch das von Anderen ist; es ist Zumutung und Widerfahrnis zugleich.

Sartre beschreibt nun anhand dessen, was er das Erlebte nennt, den Prozess, wie man sich selbst und Andere versteht. Es ist ein Wechsel zwischen dem Präreflexiven, also dem In-das-was-man-tut-engagiert-Sein, und dem Reflexiven, dem dieses Engagiert-Sein-Überdenken, während man in dieses Überdenken engagiert ist. An einem Beispiel: Während ich schreibe, denke ich nicht darüber nach, welche Tasten gedrückt werden müssen, um meine Gedanken in geschriebene Worte zu überführen. Ich drücke sie einfach. Wenn ich aber gefragt werde, was ich mache, kann ich antworten: Ich schreibe. Ich verstehe mich also als ein Schreibender.[30] Ich kann aber auch antworten, dass ich arbeite, dass ich tippe, dass ich denke. Dann verstünde ich mich als arbeitend, tippend, denkend:

---

30   Dieses Beispiel findet sich in Form des Zigarettenzählens bei Sartre. Ich werde gegen Ende dieses Hauptteils darauf zurückkommen. Vgl. Sartre: *Das Sein und das Nichts*, S. 21f.

Was ich le vécu, das Erlebte, nenne, ist nun aber gerade das Ganze des dialektischen Prozesses des psychischen Lebens [der bewussten Fähigkeiten, P.H.], ein
Prozeß, der sich selbst notwendig weitgehend verborgen bleibt [vergessene,
schon durchlebte Evidenzen, P.H.], weil er eine ständige Totalisierung ist, und
zwar eine Totalisierung, die sich ihrer nicht [in Gänze] bewusst sein kann. [...] Das
Erlebte führt also immer zum Verstehen, nie zum Erkennen.[31]

Hier finden sich die gerade beschriebenen plurallektischen Prozesse wieder. Sie
zeigen sich beim Versuch, Andere zu verstehen: denn, wenn man an das Beispiel
anknüpft, kann ich mich beim Schreiben nicht nur als Schreibender verstehen,
sondern auch als arbeitende Person. Dann hieße die Antwort: Ich arbeite; oder
aber: Ich schreibe ein Beispiel. Man kann aber auch sagen, man habe bis eben pro-
krastiniert. Die andere Person kann den Sinn verstehen, den man kommuniziert
oder durch das Verhalten darstellt: denn ich erlebe nicht nur mein Verhalten und
die Anderen nicht nur ihres; wir erleben die Darstellungen der jeweils anderen.
Man erlebt, dass sie einen auffordern, mit zu handeln, oder dem ablehnend gegenüberstehen. Diese Aufforderung oder Ablehnung verstehen zu können, geschieht
meistens, ohne dass man darauf reflektieren muss. Der Sinn des Verhaltens ist mir
schon präreflexiv gegeben. Dies ist dadurch möglich, dass ich die Anderen durch
ihr Verhalten erlebe, oder wie man es alltäglich darstellen kann: Man erlebt die Anderen als Menschen, die jeweils selbst Andere sind und einen selbst als Andere*n
erleben.

So kann, wie gerade gezeigt, über das Erleben, welches Sartre in seinem späten Denken einführt, eine Brücke zwischen Sartres Überlegungen vom Präreflexiven und Reflexiven zur Plurallektik geschlagen werden.[32] Begibt man sich vom
Standpunkt des Erlebens der Pluralität aus, wieder zurück zu Sartres existenzphilosophischer Dialektik, dann sieht man, dass sie sich zwischen den beiden Polen
»präreflexiv« und »reflexiv« hin und her bewegt, aber jeder dieser beiden Bereiche
eine Pluralität an möglichen Thesen und Antithesen umfasst. Eine endgültige Bestimmung, was These und was Antithese ist, ist nicht möglich. Im Pluralen gibt es
nur die Aushandlung von (Anti-)Thesen, die je nach persönlicher Perspektive das
eine oder das andere am Selben darstellen können. Deshalb müssen die Perspektiven aber auch nicht erkannt worden sein, um mein Erleben zu bestimmen. Die im
Beispiel der Promotion aufgeführten Punkte sind nur jene, die ich für mich selbst

---

31   Jean-Paul Sartre: *Sartre über Sartre: Interview mit Perry Anderson, Ronald Fraser und Quintin Hoare*
      in *Sartre über Sartre*, Reinbek b. H.: Rowohlt 1977, S. 151.
32   Eine Ausarbeitung zur »Spätphilosophie« Sartres findet sich u.a. im Text Alfred Betscharts:
      Sartres politische Spätphilosophie – vom Marxismus zum Anarchismus. Frankfurt a.M.: Peter Lang
      2017. & besonders in dem Aufsatz von Jens Bonnemann: *Sartre und die Macht der Dinge. Überle-*
      gungen zum Weltverhältnis zwischen Handlung und Welt, in Lembeck, Karl-Heinz; Mertens, Karl;
      Orth, Ernst Wolfgang (Hg.): *Phänomenologische Forschung*, Hamburg: Meiner, 2009.

erkannt habe, aber es sind weder alle möglichen noch alle wirklichen Bezugspunkte: Ihre Menge ist plural und kontingent. Damit ist schon die Dialektik Sartres, eben wie die Plurallektik des Erlebens, weder in der Geschichte noch in der Natur zu finden, sondern nur im Erleben der Menschen. Metaphorisch könnte man also sagen: Die Dialektik von Reflexivem und Präreflexivem, die den Selbsterkenntnisgrad der plurallektischen (Anti-)Thesen bestimmt, bleibt beim Bodensatz der idealistischen Dialektik stehen. Es gibt nur 1. den durch sich selbst erlebbaren Prozess der Bewusstwerdung und 2. den durch die Anderen angestoßenen Erkenntnisprozess, der selbst wieder erlebt wird. Sartre bleibt dabei dennoch einer idealistischen Sprache verhaftet, die er durch die Vorsicht gegenüber einer absoluten Synthese der Dialektik auszugleichen versucht. Durch die phänomenologisch-existenzphilosophische Beschreibung deckt er eine fortlaufende, syntheselose Struktur der Dialektik auf. Dies kann hier nun genauer bestimmt werden, weil die Synthese genau deshalb ausbleiben muss, weil es keine eindeutige Zuordnung mehr gibt, was als These und Antithese zu synthetisieren wäre (siehe das Leistungsprinzip-Beispiel weiter oben in diesem Abschnitt). In Sartres Terminologie bleibt deshalb der Prozess, sich und andere zu verstehen unabschließbar, bzw. die Totalität, die wir laut Sartre jeweils sind, ist nie abgeschlossen, sondern nur als Prozess zu verstehen. Kurz: Wir verändern uns beständig und sind nicht aus einem höheren Prinzip ableitbar.

Warum soll – in Sartres Worten – diese unfertige »Totalität«, oder, wie es in dieser Arbeit heißen wird, die Andersheit jedes Menschen nun aber nicht komplett, d.h. in jeder Situation, völlig erkannt werden können? Es liegt daran, dass man selbst ein*e Andere*r für sich selbst ist, während man Andere und die Welt erlebt. So bleibt eine Lücke, die zwar erlebt wird, die aber wegen ihrer Alltäglichkeit erst wieder in den Fokus der Reflexion genommen werden muss. Es ist gerade die Doppelbeziehung zwischen präreflexivem Erleben und reflexivem Nachdenken, die die Schwierigkeiten bedingt, die Anderen in ihrer Alterität explizit zu erleben, denn es kann schwierig sein, ihre selbstständige Andersheit zu verstehen, wenn diese durch soziale Rollen (im Beruf, durch Erwartungen an Geschlechterrollen oder die Herkunft) überdeckt wird. Keine dieser Rollen, keine Selbstdarstellung ist jedoch eine Totalität.

Mit dem Begriff der Totalität ist neben der Unfertigkeit noch eine weitere Schwierigkeit verbunden, der ich mit Butler versuchen werde, aus dem Weg zu gehen. Eine Totalität zu sein, ob abgeschlossen, abschließbar oder nicht, impliziert immer, ein klares Ziel zu haben, was der pluralen Auffassung dieser Arbeit widersprechen würde. Butler schreibt zu dieser Art, die Totalität zu fassen, in ihrem Kapitel Sich mit dem Realen anlegen aus Körper von Gewicht Folgendes: Es ist die Kontingenz, die dazu führt, daß es dem Diskurs selbst ausnahmslos mißlingt, das soziale Feld zu totalisieren. Tatsächlich ist jeder Versuch, das soziale Feld zu totalisieren, als ein Symptom zu lesen, als Wirkung und Überrest eines Traumas [...]. Dieses Trauma existiert weiter als die dauernde Möglichkeit, jegliche diskursive Formation aufzubrechen [...], die den Anspruch erhebt auf eine kohärente oder nahtlose Darstellung der Wirklichkeit. Es besteht weiter als das Reale, wobei das Reale stets das ist, was einzuschließen jeder Darstellung von »Wirklichkeit« mißlingt. Das Reale macht die Kontingenz oder den Mangel in jeglicher diskursiven Formation aus.[33]

Butler bezieht sich in diesem Zitat auf die Probleme, die sich einstellen, wenn man versucht, das Reale auf irgendeine Art und Weise in einem bestimmten Diskurs – und sei es dem, wie man sich selbst innerhalb der Gesellschaft verortet – zu totalisieren bzw. es abzubilden. Ihr Bezugspunkt ist dabei eine diskurstheoretische Überlegung. Der Befund lässt sich jedoch auf totalisierende Darstellungsversuche des Realen gleich welcher Art übertragen. Denn das Ziel von totalisierenden Erklärungen oder Beschreibungen des Lebens ist eine durchgängige und damit kohärente, eine mit sich identische Darstellung. Es ist das Schreiben einer Geschichte hin zu einem Ziel oder unter einem bestimmten Motto gefasst. Es spielt damit keine Rolle, ob innerhalb eines Diskurses durch ein bestimmtes und eingegrenztes Begriffsrepertoire Phänomene nicht mitbeschrieben werden können, weil sie den begrifflichen Rahmen sprengen, oder ob es sich um das Beschreiben einer Person und deren Verhaltensweisen mit einem eher idealistisch geprägtem Vokabular handelt, das durch phänomenologische und existenzphilosophische Begriffe systematisch erweitert wurde – so wie es bei Sartre der Fall ist –, um einen Prozess besser zu beschreiben.[34] Beiden tritt das entgegen, was Butler halb metaphorisch, halb systematisch ein »Trauma« nennt: Es ist die Erfahrung, dass sich das Erleben der Wirklichkeit nie in eine kohärente Geschichte zwängen lässt. Was erlebt wird, ist selbst immer nur ein Teil der Wirklichkeit, eine Perspektive; und schon diese Perspektive ist immer mehr, als man mit einer Erzählung erfassen könnte, die eine kohärente Darstellung zum Ziel hat. Jede Perspektive auf die Wirklichkeit ist mehr als eindeutig. Sie sind, wie durch die Beispiele bisher gezeigt werden konnte, plural. Deshalb legt sich jede Vereinseitigung und jeder Totalisierungsversuch mit der Wirklichkeit an. Dies bedeutet, dass das Erleben der Anderen und mein eigenes Erleben die Geschichten schon in der alltäglichen Erfahrung widerlegt, mal deutlicher, mal undeutlicher: Hält man sich für einen großen Schriftsteller, halten Andere einen für eine*n Dieb*in oder eine*n Stümper*in etc. Die einzelnen Perspektiven lassen sich nicht eindeutig für diese oder jene Erzählung benutzen, es ist immer eine Frage, wie viele Perspektiven einbezogen werden und wie sich

---

33   Judith Butler: *Körper von Gewicht*, Frankfurt a.M.: Suhrkamp 1997, S. 264f.
34   Beispiele für dieses Vokabular sind bei Sartre u.a. An-sich, Für-sich und eben Totalität.

die Beschriebenen weiter darstellen. Sie können einen permanent überraschen. Wenn hingegen etwas total wäre, erschiene es so, als gäbe es neben dieser Totalität nichts Weiteres, selbst wenn die Totalisierung noch abläuft. Neben den Menschen stehen aber immer Andere, weswegen der Versuch einer kompletten bzw. totalen Beschreibung unzureichend bleiben muss. Deshalb werde ich im weiteren Verlauf auf den Begriff der Totalität für meine eigene Systematik verzichten, da er ein Telos beinhaltet oder bestimmen soll, das in dieser Eindimensionalität den polyvoken, den vielstimmigen, kontingenten Bedingungen des menschlichen Lebens und Erlebens nicht gerecht werden kann.

In diesem Sinne kann man – ausgehend von der phänomenologisch-existenzialistischen Dialektik und der butlerschen Kritik an der Form und dem Zweck, Totalisierungsprozesse als Beschreibung zu nutzen – also sinnvoll von einer Plurallektik sprechen, da das Erleben nicht nur als klare Thesen oder Antithesen gegeneinandergestellt werden kann. Das Antithetische und Thetische verteilen sich durch die Perspektivität plural und ermöglichen so immer neue »Synthesen«, oder besser: immer neue Zwischenfazite als Meinungen über einen und denselben Moment des Erlebens. Die Vieldeutigkeit stammt dabei aus der Verbindung mit anderen Menschen und deren Verhaltensweisen. Was sich für den*die eine*n als eine These darstellt, ist für jemand anderen eine Antithese und natürlich gibt es nicht nur jeweils eine These oder Antithese, es sind viele Thesen; im Leben verfolgen Menschen zwar auf vielfältige Weise Ziele, doch lassen sie sich nicht notwendig auf ein einziges Bild, ein einziges Ziel der Ziele reduzieren, das alle unterschiedlichen Ziele und Geschichten vollständig zusammenfassen kann. Denkt man zurück an das Beispiel des Promovierens, gibt es vieles, was dafür spricht, also als These gewertet werden kann, dem, was ich gerade erlebe, die Bedeutung zugeben, dass ich promovieren sollte.[35] Für eine andere Person können aber dieselben erlebten Punkte gegen eine Promotion sprechen oder ein anderes Gewicht innerhalb des Erlebens haben: Die Möglichkeiten sind plural. Das Leben stellt sich – metaphorisch gesprochen – weniger als ein durchgehend geschriebenes Tagebuch dar, in dem das jeweils aktuelle Ziel berichtet und mit Anderen geteilt wird, als durch eine Karte, die an allen Seiten ausfranst und eine Vielzahl kontingenter Wege aufzeigt, die alle unterschiedlich weit von verschiedenen Zentren entfernt sind.[36] Das bedeutet, dass

---

35   Vgl. zur Beschreibung von Ordnungen: »Insofern wären sämtliche Situationen aus Sicht der Organisation immer schon *offene* Situationen, weil Organisationen nur sehr indirekt Einfluss auf eine Lösung in ihrem Sinne haben.« Stefan Meißner: *Immer wieder Neues. Neuheit als kognitiver Erwartungsstil in Arbeitssituationen*, in: Ziemann, Andreas (Hg.): *Offene Ordnung? Philosophie und Soziologie der Situation*, Wiesbaden: Springer 2013, S. 217.

36   Vgl.: Thomas R. Flynn *Sartre, Foucault, and Historical Reason – a poststructuralist mapping history.* Vol. II, Chicago/London: The University of Chicago Press 2005, S. 307f. & Gilles Deleuze & Felix Guattari *Rhizom*, S. 21: »Die Karte reproduziert nicht ein in sich geschlossenes Unbewusstes,

wir zwar auf dieselbe Karte schauen können, aber immer aus unterschiedlichen, wenn auch nicht gänzlich unähnlichen Richtungen.

Wegen dieser Uneindeutigkeit, die aus den pluralen Perspektiven erwächst, verlieren die Anderen nie die Fähigkeit, sich gegenseitig durch die Darstellungen des Erlebten zu verwundern oder absurde Dinge zu tun. In der konkreten Form des alltäglichen Handelns geht es nicht um ein komplettes Erkennen: Es kommt nicht darauf an, ob ich alles von bestimmten Menschen weiß oder nicht. Wir interagieren gemeinsam, ob wir wollen oder nicht.[37] Wenn wir etwas einkaufen, jemanden grüßen, auf der Straße ausweichen, telefonieren etc., kommt es immer nur darauf an, den Anderen zu begegnen, sie als Menschen zu erleben, um mit ihnen gemeinsam zu handeln; nicht in dem Sinne, ein gemeinsames Ziel zu erarbeiten, aber dennoch miteinander zu interagieren.

Dabei entsteht eine Differenz in der Auslegung des Erlebens zwischen dem Anliegen des bis hier ausschlaggebenden Autors Jean-Paul Sartre und dem hier Bestimmten, das Alltägliche des Miteinanders zu beschreiben; Sartres Anspruch ist, das gesamte Leben einer Person zu verstehen, der hier vertreten ist, vom Verhalten ausgehend die soziale Situation zu verstehen: Sartre geht es also vorrangig um das Verstehen des Lebens einer anderen Person, weshalb er sich dem Projekt der Künstler*innenbiographien verschrieben hatte. Mir geht es in dieser Arbeit hingegen um die alltägliche Interaktion mit den Mitmenschen. Diese Arbeit hat deshalb eine andere Aufgabe, einen anderen Anspruch an das Verstehen der Anderen, da es bei der Interaktion mit Anderen beim Einkaufen, in der Bibliothek oder in einer Bar nicht notwendig ist, das ganze Leben einer Person zu verstehen, sondern die unterschiedlichen Perspektiven nicht als defizitär, sondern durch das Erleben geformt zu bestimmen. Selbst bei einem Streit ist die andere Perspektive nicht notwendig als defizitär zu erleben, sie ist anders, ungewohnt, zu gewöhnlich, absurd, unangenehm; nichts davon ist jedoch defizitär.

Der Anspruch, ein ganzes Leben zu verstehen, das nicht meines ist, erscheint aus einer phänomenologischen Perspektive als Aufgabe, die über das Erlebbare und evident Erfahrbare hinausgeht und damit den Bereich der Phänomenologie überschreitet. Diesen Weg soll die hier vorliegende Arbeit nicht aufgreifen, sondern bei dem phänomenal gegebenem, perspektivisch sich unterscheidenden Umgang mit Anderen bleiben. Dennoch ist es der Begriff des Erlebens, der auch für das alltägliche Handeln mit Anderen eine angemessene Beschreibungsdimension liefert, gerade, weil dieses Erleben immer schon geformt auftreten muss. Dies zu

---

sondern konstruiert es. […] Die Karte ist offen, sie kann in allen ihren Dimensionen verbunden, demontiert und umgekehrt werden, sie ist ständig modifizierbar.«

37   Vgl. zur Unterscheidung von verschiedenen Handlungstypen (kooperativem, individuellem, sozialem Handeln) Karl Mertens: *Die Bedeutung der Situation im kooperativen Handeln*. Ziemann, Andreas (Hg.): *Offene Ordnung? Philosophie und Soziologie der Situation*, Wiesbaden Springer, 2013. S. 81ff.

zeigen, ist – nach dieser Hinführung zu dem Begriff des Erlebens – die Aufgabe der nächsten Sinnabschnitte, in denen nun in Abgrenzung zu anderen Beschreibungsdimensionen – wie dem »Dasein« Heideggers – der Begriff dessen geschärft wird, was man unter dem Erleben der Anderen in der Welt verstehen kann. Bevor aber der nächste Abschnitt beginnt, könnte man hier zusammenfassend noch anschließen, dass die hier vorgestellte Theorie, das Miteinander zu beschreiben, beim oberflächlich Gegebenem bleibt. In dieser Beschreibung zeigen sich sowohl das präreflexive als auch das reflexive Weltverhältnis, die vergessenen, die schon durchlebten, die je eigenen Evidenzen und die Evidenz, auf die uns Andere aufmerksam machen, bspw. jene, die sich aus den sozialen Strukturen ergeben. Oder kurz: Die Oberfläche stellt sich plural dar.

Erleben und »Dasein« Wie Sartre geht es auch Heidegger – durch den der Begriff »Dasein« geprägt ist – darum, den Menschen als Einheit, als Totalität darzustellen. Sein Ansatz liegt dabei darin, den Moment des Lebens zu untersuchen, den man nicht hintergehen kann und der eine Singularität für die einzelne Person aufzeigt: den Tod. Damit will Heidegger nicht den Menschen vom jeweiligen Ende des Lebens herdenken, sondern das Leben in Bezug auf das Ende. Es ist also auch an dieser Stelle sinnvoll, die Kritik Butlers an einer durch ein einheitliches Ziel geprägten Darstellung des Menschen weiterhin ernst zu nehmen.[38] Für die historische und systematische Eingliederung der heideggerschen Thesen in das vorliegende Projekt, ist nämlich ebenso wie bei Sartre eine Transformation durch eine grundlegende Betonung des Miteinanders notwendig. Deshalb wende ich mich in den nächsten Abschnitten überblicksartig dem Erleben der Angst und der Todesanalyse Heideggers zu. Diese beiden Aspekte sind es, die der von mir vertretenen These, dass die Bedingung unserer Wirklichkeit als Andere unter Anderen nur durch die Bezugnahme auf uns selbst als Andere erfolgen kann, am ehesten ein Problem bereiten könnten.

Das Erleben der Angst vor dem Tod löst uns – laut Heidegger – aus einer uneigentlichen Alltagswelt heraus und lässt uns eigentlich werden, d.h. isoliert. Es geht bei dieser Untersuchung der Isolation nicht darum, Heideggers Ansatz völlig zurückzuweisen, es soll aber darum gehen, zu zeigen, dass man nicht von einem isolierten Menschen ausgehen muss, um das Phänomen des Sterbens sinnvoll zu beschreiben. Stattdessen ist es jedoch für eine Beschreibung des Miteinanders notwendig, von eben jenem Alltag auszugehen, den Heidegger verneint, weil wir in ihm gerade nicht isoliert sind, sondern unter Anderen. Heidegger stellt seine Position, wie folgt, dar:

---

38   Vgl. Butler: *Körper von Gewicht*, S. 264f.

Die Angst vereinzelt und erschließt so das »Dasein« als »solus ipse«. Dieser existenziale »Solipsismus« versetzt aber so wenig ein isoliertes Subjektding in die harmlose Leere eines weltlosen Vorkommens, daß er das »Dasein« gerade in einem extremen Sinne vor seine Welt als Welt und damit es selbst vor sich selbst als In-der-Welt-sein bringt.[39]

Hier wird die Isolation durch Heidegger also selbst explizit benannt. Das »Dasein« kommt in der Angst vor dem Nichts zu seiner Eigentlichkeit und diese ist der Solipsismus, nicht in der Form des völligen Von-der-Welt-getrennt-Seins, jedoch so, dass wir komplett von Anderen getrennt sind. Die Welt in der Beschreibung Heideggers greift uns an, sie macht uns betroffen, aber jeden*jede allein. Hier zeigt sich die Problematik, dass eine Theorie der Anderen, die mit einem starken Begriffsdualismus, mit festgezogenen Grenzen arbeitet – wie hier mit jener von Eigentlichkeit und Uneigentlichkeit – immer einen Bereich postulieren muss, der von dem anderen Bereich unüberbrückbar getrennt ist. Ob dies im Dualismus von Immanenz und Transzendenz ist, oder es um den Dualismus von Eigentlichkeit und Uneigentlichkeit geht, bleibt dabei zwar inhaltlich ein Unterschied, aber nicht strukturell. In allen Fällen geht es um eine klare Abgrenzung von zwei Begriffen, die sich unvereinbar gegenüberstehen.

Die Ebene des Eigentlichen, die Heidegger beschreibt, ist ein abgetrennter Bereich, der nur durch die besondere Erfahrung der Angst vor dem Nichts (dem eigenen Tod) erreichbar ist.[40] Problematisch daran ist nun nicht, dass Heidegger diese als Phänomen erfahrbare Isolation benennt, denn es ist evident, dass die Angst vor dem Tod einen beschleichen kann, einen überfällt und aus dem alltäglichen Tun herausreißt. Doch warum soll dieses Extremphänomen einen allgemeinen Stellenwert im Leben einnehmen? Warum ist es nicht das Erleben der Freude oder die Liebe, die Menschen miteinander verbinden, die diese Position des Eigentlichen erhalten? Darauf lässt sich auch mit Heidegger keine notwendige Antwort geben. Er setzt ein Extremphänomen des Lebens als das Ganze und verliert dabei die Möglichkeit, die anderen Bereiche in ihrer eigenen Komplexität in die Beschreibung einzubeziehen.

In § 48 von Sein und Zeit findet sich eine Explikation dessen, was Heidegger als Grund für die Betonung der Vereinzelung angibt. Es ist die schon erwähnte Ganzheit des Menschen: »Die existenziale Klärung des Seins zum Ende gibt auch erst die zureichende Basis, den möglichen Sinn der Rede von einer Daseinsganzheit zu umgrenzen, wenn anders diese Ganzheit durch den Tod als ›Ende‹ kon-

---

39   Heidegger: *Sein und Zeit*, S. 188.
40   Die Gleichsetzung von Nichts und Tod lässt sich bei Heidegger nicht explizit finden, doch an einigen Textstellen lässt sich dies implizit aufweisen. Vgl. Heidegger: *Sein und Zeit*, S. 184, 187 & 266.

stituiert sein soll.«[41] Das »Dasein« ist also, wie eingangs erwähnt, als Begriff die Beschreibung einer Totalität, einer Ganzheit, bei der man sich alleine zum Ende hin bestimmt. Es ist der Versuch einer kohärenten Darstellung, bei der man allein, nur für sich stirbt. Mit Butlers Kritik an solchen Ganzheitsvorstellungen kann man hier sagen, dass die Vereinzelung die Grundlage für die »kohärente oder nahtlose Darstellung«[42] des Menschen bei Heidegger ist. Die Überlegungen Heideggers zur Ganzheit erscheinen durch die früheren Ausführungen zur Totalität bei Sartre und der Kritik daran bekannt; nur mit dem Unterschied, dass Sartre die Isolation des Menschen nicht betont.

Um Klarheit in diese Frage zu bringen und den Blick wieder auf das Hauptthema dieser Arbeit zu lenken, betrachtet man am besten die Sache selbst, also bei Heidegger die Beschreibung der Phänomene Sterben und Tod: Geht mein Leben zu Ende und mir wird durch die Anzeichen einer Krankheit, die Androhung von Gewalt, des Alters oder anderer Umstände bewusst, dass der Zeitpunkt des Todes – zwar noch ungewiss – in absehbare Nähe rückt, dann sind die Reaktionen darauf nicht vorherzusehen. So viele mögliche Situationen vorgestellt werden können, in denen jemand stirbt, so viele Reaktionen kann es auf den nahenden Tod geben. Was aber alle diese Reaktionen gemein haben, ist die Gerichtetheit des Erlebens, die Intentionalität. Ob ich über das nahende Ende weine, weil es mir zu früh erscheint, ob ich es willkommen heiße, ob ich einen religiösen Trost empfinde, ob ich die letzten Tage genießen will oder ob ich Angst habe, all dies sind Ausdrücke des Verhaltens zum Sterben, von denen keinem eine offensichtliche Sonderstellung zukommt.[43] Was ihnen allen zukommt, gerade weil es Ausdrucksverhalten in der Welt ist, ist, dass sie gesehen werden können, dass man miterleben kann, wie jemand mit dem Sterben umgeht. Sie stellen das Sterben dar. Selbst der Wunsch nach Isolation oder die unfreiwillige Isolation beim Sterben lassen noch die Anderen dabei sein, zum einen als Auszuschließende und zum anderen als Herbeigewünschte. Für den Menschen, der stirbt, gibt es also selbst in diesem intimsten Moment des Bei-sich-Seins, wie Heidegger das bewusste Erleben der eigenen Endlichkeit beschreibt, kein Entkommen vor den Anderen. Es besteht keine Distanz auf einer die Situation konstituierenden Ebene, selbst wenn niemand wirklich anwesend ist. Die Anderen bleiben auch hier die Bedingung unserer Wirklichkeit.

Wechseln wir nun den Blick, vom Erleben der eigenen Endlichkeit zum Erleben der Anderen, zu den nicht Sterbenden. Bin ich ausgeschlossen von dem Fakt, dass sterbende Menschen dabei weiterhin etwas erleben, weil ich in diesem Moment

---

41   Ebd.: S. 245.
42   Vgl. Butler: *Körper von Gewicht*, S. 264.
43   Man könnte hier einwenden, dass man auch in einem komatösen oder schlafenden Zustand sterben kann, und ich mich dann nicht zum Sterben verhalten kann. Dies mag sein, doch ist dies kein Einwand dagegen, dass ich mich zum Tod verhalten muss, wenn ich ihn im Wachen erlebe.

nicht sterbe? Nein. Man kann das Sterben miterleben, und dadurch kann man den Wechsel von belebten Handlungen des Leibes hin zum leblosen Sein des toten Körpers erfahren. Deshalb ist eine Vorstellung des Todes als Ende des Sterbens und des Lebens für die Lebenden allererst möglich.

> Zuerst sehen wir, wie sich am Organismus des Mitmenschen ein gewisses Geschehen vollzieht. Hier ist er uns wesentlich als lebender Leib gegeben: [...] Wir wissen sehr wohl, dass die geliebte Person als solche noch existiert. [...] Aber die herrschende Tatsache ist diese: Ein lebender Leib leidet; der unsere sympathisiert in seinen Lebenstiefen mit seinem gequälten Genossen. Und dann ein Augenblick, wo alles ruhig wird, wo alles zu Ende scheint, wo die verzogenen Züge des geliebten Gesichtes sich entspannen. Genau nun, in diesem Augenblick, wo das Lebewesen uns abhandenkommt [.][44]

Es gibt zum Tod keinen privilegierten Standpunkt, weder einen der ersten, noch einen der dritten Person. Besuche ich meinen Großvater vor einer schwierigen Operation, so hat nicht nur er eine Gewissheit des möglichen Todes, auch ich habe in diesem Moment Angst um ihn, Angst davor, dass er aufhört, mit der Welt und damit auch mit mir zu interagieren. Kurz: Er und ich haben Angst, dass dieses letzte In-den-Armnehmen tatsächlich das letzte sein wird. In diesem Sinne kann man hier die kontraintuitive Formulierung des Miteinander-Sterbens gebrauchen: Es stirbt also nicht jede*jeder für sich, sondern wir sterben im sozialen Raum miteinander. Im Leben wie im Sterben sind wir nie isoliert von den Anderen, sie konstituieren das Erleben wie man selbst das ihre. Wir konstituieren das, was wir erleben, miteinander.

Diese Beschreibung des Phänomens Sterben zeigt deutlich die Bedeutung der Anderen für das Erleben auf. Wir Andere sind füreinander mögliche und wirkliche Verhaltensweisen – im hier beschriebenem Fall, wie wir mit dem Sterben umgehen und umgehen könnten. Im Gegensatz dazu beschreibt das »Dasein« – als ontologisch verstandener Begriff – eine Theorie des vereinzelten Menschen, obwohl Heidegger die Vermittlung des Todes durch die Anderen im Sterben nicht ausgeblendet hat: »Daß das Ableben als vorkommendes Ereignis ›nur‹ empirisch gewiß ist, entscheidet nicht über die Gewißheit des Todes.«[45] Nur durch das Sterben Anderer taucht für die lebenden Menschen die Bedeutung des Phänomens Tod auf. Heidegger verweist selbst auf diese Bedeutung der Anderen, wenn er den Tod »empirisch gewiß« nennt. Den Tod erfährt man also durch das Sterben anderer Menschen in der Wirklichkeit. Was man hier aber mit Heidegger hinzufügen kann, ist, dass ich dadurch nie meinen eigenen Tod erfahre, weswegen überhaupt erst die »empirische Gewissheit« herhalten muss, um durch das Ableben der Anderen

---

44   Paul Ludwig Landsberg: *Die Erfahrung des Todes*, Luzern: Vita Nova 1937, S. 35.
45   Heidegger: *Sein und Zeit*, S. 257.

Kenntnis über den Tod zu erlangen. Aber auch in der Angst vor dem Tod erlange ich kein Wissen über den Tod oder darüber wie es ist, tot zu sein. Es bleibt notwendig ungewiss.

Diese Ungewissheit ist es, die Heidegger an der Angst festhalten lässt, weil dieses Gefühl eine genuin andere Erfahrung ist als alle anderen. Dennoch ist sie nicht von einer anderen Welt, die mir abhandenkommt, wenn ich den Menschen im Alltag beschreiben will; sie ist nicht eigentlicher als der Alltag, gerade weil auch die Angst am Anderen hängt. Für die Analyse des Todes gilt also, dass Heidegger zu abstrakt arbeitet, weil er vom Erleben der Angst oder des Todes die Anderen abzieht, obwohl diese konstitutiv für ein solches Erleben sind. Für den Tod gilt eben unzweifelhaft, dass kein lebender Mensch wissen kann, wie er ist. Für das Sterben gilt diese Isolation allerdings nicht, und auch nicht für den Wechsel vom Leben zum Tod, den man als lebende Person durch Andere erleben kann. Man erlebt das Sterben Anderer bis zum Tot-sein als Ende des Sterbens mit, weshalb man nicht isoliert stirbt. Etwas überspitzt könnte man also tatsächlich sagen: Wir sind Miteinander-Sterbende.

Die Anderen und wir selbst sterben nicht für uns allein. Wir sterben in einer Welt mit Anderen (ob wir wollen oder nicht). Dass Heidegger gerade diesen Punkt ausklammert, erscheint umso unwahrscheinlicher, als er selbst das »Mit-Dasein« als konstitutiven Bestandteil für die Welt jedes Menschen bestimmt.[46] Doch diese Unwahrscheinlichkeit löst sich auf, wenn man sich folgende systematische Aussage Gurwitschs zu Sein und Zeit ansieht: »Heideggers Untersuchung hatte es auf das ›Dasein‹, ›das ich je selbst bin‹, abgesehen.«[47] Es geht Heidegger also, trotz des Verweises auf die Anderen, die »Mit-Daseienden«, nur um das Individuum. Dass es dabei zu Problemen der Beschreibung kommt, ist nicht verwunderlich, vor allem, da der Mensch nie ein isoliertes Individuum ist. Mit Michael Theunissen kann man dieses Problem noch genauer fassen. Er führt die Heideggersche Analyse des »Mit-Daseins« zurück auf eine subjektivistische oder individualistische Deutungshoheit des »Daseins« über das »Mit-Dasein«, die sich schon bei Husserl findet: »Indem der Andere gleich dem übrigen innerweltlich Seienden in meinem Weltentwurf eingefangen wird, beraubt ihn Heidegger genauso wie Husserl seiner Befremdlichkeit und Widersätzlichkeit. Dies aber folgt bei Heidegger gerade aus der Ursprünglichkeit, die er dem Mitsein zubilligt.«[48] Weil bei Heidegger das »Mit-Dasein« rein konstitutiv für die Welt des »Daseins« betrachtet wird, verliert das »Mit-Dasein« selbst die Qualität, die einem »Dasein« als eigenständig und individuiert zukommt; oder in nicht heideggerschen Worten: Die Anderen verlieren ihre Alterität. Sie sind

---

46   Vgl. Heidegger: *Sein und Zeit*, S. 120f.
47   Gurwitsch: *Die mitmenschlichen Begegnungen in der Milieuwelt*, S. 55.
48   Michael Theunissen: *Der Andere – Studien zur Sozialontologie der Gegenwart*, Berlin/New York: de Gruyter 1977, S. 168.

nicht andere Menschen, sondern mit und durch das jeweilige Subjekt bestimmt. Die Behandlung dieser Thesen Heideggers ist hier deshalb notwendig gewesen, da seine Ausführungen zur Sorge an einer späteren Stelle noch großen Einfluss auf die Beschreibung des Miteinanders haben werden.

Die Ganzheit des Menschen, zu der Heidegger über die Analyse des Todes kommen wollte, verliert sich gerade in der daraus folgenden Isolation des Individuums. Gegen diese Isolation spricht auch die von Heidegger selbst beschriebene Erfahrung des Sterbens, doch Heidegger setzt diese Erfahrung herab, da sie nicht meinen Tod für mich zeigt: »Der Tod enthüllt sich zwar als Verlust, aber mehr als solcher, den die Verbleibenden erfahren. [...] Wir erfahren nicht im genuinen Sinne das Sterben der Anderen, sondern sind höchstens immer nur ›dabei‹.«[49] Aus einer ähnlichen Beschreibung wurde hier das Miteinander-Sterben bestimmt, also eine gegensätzliche Ausweitung der heideggerschen Position aufgezeigt. Diese Differenz erklärt sich gerade durch den mit Gurwitsch betonten Fokus: Heidegger will das Individuum bestimmen, ich möchte hier das Miteinander unter Anderen beschreiben. Der Mensch ist unter diesem zweiten Gesichtspunkt auch im Tod oder im Hinblick auf den Tod nicht allein. An dieser Stelle wird zur Gänze das sozialphilosophische Interesse dieser Arbeit offensichtlich: Es geht darum, welche Bedeutung die Anderen im Leben der Anderen haben bzw. wie wir die erlebten Situationen konstituieren, die wir miteinander erleben.

Niemand ist nur bei sich Das eben Beschriebene ist ein Widerfahrnis, dass selbst im Sterben verschiedene und ähnliche Blickrichtungen vereint. Sie sind Darstellungen der verschiedenen möglichen Perspektiven auf die erlebten Phänomene des Sterbens und des Todes Anderer. Ich schreibe hier von verschiedenen Blickrichtungen, da es nicht nur zwei, nicht nur eine eigene und eine andere Blickrichtung gibt, sondern – offensichtlicher weise – verschieden viele, je nachdem, wie viele Anderen etwas zusammen erleben. Es bezeichnet die Perspektive der Menschen, für die die Anderen Andere sind. In dieser Ungleichheit gleichen wir uns. Und auf dieser Grundlage stellt sich das Problem des Fremdpsychischen nicht: Die Anderen sind keine Dinge und werden auch theoretisch – folgt man dem hier Bestimmten – niemals als solche erlebt. Wir erleben zum Beispiel nichts gemeinsam mit einem Stein. Der Stein selbst erlebt nichts; die Anderen erleben aber, und so erleben wir miteinander etwas, das nie nur einem Subjekt gehört; das nie nur von einem einzelnen Subjekt konstruiert sein kann.

Diese Form des Miteinander-Erlebens findet eine implizite Vorform in Merleau-Pontys § 34 in der Phänomenologie der Wahrnehmung: »Immer sind wir in der Fülle, im Sein, so wie das Gesicht auch in gänzlicher Ruhe, auch im Tode noch immer dazu verurteilt ist, etwas auszudrücken. [...] Meine Freiheit ist

---

49   Heidegger: *Sein und Zeit*, S. 239.

so wenig ständig mit sich allein, daß sie vielmehr niemals ohne Mittäter ist«.[50] Wir erleben sogar das Sterben im Spiegel der Anderen, in ihren Gesichtern. Immer sind die Anderen dabei und stellen, ebenso wie man selbst, etwas dar. Wir sind in diesem Sinne Mittäter*innen, weil wir im Erleben miteinander handeln, wahrnehmen, fühlen, imaginieren und denken. Wir sind Komplizen. Diese Beschreibung ermöglicht es, den Gedanken der Aufteilung des menschlichen Erlebens in Eigentlichkeit und Uneigentlichkeit – wie es bspw. Heidegger beschreibt – abzuweisen, da die Isolierung, die daraus folgen würde, nie erreicht werden kann, bzw. besteht. Gerade das Miteinander ist es, das den Tod als absurdes Ende des Lebens erfahrbar macht. Dadurch schließt sich diese Arbeit einer Sichtweise auf den Tod an, die von einer Reihe existenzphilosophischer Autor*innen – besonders Camus und Sartre – bereits beschrieben wurde.[51] So schreibt Sartre:

> Man hat oft gesagt, wir befänden uns in der Situation eines Verurteilten unter Verurteilten, der den Tag der Hinrichtung nicht kennt, aber sieht, wie täglich Mitgefangene hingerichtet werden. Das stimmt nicht ganz: Man müßte uns eher mit einem zum Tode Verurteilten vergleichen, der sich tapfer auf die Hinrichtung vorbereitet […] und unterdessen von einer Grippeepidemie dahingerafft wird.[52]

Sartres Kritikpunkt an Heidegger ist damit nicht der hier vorgeführte, dass der Tod uns nur durch das Sterben Anderer und damit uneigentlich vermittelt werde, sondern er fügt der Beschreibung hinzu, dass die Kontingenz bei Heidegger nicht in entsprechender Weise berücksichtigt wurde. Die Situation stellt sich also in folgender Weise dar: Man ist sich durch den Tod Anderer bewusst, dass es ein Ende des Lebens gibt und man als Mensch auch endlich ist. Doch ist diese allgemeine Bestimmung nicht nur das Warten auf einen Tag, an dem man stirbt, sondern selbst im vollen Bewusstsein des möglichen Todes ist es ein Fall von Kontingenz, der eine*n und Andere überfällt, überrascht. Es ist *keine* gewählte Möglichkeit. Ich habe kein Mitspracherecht dazu wie der Tod sein wird. Er begrenzt mein Leben und verschließt alle möglichen Verhaltensweisen.[53] Bis zu diesem Punkt stehen wir aber untereinander in Verbindung und in Abhängigkeit zueinander.

Es ist also, um ein letztes Mal auf Heideggers Todesanalyse zurückzukommen, ein Charakteristikum der *Angst vor dem Tod*, dass ich sie immer in einer Situation mit Anderen erlebe und diese Situation von den Anderen abhängt. Sie kann nicht losgelöst von jedem Verhältnis zu anderen Menschen gedacht werden. So kann ich

---

50   Merleau-Ponty: *Phänomenologie der Wahrnehmung*, S. 513.
51   Vgl.: Sartre: *Das Sein und das Nichts*, S. 917. & Albert Camus: *Der Mythos des Sisyphos*, Reinbek b.H.: Rowohlt 1999, S. 18.
52   Sartre: *Das Sein und das Nichts* S. 917.
53   Auch wenn an dieser Stelle mit der Möglichkeit des Selbstmordes ein Gegenargument formuliert werden sollte, so ist hier ein Unterschied, zwischen der Wahl zu sterben und der Wahl des Todes, zu machen. Vgl. ebd. S. 914ff.

mich noch so gut auf den Tod vorbereiten und ihn als Ende meines Lebens annehmen, er ist immer mit einer Ungewissheit behaftet, die ich nicht einkalkulieren kann, eben weil er das Ende meiner Möglichkeiten darstellt und selbst keine ist. Bleibt man bei der Beschreibung des Sterbens, wie hier getan, so kommt man zu einem Miteinander. Will man aber den Tod analysieren, dann kann es sein, dass man bei einer Isolation endet, aber nur deshalb, weil der Tod für die Lebenden absurd ist, denn wir leben miteinander in der Welt.[54]

Nachdem nun in Abgrenzung zu Heidegger bestimmt wurde, dass wir sogar im Erleben des Sterbens Andere unter Anderen sind, gilt es nun, sich, da niemand nur bei sich ist, dem Ausmaß zuzuwenden, das die Anderen bei der Schaffung »meiner selbst« haben. Dies lässt sich sehr gut an einem Zitat aus Sartres vierten Band der *Flaubert-Studie* zeigen, auch wenn das Beispiel Flauberts ein Negatives ist: »Eine Idee fasziniert ihn [Flaubert] *bei einem andren*, sie setzt sich in ihm fest, und da er die Vorgänge, die für den Neben[menschen] eine Wahrheit daraus gemacht haben, nicht wiederholen kann, *glaubt* er daran [...] und macht daraus eine unentbehrliche Struktur des Erlebten.«[55] Flaubert *erhält* seine Bestimmung also von einem anderen Menschen. Er bringt sie nicht aus sich selbst hervor. Diese nicht selbstbestimmte Zuschreibung einer Seinsweise und deren Übernahme findet sich nicht nur bei einem Menschen wie Flaubert, der von Sartre als passive Existenz beschrieben wird; sie ist die Darstellung einer Bedingung der Wirklichkeit der Menschen. Wenn wir Menschen nämlich kein Wesen haben, wir es uns selbst in einem nie vollständig abgeschlossenen Prozess schaffen müssen, dann müssen wir es uns im *miteinander erlebten* Bereich schaffen. Der hier transformierte existenzphilosophische Grundgedanke expliziert eben auch, dass, wenn wir kein festes Wesen, keine Identität haben, es nicht nur durch einen selbst, sondern durch alles Gegebene und Vorgestellte bedingt werden kann. Das heißt, es wird insbesondere – bzw. bis in das Besondere – durch die Anderen bedingt.

Es schleichen sich bei jedem Menschen Verhaltensweisen ein, die durch Andere und den Umgang mit ihnen entstehen. Kein Verhalten entsteht ex nihilo: Es sind Weisen, mit der Welt umzugehen, die durch die Erziehung, das Lernen und durch Erfahrungen in unserem Verhalten wieder in Erscheinung treten; also durch andere Menschen entstehen. Diese Verhaltensweisen festigen sich vor allem dann, wenn sie eine adäquate Antwort auf die Welt darstellen: »[A]uch hier [...] müssen wir eine Art Sedimentierung unseres Lebens anerkennen: ein Verhalten zur Welt, das uns, nach oftmaliger Bestätigung, zum Privilegierten geworden ist.«[56] Oder,

---

54 Was noch dazu kommt: Der Umgang mit dem Tod kommt – wie man es mit Merleau-Ponty sagen könnte – »von weiter her als ich selbst«. Was heißt, er ist durch die Anderen mit- und vorgeformt. Vgl. Merleau-Ponty: *Phänomenologie der Wahrnehmung*, S. 500.

55 Sartre: *Flaubert* Band IV, S. 54.

56 Merleau-Ponty:*Phänomenologie der Wahrnehmung*, S. 501.

wie Sartre es formuliert: »[D]ie Idee ›geht ins Fleisch über‹, das ist die unwider-
stehliche und sanfte Gewalt der Evidenz«,[57] eine Evidenz, die nicht vom Himmel
fällt, sondern eine Evidenz, die den erlebten Beurteilungen gerecht wird, die ich
durch und mit den Anderen erlebe, so wie es schon zu Beginn dieses Kapitels mit
Levinas bestimmt wurde.[58] Es ist eine Evidenz, die durch soziale Strukturen geprägt ist;[59] eine Evidenz, die dem tatsächlichen sozialen Erleben gerecht wird und
keine nur metaphorisch bestimmbare Glocke der Gewissheit, dass etwas so und
nicht anders sein kann.

Daraus lässt sich hier für die These, dass die Menschen als Andere unter Anderen leben, Folgendes festhalten: Die eigene Person, die Verhaltensweisen, mit
denen man auf die Welt reagiert, und auch wie man die Welt erlebt, all das ist von
Anderen geprägt; davon, wie sie sich verhalten, sich verhalten haben und wie sie
sich verhalten werden, und auch davon, ob ihr Verhalten funktioniert, ob es eine
passende Reaktion auf die Welt bedeutet: »Die *Person* ist nämlich weder ganz und
gar erlitten noch ganz und gar konstruiert.«[60] Erlitten werden soziale Strukturen,
der Ort, an dem man, und die Zeit, in der man lebt, konstruiert wird der »Rest«,
aber nicht von einem allein, sondern von Anderen *und* eigenen Entwürfen. Die sozialen Strukturen und die anderen Menschen sind damit das bindende Element
zwischen der Welt, den Gegenständen und unserem Verhalten; weil wir in beiden
Fällen Andere unter Anderen sind, bestimmen wir die sozialen Strukturen, so wie
wir durch sie mitbestimmt werden.[61] Sartre beschreibt im zweiten Band von *Der
Idiot der Familie*, wie Flaubert zu seinem *Schriftsteller-sein* gekommen sein soll. Diese
Beschreibung wird hier als Beispiel dienen: »Daß [er Schriftsteller ist,] heißt, daß
er sich in den Augen der Öffentlichkeit *personalisiert* hat durch den von ihm publi-
zierten Roman.«[62] Hierbei zeigt sich deutlich wie eigene Aktivität und der Blick
der Anderen zusammen die *Personalisation*, also die Zuschreibung von bestimmten
Eigenschaften zu einem Menschen hervorbringen. Dieses Beispiel könnte genauso gut mit Studierenden, Ärzten, prekär Beschäftigten, einer Funktion innerhalb
einer Familie etc. umgeschrieben werden.

Um im Beispiel der Schriftstellerei zu bleiben: Niemand ist durch irgendein
Wesen bestimmt, Schriftsteller*in zu werden. Aber wenn man zum Schreiben mo-

---

57   Sartre:*Flaubert*, Band IV, S. 54.
58   Vgl. Levinas: *Die Spur des Anderen*, S. 244.
59   Vgl. Eribon: *Das Urteil der Gesellschaft*, S. 119f.
60   Jean-Paul Sartre: *Der Idiot der Familie Gustav Flaubert* Band II *Die Personalisation 1*. Reinbek b.H.
      Rowohlt 1977. S. 14.
61   Zur konkreten Bedeutung der sozialen Struktur empfehlen sich besonders die Bücher *Erinne-
      rungen eines Mädchens, Die Jahre, Der Platz & Eine Frau* von Annie Ernaux, sowie die zwei Bücher
      von Didier Eribon: *Rückkehr nach Reims & Gesellschaft als Urteil*, genauso wie die Bücher *Das
      Ende von Eddy, Im Herzen der Gewalt & Wer hat meinen Vater umgebracht* von Eduard Louis.
62   Sartre: *Flaubert*, Band II, S. 15.

tiviert ist, ist es für die Tätigkeit, auf welche Weise auch immer man motiviert ist, egal, man wird für diesen Moment zum*zur Schriftsteller*in, indem das Geschriebene rezipiert wird und die Anderen einem den Stempel Schriftsteller*in aufdrücken, mit dem man dann umgehen muss. Sartre expliziert dies in Band I der *Flaubert-Studie*: »Der Sinn eines Lebens geschieht dem Lebenden durch die menschliche Gesellschaft, die ihn trägt, und durch die Eltern, die ihn hervorbringen: deshalb ist er immer *auch* ein Unsinn.«[63] Der Sinn, den das Leben von Flaubert bekommen hat, ist also, Schriftsteller*in zu sein. Dabei ist Flaubert natürlich nicht vollständig passiv. Der Sinn entsteht auch dadurch, dass sich Flaubert als Schriftsteller darstellt, indem er schreibt. *Diese Darstellung trifft wiederum auf Andere, verändert sich dadurch und verändert, wie die Anderen einen erleben; eine Wiederholung der Veränderung.* Sie besteht zwischen Sinn und Unsinn, ohne dass jenes was von Anderen über eine*n geurteilt wird, völlig unsinnig wäre oder die eigene Darstellung vollkommen sinnvoll.

Der Unsinn besteht bspw. deshalb, weil Flaubert nicht nur Schriftsteller war; er war es *auch*, aber *nicht nur*. Der Sinn ist also mit Unsinn durchzogen, weil der Mensch, den man auf diese Weise bestimmt hat, um weiterhin Schriftsteller zu sein, weiter publizieren muss. Der Unsinn ist die Darstellung der Kontingenz, weil der Sinn ja eben von Menschen und ihrer Umwelt erst erzeugt wurde. Wahr kann also nur genannt werden, was schon gewesen ist.[64] Dass etwas gewesen ist, wird zur Wahrheit; welche Bedeutung oder welchen Sinn das Gewesene jedoch hat, ist nicht eindeutig festgelegt und behält dauerhaft seine Geltung, es ist vieldeutig und Teil einer plurallektischen Aushandlung. Diese Aushandlung zwischen der Pluralität an Meinungen und Urteilen, die sich im Erleben und für das Erleben Anderer darstellen, kann hier als das Zusammentreffen verschiedener Darstellungen bestimmt werden, die sich sowohl widersprechen als auch zustimmen, einander verstärken, abmildern und alle weiteren Möglichkeiten hervorbringen, die zwischen einander bestehen. Dieser Bereich ist das Miteinander, in dem sich die verschiedenen Verhaltensweisen als ein Gegen- oder Füreinander ausdrücken.

Vergleicht man dieses weit ausgeführte Beispiel mit Merleau-Pontys Beschreibung der Konstitution des Selbst, so zeichnet sich die Ähnlichkeit deutlich ab: »Ein Bewusstsein, dafür dass die Welt ›sich von selbst versteht‹, dass sie als ›schon konstituiert‹ und gegenwärtig bis in sich selbst hinein vorfindet, wählt nie *schlechthin* sein Sein und seine Art und Weise zu sein.«[65] Die Menschen finden sich also in eine Welt geboren, die sie nicht erschaffen haben, und in eine Zeit, die sie sich nicht ausgesucht haben, in der sie sich nicht selbst als Ursprung *aller* ihrer Vorhaben und Entwürfe erkennen können: denn die Entwürfe werden – wie schon gezeigt – nicht

---

63   Sartre: *Flaubert*, Band I, S. 142.
64   Jean-Paul Sartre: *Wahrheit und Existenz*, Reinbek b.H.: Rowohlt 1998, S. 141f.
65   Merleau-Ponty: *Phänomenologie der Wahrnehmung*, S. 514.

aus dem Nichts erschaffen, sondern in Bezug auf Andere; die Anderen beurteilen, verurteilen und/oder bestärken mich, und auch die Gegenstände bieten einem eingeschriebene Möglichkeiten an, die man ergreifen kann oder nicht.[66] Diese sind von Anderen in sie eingeschrieben. Die Gegenstände tragen die Codes von Anderen.[67] Ein Mensch bspw., der im mittelalterlichen Paris geboren wurde, kann nicht wählen, Pilot oder Astronaut zu werden, noch kann man sich aussuchen, in welchem Stand man geboren wird. Man muss deswegen bspw. beginnen, das eigene Leben in den sozialen Strukturen des Standes zu leben, selbst wenn man aus ihnen ausbrechen möchte.[68] Es sieht also so aus, als ob die Welt und die Anderen uns nicht freier machten, sondern einschränkten. Dieser mögliche Einwand muss die gesamte Arbeit hindurch im Horizont der Argumentation bleiben, um nicht in einen gesellschaftlichen Determinismus abzudriften, denn Andere unter Anderen zu sein soll ja gerade bedeuten, sich selbst und damit die eigene Freiheit immer wieder aufs Spiel setzen zu müssen.

Ein Ausdruck dieser Einwände zeigt sich bspw. darin, dass Sartre in *Das Sein und das Nichts* von einem *objektivierenden Blick* der Anderen spricht, einem Blick, der den Menschen, die – wie gezeigt wurde – kein festes Wesen haben, durch den Blick der Anderen ein ebensolches aufzwingt: Die Pariserin aus dem Mittelalter, die in zerschlissener Kleidung am Seine-Ufer entlangläuft, wird wohl kaum für eine Dame gehalten, die einen Spaziergang macht: Niemand hält sie für eine Flâneuse. Sie wird von den Anderen angeblickt und zur Bettlerin, zur Armen, zum Teil des Pöbels gemacht. Sie sieht die Anderen und deshalb kann sie auch von den Anderen gesehen werden. »[M]eine fundamentale Verbindung mit dem Subjekt-Andern [muß] auf meine permanente Möglichkeit zurückgeführt werden können, durch Andere *gesehen zu werden*.«[69] Natürlich geht es im Rahmen der hier bestimmten Strukturäquivalenz zwischen den bewussten Fähigkeiten der Menschen nicht nur um ein Sehen, es geht auch um ein Hören, ein Denken, ein Mit- oder Gegeneinander-Handeln etc. So schränken die Anderen meine Möglichkeiten ein, indem sie mir *ein* Wesen zusprechen. Doch ist dies wirklich die einzige Möglichkeit, diese Beschreibung zu beurteilen? Nein. Sartre selbst beschreibt in der *Flaubert-Studie* einen subjektivierenden Blick.[70]

Subjektivierender und objektivierender Blick sind nun aber zwei Seiten des Blicks, und dieser Blick ist nicht abstrakter, es ist immer der Blick einer anderen Person, und manchmal sind Subjektivierung und Objektivierung in demselben Blick, derselben Person vereint. Gilles Deleuze kritisiert in *Die Logik des Sinns* nun

---

66   Vgl. Sartre *Das Sein und das Nichts*, S. 757.
67   Vgl. Eribon: *Die Gesellschaft als Urteil*, S. 111.
68   Auch hier lässt sich für ein noch konkreteres Beispiel auf Didier Eribon verweisen. Vgl. Eribon: *Die Rückkehr nach Reims*, S. 27ff. & ders. *Gesellschaft als Urteil*, S. 21.
69   Sartre: *Das Sein und das Nichts*, S. 463.
70   Vgl. Sartre: *Flaubert*, Band I, S. 145.

die Form des nur objektivierenden Blickes, durch die die Anderen als Ausdruck eines Dualismus gedacht werden müssen. Was er kritisiert, ist, dass ganz gleich, ob der Blick subjektiviert oder objektiviert, dadurch ein Dualismus zwischen Selbst und Anderen bestimmt wird. Es wird sich im Verlauf der gesamten Arbeit zeigen, warum diese Kritik von Deleuze hier so wichtig ist, um eine genaue Vorstellung dessen bekommen zu können, was als das *Miteinander des Erlebens* beschrieben wird, nämlich eine radikale Änderung der *Beschreibungsstruktur;* es soll nicht von irgendeinem Ich bzw. von *einem* Bewusstsein aus gedacht werden. Im Gegenteil kann das Erleben nur von einer grundlegenden Teilbarkeit mit Anderen aus beschrieben werden. Deleuze schreibt also Folgendes:

> Der Irrtum der philosophischen Theorien besteht in seiner Reduktion entweder auf ein besonderes Objekt oder auf ein anderes Subjekt (und selbst eine Konzeption wie die Sartres in *Das Sein und das Nichts* begnügte sich damit, die beiden Bestimmungen zusammenzuführen, indem sie aus dem anderen ein Objekt unter meinem Blick macht, um den Preis, daß er seinerseits mich betrachtet und in ein Objekt verwandelt). Doch der andere ist weder ein Objekt in meinem Wahrnehmungsfeld noch ein Subjekt, das mich wahrnimmt: Er ist zunächst eine Struktur des Wahrnehmungsfeldes, ohne die dieses Feld in seiner Gesamtheit nicht so funktionieren würde, wie es funktioniert. [...] Doch welches ist diese Struktur? Es ist die des Möglichen.[71]

Mit anderen Worten: *Die Anderen begrenzen meine Möglichkeiten nur deshalb, weil sie sie allererst erschaffen.* Ich habe deshalb die Möglichkeit, mich zu entwerfen, weil ich durch die anderen Menschen und die Gegenstände nicht nur jeweils *meinen* Sinn erlebe, sondern einen Sinn, der sich durch mich als Andere*r für Andere und die Anderen mitbestimmt hat. Wenn wir zusammen in einem Zimmer sitzen, bekommen die Gegenstände eine Limitierung dadurch, dass auch die Anderen sie *zuerst* in die Hand nehmen könnten. Doch diese Limitierung schafft ebenso erst die Möglichkeit, eines der Bücher als besonders wichtig für mich zu entdecken. So ist es nicht nur mit den Büchern zuhause, in der Bibliothek oder im Geschäft. Alle Gegenstände ordnen sich im Raum nicht nur *neu*, wenn man selbst den Raum betritt, sondern in Hinsicht auf die An- und Abwesenheit von Anderen und damit auf die plurallektische An- oder Abwesenheit von Möglichkeiten. Selbst wenn ich gänzlich allein bin, muss ich mich schon in eine Geschichte denken, die ähnliche Gegebenheit wie die über Robinson Crusoe aufweist, um die Anderen zu verlieren: Selbst allein zu Hause ist der Raum noch durch Andere geprägt. Die Gegenstände tragen die Herstellungsspuren von Anderen in und an sich. In diesem Sinne könnte man mit Sartre von einer Entfremdung von *meiner* Welt durch die Anderen sprechen.[72]

---

71   Deleuze: *Die Logik des Sinns*, S. 370.
72   Sartre: *Das Sein und das Nichts*, S. 475.

Doch was würde das bedeuten? Es bedeutet, dass die Kategorien, oder besser: die Strukturen der Andersheit und Fremdheit erst mit und durch die Anderen in die Welt kommen.

An dieser Stelle lässt sich ein Beispiel Sartres anführen, das zeigen kann, dass in seiner Konzeption diese Art, die Anderen zu denken, schon angelegt ist. Es ist das bekannte Café-Beispiel, das die Negation als realen Akt beschreibt, der nichts anderes ist als das (Er)leben – nicht das Wählen! – einer Möglichkeit, die durch die Anderen in der Welt besteht. Die Welt kann anders erscheinen, weil niemand nur für sich ist:

> Sicher ist das Café, durch sich selbst, mit seinen Gästen, seinen Tischen und Stühlen, seinen Spiegeln, seinem Licht seiner verrauchten Atmosphäre, den Geräuschen von Stimmen, von klappernden Untertassen, von Schritten, die es erfüllen, eine Seinsfülle. [...] Wenn ich in dieses Café eintrete, um dort Pierre zu suchen, bildet sich eine synthetische Organisation aller Gegenstände des Cafés als Hintergrund, auf dem Pierre gegeben ist als der, der erscheinen soll. Und diese Organisation des Cafés als Hintergrund ist eine erste Nichtung.[73]

Diese erste Nichtung ist die Andersheit des Cafés, die sich durch die Abwesenheit von Pierre als fremd, als ganz anders als erwartet, bestimmt. Pierres Anwesenheit war also die Möglichkeit dieses Cafés, die nicht eingetreten ist. Es wirkt anders als erwartet. Was jedoch in diesem Beispiel untergeht, ist der umgekehrte Weg: Wäre dieses Café in seiner »Seinsfülle«, den Stimmen, dem Rauch, den Geräuschen durch Stühle und Tassen nun auch noch mit Pierre angefüllt, so würde daraus nicht weniger resultieren, dass dort Möglichkeiten und konkrete Nichtungen bestehen. Hat er gute Laune? Verzeiht er mir das Zuspätkommen? Hat er vielleicht gar nicht daran gedacht? Was trinken wir zusammen? Wird die Unterhaltung gut? Wird die Anwesenheit der Anderen den Gesprächsfluss stören oder die Lautstärke erhöhen? Werden wir zusammen wieder mehr rauchen, als ich es allein tun würde? All diese Möglichkeiten, noch nicht eingetretene Handlungen und Verhaltensweisen, liegen in dieser Situation und werden nur deshalb möglich, weil Piere anwesend ist. Und sie werden erst dadurch aktuell, dass wir sie zusammen erleben, sie ergreifen. So sind also die Anwesenheit und die Abwesenheit von Anderen immer Darstellungsformen von Andersheit: einer Andersheit, die fremd sein kann, aber weder sofort negativ noch positiv zu bewerten ist. Sie offenbart eine grundlegende Konstitution bzw. die Struktur der Andersheit jedes intentionalen Erlebens. In dieser Weise ist die einteilende Überschrift Niemand ist nur bei sich zu verstehen: Sowohl im Abwesend- als auch im Anwesend-Sein im selben Raum erlebe ich die Anderen

---

73   Sartre: Das Sein und das Nichts, S. 59f. Man braucht also nicht die Angst vor dem Tod um eine Erfahrung von Nichts zu haben. Das alltägliche Beispiel, jemanden oder etwas zu suchen, der oder das nicht da ist, reicht vollkommen aus.

mit und wir erleben *miteinander* das Gegebene. Im nächsten Sinnabschnitt wird gezeigt, dass gerade wegen dieser Strukturierung des Erlebens durch und mit den Anderen das Erleben selbst nicht an ein schon vorhandenes transzendentales Ich gebunden sein kann. Im nächsten Abschnitt wird einem systematischen Einwand vorweggegriffen.

Erleben ohne transzendentales Ich Anhand der Beschreibung des Erlebens an den Beispielen des Sterbens und der Konstitution des eigenen Selbst durch Andere gegeben wurde, erscheint die Transformation der Begriffe Bewusstsein und »Dasein« in den vom Leben mit Anderen bestimmten Begriff des Erlebens für die weitere Beschreibung als sinnvoll. Wir sind nicht erst bei uns, sondern wir erleben durch und mit Anderen. Der bisher herausgestellte Vorzug des Erlebens ist es also, explizit aufzuzeigen, dass wir direkt an die Anderen gebunden sind. Wie eben bestimmt, bleibt durch die Beschreibung jedoch ein Einwand offen: in welcher Form die Kontinuität des Erlebens, das durch die Struktur der Andersheit konstituiert wird, gedacht werden muss. Wenn wir Andere unter Anderen sind, kann das Erleben nämlich nicht von einem dahinterliegenden transzendentalen Ich – denn wohinter sollte dieses ich sein? – zusammengehalten werden. Ein transzendentales Ich wäre unter den hier beschriebenen Bedingungen nur als feste Identität möglich. Das Vorhandensein eines solchen Wesenskerns wurde hier aber widerlegt. Damit ist es nicht möglich, dass das Erleben durch etwas anderes als sich selbst Kontinuität erhält, da es sonst die Verbindung unter den Anderen als Anderen wieder auf getrennte Bereiche zurückführte. Die Andersheit wäre nicht mehr grundlegend für das Erleben. Um dieser These nachzugehen, soll im Folgenden mit Sartre und Gurwitsch dafür argumentiert werden, dass das transzendentale Ego oder Ich weder eine notwendige noch eine hinreichende Bedingung für ein zusammengehöriges Erleben darstellen, sondern dass ein Ich maximal ein notwendiges *Erzeugnis* der Reflexion auf das Erlebte darstellen kann. Im Erleben, wie es hier beschrieben werden soll, muss die Einheit gerade durch den Bezug zu Anderen beschreibbar sein.

Sartre argumentiert schon in seinen frühen Schriften, besonders in *Die Transzendenz des Ego*, gegen eine damals vorherrschende Vorstellung innerhalb der Phänomenologie: die eines Ich oder Ego, das hinter den Bewusstseinsmomenten als einheitsstiftendes Zentrum steht.[74] Er beschreibt in Abgrenzung zu Husserl, dass ein Bewusstsein ohne »transzendentales Ich« folgende vier Punkte bedeuten würde: 1. Dieses Bewusstsein wäre vorpersonell, also noch nicht von anderen aktiv abgegrenzt. 2. Das Ich könnte dann nur als Objekt erscheinen. 3. Das Ich würde

---

74   Vgl.: Manfred Frank: *Fragmente einer Geschichte der Selbstbewusstseinstheorien von Kant bis Sartre*, in: *Selbstbewusstseinstheorien von Fichte bis Sartre*, Manfred Frank (Hg.), Frankfurt a.M.: Suhrkamp 1991, S. 518.

immer noch, wie bei Kant, alle Vorstellungen begleiten, wäre aber nicht mehr der Grund dieser Einheit, sondern ihr Ergebnis als Reflexionsobjekt.[75] Diese Differenz zeigt sich auch, wenn man die Begriffe transformiert und mit Bedorf konstatiert, dass es stets nur Identifizierungen, niemals Identität gibt.[76] Die Identität ist nur ein Inszenierungsziel, niemals der Beginn oder Auslöser für die Inszenierung. Und 4. kann dadurch in Frage gestellt werden, ob das transzendentale Ich überhaupt notwendig für die Vorstellung eines Bewusstseins ist.[77]

Diesen Vorstellungen von einem non-egologischen Bewusstsein schließt sich Gurwitsch nicht nur in eigenen Texten an, sondern verteidigt sie auch in Briefen an seinen Freund Alfred Schütz.[78] Das Hauptargument gegen Husserls These des egologischen Bewusstseins ist, mit Sartre gesprochen, das Folgende: »[E]s ist gewiß, daß die Phänomenologie es nicht nötig hat, auf dieses vereinigende und individualisierende Ich zu rekurrieren. Das Bewußtsein definiert sich ja durch die Intentionalität.«[79] Das Argument ist also, dass ein Bewusstsein, das intentional auf die Gegenstände und die Anderen bezogen ist, keine dahinterliegende Struktur braucht, die die verschiedenen Erlebnisse zueinander in Verbindung setzt und dadurch das Bewusstsein isoliert (denn nichts anderes heißt individualisieren).

Diesem Argument kann sich die vorliegende Arbeit anschließen, da hier gerade die Intentionalität als Bezug auf die Anderen und die Gegenstände bestimmt wurde, wodurch sie die Kontinuität des Bewussten notwendig von allein leistet: denn wenn man das Sich-mit-einander-Verhalten im Alltag als primär bestimmt, hat es das bewusste Erleben nicht mehr mit abgegrenzten Gegenständen zu tun, sondern mit Gegenständen und Anderen in »Verweisungszusammenhängen«[80]. Diese durch die Anderen ins Erleben eingebundenen Gegenstände sind also sowohl räumlich als auch zeitlich nicht isoliert. Sie hängen zusammen. Warum sollten also die bewussten Fähigkeiten, die intentional auf diese Gegenstände und die Anderen bezogen sind, selbst eine weitere Struktur brauchen, die sie räumlich und zeitlich verortet aneinanderbindet? Sie teilen ja gerade die Intentionalität als Strukturmerkmal, weswegen sie unter dem Begriff Erleben zusammengefasst wurden.

Die Antwort ist: Die bewussten Fähigkeiten der Menschen brauchen keine zusätzliche Vereinigung von einem transzendenten Punkt aus, denn sie sind nichts

---

75   Vgl.: Immanuel Kant: *Kritik der reinen Vernunft*, Frankfurt a.M.: Suhrkamp, 1974, B 132,133 – B 135,136.

76   Vgl. Bedorf: *Verkennende Anerkennung*, S. 109ff.

77   Vgl. Sartre: *Die Transzendenz des Ego*, S. 43.

78   Vgl. *Alfred Schütz, Aron Gurwitsch Briefwechsel 1939-1959*, Richard Grathoff (Hg.), München: Wilhelm Fink 1985, S. 95ff.

79   Sartre: *Die Transzendenz des Ego*, S. 44.

80   Ich entlehne diesen Begriff Heideggers *Sein und Zeit*, da er präzise ausdrückt, wie die Gegenstände zu einander in Beziehung stehen, obwohl er dabei den Menschen nicht als ebenfalls durch die Verweisung eingebunden mitdenkt. Vgl. Heidegger: *Sein und Zeit*, S. 68.

anderes als das, was auf unterschiedliche Weisen intentional erlebt wird. Sie sind ein schon verbundener Strukturzusammenhang. Die je eigene Wirklichkeit ist nicht zerstückelt und damit nicht etwas anderes als das Erleben; dieses *Erleben ist bewusst.* Damit wird hier das Bewusstsein, des in seiner durch das Erkenntnisinteresse bestimmten Form vom Alltag losgelöst war, von einer Quasientität und einem nicht bestimmten Platzhalter zu einem Attribut des Erlebens, d.h. zu einer Bestimmung, wie das Denken, Handeln, Imaginieren, Wahrnehmen und Fühlen strukturell beschaffen sind und deshalb miteinander in Verbindung stehen. Damit wird hier Husserls These aus den *Ideen I* widersprochen, die von einem prinzipiellen Unterschied von »Bewusstsein und Realität« handelt.[81] Das heißt, dass bspw. das liebende Bewusstsein in Bezug auf einen geliebten Menschen intentional ist. Das Lieben ist ein bewusstes Fühlen, Handeln, Wahrnehmen, Imaginieren und Denken. Es ist die wirklich erlebte Liebe, die in der Realität bewusst erlebt wird. Damit ist das bewusste Erleben kein isolierter Erkenntnismodus des Menschen, sondern ein komplexes Handelndes-Wahrnehmendes-Imaginierendes-Denkendes-Fühlendes-mit-den-Gegenständen-und-den-Anderen-Umgehen, also ein In-Verweisung-mit-der-Welt-Stehen. Deshalb ist es notwendig, diese Beziehung als Prozess zu denken, der sich seine Kontinuität eben durch das Erleben der Anderen schafft, mit denen man auf verschiedene Weisen agiert und interagiert.[82]

Die Bedeutung der Anderen fällt jedoch für den Beweis der Überflüssigkeit eines transzendentalen Egos unter den Tisch: Die Anderen erleben *mit* mir die Welt und wir erleben sie *miteinander*. Diese These ist es, an die hier erinnert werden muss. Denn obwohl im letzten Abschnitt schon besonders auf das Miteinander Wert gelegt wurde, musste mit Sartre auch auf den objektivierenden Blick der Anderen verwiesen werden: Der Blick steht dabei, wie man aus dem hier Argumentierten deutlich vermuten kann, für eine metaphorische Chiffre, die das eigene Erlebt- und Bewertetwerden durch Andere charakterisieren soll. So können der Blick, die Berührung und die Ansprache der Anderen, die an mich gerichtet sind oder mich ignorieren, die Kontinuität des Erlebens garantieren. Alle diese Möglichkeiten sind in ihrer genauen Ausprägung kontingent und dennoch bedeutsam für die Kontinuität des Erlebens: Um das eigene Bild zu konstituieren, kann man keine Zahl angeben, wie oft mir durch Andere gespiegelt werden muss, was sie von mir halten. Diese Blicke und Urteile können verglichen werden mit dem *ICH*, das von Mead bestimmt wird, als »jene Gewohnheiten, jene Reaktionen in sich haben, über die auch alle anderen verfügen«, und gleichwohl sind sie auch Ausdruck des »Ich«, das »neuartige Antworten auf die gesellschaftliche Situation« gibt.[83] Sie

---

81   Husserl: *Ideen I*, S. 88.

82   Vgl. Matthias Gillisen: *Philosophie des Engagements. Bergson – Husserl – Sartre – Merleau-Ponty*, Freiburg i.Br.: Alber 2008, S. 15.

83   Mead: *Geist, Identität und Gesellschaft*, S. 241.

sind immer gleichzeitig, deshalb steht diese beschriebene Trennung bei Mead zwar für Zweipole, aber es gibt sie nur gemeinsam: Konventionen und das Brechen der Konventionen. Deshalb ist diese begriffliche Trennung für die vorliegende Arbeit als Beschreibungselemente nicht von Vorteil. Im Alltäglichen sind »Ich« und »ICH« das Erleben, ohne eine Trennung, die reflexiv wohl gezogen werden kann. Besonders eindrucksvoll schildert Sartre dies in einer anderen Künstlerstudie, *Saint Genet, Komödiant oder Märtyrer*. Er schreibt dort über Jean Genet, der als besonderer Fall aus den Konventionen hervorgeht und sie bricht:

> Festgenagelt durch einen Blick, auf einem Korken aufgespießter Schmetterling, ist er nackt, alle Welt kann ihn sehen und anspucken. Der Blick der Erwachsenen ist eine *konstituierende Gewalt*, die ihn in *konstituierte Natur* verwandelt hat. [Genet als Kind] hat gewählt, zu leben; e[r] hat gegen alle gesagt: Ich werde der Dieb sein.[84]

Die Kontinuität von Genets Leben beginnt sich also durch die Blicke und Bezeichnung Anderer zu konstituieren. Die Zuschreibung »Dieb« und die Zeigegeste auf den »Dieb« Genet lassen ein Selbstbild entstehen, entweder, wie im Fall Genets durch eine Affirmation: »Ja, ich bin ein Dieb.«[85] Oder eine Ablehnung dieser Zuschreibung und damit eine Negation: »Nein, ich bin kein Dieb«. Ausgangspunkt ist dennoch die Zuschreibung durch die Anderen; und damit wird eine Aufgabe gestellt, die durchlebt werden muss, um sie auf sich zu nehmen oder abzuwenden, oder um sie zu vergessen.

Diese dritte Möglichkeit steht natürlich auch offen – nicht alle Zuschreibungen treffen mich oder animieren mich zum sofortigen aktiven Umgang. Manche Urteile fallen auch unbeachtet ins Vergessen, tauchen dann wieder auf oder bleiben vergessen. Was jedoch bei allen drei Varianten die Gemeinsamkeit ist, ist der Bezug zu Anderen und darin das Erleben des eigenen Bildes von sich durch die Anderen: Ob ich die Zuschreibung auf mich nehme, indem ich dafür oder dagegen arbeite, oder ob mich die Zuschreibung nicht trifft, weil ich ein anderes Bild von mir selbst habe – immer sind es Andere, die dieses Bild vermitteln. Somit entsteht eine Kontinuität der Selbstzuschreibung (und das sollte das transzendentale Ich ja gerade leisten) durch die Anderen und die von ihnen übercodierten Gegenstände, wodurch die Notwendigkeit einer konstitutiven transzendentalen Ich-Ebene hinter dem bewussten Erleben entfällt. Dass ich ein*e Dieb*in oder Autor*in oder beides bin – wie es bei Genet der Fall ist –, wird durch die Zuschreibung, die Akzeptanz, die Ablehnung, eben durch die Anderen aufrechterhalten. Es ist eine immer wiederkehrende Spiegelung in und durch die Anderen, die die Kontinuität des nunmehr rein empirischen Ichs ausmacht. Auch in dieser Beschreibung klingt es nicht

---

84   Jean-Paul Sartre: *Saint Genet, Komödiant oder Märtyrer* Reinbek b.H. Rowohlt, 1982, S. 85.
85   Vgl. Eribon: *Die Gesellschaft als Urteil*, S. 127.

nur angenehm oder positiv, dass unsere Wirklichkeit durch die Anderen bestimmt wird. Diese Deskription beinhaltet dabei jedoch noch keine moralische Wertung. Zu einer Bestimmung der Wirklichkeit gehört es, eine Grundlage zu bieten, von der aus sowohl angenehme als auch unangenehme, moralisch als gut oder schlecht empfundene Verhaltensweisen beschrieben werden können. Was diese Deskription nicht leisten kann, ist eine Vorschrift dafür, wie man sich verhalten sollte. Das Verhalten im Sozialen ist immer sowohl angenehm als auch unangenehm. Man ist unausweichlich unter*einander* als Andere *unter* Anderen.

Kontinuität darf dabei aber nicht mit Identität verwechselt werden, denn wenn es in dieser Art, das Erleben zu beschreiben, ein Ich gibt, so ist dieses eben ein Objekt für die Reflexion. Dieses Objekt hat dann eine Identität, die aber nur in der Reflexion darauf Bestand hat, was Andere mir zugeschrieben haben. Diese Identität des Objekt-Ichs oder empirischen Ichs ist für die Menschen, selbst wenn sie sich darin wiederfinden, immer nur eine Quasi-Identität, wohingegen eine ideale Identität keinen Bezug zur aktuell verlaufenden Zeit, zur Vergangenheit und Zukunft hat. Sie ist keine Form in der Zeit, die gelebt werden könnte, und hat damit keine Kontinuität, sondern sie ist eine aus der Zeit gefallene Idee, ein herausgestanztes Konstrukt. Denn alle Eigenschaften und alles Erlebte, was diesem Ich in der Reflexion fest zugeschrieben wird, sind veränderbare Konstruktionen. Diese Veränderbarkeit bringt es mit sich, dass die Quasi-Identität durch die Zuschreibung von Anderen oder mir je selbst nie abgeschlossen sein kann. Das Leben läuft durch die bewussten Prozesse währenddessen weiter und bringt so neue Erlebnisse und Taten hervor, die in dem alten Objekt-Ich schon nicht mehr eingefasst sind. Sartre zieht aus dieser Teilung durch die Reflexion eine begriffliche Trennung, die sich in die hier benutzte Terminologie systematisch einbetten lässt: 1. Das auf die Anderen und die Gegenstände bezogene Erleben ist *präreflexiv*, das bedeutet, es begleitet sich selbst bei Erleben, durch die Gegenstände und die Anderen (es ist sich selbst bewusst); und 2. gibt es das bewusste Nachdenken, das sich reflexiv auf dieses präreflexive Erleben richtet, das jedoch selbst ein präreflexives Denken ist (in Sartres Worten erkennt dieses zweite sich selbst).[86]

Was aber bei den Beschreibungen von Sartre auffällt ist – und damit wechsele ich hier explizit vom systematischen Teil der Frage nach dem transzendentalen Ich hin zu einem historischen Aspekt –, dass in den frühen Texten bis *Das Sein und das Nichts* vom Bewusstsein gesprochen wird, ein Begriffskonzept, gegen dessen starke historische Verbindung zum Erkenntnisinteresse als primäres Weltverhältnis sich in dieser Arbeit gewendet wurde, eben weil der Begriff den praktischen Bezug und die Bedeutung der Anderen für das Leben der Menschen verschleiert.

Ein Autor, der den Bereich des Präreflexiven, des nicht vollständig durch Erkenntnis Vorstrukturierten untersucht hat und sich völlig gegen die Vorstellung

---

86   Vgl. Sartre: *Das Sein und das Nichts*, S. 22.

eines bewussten Kerns ausspricht, ist der schon erwähnte Gilles Deleuze, durch dessen Text *Logik des Sinns* die Anderen als Struktur der Möglichkeit im Erleben festgehalten werden konnten. Er äußert – eben aus diesem Grund – eine Kritik am Begriff des Bewusstseins, die jedoch zugleich auf positive Aspekte der sartreschen Theorie verweist. Das Erleben als Strukturbegriff umreißt ein Feld des Handelns, Denkens, Imaginierens, Wahrnehmens und Fühlens, der bewussten Fähigkeiten der Menschen: »Dieses Feld kann nicht wie das Bewußtsein bestimmt werden: Trotz Sartres Versuch kann man nicht am Bewußtsein als Mitte festhalten und zugleich die Form der Person und den Gesichtspunkt der Individuation zurückweisen.«[87] Deleuze kritisiert in diesem Zitat das Konzept des Bewusstseins als solches: denn das Bewusstsein kann ihm zufolge nur personal, also nicht anonym vorgestellt werden.[88] Verständlich wird dies dann, wenn man sich vergegenwärtigt, dass das Bewusstsein eine Seite einer dreiteiligen Relation ist: Das Bewusstsein ist intentional auf die Welt gerichtet. Damit hält man an einem erkenntnistheoretischen Interesse fest, was zu einer Trennung zwischen Subjekt bzw. Bewusstsein und Welt oder Objekt führt. Hier wird, sich bewusst zu sein im Gegensatz dazu als eine Zuschreibung an die Intentionalität des Erlebens verstanden, was bedeutet, dass das Erleben kein Zentrum hat. Man kann hier also ein Zwischenfazit festhalten; was das Erleben beschreibt, ist kein Kern oder Zentrum des Menschen. Es ist jedes Verhalten, jedes Umgehen mit der Welt: Das Erleben ist die Darstellungsform der Menschen.

Sartre selbst scheint auf diese Kritik zu reagieren, denn er erklärt in einem späten Interview folgendes: »[Ich habe den] Begriff ›Bewußtsein‹ durch das ersetzt, was ich *le vécu* [das Erlebte] nenne. [Es umschreibt] den Bezirk, in dem das Individuum immerfort von sich selbst und seinen Reichtümern [bewussten Fähigkeiten P.H.] überwältigt wird«.[89] Damit erschließt Sartre selbst den Übergang in der Terminologie vom Bewusstsein zum Erleben. Dadurch kann daran festgehalten werden, die Menschen als Individuen zu erleben, ohne damit auszuschließen, dass auf der Ebene des Miteinanders zwei getrennte Bereiche (Subjekt und Objekt) aufeinandertreffen. Wir erleben Andere nicht als Objekte, sondern als andere Menschen, als Andere unter Anderen, die sich in ihrem Erleben darstellen: Im Erleben ist man immer schon *mit* und *durch* die Anderen konstituiert. Wir sind somit immer schon *miteinander* unter anderen.

Ein Beispiel, um diese abstrakte Darstellung zu veranschaulichen, kann man sich wie folgt vorstellen: Es geht um das Gefühl, in einer Handlung oder Wahrneh-

---

87 Deleuze: *Die Logik des Sinns*, S. 134.
88 Damit kritisiert Deleuze nicht nur Sartre, sondern, auch andere Denker*innen, die in diesem Text als wichtige Gesprächspartner*innen auftreten, wie bspw. Merleau-Ponty oder Simone de Beauvoir.
89 Sartre: *Sartre über Sartre*, S. 150.

mung oder auch im Denken *bei* Anderen *aufzugehen* wie in den gelesenen Gedanken Anderer: Wenn man zum Beispiel im Zug sitzt, liest, von dem Gedicht *durchnelken* von Friederike Mayröcker aufgesogen, aus dem Fenster auf die vorbeirauschende Welt schaut, dann zeichnet sich ein unscharfes Bild in Grün, Grau und Blau immer wieder aufs Neue ab. Man achtet nicht auf die einzelnen Bäume, die Straße oder den Himmel, auch nicht auf die Geräusche und Menschen um einen herum, sondern man ist ganz in den Worten und dem Draußen aufgegangen. Es rauscht eine nicht genau differenzierte Welt an einem vorbei und obwohl man nicht die Einzelheiten unterscheidet, erlebt man diesen Moment. So ist man selbst auch nicht darauf gerichtet, dass man die Person ist, die dies alles beim Lesen erlebt. Das heißt also: Obwohl man nicht immer alle Anderen und alle Dinge genau und trennscharf als einzelne erlebt, ist man nicht getrennt von diesem sich ständig neu schaffenden Bild, sondern man ist mitten in diesem Erleben, weil all das *erlebt* wird. Gerade durch die verschwimmende Trennung zwischen den Anderen, den Dingen und meinem Erleben sind die Spuren der Anderen immer noch in den Dingen und als sie selbst in meinem Erleben gegeben.[90] Ob im Aufgehen in Handlungen und Wahrnehmungen oder im Abstand dazu in der Reflexion – die Anderen sind immer schon Teil des Verhaltens der Menschen. Und ich erscheine im Beispiel als lesender Träumer (fühle mich gut oder schlecht dabei) vor den Blicken der Anderen.

Intentionalität raum-zeitlich gedacht Bis hierhin konnte beschrieben werden, dass das Erleben als Begriff eine Verbindung der Menschen miteinander bedeutet, wodurch rein aufs Erkenntnisinteresse ausgerichtete Theorien in ihrer Priorität hinterfragt wurden, da sie nur auf einen Aspekt der Welt ausgerichtet sind. Der praktische Bezug mit den Anderen und den Gegenständen ist aber als gegebene Wirklichkeit nicht von der Hand zu weisen und, wie sich in diesem Abschnitt noch stärker zeigen wird, nicht vom Erkennen der Welt her abzuleiten. Fragt man sich daran anschließend, warum die gebräuchlichen und tradierten phänomenologischen Begriffe wie bspw. der des Wahrnehmens und der des Bewusstseins im Erleben zusammengeführt wurden, dann ist die Antwort folgende: Es geschieht, um die Strukturäquivalenzen zwischen den bewussten Fähigkeiten der Menschen (Handeln, Denken, Wahrnehmen, Fühlen, Imaginieren) in einem Begriff zu vereinen. Das vereinende Moment ist die bewusste Intentionalität als die Verbindung zu Anderen. Egal welche bewussten Fähigkeiten der Menschen man sich anschaut, alle sind intentional, also mit den Anderen und den Gegenständen verbunden. Man kann an dieser Stelle eine These aus Lambert Wiesings *Das Mich der Wahrnehmung*

---

90   Vergleichen kann man diese Aussage unter anderem mit der folgenden von Levinas: Vgl.: »Das Werk ist weder bloßer Erwerb von Meriten noch blanker Nihilismus. [...] Das Werk ist daher eine Beziehung zum anderen, der erreicht wird, ohne sich als berührt zu erweisen.« Levinas: *Die Spur des Anderen*, S. 216.

erweitern. »Die Wirklichkeit meiner Wahrnehmung läßt mich unbezweifelbar sicher wissen, daß es mich in der Wahrnehmung gibt«.[91] Es ist nicht nur die Wahrnehmung, wegen der es mich in der Wahrnehmung gibt, sondern es ist *unser* Denken, Fühlen, Imaginieren, Handeln und Wahrnehmen, also *unser* Erleben, in dem *wir uns* mit Anderen vorfinden. Oder kurz: Weil wir erleben, erleben wir uns als Andere. Die Andersheit ist unsere radikalste Zumutung: Sie ist die Bedingung unserer Wirklichkeit. Somit wird es hier möglich, die Beziehung zu Anderen nicht nur unter einem Gesichtspunkt des Wahrnehmens, des Denkens oder des Handelns zu betrachten, sondern die Gemeinsamkeit zwischen ihnen auszunutzen, um eine möglichst plurale Betrachtung der Beziehung zu Anderen zu beschreiben.

Das Augenmerk wird dabei darauf liegen, dass das – im praktischen Umgehen mit der Welt – Erlebte nicht *eindeutig* oder klar bestimmt ist; im Verhalten mit Anderen spielen eine Pluralität von Einflüssen und Bedingungen eine Rolle, von denen weder jede eine Erkenntnis zur Folge haben soll noch alle gleichermaßen erkannt werden können, was dazu führt, dass das Bild der Intentionalität als Gerichtetheit auf die konkreten Anderen und die Gegenstände anders gedacht werden muss. Die Beschreibung der Intentionalität wechselt von der Metaphorik eines »Suchstrahls«, die für das Erkennen des Objekts durch das Subjekt steht, hin zu der des Feldes, das sich bewegt und durch Relationen bestimmt ist: Um dieses Feld genauer zu bestimmen, sollen Gurwitschs Ausführungen zur Intentionalität, die er in Bezug auf Husserl entwickelt, nochmals untersucht werden. In diesem Sinnabschnitt beginne ich also mit einem historischen Schritt. Die dafür aufschlussreichste Passage ist folgende:

> Bin ich in irgendeinem Bestandteil meiner Umgebung thematisch beschäftigt, so sind mir mit diesem meinem Thema mannigfache Hintergrundbestände »mitgegeben«, von denen einige zu meinem Thema nur hinzukommen, während andere in verschiedener Weise mit dem Thema »verflochten« sind, sachlich zu ihm gehören und so ein thematisches Feld bilden.[92]

Was hier beschrieben wird, ist das Feld des objektsetzenden Bewusstseins. Indikatoren dafür sind zum einen Begriffe wie »sachlich« und »thematisch« bzw. »Thema«. Denkt man zurück an die auch im Briefwechsel zwischen Gurwitsch und Schütz vorliegende Zustimmung Gurwitschs zu Sartres Theorie des non-egologischen, präreflexiven Erlebens, dann stehen diese Begriffe im Zusammenhang mit dem reflexiven, also dem zur Erkenntnis fähigen Nachdenken.[93] Das Thematisieren, durch das der reflexive Fokus von etwas gerichtet wird, ist dabei nicht nur für ein erkennendes Bewusstsein der Ausgang, sondern auch im geplanten Handeln.

---

91   Lambert Wiesing: *Das Mich der Wahrnehmung*, S. 123.
92   Gurwitsch: *Die Mitmenschlichen Begegnungen in der Millieuwelt*, S. 66.
93   Vgl. Sartre: *Das Sein und das Nichts*, S. 19.

In den Fällen, in denen die Menschen zweckrational handeln, spielt die Thematisierung eine wichtige Rolle, da eine zweckrationale Handlung nicht ohne (zumindest vermeintlich) erkannte Strukturen einen Plan für den Umgang mit einer kontingenten Welt ausführen kann. Diese Form des zweckrationalen Handelns ist aber nicht die einzige Möglichkeit, sich in der Welt zu verhalten. Es ist eine unter anderen.

Kommt man nun zu der raum-zeitlichen Bestimmung, dann zeigt sich, dass sich der erlebte Bereich durch die Begriffe Horizont, Fokus und durch die reflexive Thematisierung von Horizont oder Fokus intern bestimmen lässt. Aus den bewussten Fähigkeiten der Menschen greift sich Gurwitsch als Beispiel das Schauen von einer zur anderen Sache heraus.[94] Dadurch wird metaphorisch eine vorrangig kontemplative Haltung impliziert, die nicht in und mit den Anderen und den Gegenständen umgeht, sondern sie überblickt. Dieses *Nur-Überblicken* lässt uns hier den Punkt der Kritik wieder aufgreifen, den Heidegger an dem rein theoretischen Zugang zur Welt formuliert hat.[95] Das *Überblicken* oder *Schauen* steht metaphorisch in der Tradition für ein Erkennen, eine Kontemplation, also gerade nicht für eine Involvierung ins Praktische. Dabei vergisst dieser Standpunkt des *Schauens*, dass das Theoretisieren nicht allein ist, sondern nur eine Fähigkeit der Menschen neben anderen. Gurwitsch beschreibt also in seinem Beispiel einen theoretisierenden Umgang mit den Gegenständen und den Anderen, der hier auf alle bewussten Fähigkeiten übertragen werden soll.

Nachdem also festgehalten werden kann, dass in dem Zitat Gurwitschs vor allem von einem Erkenntnisinteresse, von einem *Schauen* die Rede ist, kann auch gesehen werden, dass in seiner Beschreibung des *Themas* als reflexiven *Fokus* innerhalb eines *Horizontes* ein Strukturmerkmal aufgedeckt wurde, das sich in allen bewussten Fähigkeiten äquivalent finden lässt, obwohl er es nur auf die Erkenntnis anwendet: denn man handelt in einem erlebten Horizont, in dem die in die Handlung einbezogenen Gegenstände und die Anderen im Fokus stehen. Dabei kann entweder dieser erlebte Horizont reflexiv thematisiert werden, man fragt sich also nach dem Ort der Handlung, oder man thematisiert den Fokus und fragt so nach den beteiligten Anderen oder Gegenständen. Beispielhaft lässt sich das wie folgt beschreiben: Wir treffen uns in einem Café, begrüßen uns und setzen uns an einen Tisch. Diese Beschreibung ist hier die Thematisierung des Fokus, den wir in der tatsächlichen Situation hatten, das Begrüßen, das Setzen, im weiteren Verlauf das Miteinanderreden und Kaffeetrinken. Dabei kann man jetzt aber auch den Horizont thematisieren: die Anderen um uns herum, die*den Kellner*in, der*die schon auf unsere Bestellung wartet, der Hund unter dem Nachbartisch, um nur einiges im Horizont zu nennen, was man thematisieren kann. Der Wechsel zwischen

---

94 Vgl. Gurwitsch: *Die Mitmenschlichen Begegnungen in der Millieuwelt*, S. 66.
95 Vgl. Heidegger: *Sein und Zeit*, S. 69.

Thematisierung des Fokus und des Horizonts ist nun gerade deshalb möglich, weil die ganze Situation in einem Erlebt wird, das Erleben nicht nur intentional auf das eine oder das andere gerichtet ist, sondern auf den gesamten Bereich.

Dennoch stellt sich hier die Frage: Ist dieser thematische Bereich des Erkennens wirklich als der Beweis zu sehen, so wie es Gurwitsch für die Bewusstseinsphänomenologie – als Wiedergabe eines Standpunktes – formuliert, dass »das Primat der Sacheigenschaften vor den Nützlichkeits-, Gebrauchs- und anderen [...] Werten« steht?[96] Diese Stelle würde dann einen Widerspruch, oder zumindest ein Problem für die hier vorliegende Arbeit bedeuten, da sich die Teilung des intentionalen Bereichs in *Horizont*, *Fokus* und eine sich reflexiv auf einen dieser Bereiche richtenden *Thematisierung* auf die – laut Gurwitsch – nicht primären »Werte« ausweiten soll. Dabei stellt sich folgendes Problem: Wären die Sacheigenschaften primär, würden die Anderen wieder zu Sachen oder zu Objekten unter dem reinen Erkenntnisinteresse. Bisher wurde das Erleben aber eben durch das Umgehen mit den Anderen als Anderen charakterisiert. Nun scheint durch die bewusstseinsphänomenologische Beschreibung der Intentionalität durch Gurwitsch das Gegenteil wieder in den Vordergrund zu rücken. Doch betrachtet man Gurwitschs Darstellung der Intentionalität genauer, so fällt auf, dass er diese schon implizit mit Begriffen anreichert, die auf ein nicht ausschließlich oder primär theoretisierendes Bewusstsein hinweisen oder besser: auf ein bewusstes Erleben hinauslaufen.

Diese Begriffe sind das *Mitgegebene* und vor allem das *Verflochtene*. Jene erlebbaren Phänomene der Uneindeutigkeit bestimmen erst, was erkannt werden kann. Liest man Gurwitsch so, dann wird aus der Bestimmung der thematischen Intentionalität die Bestimmung eines ganzen Bereichs, woraus die Notwendigkeit erwächst, die vorthematische, präreflexive Intentionalität ebenfalls als einen solchen Bereich zu denken. *Denn durch den raum-zeitlichen Charakter der Intentionalität ist es möglich, den Unterschied zwischen Reflexion und Präreflexivem genauer zu fassen, nämlich als ein Verhältnis der Fokussetzung und der reflexiven Thematisierung in einem erlebten Horizont*: In der Reflexion wird der Fokus von den reflektierenden Menschen als Zweck (als Thema), um etwas zu erkennen, gesetzt. Der Fokus ist im Präreflexiven nicht auf *einen* Aspekt gerichtet, weil er nicht nur von den Menschen ausgeht, sondern sich durch die Gegenstände und die Anderen als diese oder jene Möglichkeit oder Wirklichkeit darbietet; wie man es im Beispiel des Cafébesuchs sehen konnte. Der Fokus wird im präreflexiv Erlebten nicht unabhängig und losgelöst ausgewählt. Dies bedeutet aber rückwirkend auch, dass das *vollständige* Überfliegen oder Überschauen, das Über-den-Dingen-Stehen des Erkennens eine *Illusion der Abstraktion*

---

96   Gurwitsch: *Die mitmenschlichen Begegnungen in der Milieuwelt*, S. 64.

vom lebendigen Erleben ist.[97] Auch das Erkennen ist an die Möglichkeiten gebunden, die uns durch Andere im Umgang mit der Welt widerfahren.

Sitzen wir bspw. in einer Diskussionsrunde, sprechen miteinander, wechseln Blicke, dann sind wir in einer sozialen Situation, die aufzeigt, dass die verschiedenen bewussten Fähigkeiten nicht voneinander getrennt ablaufen, sondern gemeinsam. Denn wer würde verneinen, dass ich während des Zuhörens die Kaffeetasse mit meinem Blick fixieren kann, und jemand anderes sich während des Sprechens eine Zigarette dreht und dennoch beide auf das Gesagte fokussiert sind? Und während wir einander zuhören und miteinander sprechen, nehmen wir nicht nur wahr und handeln, wir fühlen auch die aufkommende Spannung, weil das Gespräch an Fahrt aufnimmt, und denken über den Inhalt nach. Die Gemeinsamkeit dieser Fähigkeiten ist nun also zum einen, dass sie einem je selbst bewusst sind; und – und das ist der wichtigere Aspekt – alle diese Fähigkeiten sind intentional, *durch*, *gegen* oder *mit* Anderen und Gegenständen gerichtet. Da sie nun aber alle zusammen aufkommen, so sind sie nicht getrennt voneinander, sondern sie spannen einen gefühlten, wahrgenommenen, gedachten, handlungsbezogenen, imaginierten Bereich auf, durch das man sich bewegt und in dem man je selbst leiblich unter Anderen verortet ist. Die Intentionalität ist also raum-zeitlich zu bestimmen als Miteinander.

Ein weiteres Beispiel für die Verknüpfung der bewussten Fähigkeiten im intentional erlebten Bereich lässt sich unter der Betrachtung von fokussierten Vorhaben und denen, die im allgemeineren Horizont liegen, folgendermaßen geben: Um einen Baum zu fällen, brauche ich das richtige Werkzeug und die richtige Technik, auf die ich fokussiert gerichtet bin.[98] Wenn ich in der Lage bin, mit einer scharfen Axt genügend Kraft aufzuwenden, dann kann ich diesen Baum fällen. Diese Beschreibung ist jedoch nicht der Vorgang, der beim fokussierten Erleben des Fällens abläuft, sondern vielmehr eine nachträgliche thematische Konzeptbildung. Dennoch bin ich beim Fällen des Baumes mit der Axt auf eben diese Tätigkeit und Wahrnehmung fokussiert. Ich drücke mit meinem ganzen Leib das Baumfällen aus. Dabei gibt es Bereiche des intentionalen Erlebens, die den Rahmen für die Handlung bilden. Es sind die im Horizont befindlichen Zwecke, die denkend die Handlungen und Wahrnehmungen bestimmen können; bspw. das Feuerholz bereitzustellen oder etwas aus dem Holz zu bauen. Es sind also auch solche, die von Erwartungen an die Darstellung des Fällens gebunden sind: Wie geschickt stelle ich mich dabei an, wie schnell kann ich mich im Rhythmus der Schläge bewegen etc.?

---

97   Vgl. Jens Bonnemann: *Fliegen oder Springen*, in: Hartmut Rosa & Klaus Vieweg (Hg.): *Zur Architektonik praktischer Vernunft – Hegel in Transformation*, Berlin: Dunker & Humblot 2014, S. 134.

98   Vgl. Merleau-Ponty: *Phänomenologie der Wahrnehmung*, S. 499.

Das Fokussieren einer Sache bedeutet also, aus einem weiteren, vieldeutigen Bereich in einen eindeutige*ren*, engeren Bereich überzugehen. Auf diese Weise ist das Fokussieren eine Fähigkeit der Differenzierung im intentionalen Erleben. Denn dadurch lässt sich erst gänzlich explizieren, um die Probleme des Primats der Erkenntnis zurückzuweisen, was Gurwitsch meint, wenn er über das Blicken folgendes schreibt: »Wenn ich als freies Wesen in der Welt bin, besagt das mithin [...], daß ich in der Welt freie Umschau halten kann. [...] [B]ald blicke ich auf das gegenüberliegende Haus, dann auf die Baumgruppe dort, dann wieder auf einen vorbei fahrenden Wagen [usw.].«[99] Ich *kann* hin- und herschauen und verschiedene einzelne Gegenstände fokussieren und ihnen Eigenschaften oder Begriffe thematisch zuweisen. Doch dieses Fokussieren ist ein Herausgreifen von Einzeldingen aus den mit ihnen verflochtenen Zusammenhängen, die entweder als zu ihnen gehörig erkannt werden oder als bloß Mitgegebene im Bereich der mannigfachen Hintergrundbestände bleiben. Wenn aber die Fokussierung innerhalb der Intentionalität geschieht, so muss das Intentionale aus einer Breite, einer Pluralität an Widerfahrnissen und Möglichkeiten in der Welt eingeengt bzw. fokussiert werden. Damit kann aber die grundlegende Verbindung zu Anderen und der Welt, die Intentionalität nicht bloß ein Strahl sein, der Objekte – sei es ein Einzelnes oder eine Gruppe – aus der Welt heraushebt. Die Intentionalität muss vielmehr, damit eine erkennende Thematisierung überhaupt geschehen kann, ein *intentionales Feld* mit in ihm liegender Schärfe (Fokus) und darin liegenden Unschärfen (Horizont) sein. Das bedeutet aber auch, dass die Intentionalität immer einen Horizont des Fokus hat. Dieser Horizont ist also vor und mit jedem Erkennen im bewussten Erleben gegeben und nicht durch die Thematisierung abzuleiten. Horizont, Fokus und Thema sind die Beschreibungsdimensionen des intentionalen Erlebens, die untrennbar miteinander verbunden sind. Sie stellen – neben dem Bezug zu Anderen – die zweite Strukturäquivalenz der bewussten Fähigkeiten dar, die im Erleben zusammengefasst worden ist.

Nachdem bisher vor allem Thematisierung und Fokussierung beschrieben wurden, kann man die Rede vom Horizont mit Bernhard Waldenfels spezifizieren. Im *Antwortregister* schreibt er – auch noch auf die Erkenntnis bezogen – ausgehend von Husserl: »Der Begriff des *Horizonts* [umfasst das], was an einer gemeinten Sache mitgemeint ist, und den äußeren Horizonten, die alles das einschließen, was über die gemeinte Sache hinaus mitgemeint ist«.[100] Waldenfels beschreibt hier den Horizont des Gesagten und Gehörten. Bevor ein Bereich des Erkennens durch das hin- und herwechseln des Erkenntnisinteresses thematisch bestimmt wird, muss ein intentional erlebter Horizont diesen Bereich umfassen, in dem man etwas erkennen kann. Das Erkennen ist nicht losgelöst von dem Ort, an dem sich die Menschen

---

99   Gurwitsch: *Die Mitmenschlichen Begegnungen in der Millieuwelt*, S. 66.
100   Bernhard Waldenfels: *Antwortregister*, Frankfurt a.M. Suhrkamp, 2007, S. 271.

leiblich mit Anderen und Gegenständen verhalten. Der hier bestimmte Horizont ist also der Bereich, in dem wir aufeinandertreffen, gemeinsam das Café mit allen anderen Menschen erleben, die Kühle und die salzige Meeresluft spüren, den Tag genießen etc. In dieser Weise sollte man auch Gurwitsch verstehen, wenn er am Ende seiner Auseinandersetzung mit Husserl sinngemäß schreibt, dass es ihm nicht um eine »natürliche Welt« der Sachfelder geht, sondern um das *Leben in dieser Welt.*[101]

Der intentional erlebte Bereich lässt sich also durch die drei bisher genutzten Begriffe *Horizont, Fokus* und *Thema* beschreiben, die sich in einer äquivalenten Struktur bei allen bewussten Fähigkeiten der Menschen finden lassen. Hier wurde bisher vorrangig auf das Handeln, das erkennende Denken und in Andeutungen auf das Wahrnehmen Bezug genommen. Der Horizont bildet die undifferenzierte Ausformung der erlebten Pluralität, in dem sich, gerichtet durch die Welt, ein Fokus verzeichnen lässt, der eine größere Differenzierung bedeutet, aber eine Verminderung der Pluralität. Sowohl der Fokus als auch der Horizont können dann reflexiv als Thema des Handelns, Denkens, Wahrnehmens, Imaginierens und Fühlens oder des ganzen Erlebens gesetzt werden.

Damit lässt sich die These vom Anfang dieses Kapitels beweisen, dass es im alltäglichen Umgang mit den Anderen und den durch uns überformten Gegenständen einen Vorzug (keinen Primat) des Erlebens gibt, weil das Erleben als Begriff, wie er in dieser Arbeit bestimmt wurde, immer schon sozial bestimmt ist: denn diese pluralistische Auffassung der bewussten Fähigkeiten der Menschen ist eine, von der aus die Primate der Wahrnehmung (bspw. Merleau-Ponty), des Handelns (bspw. Sartre), des Erkennens (bspw. Husserl), des Fühlens (bspw. Levinas) und des Imaginierens erst möglich werden, da sie alle untereinander interagieren.[102] Der Vorzug des Erlebens ist die Betonung der je eigenen *Andersheit,* die jedem*r im Erleben durch Andere zugänglich ist. Der Vorzug ist die fokussierte Darstellung der Sozialität.

Beispiel einer anderen Metapher für das Erleben Möchte man in der metaphorischen Beschreibung nicht nur auf *überschaubare* Gegenstände und den Sehsinn als Adelssinn des Menschen – wie es Hans Jonas nennt – verweisen, dann erscheint der Begriff des *Polyvoken* als sinnhafte Ergänzung:[103] denn *polyvok* bedeutet eine Vielstimmigkeit in der *Univozität* der Welt, in der uns sowohl die Gegenstände, als auch vor allem die Anderen ansprechen, uns auffordern, herausfordern, zustimmen oder

---

101   Vgl.: Gurwitsch, *Die mitmenschlichen Begegnungen in der Milieuwelt,* S. 68.

102   Beispielhaft zeigt sich das bei Merleau-Ponty: *Das Primat der Wahrnehmung,* S. 36, bei Sartre: *Wahrheit und Existenz,* S. 42, Husserl: *Ideen I,* S. 98 und Emanuel Levinas: *Totalität und Unendlichkeit – Versuch über die Exteriorität,* Freiburg/München: Alber 1987, S. 156.

103   Hans Jonas: *Der Adel des Sehens: Eine Untersuchung zur Phänomenologie der Sinne,* Frankfurt a.M./Leipzig: Insel 1994, S. 233-264.

absprechen, etwas zu können.[104] Kurz: Die Beschreibung des Erlebens der Anderen und der Gegenstände als *polyvok* umfasst all jene Möglichkeiten, durch und von Anderen, aber auch Gegenständen gewertet zu werden, uns mit Sinn zu überfluten. *Die Welt ist ein Geschrei von Wertungen und Sinn.*[105] In der Undifferenziertheit des Horizontes ist es schwierig, die Appelle der Anderen und der Dinge zu unterscheiden, die Appelle erscheinen einstimmig, ein Geschrei (Univozität). Dieses Geschrei ist jedoch nie undifferenziert, sondern immer durch die verschiedenen Fokusse strukturiert, also nicht univok, sondern polyvok. Man hat es mit verschiedenen Appellen zu tun, sowohl von Gegenständen, als auch von Menschen, die das Erleben richten. Die Türklinke bietet sich *einem* (einem jeden Menschen, also einer anonymen Menge) zum Drücken an, genauso wie der Tisch die Laptoptastatur etc. sie appellieren an alle und damit an niemanden speziell. Anders sieht es bei Menschen aus, sie können sowohl anonym appellieren oder Andere direkt ansprechen. Aus diesem Grund ist die Metapher des *Polyvoken* eine passende für den präreflexiven Teil des Erlebens, aber sie ermöglicht es auch, die Grundlegung des Thematisierens aufzugreifen: in einer polyvok erlebten Welt ist die Thematisierung das Herausgreifen einiger Stimmen, das Antworten auf sie. Ich öffne die Tür, beginne zuzuhören etc. In und durch diese mannigfachen Apelle, die Geschrei erzeugenden Hintergrundbestände, auf die die Menschen leben und antworten, lässt sich die Prozesshaftigkeit des Lebens beschreiben, ohne dabei auf ein Ich als dahinter liegende Struktur verweisen zu müssen, weil sich die Kontinuität im Antworten und Ablehnen von Angeboten der Gegenstände und Anderen erzeugt. Das Erleben ist also ein intentionales, non egologisches (präreflexives) und prozesshaftes Feld, das sich durch die leibliche Bewegung des Menschen verschiebt, neue Bereiche aufdeckt und damit selbst so *polyvok* ist wie die Welt.[106]

---

104   Ich stimme hier der These von Deleuze zu, dass sich die Welt als eine Einheit von Vielheiten darstellt, wenn sich die Identität als wandelbar herausstellt. Diese Wandelbarkeit, oder Uneindeutigkeit der Identität ist eine Folge der existenzialistischen These des Vorrangs der Existenz vor der Essenz der Menschen: Nicht nur die Menschen sind dann nicht festgestellt, auch die sozialen Strukturen und die Formen der Gegenstände unterstehen dann einer Wandelbarkeit; und auch das Vorhandensein einer nicht kulturell überformten Welt bietet kein Gegenargument, denn gerade in dieses Gebieten stellt sich das Vorhandene für die, die es erleben, als einheitlich unbestimmt. Weitere Ausführungen zur Vielheit in der Immanenz finden sich im Kapitel II. i. Ein Verweis findet sich in aller Kürze in folgendem Zitat Deleuzes: »Wenn die Identität der Dinge aufgelöst ist, entweicht das Sein, erlangt es Univozität und beginnt das Differente zu umkreisen.« Deleuze *Differenz und Wiederholung*, München: Fink 1992, S. 95.

105   Die Idee zu diesen zusammenfassenden, zugespitzten Formulierungen bietet Alain Badiou in *Deleuze »Das Geschrei des Seins«*, Zürich/Berlin: diaphanes 2003.

106   Vgl.: Bernhard Waldenfels: *Bruchlinien der Erfahrung* S. 25.

Die Gewissheit des Erlebens Mit diesem systematischen Ergebnis, dass das Erleben eine Strukturäquivalenz der bewussten Fähigkeiten bedeutet – was in die Nähe von Wilhelm Diltheys Beschreibung des Erlebens als »Strukturzusammenhang« gestellt werden kann,[107] da keine dieser Fähigkeiten ohne Beziehungen zu Anderen auskommt und sich alle durch *Horizont, Fokus* und *Thematisierung* beschreiben lassen –, kann hier eine Unterscheidung zwischen dem Begriff des Erlebens als Prozess und dem Begriff des Erlebnisses bei Husserl getroffen werden. Damit endet dieses Kapitel also ausgehend von einem systematischen Punkt bei einer historischen Differenzierung. Die Differenzierung liegt in der Art, wie durch die beiden Begriffe (Erleben und Erlebnis) eine verschiedene Bezugnahme auf die Intentionalitätsstruktur und die Anderen dargestellt werden kann.

Es ergibt sich, dass das Erlebnis in zwei entscheidenden Punkten vom Erleben abweicht: Zum einen ist das Erlebnis bei Husserl an *ein* transzendentales Ich gebunden, wobei im Gegensatz dazu das Erleben in der hier gegebenen Beschreibung seine Kontinuität nicht in Bezug zu einem idealen Ich, sondern durch die Verbindung zu Anderen konstituiert. Und zum anderen ist das Erlebnis punktuell beschrieben und hat damit nicht die Möglichkeit, den vollen Charakter der Prozesshaftigkeit und die Verbundenheit mit Anderen als *Plurallektik* abzubilden. Es verbleibt im Primat der Erkenntnis, in einer Hierarchie, in der das Erkenntnisinteresse über allem anderen steht. Diese Unterschiede genau herauszustellen, soll auf den folgenden Seiten erfolgen.[108]

Husserl entfaltet seine Überlegungen zum Erlebnis im Hinblick auf die Reformulierung des *cogito* als sich *selbst* die eigene Wirklichkeit beweisendes Bewusstsein.[109] Diese Struktur des *cogito* stellt sich als eine individualistische, vom empirischen Ich auf das absolute Ich schlussfolgernde dar. Husserl bestimmt das empirische Ich und die Beziehung zur Welt wie folgt: »Jedenfalls erfüllt es [das unreflektierte Erlebnis] sie [die Bedingung als Ausgangspunkt der Reflexion] allzeit durch die bloße Weise seines Daseins, und zwar für dasjenige Ich, dem es zugehört, dessen reiner Ichblick ev. ›in‹ ihm lebt.«[110] Das Erlebnis wird von einem »reinen Ichblick« thematisiert. Im Folgenden steht der Begriff »Erlebnis« also für

---

107 Wilhelm Dilthey: *Der Aufbau der geschichtlichen Welt in den Geisteswissenschaften*, Frankfurt a.M. Suhrkamp, 1993, S. 169.

108 Es wird hier keine vollständige Analyse des husserlschen Denkens geben, da diese Arbeit in erster Linie eine Phänomenologie der Anderen oder des Miteinanders ist und keine Metatheorie zu Husserls eigenem Denken. Vorrangig wird die Unterscheidung hier anhand des § 46 aus den *Ideen* veranschaulicht. Außerdem wendet sich Husserl mehrmals verschieden stark zwischen der Einbindung des Menschen in die Welt und der Distanz einer transzendentalen Erkenntnistheorie hin und her. Ob dies, wie Ricoeur im Anschluss an Levinas formuliert, eine Stärke oder eine problematische Unentschiedenheit ist, sei hier dahingestellt. Vgl. Paul Ricoeur: *Wege der Anerkennung*, Frankfurt a.M.: Suhrkamp 2006, S. 86.

109 Vgl.: Husserl: *Ideen I*, S. 97.

110 Ebd., S. 95.

die Theorie Husserls, im Gegensatz zum von mir herausgearbeiteten Begriff des »Erlebens«. Dieser »reine Ichblick« verbürgt für Husserl die Notwendigkeit, dass dieses thematisierte Erlebnis *ist*, und nicht, das, sondern auch, dass es ist, wie es durch die jeweilige Reflexion aufgedeckt wird. Der Blick steht hier also metaphorisch für das richtige Erkennen. Diese Notwendigkeit entsteht für Husserl deshalb, weil das Erlebnis nicht wie die Wahrnehmung oder das Handeln auf die Welt bezogen ist, sondern von vornherein nur auf das jeweilige Ich. Weil das Erlebnis also nur für mich vorhanden ist, ist bei ihm das, *was* ist, auch nur durch meinen Blick zu enthüllen.

Ein anderer Autor, der das Erleben ebenfalls ohne direkten Bezug zu Anderen beschreibt (weil es rein subjektiv sei), ist Wilhelm Dilthey. Er geht so weit zu behaupten, dass das eigene Erleben nicht von Anderen oder unterschiedlichen Perspektiven beeinflusst sei. Laut ihm können diese Perspektiven erst durch die Reflexion hinzutreten:»Es gibt hier keine verschiedenen Stellen im Raum, von denen aus das, was in ihm [dem Erleben] da ist, gesehen würde. Und verschiedene Gesichtspunkte, unter denen es aufgefaßt würde, können nur nachträglich durch die Reflexion entstehen und berühren es selber in seinem Erlebnischarakter nicht.«[111] Doch die Anderen »berühren« mich schon im Erleben, sie sind Teil der Art und Weise, wie einer*m das Erlebte erscheint. Ein Auto bspw. ist nie nur ein Auto, sondern etwas, dass als Statussymbol für mich wichtig ist, weil es Unabhängigkeit von Anderen bedeutet, oder es ist ein unnötiger Besitz, weil man innerhalb einer Stadt wohnt, in der alles zu Fuß erreichbar ist oder mit dem Nahverkehr, oder es ist wertvoll, weil man auf dem Land wohnt und der Ort nicht gut an den Nahverkehr angeschlossen ist. Diese Perspektiven sind es, die als Luxus, Bürde oder Lebensgrundlage erlebt werden und deshalb immer als Relation zu und durch andere bestehen. Für Dilthey wie für Husserl muss das Erlebnis also rein subjektiv sein. In ihm selbst liegt keine Differenz, keine Unterschiede und damit keine Alterität. Genau diese Vorstellung ist es, der ich hier durch einen anders gefassten Strukturbegriff des Erlebens widerspreche: Das Erleben selbst ist perspektivisch und durch die Standpunkte der Anderen als Möglichkeiten sich zu verhalten gegliedert.

Aus der Perspektive des »reinen Ichblicks« muss das Erlebnis also notwendig sein, *was* es ist, weil es durch nichts anderes als das jeweilige Ich bedingt ist. Dieses Fundament wird Husserl weiter ausführen:

> Der Erlebnisstrom, der mein, des Denkenden, Erlebnisstrom ist, mag in noch so weitem Umfang unbegriffen, nach den abgelaufenen und künftigen Stromgebieten unbekannt sein, sowie ich auf das strömende Leben in seiner wirklichen Gegenwart hinblicke und mich selbst dabei als das reine Subjekt dieses Lebens fasse

---

111   Dilthey:*Der Aufbau der geschichtlichen Welt in den Geisteswissenschaften*, S. 168.

[...], sage ich schlechthin und notwendig: I c h b i n, dieses Leben ist, Ich lebe: co-gito.[112]

An dieser Gewissheit ist seit Descartes schwer zu rütteln, und es ist auch nicht meine Absicht, die Gewissheit zu hinterfragen, die durch das Selbstbewusstsein gesetzt wird. Ich hinterfrage nicht, dass ich mich nicht täusche, jetzt gerade diesen Text zu schreiben. Was ich aber anmerken möchte, ist, dass diese These eine Verkürzung darstellt, durch die eine wesentliche Struktur des bewussten Erlebens verdeckt wird: Es ist die Bedingtheit des bewussten Erlebens durch Andere.

Genau diese Verbindung zu Anderen und der Welt lässt sich nämlich auch aus dem *cogito* nicht verbannen; die abstrakte Verkürzung des »reinen Ich-blicks« deckt *eine* Struktur des bewussten Erlebens besonders deutlich auf, um den Preis, dass eine andere Struktur – die der Verbundenheit mit Anderen – verdeckt bleibt. Dass mein Erleben als meines erlebt wird, ist nämlich nicht nur – in den Worten Husserls – eine »evident unaufhebliche [...] D a s e i n sthesis«.[113] Erst durch meine Verbindung zu und mit Anderen verstehe ich mein Erleben nicht als das eines*r Anderen, sondern als meines. Diese Struktur kann nicht durch ein immer schon individuiertes Selbst allein entstehen, sie hängt notwendig mit der Wirklichkeit der Anderen zusammen. Ohne die Anderen gäbe es ja keinen Grund, warum die Betonung des Erlebens als *meines* wichtig wäre; es gäbe ja nur *meines*. Hier lässt sich also für den I. Hauptteil abschließend zeigen, dass die Grundthese dieser Arbeit, dass die Anderen die Bedingung unserer Wirklichkeit sind, nicht auf wackligen Füßen steht, sondern durch den Alltag und durch theoretische Überlegungen gestützt werden kann.

Zurück zur Auseinandersetzung mit dem Primat der Erkenntnis: Entgegen Husserl wurde hier festgehalten, dass das Erleben geteilt werden kann. Dies lässt sich daraus erschließen, dass der intentional erlebte Bereich eine Strukturäquivalenz zu allen bewussten Fähigkeiten der Menschen darstellt und diese deshalb nur in Interaktion mit den Anderen und den Gegenständen eine sinnvolle Geltung besitzen.[114] Das heißt im Umkehrschluss aber auch, dass alles Erlebte nicht nur der jeweiligen Introspektion zugänglich ist, sondern dass wir zusammen etwas erleben, wenn wir in der leiblichen Anwesenheit von Anderen sind, und damit jede*r jeweils auch das Erleben der Anderen miterleben kann. Durch die permanente, notwendige Gerichtetheit auf etwas oder jemanden, ist dieses etwas oder dieser jemand nicht nur für mich erlebbar, sondern für alle Menschen. Kurz: *Wir verkörpern unsere Wirklichkeit*. Weil dies so ist, ist das Ich kein absolutes oder reines, von der Welt abgelöstes Phänomen, sondern immer ein empirisches Ich, das von eige-

---

112   Husserl: *Ideen I*, S. 96f.
113   Ebd. S. 98.
114   Vgl. Mertens: *Die Bedeutung der Situation im kooperativen Handeln*. S. 83.

nen Entwürfen und der Zuschreibung Anderer als Eigenschaftspol bestimmt wird, wodurch es sich auch immer wieder verändern kann.

Damit rücken in die Grundgewissheit des *cogito* auch die Gewissheit der eigenen Kontingenz und die Gewissheit über die Anwesenheit von »Fremdpsychen« bzw. Anderen. Denn entgegen Husserls Annahmen, dass das Ich in der Reflexion absolut wird, weil es sich auf ein nur introspektiv zugängliches Erlebnis stützt, wird hier behauptet, dass durch das Erleben diese Gewissheit in der Reflexion erlangt werden kann, gerade weil es nicht absolut ist. Gerade, weil man sich je selbst kontingenterweise als Andere*r unter Anderen erleben kann, wird gewiss, dass man selbst die Person ist, die ihr Erleben erlebt, und nicht eine *andere* Person. Um dies zu verdeutlichen, lässt sich eine Frage von Julia Kristeva aufgreifen, in der sie nach dem Stellewert des Fremden fragt: »Wie könnte man einen Fremden tolerieren, wenn man sich nicht selbst als Fremden erfährt?«[115] Für diese Arbeit lässt sie sich dies, wie folgt umformulieren: Wie könnte man die Anderen erleben, wenn man sich nicht selbst als Andere*r erlebte? Die Anderen sind nämlich nicht nur Fremde, sondern auch Ähnliche, wodurch die Frage nach den Fremden und der ihnen gegenüber zu erbringenden Toleranz in der Frage nach dem Erleben der Anderen fußt.[116] Was hat aber diese Umformulierung genau zu bedeuten? Sie bedeutet, dass das Phänomen, auf das hier verwiesen wird, das folgende ist: Im Extremfall kann man sich, wenn man das eigene Verhalten beschreibt, nicht mehr verstehen, warum man dies oder jenes getan hat oder warum man das eine oder das andere gelassen hat. Man ist sich fremd. Weniger extrem sind es kleine Momente der Verwunderung, des Kopfschüttelns und des Darüberhinwegsehens, wenn man sich dabei erlebt, etwas darzustellen, das einen nicht an sich selbst erinnert; den Zigarettenstummel wegzuschnipsen, während man den Mülleimer schon sieht, das vegetarische Gericht zu bestellen, obwohl man Lust auf Fleisch hat. Man wundert sich über sich selbst, weil man sich selbst als anders erlebt. Wenn man den Fokus daraufffegt, dann erlebt man sich selbst als Andere*n unter Anderen, als jemanden, der nicht mit sich selbst identisch ist.

Welche Schwierigkeiten mit der Beschreibung der Anderen auftauchen, wenn man sie nicht sofort in die Konzeption des Erlebens als integralen Bestandteil aufnimmt, wurde in einem kursorisch historischen Überblick der von Descartes ausgehenden Theorie Husserls über die kritisch dazu stehenden Theorien von Heidegger, Gurwitsch, Merleau-Ponty, Sartre und Butler dargestellt, um zu einer systematischen Bestimmung des Vorzugs des Erlebens vor allen *nur* theoretisierenden

---

115   Julia Kristeva: *Fremde sind wir uns selbst*, Frankfurt a.M.: Suhrkamp 1990, S.198.

116   Damit steht die hier sehr kurze Darstellung des Fremden als Beispiel für Andersheit im Gegensatz zu Kurt Röttgers Interpretation des unendlich Fremden bei Levinas. Vgl. Röttgers: *Kategorien der Sozialphilosophie*. S.162. Diese Form des Fremden lässt sich mit der hier gewählten Beschreibungsmethodik nicht einholen.

Verbindungen zu den Anderen und der Welt zu gelangen. Will man also wissen, warum diese kurze Auseinandersetzung mit Husserl für diese Arbeit wichtig ist, dann lassen sich darauf zwei Antworten geben: 1. Mit dem soeben Dargelegten soll die Differenz zwischen der husserlschen Begrifflichkeit (Bewusstsein, Epoché und Erlebnis) gegenüber der hier verwendeten (Erleben, Andere, Pluralität) aufgezeigt werden. 2. Es sollte dadurch die besondere Bedeutung der Anderen in der Ergänzung des *cogito* besonders herausgestellt werden: denn so führt die als These reformulierte Frage, dass die Gewissheit des *cogito* nicht durch einen Selbstbezug entsteht, sondern durch den immer gegebenen Bezug zu Anderen – mit Kristevas Worten – dazu, »in uns die Differenz in ihrer entwaffnendsten Form [einzuführen] und [diese] als unerlässliche Voraussetzung für unser Sein *mit* den anderen [zu benennen]«:[117] Wir sind uns als Andere unter Anderen durch sie unserer selbst und ihrer im Erleben gewiss.

Keine Möglichkeit zum Solipsismus So schließt sich in diesem Kapitel mit einer weiteren systematischen und historischen Betrachtung ein Kreis: Schon zu Beginn wurde mit Gurwitsch darauf hingewiesen, dass das Erleben der Anderen nicht richtig beschrieben wird, wenn man ausschließt, dass man »Fremdseelisches« oder besser Gefühle und Gedanken nur in den Bereich verschiebt, der durch Introspektion zugänglich sein soll. Der Unterschied zu Handlungen liegt dann darin, dass Gedanken und Gefühle die Welt nicht direkt betreffen und sich zeigen. Doch es wurde hier die Strukturäquivalenz bestimmt, die allen bewussten Fähigkeiten des Menschen zukommt; mit Anderen zusammen erlebbar zu sein, da sie sich durch ein geteiltes intentionales Erleben auszeichnen. Weil das Erleben bewusst ist und alle bewussten Fähigkeiten der Menschen intentional sind, stehen wir beständig in Relation mit Anderen. Umgekehrt bedeutet dies, dass wir als Andere unter Anderen gemeinsam die Bedingung der Wirklichkeit unserer Welt bilden. Denn wenn die Anderen nicht konstitutiv für unsere Wirklichkeit wären, gäbe es keinen Grund überhaupt, von Anderen als uns Ähnlichen oder Unähnlichen auszugehen, und man würde dem Solipsismus eine Tür öffnen – also einer Theorie, gegen die jede sinnvolle Betrachtung der Welt spricht, vor allem wenn die Beschreibung zur Oberfläche der Sachen selbst geht – bzw. sich dem Solipsismus-Vorwurf aussetzen müssen, der gegen eine phänomenologisch-existentialistische Betrachtung häufig vorgebracht wurde.

Mit Gurwitsch argumentierend kann dieser Vorwurf jedoch unproblematisch ausgeschlossen werden: »Ob die anderen Menschen [...] bewusste Wesen sind, wird uns ebenso wenig fraglich, wie der Umstand, daß wir der Anderen unmittelbar ansichtig werden. [E]s [bedarf] keiner theoretischen [...] Überlegungen, [...] um

---

117   Kristeva: *Fremde sind wir uns selbst*, S. 210.

zu dieser ›Überzeugung‹ zu gelangen«.[118] Der Solipsismus ist also nie eine Möglichkeit, wenn man beim Phänomen des Erlebens der Anderen, eben an der phänomenologisch-existenzialistischen Beschreibung der Oberfläche der Phänomene bleibt. So käme der Solipsismus, in dem die Anwesenheit oder die Geltung anderer Menschen für das eigene Erleben der Welt geleugnet wird, weil ich keine Erfahrung von Fremdpsychischen haben kann, dem gleich, was »quining« als Wortneuschöpfung von Daniel Dennett in seinem Aufsatz *Quining Qualia* bezeichnet:[119] Man leugnet die Wichtigkeit und die Bedeutung einer Tatsache, die offensichtlich wichtig und bedeutend ist – so wie in diesem Fall die Bestimmtheit durch und mit Anderen. Man würde leugnen, dass die Anderen unsere Wirklichkeit bestimmen. Dass dies nicht nur eine Annahme ist, sondern man die Anderen im Erleben als bewusst erlebende Andere erlebt, ist eine der leitenden Thesen dieser Arbeit, die, wie schon erwähnt, in Anschluss an Gurwitsch getroffen werden kann. Wenn man dem Erleben zuschreibt, dass sich in ihm ein Sinngehalt der Welt ausdrückt, kann man nicht behaupten, dass man über das, was erlebt wird – so wie die Anderen – hinweggehen kann, ohne dabei eine Reduktion der Wirklichkeit hinzunehmen.[120]

Die Anderen bzw. das Erleben der Anderen kann aber nicht nur beschrieben werden. Die Anderen sind, wie mit Deleuze festgestellt wurde, nicht nur immer schon als Andere erlebt, sie sind auch eine notwendige Struktur im Erleben der Wirklichkeit, da sie den Horizont um die Kategorie des Möglichen erweitern. Durch sie verschließen sich mir Verhaltensweisen, die sie ausführen, weil sie sie ausführen, weil ich daran die Schwierigkeit sehe und für mich als zu hoch einschätze oder ich sehe, dass ich es auch kann, ober was noch zu tun ist. Die Möglichkeiten zeigen sich als Andere. Um es mit Merleau-Ponty zu sagen: »[Die] Erfahrung [der Anderen, P.H.] ist nichts, oder aber sie muß total sein«.[121] Dieses von mir erweiterte Zitat zeigt die Gefahr, ebenso wie den Vorteil, den das gemeinsame Erleben mit Anderen mit sich bringt.[122] Entweder das Erleben gibt allen Menschen die Anderen, die sie erleben, in ihrer *Komplexität*; das heißt, bezogen auf die Strukturäquivalenz des Denkens, Wahrnehmens, Handelns, Fühlens und Imaginierens und der Bezogenheit *auf* und *durch* die Anderen, durch die Beschreibung darzustellen, dass anders zu sein zu einem selbst und zu anderen gehört. Die Menschen als Andere unter Anderen sind Teil unserer gemeinsamen Welt und betreffen alle Aspekte menschlichen Lebens, oder das Erleben der Anderen ist nichts.

---

118 Gurwitsch: *Mitmenschliche Begegnungen in der Milieuwelt*, S. 6.
119 Vgl.: Daniel C. Dennett, *Quining Qualia*. In: Marcel, A. & Bisiach, E. (Hg.) *Consciousness in Modern Science*, Oxford Oxford University Press, 1988.)
120 Vgl. Merleau-Ponty: *Phänomenologie der Wahrnehmung*, S. 511.
121 Ebd. S. 301.
122 Im Französischen steht in diesem Zitat »l´expérience« was ins Deutsche sowohl mit »Erfahrung« als auch mit »Erleben« übersetzt werden kann.

Damit ist das Erleben – im Gegensatz zu Husserls Erlebnis – nicht bloß ein Objekt oder der Ausgangspunkt *meiner* erkennenden Reflexion über etwas, was nur mich betrifft, sondern der Ausgangspunkt für unsere Verbindung zu Anderen. Sei diese Verbindung durch Gegenstände, Orte, Fassaden, Freund*innen, Gegner*innen, Bekannte, Familie oder zufällige Treffen, man steht in einem Kabinett aus Spiegeln, in denen man Verhaltensweisen wiedererkennt (in Ermangelung eines Verbs, das in derselben Richtung nichts mit Erkennen zu tun hat), neuen begegnet und die eigenen Anderen darstellt. Das Bild, welches ich mit dieser Form der Beschreibung erzeugen wollte, ist das eines halbdurchsichtigen Netzes der Lebenswelt – um Waldenfels aufzugreifen –, in das man aus Versehen geraten ist und von dem man dann überall Fäden an sich spürt oder vermutet, sie aber nicht genau verorten kann. Damit ist das Erleben selbst aber nicht – wie von Husserl behauptet – in der Introspektion ohne Bezug zu den Anderen zugänglich, sondern durch unser intentional geteiltes Erleben in der Welt. Das Erleben ist also in diesem Sinne alles, *alles mit Anderen*.

So schließt sich der Solipsismus im alltäglichen Erleben selbst aus. Diese Arbeit ist damit durch die Definition des Erlebens ein Anschluss an folgendes Motto Merleau-Pontys für eine Phänomenologie:

Aufgabe einer radikalen Reflexion, einer solchen, die sich selbst verstehen will, ist es paradoxerweise, die unreflektierte Welterfahrung wiederzuentdecken, um in ihren Zusammenhang auch die Einstellung auf Verifikation und alle reflexiven Operationen zurückzuversetzen und also die Reflexion auch selbst als eine der Möglichkeiten meines Seins erscheinen zu lassen.[123]

Im Ansatz von Lambert Wiesing für die Wahrnehmungsphilosophie lässt sich dies wie folgt explizieren: »Weil ich in einer wahrnehmbaren Welt bin, bin ich in einer Welt, deren Existenz nicht von meiner Partizipation abhängt. [...] Die Wahrnehmung bestimmt die Daseinsform«.[124] Er expliziert dadurch die unreflektierte Art und Weise, auf die die Wahrnehmung uns mit etwas konfrontiert. Wenn nun die Wahrnehmung, wie in dieser Arbeit herausgestellt, ein Teil des Erlebens ist und dieses Erleben sich dadurch auszeichnet, dass es mit Anderen geteilt ist, dann lässt sich dies wie folgt aussagen: Weil sich das Erleben darstellen muss, ist man immer in einer Welt mit anderen Darstellungen, die nicht notwendig von der eigenen Darstellung abhängen. Das Erleben bestimmt die Form des Miteinanders.

---

123   Merleau-Ponty: *Phänomenologie der Wahrnehmung*, S. 282. Auch hier möchte ich noch einmal darauf hinweisen, dass es für diese Arbeit kein Problem ist, dass Merleau-Ponty von Erfahrung und nicht von Erleben spricht, da im Französischen sowohl ›vécu‹ als auch ›expérience‹ als Erleben übersetzt werden können, wobei auch eine kombinierte Form von beiden Wörtern möglich ist (›expérience vécue‹), die einen herausgegriffenen Punkt aus dem Erleben als Erlebnis beschreibt.

124   Wiesing: *Das Mich der Wahrnehmung*, S. 172f.

Dies ist das Ergebnis einer Beschreibung, die die Anderen radikal von der erlebten sozialen Situation her verstehen will: Die Anderen tauchen nicht nur als Hüllen auf, die beseelt werden müssen, sondern als Andere, die ihr Erleben immer schon mit mir teilen und deshalb als andere Menschen mit mir in der Welt sind. Dieser letzte Aspekt, das gemeinsame In-der-Welt-Sein, ist die Überleitung in den nächsten Hauptteil, genauer gesagt in das erste Unterkapitel dieses Hauptteils: *Miteinander in sozialen Räumen.*

Zwischenbilanz In diesem ersten Kapitel stand das Erleben als Begriff für die Strukturäquivalenz der bewussten Fähigkeiten der Menschen (Handeln, Fühlen, Denken, Wahrnehmen, Imaginieren) im Vordergrund. Doch schon in dieser Beschreibung gelang es nicht, den Begriff des Erlebens zu beschreiben, ohne die Bedeutung der Anderen für das Erleben offenkundig zu machen. Dies geschah in den letzten Sinnabschnitten explizit durch eine Argumentation in Bezug auf Husserls Auslegung des Erlebnisses, die sich auf das transzendentale Ego als unhintergehbarer Gewissheit stützt: Nicht nur, dass ich es bin, der schreibt, ist gewiss, sondern auch, dass ich für Andere und in der Gegenwart von Anderen schreibe (Form und Inhalt sind somit beide in der ursprünglichen Gewissheit, mit Anderen die Welt zu erleben, gegeben). Somit ist auch die argumentative Aneignung und Ausformulierung der radikalen These von Deleuze, dass die Anderen die Kategorie des Möglichen konstituieren, nicht mehr eine absurde Erweiterung des Erlebens, sondern eine konsequente Beschreibung der Bedeutung der Anderen. So kann die Hauptthese dieser Arbeit, dass die Anderen die *Bedingung unserer Wirklichkeit* sind, dadurch Bestätigung finden, dass die Möglichkeit, etwas aus einer anderen Perspektive zu betrachten, aus dem Erleben der Anderen erwächst.

Die Anderen können nicht nur mit mir das Erleben teilen, sondern sie sind eine notwendige Struktur dieses Erlebens selbst. Dadurch, dass die Kategorie des Möglichen durch die Anderen konstituiert wird, trifft dies auch auf das jeweilige Selbstbild zu und macht uns je selbst zu Anderen. Hier zeigt sich also auch nochmals in aller Kürze die Verbindung zu der mit Kristeva formulierten Frage: Wie könnte man die Anderen verstehend erleben, wenn man sich nicht selbst als Andere*r erfährt? Deren Beantwortung hier heißt: Wir erleben uns und die Anderen notwendig als Andere, wenn wir den Fokus auf den Horizont unseres Erlebens zu wenden. Damit können Andere sich selbst und Andere als Andere verstehen. Diese Arbeit steht somit in Opposition zu jeder Theorie des Erlebens oder des Sich-bewusst-Werdens-der-Anderen, die rein vom Subjekt ausgeht. Sie schließt aus, dass ein Erleben ohne Andere wirklich sein kann. Deswegen geht diese Arbeit von den Darstellungen aus, die die einzelnen Anderen aufführen, mit all ihren Ähnlichkeiten und Unähnlichkeiten in den Verhaltensweisen, die diese Anderen erleben.

Das Erleben als Begriff ist also eine Abwendung vom Primat des erkenntnistheoretischen Bewusstseins und von dem Begriff des »Daseins«. Beide Punkte symbolisieren eine Verdopplung des Konkreten, entweder durch eine Trennung des bewussten Erlebens in Bewusstes und Sein, wobei das Bewusste das Sein überfliegt und in diesem Überfliegen die Dinge erkennt, aber nicht im Konkreten verstehen kann und will. Oder wie im »Dasein« reduziert sich *ein*e* die Frage nach dem Sein *Stellende*r* auf das Zwangsläufigste, was es im Konkreten gibt: den Tod. Dabei verliert das »Dasein« in der Ontologie alle Möglichkeiten, weil sie im Zwang enden. Vor dem Hintergrund der deleuzeschen Theorie lässt sich dies wie folgt aufschlüsseln: Der Zwang entsteht durch die Abwesenheit von Möglichkeiten und diese Möglichkeiten stellen sich für uns nur im Bezug und durch die Anderen ein, wodurch eine Darstellung, die im Zwang des Todes endet, keinen Blick für die Möglichkeiten, also die Anderen, haben kann.[125] Der Begriff des »Daseins« bleibt demnach, trotz seiner praktischen Wende, hinter dem hier dargestellten Erleben mit den Anderen zurück.

Die Anderen sind immer schon miteinander in der Welt. Oder anders formuliert: Ohne Andere gäbe es in der Wirklichkeit keine Möglichkeiten, kein Abstandnehmen von etwas Gegebenem. Andere nehmen damit Bezug auf alle im Erleben gefassten Fähigkeiten des Menschen. Ohne sie gäbe es keine imaginierende Abweichung von dem, was ist, keine Handlungen und keine Möglichkeit, sich selbst durch oder auch gegen sie zu entwerfen. Meine Wahrnehmung und mein Denken wären ein Aufgehen in und ein ausschließlicher Bezug zu den vorhandenen Objekten, die keine Spuren einer vergangenen Bearbeitung oder eines möglichen Gebrauchs aufweisen würden. Kurz: Eine Wirklichkeit ohne Andere ist ein bloßes Gedankenexperiment, das ein Vakuum erzeugt, in dem niemand leben kann. In ihm gäbe es die repressiven Strukturen, die durch Andere (zu denen alle je selbst zählen) aufrechterhalten werden, genauso wenig wie die Freude, das Schöne und die Freiheit der gemeinsamen Gestaltung. Robinsonaden sind Dystopien, die nie in einer gänzlichen Eliminierung der Anderen münden können, ohne die Wirklichkeit zu leugnen.[126]

---

125   Vgl. Deleuze *Logik des Sinns*, S. 385.
126   Vgl. ebd.

Das Erleben der Anderen – ein Verhältnis in sozialen Räumen

Es wurde im letzten Hauptteil gezeigt, dass durch den Begriff Erleben eine Beschreibungsdimension geschaffen ist, die die Menschen zusammen als Andere unter Anderen erfassen kann. Das Erleben ist ein Begriff, der die gemeinsame Struktur der Wahrnehmung, Handlung, Imagination, des Denkens und Fühlens als bewusste Fähigkeiten an die Lebenswirklichkeit mit Anderen, an die Sozialität knüpft. Somit beschreibt das Erleben die Form, in der wir uns durch Andere in und mit der Welt verhalten. In dem vorliegenden zweiten Hauptteil wird diese Beziehung zu Anderen untereinander und den Gegenständen *in* der Welt an drei Formen explizit charakterisiert: Es wird erstens die Komplexität der sozialen Räume aufgezeigt, indem bestimmt wird, dass das Erleben die Darstellungsform der Intentionalität ist und damit Anderen als erlebbar widerfährt. Zweitens werden vor allem direkte Fokussierungen der Anderen in Form der Fürsorge und der *parrhesia* beschrieben, die es ermöglichen, den geteilten Bereich im Erleben als sinnhaft zu deuten. Und drittens wechselt die Perspektive von der direkten Fokussierung auf den Horizont, den man selbst je darstellt und den Andere jeweils darstellen.

Das Erleben, das mit Anderen geteilt ist, bestimmt die Intentionalität nicht nur als Erkenntnisgrundlage, sondern als eine Form der Relationalität, wodurch sich das intentional Erlebte strukturieren lässt: in einen Randbereich, einen Horizont, der das Erlebte vom Nicht-Erlebten trennt, und Bereiche, die in diesem erlebten Horizont liegen und in diesem fokussiert werden können. Hierfür wird nun diese Teilung des Erlebens in Horizont und Fokus genauer bestimmt: Der Horizont ist sowohl der Bereich, der das Erlebte vom Nicht-Erlebten trennt, als auch der Bereich, in dem Fokussiertes und nicht Fokussiertes vorkommen. Die Bedeutung der Anderen zeigt sich darin, dass Fokus und Horizont sowie der Übergang von einem Fokussierten zum anderen erst durch die Anderen als Wechsel der Perspektive erlebt werden. Sie stoßen diese Wechsel an. Wir bewegen und verhalten uns mit Anderen in und durch die Welt, wodurch Horizont und Fokus entstehen, sich verschieben und aufeinandertreffen. Mein Fokus liefert also eine Perspektive, die sich in meinen Handlungen, Gefühlen, Gedanken, meiner Wahrnehmung und Imagination widerspiegelt. Diese Perspektive ist es nun, mit der Andere konfrontiert werden, denen ich sie aussetze, einfach nur, weil ich eine bestimmte Perspektive habe, genauso, wie jede Person den Perspektiven Anderer ausgesetzt ist. Man kann mit der Intentionalität also einen weiteren Begriff verbinden, den der Darstellung, so wie es schon im ersten Hauptteil gemacht wurde.[1] Meine Intentionalität konfrontiert Andere mit meinen Gedanken, Gefühlen, Imaginationen, Handlungen und Wahrnehmungen, was heißt, dass die Intentionalität sich darstellt, oder in Verbindung mit den Worten Erving Goffmans: Die Intentionalität stellt sich Anderen für Andere als körperliche »Fassade« dar.[2] Sie verkörpert sich in jeder unserer Gesten etc. und stellt sich somit als Konstellation von sozialen Strukturen und eigenem Erleben dar; oder um es mit Judith Butler zu sagen:»An unserem Körper überkreuzen sich eine Reihe von Perspektiven, die sich keineswegs alle mit unseren eigenen decken.«[3] Deshalb spreche ich hier auch metaphorisch von »Fassade«, obwohl das Wort einen pejorativen Beigeschmack hat: Es ist alles nur »Fassade«, nichts davon hat einen Anspruch darauf, exklusiv zu sein, völlig sich selbst zu gehören oder unhinterfragt zu bleiben.

Um diese These zu stützen, wird sich das erste Unterkapitel mit dem Begriffspaar »Drinnen und Draußen« beschäftigen: denn wenn sich die Intentionalität als Fassade darstellt, braucht es keinen Bereich mehr, der feststehend innerhalb oder außerhalb der Fassade liegen würde. Es ist eine Frage der Perspektive. In der Beschreibung, etwas sei drinnen, kann nämlich eine alltägliche Beschreibungsform dafür gesehen werden, was in der Philosophiegeschichte als immanenter Bereich des Bewusstseins bestimmt wurde. Es soll hier dem widersprechend gezeigt werden, dass ein solcher Immanenzbereich nicht hinter der Fassade vermutet werden muss, um Andere zu verstehen. Vielmehr wird dieses Begriffspaar benutzt, um das Fokussieren innerhalb eines Horizonts der Intentionalität genauer zu bestimmen: Etwas liegt entweder *im* Fokus oder *im* Horizont des Erlebens und stellt sich somit auf der Fassade bzw. der Oberfläche dar, hinter der oder in der nichts anderes liegt als sie selbst.

Um diesen Punkt plausibel zu machen, wird hier ein Beispiel folgen, auf das ich mich im Verlauf des ersten Kapitels dieses zweiten Hauptteils immer wieder beziehen werde. Es ist die Beschreibung eines Weges von zuhause in die Universität: Man verlässt das Haus. Man ist unausgeschlafen, hat nicht gefrühstückt, war aber noch im Bad, um sich frisch zu machen. *Draußen* auf der Straße begegnen einem die Geräusche der Stadt, der Lärm der Autos, die verworrenen Stimmen

---

1   Ein Begriff, der von einigen Theoretiker*innen benutzt wird, ist der des Ausdrucks. Doch die Bewegung, die durch ihn impliziert wird, widerspricht jedoch dem Theorieansatz, der auf den nächsten Seiten weiter expliziert wird.

2   Vgl. Goffman: *Wir alle spielen Theater*, S. 23.

3   Judith Butler: *Krieg und Affekt*, Zürich/Berlin: diaphanes 2009, S. 39.

der Anderen, lauter als noch in der Geschlossenheit der eigenen Wohnung: *Drinnen* war es viel ruhiger. Beim Verlassen der Wohnung, genauer noch beim Treten aus der Tür hat man eine *Schwelle* überschritten, die Stadt mit ihren Geräuschen tritt für den*die Unausgeschlafene in den Fokus. Die Hintergrundgeräusche, die drinnen im eigenen Zimmer und Bad noch *im* Horizont des Erlebens lagen, treten *in* den Fokus, ich muss mich mit Anderen und an Anderen vorbei durch sie hindurchbewegen, um in den Raum zu gelangen, in dem das Seminar stattfinden wird. Trete ich dann mit einem Kaffee von unterwegs in den Seminarraum ein, wechselt der Fokus allein durch die Bewegung in den Raum von draußen, was nun in meinem Horizont liegt, wieder in ein Drinnen, das ich fokussiere; ein Drinnen, das anderen sozialen Gepflogenheiten entspricht, als es in meiner Wohnung der Fall war. Auf dem Weg selbst ergeben sich neben diesem leiblichen Wechsel von einem zum anderen Raum weitere Fokusverschiebungen durch die Gegenstände, wie zum Beispiel dem Kaffee in meiner Hand. Die Gründe für diese Fokusverschiebungen sind offensichtlich nicht notwendig, aber das Vorhandensein der Wechsel ist es. Dadurch, dass ich bspw. den Kaffee in meiner Hand halte und keinen Deckel wollte, muss ich meine gesamten Bewegungen verändern. Beim Treffen auf andere Menschen und Gegenstände muss ich mich darauf fokussieren, nichts zu verschütten, obwohl ich in Gedanken schon bei der Seminarsitzung bin, die einen weiteren Fokus darstellt. So verändert sich die gedankliche Fokussierung auf die Seminarsitzung durch die widerfahrene Wahrnehmung möglicher Probleme, die im Horizont meines Erlebens auftauchen, und zeichnet sich in meinem Verhalten ab.[4] Es soll hier im Abschnitt *Miteinander in sozialen Räumen* also dargestellt werden, warum es nicht möglich ist, die Meinungen anderer »in ihren Köpfen« vorzufinden, sondern dass die Meinungen und Gefühle sich durch einen Fokuswechsel in der Beschreibung draußen in der Welt erleben lassen.

Miteinander in sozialen Räumen

Das Thema dieses ersten Unterkapitels ist es, zu bestimmen, dass man Anderen dank ihrer Fassaden »ansehen« kann, was sie erleben. Besonders in den Fokus rückt dabei die Frage danach, was sie denken und fühlen. Sie ist deshalb für das vorliegende Projekt von Interesse, da es ein notwendiger Schritt ist, die Meinungen und

---

4   Es wird hier also nochmals deutlich, weshalb die Betrachtung des Erlebens als Strukturzusammenhang der bewussten Fähigkeiten der Menschen eine nicht nur eine theoretische Überlegung ist, sondern einen Zusammenhang und eine Verbindung von Denken, Fühlen, Wahrnehmen, Imaginieren und Handeln im Umgang mit Anderen und damit auch mit der Welt bietet.

Gefühle anderer (mit-)erleben zu können, wenn es darum geht, die soziale Situation, das Miteinander von Anderen unter Anderen verstehen – oder besser noch: beschreiben – zu können. Diese Form des Verstehens und Beschreibens der Gefühle und Meinungen Anderer hat natürlich nicht den kontraintuitiven Anspruch, immer und vollkommen korrekt zu verstehen, was Andere denken oder fühlen; aber die Beschreibung des Miteinanders, die im Folgenden gegeben wird, soll die Möglichkeit aufzeigen, warum wir uns nicht immer nur missverstehen können. Drinnen und Draußen werden dafür als relational bestimmt, was nichts anderes heißt, als dass etwas oder jemand (so trivial dies auch klingen mag) nur aus jeweils einer bestimmten Perspektive drinnen, sei es in einer Wohnung, sei es in einem Fokus, oder »innerhalb« meines Denkens und Fühlens oder außerhalb davon ist. Diesen Beschreibungen soll durch diesen anschließenden Abschnitt (*Miteinander in sozialen Räumen*) das systematische Gewicht gegeben werden, das ihnen erlaubt, nicht nur trivial zu bestimmen, dass es in der Welt irgendeine Form von Verbindung mit Anderen gibt, sondern dass sich das je eigene Erleben nur durch die Beschreibung möglicher Perspektivwechsel durch Andere aufzeigen lässt. Bevor also mit den beiden Unterkapiteln (*Der Alltag mit Anderen im Fokus* und *Im Horizont mit Anderen*) zum Fokus und Horizont der Anderen begonnen werden kann, wird in diesem Abschnitt darauf verwiesen, dass das Verhältnis von Fokus und Horizont ein grundlegend soziales Wechselverhältnis bedeutet: von etwas, was *im* Horizont ist, zu etwas, was *im* Fokus ist und zurück. Dieser Wechsel zwischen Fokus und Horizont ist durch Andere bedingt, sei er gedanklich, gefühlt, wahrgenommen, innerhalb einer Handlung oder imaginiert. Der Wechsel im Erleben stellt sich körperlich dar. Er manifestiert eine Fassade.

Von der Bewegung durch die Welt zur »Fassade« Der Wechsel zwischen Drinnen und Draußen ist nur als Form einer Bewegung zu verstehen, an deren Ende etwas jeweils *entweder* im Fokus *oder* im Horizont ist. Dies zu betonen, ist aus dem Grund wichtig, da eine Beschreibung der Fassaden, die die Körper der Anderen darstellen, meinem Erleben intentional zugänglich sein muss. Dies gilt zumindest dann, wenn die Anderen (und damit auch jede*r von uns selbst) in allen Bereichen des Erlebens (Imaginieren, Denken, Wahrnehmen, Handeln, Fühlen) die Bedingung unserer Wirklichkeit sind. Mit Goffman kann man diese These folgendermaßen unterstützen: Er führt den Begriff der Fassade, als die »Darstellung des Einzelnen […], der regelmäßig in einer allgemeinen und vorbestimmten Art dazu dient, die Situation für das Publikum der Vorstellung zu bestimmen«[5] ein. Die Fassade ist damit eine Mischung aus dem, was 1. gewollter Weise für Andere dargestellt werden soll, 2. dem, was dieser Darstellung widerfährt (auf welche Widrigkeiten man in einer Situation reagieren muss, um weiterhin das darzustellen, was man will);

---

5   Goffman: *Wir alle spielen Theater*, S. 23.

und 3. der *Form*, in der die Darstellung geschieht. Dieser dritte Punkt kann auch anders formuliert werden, um die konkrete Bedeutung der Form aufzuzeigen: Die Darstellungsform zeigt die sozialen Strukturen an, die eine*n dazu bestimmen, eine bestimmte Darstellungsweise im Miteinander einer anderen vorzuziehen.

An einem Beispiel verdeutlicht heißt das Folgendes: Wenn ich durch die Straßen laufe und nicht angesprochen werden will, weil ich eilig zum Seminar muss und zusätzlich einen Kaffee zum Mitnehmen kaufen will, dann sind diese Gedanken Anderen in einer bestimmten Art und Weise dargestellt. Blicken sie auf mich, dann sehen sie meine schnellen Bewegungen beim Kaufen, beim Laufen und eben keine umherschweifenden Blicke meinerseits, als würde ich schlendern oder flanieren. Was darin nicht offensichtlich liegt, ist der Grund für mein Verhalten. Dass ich zum Seminar muss, kann daran nicht eindeutig *erkannt* werden. Es liegt außerhalb des Horizontes der meisten Menschen, die meine Darstellung des Weges von Zuhause zum Seminarraum erleben konnten und damit ebenfalls außerhalb dessen, was sie fokussieren könnten. Doch durch meine Kleidung, die Büchertasche über meiner Schulter und dem Fakt, dass Jena eine Universitätsstadt ist, kann der Gedanke bei ihnen in den Fokus rücken, dass ich auf dem Weg zur Universität bin, obwohl sie mich nicht kennen – zumindest, wenn sie daran interessiert sind, die Person zu betrachten, die an ihnen vorbeieilt. Schon diese kurze Beschreibung lässt die Komplexität anklingen, die der Wirklichkeit des Erlebens entspricht.

Wendet man sich innerhalb dieses Beispiels der Bewegung als Indikator für Drinnen und Draußen zu, da sich nur in Bewegung (also in einem Vorgang von bestimmter Dauer) verorten lässt, von welchem Punkt aus für uns etwas im Miteinander als drinnen oder draußen erlebt wird. Daher lässt sich hier bestimmen, dass durch die dreifache Abhängigkeit der Fassade (von mir, von Anderen und von sozialen Strukturen) die Bedingung dafür gefunden werden kann, warum Andere an meinem Erleben partizipieren können, obwohl man intuitiv davon ausgehen würde, dass besonders die Gedanken und Gefühle von Anderen einem selbst nicht zugänglich sind. Diese dreifache Abhängigkeit ergibt sich daraus, dass die Fassade immer eine Form der Darstellung ist, wie es im Beispiel gezeigt wurde: Ich bin als eilend in Erscheinung getreten. Nicht weil ich als eilend in Erscheinung treten wollte, sondern weil bestimmte Formen sich zu Verhalten schon in den Ablauf meiner Verhaltensweisen eingeschrieben haben, egal wie stark diese intendiert oder willkürlich geschehen. Die Darstellung ist also immer eine Darstellung 1. von etwas, 2. für jemanden, und 3. auf eine bestimmte Art und Weise. Das heißt, egal wie man etwas erlebt, man stellt sich dabei für Andere auf eine bestimmte Art und Weise dar, selbst wenn man die Konventionen übertritt und so Andere verwundert. Ob man will oder nicht – wenn ich durch die Straßen laufe, stelle ich für Andere bestimmte Teile meiner Gedanken, Gefühle, Handlungen, Wahrnehmungen und Imaginationen dar. Meine Fassade ist die Darstellung meines Erlebens für Andere und die Fassaden Anderer sind die Darstellungen ihres Erlebens für mich und

Andere. Durch die Darstellung liegt der Fokus auf der Art und Weise, wie etwas, passiert und stellt damit die Verbindung zwischen eigenem Erleben und sozialen Strukturen dar. Dies geschieht, weil die sozialen Strukturen, die als sich wiederholende Ablaufpläne bestimmt sind, die Form angeben, in der etwas erlebt wird.

Die hier vertretene These, dass sich dasjenige, was man intuitiv in den Innenbereich einer Person legen würde – nämlich ihre Gedanken und Gefühle – als Teil ihrer Fassade erleben kann, bedeutet auch, dass es unnötig ist, sich auf einen eventuellen Innenbereich zu beziehen. Das »Äußere«, unser Ausdruck, unsere Gesten, unsere Mimik stellen unsere Gedanken, unsere Gefühle und damit neben den Handlungen auch den gesamten erlebten Bereich einer Person dar. Was wir erleben, verkörpert sich notwendig, aber die Form, wie es verkörpert wird, ist kontingent. Das ist der Grund, aus dem man hier einen Blick auf die Performativität werfen sollte: Sie beschreibt die sich wiederholenden Bewegungen, welche die kontingente Form der notwendigen Verkörperung annehmen.[6] Gestützt werden kann dies mit Judith Butlers Bestimmung der Verkörperung bzw. der Performativität aus ihrem Essay *Performative Akte und Geschlechterkonstitution – Phänomenologie und feministische Theorie*: »Als intentional organisierte Materialität ist der Körper immer eine Verkörperung *von* Möglichkeiten, die durch historische Konventionen sowohl konditioniert wie beschnitten sind.«[7] Was wir erleben, stellen wir nicht durch willkürliche Gesten, Handlungen, Mimik etc. dar, sondern durch solche, die sich zu einem bestimmten Teil auf »historische Konventionen« (soziale Strukturen) zurückführen lassen. Mein Durch-die-Stadt-Eilen geschieht durch schnelle Schritte, einen klaren Blick in Wegrichtung, beim Einkaufen durchs Blicken auf die Uhr etc. Der Blick auf die Uhr ist jedoch nicht nur meine Versicherung, dass ich noch Zeit habe. Für Andere drückt er aus, dass die Zeit für mich eine wichtige Rolle spielt. Dadurch, dass ich wiederholt auf die Uhr schaue, können Andere erleben, wie es für mich ist, auf die Zeit achten zu müssen: Es hetzt mich. Sowohl meine Gedanken an die Zeit als auch mein Gefühl, gehetzt zu sein, sind Teil meiner Fassade. Mein Innenbereich, mein Drinnen, und meine Fassade, mein Draußen, stehen nicht fest voneinander getrennt, sondern sie sind aufeinander bezogen und stellen deshalb eine Relation zu Anderen dar. Meine Darstellung ist dabei aber keine exklusive Schöpfung meines Selbst, sondern sie ist abgeschaut, Teil von Konventionen und gleichzeitig Veränderungen davon.

Um diese Relationalität theoretisch einzubinden, lässt sich mit Merleau-Ponty auf zwei Begriffe verweisen, die Bewegungsrichtungen beschreiben und damit die Bedeutung der Bewegung nochmals hervorheben. Eine geht von uns als Menschen

---

6   Vgl.: Gerald Posselt: *Politiken des Performativen – Butlers Theorie politischer Performativität*, in Gerald Posselt, Tatjana Schönwälder-Kuntze & Sergej Seitz (Hg.): *Judith Butlers Philosophie des Politischen – Kritische Lektüre*, Bielefeld: transcript 2018, S. 47.

7   Judith Butler: *Performative Akte und Geschlechterkonstitution*, S. 305.

aus, weil wir uns aktiv in der Welt darstellende Andere sind. Die andere Bewegung kommt auf uns zu, weil wir auch immer passiv erlebende Andere sind, denen etwas widerfährt: Die erste Bewegung beschreibt Merleau-Ponty als *zentrifugal*, also von einer Person intendiert, die zweite als *zentripetal*. Sie kommt auf einen Menschen zu und ist damit nicht selbst intendiert.[8] Sie kann aber, und dies ist der wichtige Punkt, von jemand anderem gewollt oder zumindest von jemanden (absichtlich oder unabsichtlich) verursacht worden sein. Wir widerfahren uns somit jeweils als aktive und passive Andere unserer jeweiligen Vorhaben. Während meine Fassade als durch die Stadt Eilender anderen widerfährt, widerfahren diese Anderen auch gleichzeitig mir in meinem Erleben. Ich bemerke die Person, die noch schneller an mir vorbeihetzt, jene, die mir fröhlich musikhörend entgegenkommt und mich kurz durch ihr fröhliches Antlitz aus meinem Eilen herausholt, und die Person, die das Auto fährt, das mich von meinem Weg abbringt, da ich nicht sofort über die Straße gehen kann. Drinnen und Draußen werden somit nicht nur von *einem* Menschen bestimmt. Sie sind relationale Bestimmungen, die nicht als starre Seiten einer Grenze bspw. für einen Innenbereich der Menschen verwendet werden können, oder wie Butler schreibt: »Wenn ich überhaupt eine Grenze habe, oder wenn man sagen kann, dass eine Grenze zu mir gehört, dann ist das nur so, weil ich von anderen getrennt bin. Umgekehrt ist diese Trennung die Bedingung der Möglichkeit, zu anderen in Beziehung zu treten.«[9] Gerade, weil die Intentionalität als Bezug zu Anderen und zur Welt nicht im Menschen liegt, sondern als Bestimmung der bewussten Fähigkeiten der Menschen in der Welt bei Anderen durch ihre Performativität erscheint, erhält sie ihre volle Geltung durch die sich wiederholen müssende Darstellung des Erlebens. Salopp gesagt: Drinnen und Draußen bedeuten also nicht für alle immer die gleichen Seiten einer Grenze. Sie sind relational.

Gerade weil sich das Erleben durch die verschiedenen Bewegungen in der Welt, die Wahrnehmungen, das Fühlen und die Handlungen und durch verschiedene Meinungen, Imaginationen und Gedanken verändert, wird deutlich, inwiefern die Horizonte und Fokusse und damit der Wechsel zwischen Drinnen und Draußen gedacht werden können: Sie beschreiben räumliche und zeitliche Veränderungen, die das Erleben der Anderen und das je eigene in Bewegung halten. Auch bei dem Weg zur Universität, der als von mir ausgehender, als zentrifugaler Fokus bezeichnet werden kann, stellt sich darin dar, wie ich mich durch die Stadt bewege. Sie wird sowohl durch den offenen Kaffeebecher in meiner Hand und noch mehr durch die Anderen, an denen ich vorbeilaufe, gleichzeitig zentripetal verändert oder erhalten. Das Ausweichmanöver, bei dem ich weder Kaffee verschütten noch eine andere Person anrempeln will, ist eine Veränderung meines Fokus durch Andere,

---

8   Merleau-Ponty: *Phänomenologie der Wahrnehmung*, S. 499.

9   Butler: *Krieg und Affekt*, S. 26f.

die einem im Horizont widerfahren. Der Fokus wird Nicht-Anrempeln und Nicht-Verschütten, während der Horizont der Weg zur Universität wird. Auf meiner Fassade stellt sich nun beides dar: Dass ich niemanden anrempeln will, zeigt sich in geschickten Bewegungen zwischen Anderen hindurch, abrupte Stopps und entschuldigende Gesten. Der Weg zur Universität bleibt, wie oben schon beschrieben, jedoch auch durch meine Kleidung, die Wahrscheinlichkeit in einer Universitätsstadt zur Universität zu laufen, und mir vielleicht begegnende Freunde oder Bekannte, die wissen, wohin ich gehe, Teil meiner Fassade. Das eine ist mein Fokus und das andere mein Horizont auf der erlebbaren Fassade. Was als Fokus oder Horizont gesehen wird, hängt von der Stärke der Darstellung und der Intensität dessen ab, was Andere sehen wollen.

Ein unbehagliches Beispiel dafür kann die Zuschreibung sein, dass die Fassade abwertend als »schwuchtelig« aufgefasst wird.[10] Die geschickten Bewegungen, die beim Ausweichen vor Anderen ausgeführt wurden, sind dieselben oder ähnliche, die dazu geführt haben, dass diese Fassade von Anderen als die einer »Schwuchtel« bestimmt wurde, um dadurch eine Distinktion und Abwertung zu erreichen. Diese Zuschreibung geschieht dabei nicht notwendig, weil es eine offensichtliche Vorliebe bei Sexualpartner*innen gibt, sondern weil es das Nicht-Einverstanden-Sein mit der ganzen Person und dem gesamten Auftreten ausdrückt. Die Anderen wollen im Gang, in der Haltung, den Gedanken und den Gefühlen, also auf der Fassade, eine Schwuchtel erkennen. Sie fokussierten sich so sehr darauf, dass der Horizont der sonstigen Tätigkeiten völlig verloren geht. Dieser Gedankengang und die damit verbundene Beurteilung der Fassade können sich über die Zeit sowohl bei einem selbst als auch bei anderen verändern und müssen nicht beständig Teil des alltäglichen Erlebens und Erlebtwerdens sein. Gedanken, Fokusse und Horizonte können wechseln, sich verschieben und genau deswegen miterlebt werden, egal wie angenehm oder unbehaglich sie sind.

Die Fassaden sind deshalb nicht allein durch die Vorhaben und Entwürfe der einzelnen Menschen zu erklären, sondern sie sind auch zu einem Teil durch soziale Strukturen bedingt. Die Fassaden werden also dadurch zu Horizonten oder zum Fokus für jemanden, weil Menschen sich durch die Welt bewegen, die Welt leiblich gebunden erleben und dieses Erleben (und damit sich selbst) performativ darstellen. Durch die Fokussierung dessen, was im Horizont liegt, sei es dadurch, dass mich jemand anrempelt und ich fast meinen Kaffee verschütte, ich den Kaffee also wieder stärker fokussiere und die Gedanken an das Seminar wieder in den Horizont fallen, oder durch eigene Entwürfe wird die gegebene Welt zeitweise geordnet. Genauso geschieht es auch durch die Zuweisung der Fassade »Schwuchtel«

---

10   Dabei ist die Bezeichnung »Schwuchtel« ganz offensichtlich keine Deskription für ein bestimmtes und klares Verhalten, sondern eine Abwertung, eine Beleidigung für ein Verhalten, das nicht klar und eindeutig in das Schema passt, wie man sich verhalten soll.

und deren Zurückweisung. Es entstehen individuelle Fassaden aus Fokussen und Horizonten in der kontingenten Welt. Die Bedingung dafür, dass Gedanken in den Fokus rücken ist, dass die Welt und Andere sowohl Teil der je eigenen Darstellung sind als auch, dass sie das Publikum sind, dem etwas dargestellt wird. Damit diese Fassaden in einer Fokussierung durchdacht werden können, müssen die Anderen und die Welt aber als Zuschauer auch diskret sein können, das heißt, dass sich das einem Entgegenprallende bzw. das Zentripetale zeitweise zurückhält.

Für meine Darstellung der Intentionalität als Fassade heißt das zusammenfassend: Das Fokussieren versteht sich als Bewegung der Wahrnehmung (Intentionalität) beim Berühren eines Steins (Darstellungsform), des Denkens beim Begreifen eines Steins als Kieselstein, des Handelns beim Werfen des Steins, des Fühlens beim Sich-Ekeln vor dem Stein und des Imaginierens bei der Vorstellung einer Sandburg. Und schließlich wird hier auch das Thematisieren als Akt der Reflexion als Bewegung verstanden, bei dem sich das Denken bspw. auf sich selbst richtet und erkennen kann, dass man einen Kieselstein in der Hand hält, den man wegwirft, weil man sich vor ihm ekelt und sich dabei auch noch vorstellen kann, er träfe eine Sandburg.[11] Ob sie wohl einstürzt? Wird es die Erbauer*innen ärgern? Haben wir ausgemacht, dass ich werfe? Unsere Darstellungen beziehen sich aufeinander. Sie bilden Achsen zwischen uns.

Die Verschiebung von Denkachsen Anschließend an diese Überlegungen des Wechsels zwischen Fokussen und Horizont möchte ich die gerade ausgeführte These erweitern, dass sich alle Bereiche, die erlebt werden – also auch das Denken und die Gefühle – performativ auf der Fassade der Menschen darstellen und damit von anderen erlebt werden können: Hier soll es nun nicht mehr darum gehen aufzuzeigen, dass wir Gefühle, Gedanken, Handlungen, Wahrnehmungen und Imaginationen auf ihrer Fassade erleben können, sondern darum, Einstellungen, also Gedanken und Gefühle von Anderen übernehmen zu können und Andere die eigenen. Es geht also darum, zu bestimmen, *wie sich Denkachsen verschieben*, bzw. Perspektiven übernommen werden. Dies geschieht auf Grundlage der These, dass diejenigen, die etwas erleben, die eigenen und anderen Fassaden selbst performativ mitstrukturieren: Sie stellen dar, was erlebt wurde. Dadurch rufen sie Antworten hervor, auf die sich bezogen wird. So entsteht aus der Darstellung der Intentionalität ein Hin und Her von Antwort und Antwort: »Die Antwort liegt nicht fertig vor, sie ist mehr oder weniger zu erfinden; sie wird gegeben oder verweigert, ausgehend von dem, was mich affiziert oder ausdrücklich an mich appelliert.«[12] Unter der Betrachtung

---

11   Diese Beschreibung wurde teilweise von Sartres Romanfigur Antoine Roquentin aus *Der Ekel* inspiriert. Vgl. Jean-Paul Sartre: *Der Ekel*, Reinbek b.H.: Rowohlt 2013, S. 194.

12   Bernhard Waldenfels: *Erfahrung, die zur Sprache drängt – Studien zur Psychoanalyse und Psychotherapie aus phänomenologischer Sicht*, Frankfurt a.M.: Suhrkamp 2019, S. 258.

der einzelnen bewussten Fähigkeiten zeigt sich dabei ihre Darstellungsform als Bezug zu Anderen auf der Fassade; die Form der Fassade ist es, die appelliert und affiziert. Somit schlägt sie eine unhintergehbare Brücke zu Anderen und deren Fassaden und dadurch zu ihren Gedanken: Zwischen meinem Denken und dem Denken Anderer bestehen verschiedene Achsen, die durch die Beziehung unserer Fassaden zueinander entstehen. Sie antworten mal direkter, mal indirekter aufeinander. Wir geben einander immer Antworten, nie vollständige Antworten, aber Antworten; und im besten Fall im Wissen, nicht vollständig antworten zu können, weil wir nicht *wissen*, was Andere hören wollen; wir verstehen zumeist aber die Richtung.

Das Verhältnis von Antwort und Antwort ist deshalb eines, das sich verpasst. Selbst wenn ich der Meinung bin, genau zu wissen, was jemand anderes hören will und ich genau das sage oder mich dementsprechend verhalte, liegt doch sowohl mehr als auch weniger in der jeweiligen Antwort, als es müsste: mehr, weil ich denke, die Gedanken der anderen Person vorwegzunehmen und sie ihr damit auch erst mitgebe (ich erfahre durch meinen Umgang mit der Person nicht, ob meine Ahnung wirklich ein Wissen war), und weniger, weil ich die Gedanken der anderen Person dadurch auf schon bekannte Aspekte zurückführe. Oder, wie Waldenfels schreibt: »[Es] besagt, daß das, was uns überraschend widerfährt, zu früh kommt, gemessen an unseren Vorwegnahmen und Vorkehrungen, und daß umgekehrt unsere Antworten zu spät kommen, gemessen an dem, was uns zustößt und entgegentritt.«[13] Die von mir gegebene Darstellung des Antwortens komplementiert diejenige von Waldenfels in diesem Zitat. Er beschreibt, warum das Antworten auf etwas Widerfahrenes zu spät kommt und meine Darstellung zeigt an, wann das Antworten in Bezug auf Andere zu früh kommt. Die Denkachsen als Beispiel sind also Brücken zu Anderen, die sich schon deswegen in Bewegung befinden, weil unsere Antworten sich in diesem Prozess jeweils verpassen. Ein Widerfahrnis wie die Überraschung, die ich empfinde, wenn jemand in einer Situation, in der er Schwuchtel genannt wurde, nicht einfach ignoriert, dass es passiert ist, sondern sich umdreht und kusshandwerfend antwortet: »Hast du meinen Namen seit heute Morgen schon vergessen, Mausi?«, zeigt, dass jede meiner Antworten in dieser Situation zu spät kommt. Die Reaktion auf den Zuruf hingegen zeigt, dass diese Schlagfertigkeit zu früh kommt, als dass die abwertende Zuschreibung unerwartet wäre. Es ist vielleicht nie klar, wann genau sie eintritt, und sicherlich überrascht sie je nach Ort und Umgebung mal mehr und mal weniger, aber diese Antwort kommt in doppelter Hinsicht zu früh; zum einen für die Person, die diesen Ausruf abwertend nutzt, weil dadurch ihr Ziel verfehlt wird, und zum anderen für alle, die diese Darstellung erleben, da die Schlagfertigkeit bedeutet, in gewisser Weise »eingeübt« zu haben, auf Abwertung zu reagieren. Es kann als eine performative Ver-

---

13   Ebd., S. 258.

körperung bestimmter Antworten, die häufig gegeben werden mussten, bestimmt werden. Gerade dies zeigt jedoch, dass wir jeweils Standpunkte und Ansichten Anderer im Antworten übernehmen müssen. Dieses Phänomen der Responsivität ist eines, das sich ohne Andere nicht denken lassen würde.

Was es daran anschließend heißt, die eigenen Denkachsen zu verschieben, zeigt sich sehr gut in Sissi Tax' Gedicht *eine hergerichtete und fertiggemachte haltung*. In ihm beschreibt sie verschiedene Blickrichtungen auf sich selbst und – in der Terminologie Goffmans – die Veränderung der eigenen Fassade in Bezug auf das Denken Anderer:

OBWOHL ODER DA ICH ES ZU NICHTS GEBRACHT HABE, RICHTE ich mich manchmal her oder gehe mich bisweilen einfach herrichten. vielleicht, um nach etwas auszuschauen. daß ich es zu nichts gebracht habe, ist mir manchmal anzusehen. bisweilen ist es mir auch nicht anzusehen. ob obwohl oder da ist ebenso, doch anders, wie manchmal oder bisweilen unentscheidbar. hergerichtet schaue ich dann aus wie eine, die es zu nichts gebracht hat, oder wie eine, die es doch zu etwas gebracht haben könnte, je nachdem, wie mein aussehen gerade angesehen ist oder angeschaut wird. je nachdem, ob ich von denen angeschaut werde, die selber gerne ein ansehen hätten oder gerne selber angeschaut werden würden, oder ob ich von denen angeschaut werde, die selber ein ansehen haben oder selber angeschaut werden würden, nach etwas ausschauen möchte, was in deren augen dann so ausschaut, als hätte ich es zu etwas gebracht, richte ich mich anders her als für diejenigen, die mich von vornherein anschauen wie eine, die ausschaut, als hätte sie es zu nichts gebracht. in manchen momenten versuche ich, weder von den einen noch von den anderen für eine von den einen oder eine von den anderen gehalten werden zu können. das ist die schwierigste aller haltungen. wenn es mir nicht gelingt, sie einzunehmen, halte ich mich für eine, die glaubt auszuschauen wie eine, die nach nichts ausschaut. wenn es mir nicht gelingt, sie einzunehmen, halte ich mich für eine, die glaubt wie eine auszuschauen, die nach etwas ausschauen möchte. die einfachste haltung ist die unhergerichtete. wie ich in ihr ausschaue, weiß ich nie. ich nehme sie ein, wenn ich glaube, daß mich niemand sieht, ich nichts mehr vor mir, also alles schon hinter mir habe und demgemäß schön aus der wäsche schaue. in dieser haltung beginne ich, mich fertigzumachen fürs ausgehen. unhergerichtet fertiggemacht gehe ich, trotzdem oder deshalb und obwohl oder da ich nie weiß, wie ich wirklich ausschaue und wie es sich je ausgehen soll, sogar oft aus.[14]

Die in diesem Gedicht beschriebenen Wechsel zwischen »Außen-« und »Innenperspektive« anhand des eigenen Darstellungsversuchs zeigen deutlich die Möglichkeit, im eigenen Erleben und Denken – wenn sich das Entgegenprallen der Ande-

---

14   Sissi Tax: *manchmal immer*, Graz/Wien: literaturverlag droschl 1995, S. 5.

ren und der Welt zurückhält – zwischen verschiedensten Perspektiven auf sich und auf Andere hin und her zu wechseln; die Denkachsen zu verschieben. Sie werden als Differenzen verstanden, wie sie Bernhard Waldenfels in *Der Stachel des Fremden* beschreibt. Die Perspektivwechsel ermöglichen beim Verschieben der Denkachsen dadurch, dass es nie nur einen Fokus oder Horizont auf der Fassade gibt, eine Vielheit an Unterschieden, die erlebt und gedacht werden können. Waldenfels schafft es, in dem nachfolgenden Zitat in aller Kürze darzulegen, warum der Perspektivwechsel zwischen Drinnen und Draußen in der Wirklichkeit eine Bedeutung hat. Wir sind immer räumlich verortet, was heißt, dass wir immer in einem Hier und Jetzt sind. Aber – und das meint Waldenfels, wenn er wie in dem nachfolgenden Zitat davon spricht, dass wir nicht wie ein Ding, aber auch nicht wie eine Idee existieren –: Wir sind zwar immer an einem bestimmten Ort, aber wir sind nicht an ihn gebunden, wir können uns bewegen und von einem Hier zu einem Dort gelangen. Genauso beweglich ist nun auch das Denken und die Darstellung des Erlebens auf der Fassade: Man stellt niemals etwas so vollständig dar wie ein reines Objekt, aber man kann auch nicht nicht in Erscheinung treten, wie es einer reinen Idee vielleicht möglich wäre. Oder noch anders – die Wirklichkeit, die sich durch Andere manifestiert, ist das Vorfinden von Unterschieden, auf allen Ebenen des Erlebens:

> Ein leibliches Wesen, das sich in einer Welt befindet und bewegt und sich auf diese Weise eine Welt schafft, ist niemals im Raum wie ein Ding, noch außerhalb des Raumes wie eine bloße Idee. Reines Ding und reine Idee sind nur als Grenzfälle denkbar; mit der Aufhebung der Differenz von Drinnen und Draußen würden Selbst und Welt auf ein Nichts zusammenschrumpfen.[15]

Es ist der Unterschied zwischen dem Erleben von unbelebten Gegenständen und unbelebter reiner Ideen im Gegensatz zum Erleben der Anderen, durch den Drinnen und Draußen als Beschreibungsdimensionen für die Wirklichkeit notwendig werden. Der Unterschied tritt doppelt zu Tage: Zum einen unterscheiden sich das Erleben von Gegenständen und das von Anderen dadurch, dass erstere starr und unbeweglich das sind, was sie sind, während die Anderen sich in der Wiederholung erst ihre Darstellung schaffen und beständig neu erschaffen. Die Wiederholung endet nie dort, wo sie begonnen hat. Sie ist instabil.[16] Zum anderen ergibt sich, wie im letzten Sinnabschnitt und durch das Gedicht von Sissi Tax gezeigt wurde, eine Vielzahl an Unterschieden in der Darstellung der jeweiligen Körper und der Perspektiven auf sie. Dies führt bei einer Fokussierung dieser Unterschiede dazu, dass

---

15   Bernhard Waldenfels: *Der Stachel des Fremden*, Frankfurt a.M.: Suhrkamp 1990, S. 37.

16   Vgl. Silvia Stoller: *Existenz – Differenz – Konstruktion. Phänomenologie der Geschlechtlichkeit bei Beauvoir, Irigaray und Butler*, München: Wilhelm Fink 2010, S. 130.

die erlebten Unterschiede mein je eigenes Denken bestimmen. Sie rufen Zustimmung, Ablehnung oder Neutralität hervor und geben somit Anlass, die eigenen Denkachsen zu verschieben: Man antwortet auf Antworten.

Um diese Beschreibung ergänzt, versteht sich nochmals besser, warum Drinnen und Draußen Relationen sind, die die Differenzierung in Fokus und Horizont durch Bewegungen im Erleben darstellen: Drinnen und Draußen beschreiben Differenzen, die sich in einer »chaotischen«, mannigfaltigen, miteinander geteilten Welt abzeichnen. Die Welt charakterisiert sich gerade deshalb durch ein *Überangebot* möglicher Perspektiven, weil es nicht nur *den* Horizont und *den* Fokus einer Person in der Welt gibt, sondern die Horizonte und Fokusse aller anderen Menschen, die sich auf ihrer Fassade darstellen. Aus der Betonung der Sozialität lässt sich an dieser Stelle auch bestimmen, dass die unterschiedlichen Fokusse, die eine Person haben kann, nicht nur aus ihren zentrifugalen Absichten entstehen; im Gegenteil ist jede Absicht und jeder Fokus immer auch direkt (im Gespräch) oder indirekt (wenn ich erlebe, wie mich jemand erlebt) durch Andere mitbestimmt. So ist die hier bestimmte Vielheit der Fokusse und Horizonte unsere Wirklichkeit. D.h. – um auf die Bestimmung der Fassade vom Beginn dieses Kapitels zurückzukommen –, dass sich auf unseren Fassaden eine Mischung aus Fokussierung durch Andere, eigener Fokussierung und dem jeweiligen Horizont unter sozialen Strukturen darstellt. Goffman beschreibt dies folgendermaßen: »Von anderen durchsetzt der Einzelne gewöhnlich seine Tätigkeiten mit Hinweisen, die bühnenwirksam ihn bestätigende Tatsachen illustrieren und beleuchten, welche sonst unbemerkt oder undeutlich bleiben könnten.«[17] Der notwendige Darstellungsprozess der eigenen Intentionalität, den es braucht, um an Anderen erleben zu können, was sie erleben, gestaltet sich durch eine Rücksichtnahme darauf, wie das eigene Erleben für Andere wirkt und wirken soll (direkte Bezugnahme), wobei diese Wirkung nicht durch rein subjektive oder völlig spontane Verhaltensweisen geschieht, sondern durch »bühnenwirksame Hinweise«. Es geht also um Verhaltensweisen, die wiederum nicht aus einer reinen Spontaneität oder aus dem Nichts heraus entstehen, sondern sich an schon erlebte Verhaltensweisen Anderer anschließen (indirekte Bezugnahme durch soziale Strukturen), die etwas ähnliches darstellen wollten. Auf allen Ebenen der Fassade finden sich damit die genannten direkten und indirekten Bezüge zu Anderen als Differenzen; als Differenzen, die dennoch Antworten auf Andere sind.

Differenzen zeigen somit nicht notwendig unüberwindbare Grenzen an, sondern Wechselverhältnisse, die Grenzen überschreiten: *Durch die Bewegungen des eigenen Leibes ist jede Grenze, die sich am Horizont des Erlebens abzeichnet oder im Fokus erscheint, auch eine die – wortwörtlich – überschritten werden kann.* (Wie groß die Anstrengung dafür auch sein mag, es bleibt möglich.) Gehe ich aus dem Haus, so be-

---

17   Goffman: *Wir alle spielen Theater*, S. 31.

wegt sich der Bereich der Welt, den ich in meinem Horizont erlebe, aus den Grenzen des Zimmers hinaus auf die Straße. Mit jedem Schritt rückt etwas Hörbares (das Vogelgezwitscher, das Quietschen eines nicht geölten Rades), etwas Sichtbares (die Anderen, das Café), etwas Riechbares (der Duft von frischem Kaffee, der Gestank von abgestandenem Frittierfett), etwas Denkbares (der Stress Anderer, die an mir vorbeieilen, die Gedanken über Politik, die auf einem Plakat stehen) aus der Welt außerhalb meines Horizontes in mein Erleben. Etwas, was vorher noch nicht in meinem Horizont war, wird zu etwas, das ich fokussieren, was ich reflexiv zum Thema machen kann. Dieser Bezug in den Wechseln der Horizonte und Fokussierungen *muss sich* – der These dieses Abschnitts nach – auf meiner Fassade *darstellen*. Genau dies geschieht durch das Zusammenzucken bei bestimmten Geräuschen, das Naserümpfen bei Gerüchen, die in Falten gelegte Stirn, das abrupte Stehenbleiben, um nur einige Darstellungsformen zu nennen. Doch die These trägt sogar noch weiter, denn es geht nicht nur darum, dass sich das Erlebte darstellt, sondern darum, dass in der Art und Weise des Erlebens immer schon die Anderen mit dargestellt werden. Die Art und Weise, in der ich zusammenzucke – die Schultern hochziehen und den Kopf nach vorne schieben, ohne mich umzudrehen –, deutet an, dass ich keine »Gefahr« hinter mir erwarte, sondern nur vor dem Geräusch in Deckung gehe. Darin sind die Anderen nicht nur als geräuscherzeugende Teil meiner Erwartung, nein, dieses Zusammenzucken findet sich genauso auch bei meiner Mutter wieder, sie ist als Andere Teil meines Verhaltens.

Und genau dies geschieht auch mit geringerer oder höherer Intensität, je nachdem, wie stark sich das neu Erscheinende in den jeweiligen Fokus drängt. Formen der Darstellungen sind demzufolge so variabel wie die Arten und Weisen, durch die bewussten Fähigkeiten auf die Welt Bezug zu nehmen. Es können 1. emotionale Darstellungen wie Verwunderung oder Abscheu, 2. ausweichende Bewegungen als Handlungsdarstellungen, 3. Änderungen der Blickrichtung als Darstellung des Wahrnehmens, 4. die Vorstellung eines Unheils oder einer mythischen Erklärungsform als imaginative Äußerung oder 5. das Denken an eine bestimmte These sein. Sich hier vorzustellen, wie ein verändertes Erleben die ersten drei benannten Punkte auf der jeweiligen Fassade zur Darstellung bringt, ist relativ trivial. Beim Denken und Imaginieren ist es nicht so offensichtlich, doch auch diese intentionalen Beziehungen in der Welt zu Anderen lassen sich in Mimik und Gestik vorfinden, wenn auch nicht so offensichtlich wie bei den anderen drei Formen. Die Eigenheit von Imagination und Denken ist, dass sie Vermittlungsformen sind, die selbst nur als Vermittlung dargestellt werden können. Wo Handlungen, Gefühle und Wahrnehmungen als direkte Antworten auf die Welt erlebt werden, erlebt man die Gedanken und Imaginationen vermittelt durch die Verhaltensweisen. Diese sind aber immer eine deutliche Bezugnahme zu Anderen. Es zeigt sich hier, warum die Beschreibung der bewussten Fähigkeiten in einem Strukturbegriff (dem Erleben) zusammengeführt wurde: Nur durch die verschlungene Bezugnahme der bewussten

Fähigkeiten aufeinander lässt sich das Verhalten als komplexe Darstellung verstehen, die die jeweils Anderen füreinander in ihrer Eigenständigkeit erlebbar macht. Sieht man ein trauriges oder fröhliches Gesicht, dann ist die Vermutung, dass auch die Gedanken oder Vorstellungen der Person gerade einen solchen Bezug haben, nicht weit hergeholt. Natürlich kann man diese Form der Vermittlung verbergen, jedoch ist allein die Möglichkeit, in der indirekten Mitteilung über Gestik und Mimik die Gedanken und Imaginationen Anderer mitzuerleben, eine Wirklichkeit, die nicht geleugnet werden kann; und nicht darzustellen, was man gerade denkt oder imaginiert, ist immer noch eine Darstellungsform. Dass diese indirekte Form im Gespräch direkt dargestellt werden kann, unterstützt außerdem die These, dass die intentionalen Strukturen immer in einer bestimmten Struktur erscheinen müssen. So ist jedes Erleben das Überschreiten des davor vorhandenen Horizontes zu einem anderen. Oder anders formuliert: Man überschreitet mit jeder Bewegung den Horizont des Erlebens, wobei man den Anderen, denen man begegnet, die eigene Perspektive entgegenbringt und diese wiederum ihre mir, wodurch eine Wechselwirkung zwischen einander unvermeidlich wird.

Dadurch, dass das Erleben also nicht nur meines ist, weil es sich immer in Bezug auf Andere darstellt, gibt es unzählige Perspektiven, die mehr oder weniger auf andere antworten; oder wie Butler in Bezug auf die Geschlechtszugehörigkeit schreibt:»Meine Situation hört nicht auf, meine zu sein, bloß weil sie auch die Situation von jemand anderem ist, und meine Handlungen, so individuell sie auch sein mögen, reproduzieren doch auf verschiedene Weisen die Situation meiner Geschlechtszugehörigkeit.«[18] Die Geschlechtszugehörigkeit exemplifiziert nochmals sehr deutlich den Gedanken der dreifachen Abhängigkeit der Fassade: Wie meine Geschlechtszugehörigkeit erlebt wird, hängt von *meiner* Darstellung *innerhalb* sozialer Strukturen ab, die ich reproduziere, und wie diese Fassade durch die Perspektiven Anderer und deren Fassade gespiegelt wird. Die *Komplexität*, die daraus für die alltäglichsten Situationen unseres Lebens erwächst, zeigt auf, wie man von der Annahme, das Erleben Anderer erleben zu können, zu einer Einsicht in die sozialen Strukturen und die Bedingtheit der Intentionalität durch Andere kommt: Mein Erleben ist mein Erleben für mich und für Andere, weil jedes Erleben sich als intentional in der Welt verortet verkörpern muss. Das Erleben jeder Person stellt sich in der Welt dar und steht somit zwischen Anderen und wird von ihnen beeinflusst. Diesen Aspekt habe ich hier mit Goffman und Butler als performative Darstellung der Intentionalität als Fassade bezeichnet und durch Waldenfels als Form des Antwortens bestimmt. Diese These soll am Beispiel des Denkens im nächsten Sinnabschnitt exemplifiziert werden und wird damit wie folgt umformuliert: Das Denken einer Person ist nicht notwendigerweise und nicht vollständig vom Denken

---

18   Butler: *Performative Akte und Geschlechterkonstitution*, S. 307.

einer anderen Person getrennt, da sich das Denken jeweils füreinander darstellt, damit voneinander abhängt und aufeinander antwortet.

Die eigenen Gedanken besetzt von Anderen Nach dieser Vorarbeit ist es nun sinnvoll, noch weiter zu spezifizieren, wie die Erlebbarkeit der Gedanken Anderer, die von uns verschieden sind, beschrieben werden kann. Ein besonderes Augenmerk liegt dabei auf den permanent präsenten Veränderungen, die durch die Gedanken Anderer im eigenen Erleben eintreten. Sie können als Phänomene alltäglich erlebt werden, weil es stimmt, was Waldenfels in seinem Aufsatz *Im Labyrinth des Alltags* schreibt: »Die Welt des Alltags gehört jedem und keinem.«[19] Es sollte somit innerhalb einer Theorie, die sich mit den Bedingungen der Wirklichkeit in sozialen Situationen beschäftigt, möglich sein zu bestimmen, inwiefern die eigenen Gedanken durch Andere bedingt sind, da sie – folgt man Waldenfels – im Alltag allen und keiner*m gehören. Denn im Denken lassen sich vorhandene Meinungsdifferenzen zwischen Anderen sowohl verfestigen als auch abbauen: Man wertet etwas als negativ, als positiv, akzeptiert oder verurteilt andere Standpunkte *oder* überwindet die Differenzen der Meinungen. All diese Möglichkeiten bestehen als Antworten im Miteinander. Hier wird nun beschrieben, was es bedeutet, dass sie bestehen und dass sie sich auf der Fassade darstellen. Mit Waldenfels lässt sich dieser Gedankengang durch die Bezugnahme auf die schon ausgeführten Wechselbeziehungen zwischen Drinnen und Draußen folgendermaßen beginnen:

> Die Denkachsen verschieben sich, sobald wir Drinnen und Draußen wirklich beim Wort, das heißt, im räumlichen Sinne nehmen. Denn alsbald zeigt sich, daß bei zwei Wesen, die *im Raume wie in einem Behälter* vorkommen und sich voneinander abgrenzen oder aneinandergrenzen, niemals das eine drinnen, das andere draußen ist.[20]

Wendet man dieses Zitat auf das Denken Anderer an, dann bedeutet dies, dass die Gedanken der Anderen niemals komplett außerhalb meines Erlebens sein können, weil sie ausschließlich *in* ihnen, bspw. »in ihrem Kopf«, im »Unterbewusstsein« oder ähnlichen Chiffren für unzugängliche Orte wären. Entgegen Theorien, die eine Unzugänglichkeit oder einen Pessimismus gegenüber der Erlebbarkeit der Gedanken Anderer postulieren, wird hier von gelingenden und positiven Formen ausgegangen, die das Erleben der Gedanken Anderer im Miteinander plausibel machen. Die pessimistischen Perspektiven sind in mehreren Philosophien bereits ausformuliert.[21] Dieser optimistische Standpunkt hingegen gründet sich darauf, dass

---

19   Bernhard Waldenfels: *In den Netzen der Lebenswelt*, S. 153.
20   Waldenfels: *Der Stachel des Fremden*, S. 29f.
21   Welche Theorien zeichnen ein pessimistisches Bild? Von den bisher hier genannten vor allem Sartre in *Das Sein und das Nichts*. Sein sieht die Anderen als Abflüsse unserer Freiheit, die eine*n objektivieren. Vgl. Weismüller: *Zwischen analytischer und dialektischer Vernunft*, S. 18f.

wir immer schon durch das Erleben in der Welt mit Anderen sind, wie es sowohl im ersten Hauptteil der Arbeit als auch in diesem Kapitel schon betont wurde. Wir leben in bestehenden, kontingenten Grenzen und sozialen Strukturen, weil wir immer mit anderen Menschen und ihren Gedanken in derselben Welt leben. Diese gemeinsame Welt ist der Ausgangspunkt, von dem aus etwas in unseren Horizont tritt, fokussiert wird oder in den Fokus drängt, zum Thema einer Reflexion werden kann und uns deshalb zugänglich ist, weil die Intentionalität als Fassade zur Darstellung kommt. Es mag also noch so kontraintuitiv für manche klingen, aber auch das Denken und die Gedanken einer Person schreiben sich auf der Fassade der Körper ein. Dies geschieht dabei nicht auf eine willkürliche, eine von Anderen unbegreifbare Art und Weise, sondern durch sich wiederholende Verhaltensweisen, Gesten und Mimik. Die Urheber*in dieser Verhaltensweisen ist nun nicht jede*r selbst, sondern sie sind vorgefunden und wiederholt. Die hier beschriebene performative Darstellung der Gedanken und des Denkens auf der Fassade »ist demzufolge kein einmaliger »Akt«, denn sie ist immer die Wiederholung einer oder mehrerer Normen; und in dem Ausmaß, in dem sie in der Gegenwart einen handlungsähnlichen Status erlangt, verschleiert oder verbirgt sie die Konventionen, deren Wiederholung sie ist.«[22] Es geht also nicht um eine direkte Zuordnung bestimmter Gedanken zu eindeutigen Darstellungsformen, sondern um die generelle Verkörperung von Gedanken.

Die direkteste Form dieser Verkörperung ist das Aussprechen oder Aufschreiben der Gedanken, die man hat. An dieser Stelle muss dazu wohl keine lange Beschreibung hinzugefügt werden, die erläutert, wie Gedanken in Schrift dargestellt werden können, da die Tatsache, dass ich diesen Text schreibe, mit ihm meine Gedanken darstelle und mitteile, ein ausreichendes Beispiel sein sollte. Man hat also ganz offensichtlich die Möglichkeit, sich Anderen direkt mitzuteilen. Worauf hier jedoch in der Beschreibung durch die Betonung der Performativität besonders geachtet werden soll, ist der Fakt, dass sich die Gedanken auch implizit mitteilen, dass sie in den Gesten, der Mimik, in der Art und Weise wie ich handle, und der Tatsache, dass ich handle, vermittelt erscheinen und sich somit auf der Fassade der Menschen darstellen. Aus dieser Beschreibung lässt sich nun nicht herleiten, dass ich, wenn man nur genau genug beobachten würde, jeden Gedanken Anderer kennen könnte. Es braucht aber auch in der alltäglichen Interaktion keinen Sherlock Holmes, um in den meisten Fällen richtig zu vermuten, was und woran jemand denken könnte. Wir verstehen uns sehr häufig, auch wenn dies durch die Male

---

Ein anderes Beispiel ist Heidegger, bei ihm gestaltet sich jedoch der Pessimismus anders. Er beschreibt den Menschen, wie gesehen, als eigentlich solipsistisch, was uns im Angesicht der Wirklichkeit mit Anderen zusammen zu leben, nur eine pessimistische Haltung erlauben würde.

22   Judith Butler: *Körper von Gewicht*, S. 36.

verdeckt wird, in denen man sich eindeutig missversteht. Man bemerkt bspw. im Augenwinkel das traurige Gesicht einer anderen Person. Ich höre ein entferntes, fröhliches Pfeifen und bekomme so einen Eindruck davon, wie jemand anderes sich verhält, wie das Denken dieser Person zur Welt eingestellt ist. Es ist im Alltag zumeist kein Problem, Vorstellungen und Gedanken mit Anderen zu teilen, miteinander sinnvoll zu kommunizieren oder zu interagieren. Die Gedanken der Anderen sind einem, gerade weil wir in derselben Welt leben, einerseits nicht völlig unzugänglich; sie können einander direkt bspw. in Sprache und Schrift mitgeteilt werden, genauso wie man die Gedanken Anderer durch ihr Verhalten antizipieren kann; andererseits sind sie deshalb aber auch nie in ihrer ganzen Komplexität und in nur einem Moment zugänglich. Hier offenbart sich wieder die Struktur des Antwortens, die mit Waldenfels bestimmt wurde, als immer mehr oder weniger und zu früh oder zu spät als nötig. Und es kann nun hinzugefügt werden, dass genau dieses Sich-immer-ein-Stück-weit-Verpassen das Antworten als Form der Wiederholung offenbart. Es eröffnet sich daraus ein Bereich der sich wiederholenden gegenseitigen Mitteilungen, durch die einem selbst immer mehr gegeben wird, die eigenen Gedanken sich mit den Gedanken von Anderen verbinden. Mit Merleau-Ponty lässt sich hieran anschließend ein Phänomen anführen, das es bei der direkten Interaktion, beim Diskutieren mit anderen gibt:

> Im gegenwärtigen Dialog werde ich von mir selbst befreit, die Gedanken des Anderen sind durchaus die seinigen, die nicht ich etwa hervorbringe, wiewohl ich sie schon *in statu nascendi* erfasse, ja ihnen vorweg bin; und Einwände meines Gesprächspartners entreißen mir sogar Gedanken, von denen ich nicht wußte, daß ich sie hatte, so daß also der Andere ebenso sehr mir zu denken gibt, wie ich ihm Gedanken zuschreibe.[23]

Diese wortwörtliche *Dialogszene*, die Merleau-Ponty beschreibt, lässt sich ohne Probleme auf Gespräche und Treffen mit mehreren Interaktionspartner*innen übertragen, da die Struktur hinter dem Wechsel und der damit gemeinsam geschaffenen Situation sich nicht gravierend verändert, wenn das Gespräch oder Treffen mit mehr als zwei Personen abläuft. Der Unterschied liegt dabei nur in der Intensität, mit der man sich auf *eine* bestimmte andere Person fokussieren kann. Das Zitat zeigt somit auf, dass sich die Gedanken Anderer im Miteinander des Dialogs in den Äußerungen und Gesten darstellen. Die Anderen haben damit nicht nur Teil an meinen Gedanken, viele von ihnen entstehen überhaupt erst durch ihre Anregungen, ihre Handlungen, dasjenige, was sie mir von ihrer Welt offenbaren, und dasjenige, was sie verborgen halten. Genau dieser letzte Aspekt bringt einen zur Imagination darüber, was nicht mitgeteilt wird und warum. Man macht sich ein Bild der anderen Person anhand dessen, was man über ihre Fassade

---

23   Merleau-Ponty: *Die Phänomenologie der Wahrnehmung*, S. 406.

schon erlebt hat. Die Anderen besetzen meine Gedanken durch die Darstellung ihres Erlebens auf den Fassaden ihrer Körper.

Ein Beispiel für die Besetzung der eigenen Gedanken durch Andere, selbst wenn sie nicht direkt anwesend sind wie in der Dialogszene, die Merleau-Ponty beschreibt, liefert Max Frisch in *Mein Name sei Gantenbein*:

> So einer ist Dolf. Denn in den Gesprächen, die ich auf dem Heimweg erfinde oder wenn ich im Bad liege, in Gesprächen ohne mich ist dieser Dolf ein wahrer Ausbund von Humor, ein Verschwender von Wissen, das er vor mir stets verhehlt. Wie kommt das? Oft gehe ich nur darum nicht in eine Gesellschaft, weil ich dabei sein werde, und wenn ich mich noch so still verhielte; es ist, sobald ich dabei bin, nicht die Gesellschaft, die mich interessiert, sondern eine Gesellschaft von Larven, die ich verschulde –
>
> Daher das Tonband![24]

Der Hauptcharakter Enderlin ist von den Gedanken, die Andere haben können, ohne dass er sie mitbekommen könnte, besetzt. Er kann es nicht aushalten, dass die Menschen so sein sollten, wie sie ihm erscheinen, wenn er anwesend ist. Deshalb hört er sie heimlich ab und wird maßlos enttäuscht, da sie sich nicht viel ändern. Das heißt damit aber auch, dass er die Larven (oder Masken), die Fassaden der Anderen nicht allein verschuldet, es ist die Runde, in der sie sich treffen, in der sie alle die Fassade der Anderen mitverschulden.

Damit möchte ich nicht ausschließen, dass wir uns auch vollständig missverstehen können, aber wir können uns eben auch sinnvoll miteinander unterhalten oder zusammen handeln. Die Wirklichkeit des Miteinanders in der Welt und das daraus resultierende Phänomen des erlebten Verstehens reichen hier aus, um dafür zu argumentieren, dass unsere Gedanken nie völlig unzugänglich für Andere sind und es reicht sogar so weit, dafür zu argumentieren, dass sie sie regelrecht besetzen. Wir sind also jeweils abgegrenzt von den Anderen und sie von uns, da wir für sie Andere sind, aber wir grenzen auch *aneinander* (im Gespräch, im unerwarteten Ausweichen, beim Hören von Schluchzern) und können diese Grenze verschieben, überschreiten und uns in den Gedanken Anderer festsetzen, sie verändern.

Genau wie sich Fokus und Horizont durch unsere Bewegungen verschieben, bewegen sich auch die Grenzen zwischen uns und Anderen durch die Bewegungen unseres Denkens, Handelns, Imaginierens etc. Die vermeintlichen Grenzen zwischen unseren Gedanken – für den Moment ist es nicht ausschlaggebend, ob die Grenzen wegen der sozialen Herkunft bestehen, oder nur eine alltäglich lapidare Meinung widerspiegeln, bspw. welcher Kaffee besser schmecke – lassen sich auf zwei verschiedenen Wegen überschreiten. Dass die Überschreitung sozialer Grenzen im Denken bedeutend schwieriger bis manchmal aussichtslos erscheinen

---

24   Max Frisch: *Mein Name sei Gantenbein*, Frankfurt a.M.: Suhrkamp 1975, S. 242.

und man sich auch über den Kaffeegeschmack zerstreiten kann, möchte ich damit
nicht unter den Tisch fallen lassen. Aber die Möglichkeit zu einer überschreiten-
den Bewegung bleibt gleich, egal wie intensiv und anstrengend diese Bewegung
ist. Hier können die Bewegungsrichtungen wieder aufgegriffen werden, die mit
Merleau-Ponty bestimmt wurden: Zum einen gibt es den Weg, dass ich mich auf
die Gedanken Anderer zubewege (zentripetal) und zum anderen widerfahren mir
ihre Horizonte und Fokusse in meinem intentional erlebten Bereich (zentrifugal).[25]

Die Grenzen innerhalb der erlebten Welt strukturieren sich, wie gerade gezeigt,
also durch die Gedanken und Handlungen der Anderen und durch die Gegenstände, in denen sich diese Gedanken und Handlungen darstellen können (Transparente, Kleidung, Designobjekte, Kunstgegenstände etc.). Das im Horizont Liegende unseres Erlebens, seien es Artefakte oder andere Sedimentierungen, die durch
die Kultur und damit durch Andere geformt wurden, widerfahren uns nicht nur in
den Dingen, sondern auch in den Handlungen und Gefühlen anderer Menschen.
Diese Sedimentierungen in den Gegenständen und Handlungen wiederum verweisen und bezeugen – ob es nun Felsen, Wälder, Gebäude, Straßen, Kleidung
oder andere Menschen sind – die sozialen Strukturen. Merleau-Ponty schreibt zu
diesem Punkt der Verkörperung des Denkens und der Handlungen in den Dingen Folgendes: »Wenn es aber nun nicht überrascht, daß sinnliche und perzeptive
Funktionen eine natürliche Welt gleichsam vor mir niederlegen, da sie schließlich
vorpersonaler Art sind, so kann es doch erstaunlich scheinen, daß spontane Akte,
durch die Menschen ihrem Leben Gestalt geben, sich äußerlich sedimentieren und
alsdann die anonyme Existenzweise der Dinge sich zueignen.«[26] Man könnte ihm
mit der Einschätzung recht geben, dass es erstaunlich ist, dass sich die Gedanken
und Handlungen durch ihre Produktivität den Dingen angleichen. Dass Handlungen direkt auf die Gegenstände einwirken, mit denen sie umgehen, erscheint dabei
sehr offensichtlich; wie aber schreiben sich Gedanken und Gefühle in die Materialität ein? Dies geschieht durch ihre Wiederholung in den Verhaltensweisen: Ein
eindrückliches Beispiel ist die Materialisierung der Nichtgleichberechtigung der
Menschen anhand ihrer Hautfarbe. Manche Seifenspender mit Sensoren reagieren
nicht auf Benutzer*innen mit dunkler Hautfarbe, was unterschiedliche technische
Ursachen haben kann, jedoch anzeigt, dass beim Test der Geräte keine Persons of
Color einbezogen wurden.[27] In diesem Produkt verliert die Produktion ihre Beweglichkeit und wird zu einem starren Objekt, in dem sich jedoch eine soziale Struktur verfestigt zeigt. Somit ist die Grundlage für die Entstehung von Horizonten

---

25   Vgl. Merleau-Ponty: *Phänomenologie der Wahrnehmung*, S. 499.
26   Ebd. S. 399.
27   Vgl. https://twitter.com/nke_ise/status/897756900753891328?s=19 (zuletzt abgerufen am
      6.10.2019 um 17:46.)

durch und *mit* den Anderen, in denen dann verschiedene Fokusse liegen, gleichzeitig auch der Grund dafür, dass sie sich verfestigen und wie starre immerwährende Strukturen wirken. Die leiblichen Bewegungen der Menschen und die intentionale Beziehung zur Welt muss sich performativ als Fassade der Körper darstellen.[28] Dabei kann – metaphorisch gesprochen – die Fassade aus demselben Grund beweglich und plural sein, aus dem sie auch starr und eindeutig wirken kann: Das Erleben kann sich nicht nicht darstellen.

Um kurz die Thematik der letzten Sinnabschnitte zusammenzufassen: 1. Drinnen und Draußen sind also relationale Bestimmungen, die an die Bewegung und Veränderung des eigenen Leibes gebunden sind. 2. Sie bestimmen, was in einem Horizont oder Fokus liegt und was nicht. 3. »Drinnen und Draußen« ist eine Struktur, die unser Erleben der Welt differenzierbar macht, weil sie zur Beschreibung der Fassaden als verkörperte Darstellungsformen des Erlebens dienen. Damit sind drinnen und draußen Bestimmungen von Horizont und Fokus, also Teile der Beschreibungsdimension, in der die Intentionalität konkret in ihrer Erscheinung bestimmt werden kann. 4. Die Intentionalität bestimmt uns zur Erscheinung in der Welt und diese Erscheinung in der Welt ist als Darstellung für Andere strukturiert, die sich *im* Fokus und *im* Horizont der jeweiligen Personen befinden. 5. Die Möglichkeit, sich zu bewegen, *aneinander vorbei* und *aufeinander zuzugehen*, bringt auch die Möglichkeit mit sich, (Denk-)Grenzen zu überschreiten, die sich immer im Konkreten verändern lassen, egal wie lange es dauert, oder wie schwierig es erscheint, weil wir aufeinander antworten. Bspw. hat sich meine Meinung und Einstellung zum »Gendern« in Texten grundlegend verändert. Aus der weitverbreiteten Meinung, es störe den Lese- und Sprachfluss und dass dies problematisch sei, wurde durch das Lesen von Texten, in denen »gegendert« wurde, und die Beschäftigung mit dem Grund für das »Gendern« durch theoretische Texte und Gespräche mit Befürworter*innen dieser sprachlichen Erzeugung von Aufmerksamkeit für eine Ungerechtigkeit führte bei mir zu einer Meinungsänderung. Diese Veränderung manifestiert sich nun in meinem eigenen Schreiben, ist jedoch von Anderen angestoßen geworden. 6. Drinnen und Draußen ergeben deshalb nur in einer miteinander geteilten und nicht in einer getrennten Welt einen Sinn für die Beschreibung. Man findet Drinnen und Draußen nur dort, wo man sich *sowohl* drinnen *als auch* draußen aufhalten kann, man also von einer Seite zur anderen gelangt oder auf der Schwelle dazwischen bleiben kann. 7. Diese drei Bereiche – Drinnen, Draußen und die Schwelle dazwischen – sind nicht solitär für eine Person gegeben, sondern sie sind besetzt von Anderen und der Darstellung ihrer Intentionalität.

---

28 Vgl. zu den Schwierigkeiten und Möglichkeiten der gemeinsamen Veränderung der Welt und der Vorstrukturierung durch Andere: Jean-Paul Sartre *Kritik der dialektischen Vernunft*, Reinbek b.H. Rowohlt 1967, S. 382 *(fusionierende Gruppe)* & S. 240ff. *(Gegenfinalität)*.

Soziale Räume als widerfahrende »Fassaden« Statt harte unüberwindliche Grenzen zu den Gedanken von Anderen anzunehmen, können wir im Hinblick auf das bis hier Beschriebene gar nicht anders, als immer wieder erlebte Grenzen hin zu Anderen zu überschreiten; man wird beständig von den Gedanken Anderer, genau wie von ihren Handlungen und Gefühlen, die auf der Fassade ihrer Körper dargestellt sind, getroffen. Jedoch gibt es im sozialen Bereich nicht nur die Grenzen der Horizonte, die sich überschneiden können und die man überschreitet.[29] Es gibt auch solche zwischen unterschiedlichen sozialen Räumen, »die man *überschreitet*, indem man sich durch den Eintritt in eine andere Ordnung selbst ändert und gleichsam über seinen Schatten springt. Hierbei handelt es sich um *Schwellen*, die nicht mit wandern wie die Grenzlinie unserer Horizonte«.[30] Hier kann also mit Waldenfels eine neue Beschreibungsdimension hinzugefügt und das sozialphilosophische Vorhaben weiter ausgeführt werden: Zum einen können nicht nur durch den Horizont, der sich leiblich *in, durch* und *mit* den Anderen in der Welt bewegt, Grenzen *überschritten* werden, sondern, es können und müssen dafür auch *Schwellen* übersprungen werden. Der Begriff der Grenze ist also an die Beweglichkeit des Horizontes gebunden. Es gibt keinen Horizont ohne eine Grenze, die seine Ränder ausmacht. Die Schwellen bewegen sich hingegen nicht einfach mit, sondern sie sind starr, aber porös. Man vollzieht dabei einen Einstellungswechsel, oder Sprung.[31] Die Schwellen der sozialen Räume sind damit Darstellungsformen von verschiedenen Ordnungssystemen, und als solche werden sie in dieser vorliegenden Arbeit als soziale Strukturen bestimmt, die Menschen durch ihr Verhalten auf- und umbauen; in denen wir miteinander leben müssen. Darstellungsformen sozialer Strukturen sind bspw. Räume wie ein Seminarraum, eine Bank, ein Krankenhaus, aber auch die eigene Wohnung etc. Man kann die sozialen Strukturen dieser Räume erleben, indem man über die Tür*schwellen* tritt, die die verschiedenen sozialen Räume voneinander trennen.[32]

Trete ich bspw. in den Seminarraum ein, so erlebe ich ein strukturell geordnetes System, in dem man sich so oder so verhält, in dem ich mich selbst auf diese Weise verhalte und damit die Fassade des*der Seminarleiter*in darstelle. Der soziale Raum (Seminarraum) kann mit Goffman deshalb als »Bühnenbild« bestimmt werden, das »Möbelstücke, Dekorationselemente, Versatzstücke, die ganze räumliche Anordnung umfaßt – die Requisiten und Kulissen für menschliches Handeln, das sich vor, zwischen und auf ihnen abspielt.«[33] Die sozialen Strukturen verändern meine Sitzhaltung, mein Sprechen, mein Denken (man achtet mehr als üblich auf alle Äußerungen, um sie in den Rahmen und die Fragestellung des Seminars

---

29   Vgl.: Waldenfels: *Der Stachel des Fremden*, S. 31.
30   Ebd. S. 31.
31   Vgl. ebd. S. 37.
32   Ebd. S. 38.- 40.
33   Goffman: *Wir alle spielen Theater*, S. 23.

einzubinden) und auch die Art, wie ich mich angezogen habe. Nackt zu erscheinen, wäre gewöhnlich ein Bruch innerhalb dieser sozialen Struktur, der den Seminarteilnehmer*innen auf ziemlich deutliche Weise widerfahren würde, wohingegen es kein Bruch ist, nackt in einer Sauna zu liegen. Dort wäre eher Kleidung unangebracht.[34] Die Schwellen bewegen sich für gewöhnlich nicht mit, sondern sie widerfahren uns an verschiedenen Orten, an denen man sich so oder so verhalten soll.[35] Dennoch ist es möglich, gerade wenn eine Person innerhalb einer Institution eine wichtige Stellung einnimmt – und damit widerspreche ich Waldenfels in diesem Punkt –, dass sich die Verhaltenscodes mit dieser Person mitbewegen, solange man in irgendeiner Form noch im gemeinsamen institutionellen Kontext ist.[36] Ein Beispiel dafür kann eine gemeinsame Betriebsfeier sein, bei der ab dem Moment, in dem der*die Chef*in den Raum verlässt und nach Hause fährt, die Gesprächsthemen leichter, beschwingter oder intimer werden.

Was mit dem Begriff der Schwelle auch mitgedacht werden kann, ist ein Sich-»Aufhalten auf der Schwelle«.[37] Man kann sich also weder einer noch der anderen Seite der Schwelle zugehörig fühlen und so entsteht die schon beschriebene Pluralität oder Vielheit der Perspektiven. Wird auf der Feier nur dann, wenn der*die Chef*in schon gegangen ist, über Probleme gesprochen, oder sich über sie*ihn lustig gemacht, muss dies nicht für alle behaglich sein. Manche verspüren vielleicht ein Unbehagen und stehen dann zwischen den beiden sozialen Ordnungen und Strukturen auf der Schwelle.[38]

Diese sich mitbewegende Schwelle, die sich daraus ergibt, wenn Menschen sehr stark ihre institutionelle Bindung, den sozialen Raum dieser Institution und damit die sozialen Strukturen und Ordnungen mit sich führen, kann mit Goffman noch weiter illustriert werden: »Nur unter außergewöhnlichen Umständen folgt das Bühnenbild [der soziale Raum, P. H.] den Darstellern; wir finden das bei Leichenzügen, Paraden und den Festzügen von Königen und Königinnen.«[39] Neben diesen Festakten kann es aber auch alltäglich geschehen, wie oben bei der*dem Chef*in beschrieben, dass ihre Fassade selbst schon als Bühnenbild oder sozialer Raum ausreicht. Das bedeutet jedoch auch, dass bestimmte soziale Räume be-

---

34   Vgl. Judith Butler: *Das Unbehagen der Geschlechter*, Frankfurt a.M. Suhrkamp, 1991, S. 198.

35   Zum Begriff des Widerfahrnis vgl. Jens Bonnemann: *Wahrnehmung als leibliches Widerfahrnis. Eine Phänomenologie des Leib-Welt-Verhältnisses*. Münster Mentis 2016, S. 181f.

36   Mit Simone Weil kann man hier auf das Bestehen von Privilegien verweisen, die durch »die Natur der Dinge« bestehen. Vgl. Weil, Simone: *Über die Ursachen von Freiheit und gesellschaftlicher Unterdrückung*, Zürich: Diaphanes 2012. S. 45.

37   Bernhard Waldenfels: *Der Stachel des Fremden*, S. 39.

38   In diesem Sinne kann auch Butlers *Unbehagen der Geschlechter* und die Parodie gedeutet werden. Das Unbehagen und die Parodie beschreiben ja gerade das Zwischen-den-Geschlechtern-Stehen. Es sind Schwellen verschiedener Identitäten. Vgl. Butler: *Das Unbehagen der Geschlechter*, S. 203.

39   Goffman: *Wir alle spielen Theater*, S. 23.

stimmte Fassaden ermöglichen und damit zur Erscheinung bringen können; oder wie Goffman schreibt: »Ein Bühnenbild [sozialer Raum] ist meist unbeweglich im geographischen Sinne, so daß diejenigen, die ein bestimmtes Bühnenbild als Teil ihrer Vorstellung verwenden wollen, ihr Spiel nicht beginnen können, bevor sie sich an den geeigneten Ort begeben haben, und ihre Vorstellung beenden müssen, wenn sie ihn verlassen.«[40] Im Sinne dieses Zitates kann damit auf einen Aspekt der Fassaden besonders Rücksicht genommen werden, der schon im ersten Sinnabschnitt dieses Kapitels behandelt wurde, aber zurückgestellt werden musste, um zuerst die direkte und indirekte Abhängigkeit der Fassade von Anderen beschreiben zu können. Hier tritt nun deutlich das dritte Abhängigkeitsmoment der Fassade – also der verkörperten Darstellungsform des Erlebens – zu Tage: Es ist die Abhängigkeit von sozialen Strukturen, die es erst ermöglichen, auf diese oder jene Weise zu erscheinen bzw. sich darzustellen. Diese Abhängigkeit des Erscheinens hat positive wie negative Auswirkungen: Positiv ist, dass dadurch ermöglicht wird, besser zu verstehen, wie Andere die Situation erleben, weil sie zum Teil sedimentierten Verhaltensweise folgen müssen, die auch meine sein könnten. Negativ daran ist, dass dadurch nur bestimmte Verhaltensweisen und Gestiken aktiv auf der Fassade dargestellt werden können. Man muss also die Anderen sehr genau fokussieren, wenn man die nicht aktiv dargestellten Bereiche der Fassade, also den Horizont des Erlebens der Anderen selbst erleben will, um sie besser zu verstehen.

Nimmt man den Begriff der *Schwelle* von Waldenfels an dieser Stelle ernst, so erschließt sich hier die Möglichkeit, sowohl die Grenzen des Erlebens von Anderen durch eine leibliche Bewegung zu *überschreiten* als auch die *Schwellen* zwischen verschiedenen sozialen Strukturen und verschiedenen institutionalisierten Räumen zu *überspringen* oder auf ihnen zu verweilen. So kann bspw. ein Bankfiliale im Winter ein Unterschlupf für frierende Menschen jeder sozialen Schicht sein. Waldenfels' Terminologie des »Drinnen und Draußen« lässt sich also in einem *Nebeneinander* fassen, in dem wir *miteinander* in unterschiedlichen sozialen Strukturen, Meinungen oder Ansichten leben, die leichter oder beschwerlicher ineinander übergehen oder von einer zur anderen kippen können:

> Was jenseits der Schwelle lockt und erschreckt [Unbehagen erzeugt, P.H.], gehört nicht mehr zum Spiel mit eigenen Möglichkeiten, sondern bedeutet eine Herausforderung der eigenen Freiheit durch Fremdartiges, das in der jeweils bestehenden Ordnung keinen Platz findet.[41]

Wie oben gesehen, kann dasjenige, was jenseits der Schwelle »lockt«, eine andere soziale Struktur sein, die nicht meinem aktuellen Verhalten entsprechen muss, mir vielleicht nicht mal als mögliches Verhalten erscheint. Man wird aber auch von den

---

40   Ebd.
41   Waldenfels: *Der Stachel des Fremden*, S. 31.

sozialen Strukturen herausgefordert, besonders von denen, die dem *Eigenen nicht* ähnlich sind.[42] Die sozialen Strukturen widerfahren uns in gemeinsam geteilten Räumen, die uns zu unterschiedlichen Verhaltensweisen bewegen.

Dies geschieht, gerade weil uns die sozialen Strukturen im Verhalten von Anderen (deren Fassade) und durch die Beschaffenheit der Gegenstände im sozialen Raum, dem Bühnenbild, widerfahren. Betritt man ein Bankgebäude, tragen alle Mitarbeiter*innen Anzüge oder Kostüme, die Sitzgelegenheiten sind zumeist hochwertige Ledermöbel, alles soll zeigen: Hier ist Ihr Geld in guten Händen, denn wir haben schon genug. Diese Zurschaustellung von Sicherheit und Geld widerfährt einem Menschen, der kein Geld verdient, anders, sie kann einen überrumpeln, verunsichern oder Unbehagen erzeugen; mehr als dies bei jemanden der Fall wäre, der*die gerade aufgrund ihres*seines Geldes dort willkommen geheißen wird. Ein und dieselbe Bank kann gerade aufgrund der spezifischen sozialen Struktur, die sie ausdrückt, ein unbehagliches oder ein willkommen heißendes Widerfahrnis darstellen.[43]

Das bedeutet also, dass durch die erlebbare Differenz der sozialen Strukturen an verschiedenen Orten gerade die Möglichkeit zu unterschiedlichem Verhalten und damit unterschiedlichen Darstellungen des Erlebens als Fassade geschaffen wird. Durch das jeweils verschiedene Verhalten im Spiegel der Anderen bekommt man demnach auch verschiedene Perspektiven auf dieselben Gegenstände und die sozialen Strukturen innerhalb der sozialen Räume vorgeführt. Die Anderen stellen uns dar, wie man die Welt erleben kann, weil uns ihre Fassaden widerfahren. In einer anderen Terminologie formuliert dies auch Simone de Beauvoir, deren Worte die Unterschiedlichkeit zwischen den Menschen (Gegner und Komplizen) stärker betonen: »Und selbst wenn der Gegner sich irrt, wird durch seinen Irrtum eine Wahrheit offenbar: nämlich daß *auf* dieser Welt der Irrtum, die Subjektivität einen Platz haben. [Hervorhebung P.H.]«[44] Die Anderen – so wie ich – erleben also *miteinander dieselbe Welt* aus verschiedenen Perspektiven, der Irrtum eines anderen Menschen, sei es ein*e Gegner*in oder nicht, lässt uns das Miteinander erleben.

---

42   Vgl. Sartre: *Das Sein und das Nichts*, S. 81: »Das Sein, durch das das Nichts in die Welt kommt, muß das Nichts in seinem Sein nichten, und auch so liefe es noch Gefahr, dass Nichts als ein Transzendentes innerhalb der Immanenz zu etablieren, wenn es nicht das Nichts in seinem Sein *im Hinblick auf sein Sein* nichtet.«

43   Ebd., S. 787. Sartre beschreibt auf diesen Seiten, wie die Müdigkeit die Wahrnehmung der Welt verändert und die Welt die Wahrnehmung, weil uns die Anstrengung in der Welt uns müde werden lässt.

44   de Beauvoir: *Eine Moral der Doppelsinnigkeit*, S. 154f. Warum besteht dieser sprachliche Unterschied? Weil es Simone de Beauvoir um die Beschreibung und Bestimmung politischer Widersacher*innen geht und die Differenz zwischen den Verhaltensweisen des Objektivierens und des Anerkennens der Alterität der Anderen.

Bspw. erleben wir es als unbehaglich, überraschend, langweilig oder uns willkommen heißend. Nochmals: Ihre Fassaden *widerfahren* uns.

Die These dieser vier Abschnitte, dass die Gedanken, Gefühle, Imaginationen, Wahrnehmungen und Handlungen einander durch die Verkörperung der Intentionalität in der Fassade zugänglich sind, obwohl wir uns unterscheiden, kann also abschließend damit begründet werden, dass man sich selbst als Andere*r unter Anderen in den sozialen Strukturen immer mit einer bestimmten Fassade widerfährt, die das Erleben darstellt. Im ersten Sinnabschnitt des nächsten Unterkapitels wird auf dieser Grundlage beschrieben, wie sich gerade aus dieser geteilten Welt ein geteilter Sinn bestimmen lässt. Es wird der Alltag mit Anderen in den Fokus genommen.

Der Alltag mit Anderen im Fokus

Ich möchte an dieser Stelle nochmals den sozialphilosophischen Standpunkt meiner Arbeit hervorheben: Es werden Aussagen über Möglichkeiten innerhalb der Wirklichkeit des Miteinanders getroffen. Dies geschieht in dieser Arbeit durch Verbindung einer phänomenologischen Beschreibung des sozialen Raumes mit Überlegungen des Poststrukturalismus und einigen Ideen des Pragmatismus. So wird die phänomenologische Beschreibung durch Begriffe (Funktionalität, Struktur, Über-, De-, Codierung) ergänzt, die es ermöglichen, die Oberfläche sozialer Situationen mit Anderen zu bestimmen. Ab dem dritten Sinnabschnitt wird bspw. durch die Verbindung der Sorgestruktur Heideggers mit Foucaults Beschreibung der *parrhesia* ein Versuch unternommen, eine dritte, nicht einseitig objektivierende Möglichkeit der Sorgebeziehung darzustellen. Diese soll ein gemeinsames Erleben und ggf., ein gemeinsames Beheben von Strukturproblemen bedeuten; ein *Zusammen-Stolpern* über die sozialen Strukturen. Wodurch hier gezeigt wird, dass es möglich ist, eine Sorge zu bestimmen, die nicht nur jeweils einer Person, sondern allen Anderen, die im Erlebenshorizont dieser sozialen Struktur stehen, zugänglich ist. Dabei muss beachtet werden, dass durch die phänomenologische Beschreibung – trotz ihrer Erweiterung durch poststrukturalistische und pragmatistische Elemente – keine begründete normative Wertung vorgenommen werden kann. Das heißt: Gemeinsam über ein Strukturproblem zu stolpern, ist noch keine moralische Aussage. Es hat aber ethische Konsequenzen, da es zum Handeln anregt, das Verhalten verändert.

Da ich meine eigenen Ansichten nicht völlig von der Beschreibung trennen kann, möchte ich hier jedoch nicht verhehlen, dass ich eine starke moralische Meinung habe, wenn es darum geht, gegen Unterdrückung und für Solidarität zu schreiben. Es gibt deshalb einen nicht völlig intendierten Wechsel zwischen neutraleren und normativ wertenden Passagen, die bspw. durch die Auswahl meiner

Beispiele offen zu Tage tritt. Den Ausgang nimmt die Beschreibung an dieser Stelle jedoch bei einem alltäglichen Telefongespräch, um gerade im Alltag die Sphäre des Miteinanders in der Welt weiter zu bestimmen und dabei die individuelle Differenz der Personen als jeweils Andere nicht in einer hypostasierten oder idealen Andersheit zu verlieren – da selbst bei einem Telefonat, wenn das Erleben durch die mediale Vermittlung eingeschränkt erscheint, die Perspektiven der Sprechenden und Hörenden ineinander übergehen können, sich gegenseitig beeinflussen – oder allererst hervorbringen –, oder sich deutlich voneinander abgrenzen. Auch beim Telefonieren widerfährt uns das Miteinander unterschiedlicher Perspektiven.

Widerfahrene Andersheit, geteilter Sinn & Sedimentationen

> Die Sprechweise eines Freundes am Telefon gibt ihn uns selbst, als wenn er ganz da wäre in jener Art, wie er uns anredet und sich verabschiedet, wie er seine Sätze beginnt und beendet, wie er durch die ungesagten Dinge voranschreitet. Der Sinn ist die ganze Bewegung des Sprechens [.][45]

Man erlebt die Anderen also ganz in ihren Äußerungen, der Art und Weise wie sie sprechen. Sie widerfahren uns in den Äußerungen, denn – zugespitzt formuliert – sind sie ihre Äußerungen. Ihre Fassaden sind die Darstellung einer intensiv erlebten Situation. Dadurch ergibt sich nicht nur die Möglichkeit, die Gedanken, Gefühle und Handlungen Anderer zu erleben, sondern auch sie zu verstehen: *Die Anderen zeigen sich selbst, wie sie sein können*, selbst wenn der Kontext dieses Sprechens vorrangig auf das Hören beschränkt ist, oder nur Allgemeinplätze ausgetauscht werden.[46] Immer ist das Gesagte eine Darstellung von Sinn. Dies heißt, dass die Menschen ihren Sinn und sich selbst im Erleben und Erlebtwerden darstellen, in dem, was sie tun, reden etc., oder, wie Sartre es sagt: »Den Anderen wahrnehmen heißt sich durch die Welt anzeigen lassen, was er ist. [...] Stirnrunzeln, Erröten, Stottern, leichtes Zittern der Hände, versteckte Blicke, die gleichzeitig ängstlich und drohend aussehen, *drücken die Wut nicht aus, sie sind die Wut*.«[47] An diesen Aussagen über das Telefonieren und der allgemeineren über das Verhalten des Menschen wird implizit die Problematik der immer schon anwesenden Anderen offengelegt (sei die Anwesenheit direkt oder indirekt), denn es zeigt sich, dass es zu erfahrende Weltanschauungen oder besser *Weltverhältnisse* gibt, die durch Gesten, Sprechen oder andere Handlungen zum Vorschein kommen. Und damit

---

45   Merleau-Ponty: *Zeichen*, S. 58.
46   Möchte man an dieser Stelle als Gegenargument auf die Fähigkeit zum Lügen oder der Unaufrichtigkeit verweisen, so muss man bedenken, dass es hier nur um die Möglichkeit zu verstehen geht, was zwar auch heißen kann, sich nicht zu verstehen oder getäuscht zu werden; aber auch die Täuschung kann immer aufgedeckt werden, gerade weil wir in unserem Verhalten uns selbst zeigen.
47   Jean-Paul Sartre: *Das Sein und das Nichts*, S. 609ff.

ist eben auch überhaupt erst erlebbar, dass es mehrere Weltverhältnisse gibt. Das schlagfertige Verhalten einer Person, wie es im letzten Kapitel durch das Antworten auf den abwertend gemeinten Zuruf »Schwuchtel« dargestellt wurde, lässt in der Antwort zwei Weltverhältnisse aufeinander treffen: ein im weitesten Sinne homophobes und eines, das Beleidigungen nicht auf sich beruhen lässt und dadurch das homophobe Weltverhältnis durch ein bspw. feministisches Geschlechterverständnis kontert. Beide zeigen sich im Aufeinandertreffen der Antworten und der Situation, in der sie sich begegnen.

In diese Form können die Thesen aus *Der Solipsismus ist keine Möglichkeit* überführt werden, denen zufolge das Selbstverhältnis des *Cogito* ein Selbstverhältnis durch Andere ist. Weil es Andere gibt, kann ich in die Buchhandlung gehen, in den Worten Brücken zu den Gedanken Anderer bauen. Ich gehe in die Buchhandlung, weil ich von einer anderen Person ein Buch kaufen möchte, das wiederum von einer Anderen geschrieben wurde. Ich bezahle mit Bargeld, das schon durch andere Hände ging. Ich bin an diesem Ort unter Anderen und sie sind dort mit mir, als Andere unter Anderen. Füreinander sind wir immer Andere, die wir im Alltag in ihrem Erleben erleben können, wie sie uns erleben. Weil man Andere erlebt, wird man angeregt, über sich selbst zu reflektieren.

Mit Merleau-Ponty lässt sich im Anschluss daran auf ein Problem aufmerksam machen, das entsteht, wenn man die Anderen nicht als Andere sähe. Er beschreibt das Problem aus der Sicht der rein subjektiven Konstitution der Welt durch ein diese vollständig konstruierendes Ich:»Konstituiere ich selbst die Welt, so kann ich kein anderes Bewußtsein denken, denn dieses müßte alsdann gleichfalls die Welt konstituieren, und zumindest für diese andere Weltauffassung wäre nicht ich konstitutiv.«[48] Die Anderen können also nicht durch mich mit mir gleichgestellt werden. Es ist kein Verhältnis der Vorherrschaft, indem ich den Anderen ihr Bewusstsein *mitgebe*, oder *aushändige*. Diese Kritik an einer *reinen* Konstitutionsleistung irdendeines isolierten Subjekts verhindert es, dass bei den Überlegungen über die Anderen, die Vorstellungen von ihnen ausschließlich von *mir* hervorgebracht werden und sich deshalb notwendig in einem Abhängigkeitsverhältnis zu mir befinden. Die Anderen müssen sich nicht erst aus meiner Konstitution hinauskämpfen, um selbst intentionale und bewusste Menschen sein zu können, gerade weil unsere Konstitutionen sowieso nur im Miteinander vollständig sein können. Im Gegenteil würden wir die Anderen in unsere Konstitution hineinzwingen, wenn wir die Anderen nicht als Andere verstünden. Andere nicht als Andere zu verstehen, ist damit eine ebenso aktive »Leistung«, wie sie als Andere zu erleben und diese plurale Perspektivität durch die eigenen Gedanken, Handlungen, Wahrnehmungen, Imaginationen und Emotionen darzustellen. Hier verbinden sich die Ebene des Faktischen, die rechtfertigungslose Vorstellung davon, dass man selbst

---

48   Merleau-Ponty: *Phänomenologie der Wahrnehmung*, S. 401.

Andere erst als Andere konstituieren muss, um sie als Menschen zu verstehen, mit einer Beschreibung, die versucht – trotz der Vorhandenheit solcher Beschreibungen von Anderen – Dimensionen zu explizieren, die dem widersprechen, dass ein Ich Andere als Andere konstruiert: Das hier beschriebene Weltverhältnis, Andere als Andere und sich selbst als Andere*n darzustellen, ist die Beschreibung einer Haltung zur Welt.[49]

In dem Fall, dass man doch der Vorstellung verfällt, dass man die Anderen hervorbringt, muss man sich aus dieser herauskämpfen, um wirklich mit den Anderen die Welt zu erleben. Das heißt also, dass die Anderen es verhindern, dass ein Ich die Welt allein konstituiert: aus dem einfachen Grund, dass man die Wirklichkeit der Anderen nicht mitkonstituieren kann, obwohl wir unsere Selbsterfahrung wechselseitig bestimmen. Weil ich also nicht in der Lage bin, die Anderen als Andere zu konstituieren, die mir gleich sind im Konstituieren der Welt, müssen einem die Anderen als Andere *widerfahren*. Die Welt muss mehr sein als meine Konstitution, und es muss die Anderen unabhängig von einem jeweiligen *Mir* in der Welt geben. Wenn es die Anderen aber unabhängig von mir gibt, dann haben ihre Handlungen, ihr Denken und ihr Fühlen auch eine je eigene Bedeutung für mich und meine eine für sie. In Wahrheit sind die Anderen also nie in meinen perspektivischen Ausblick auf die Welt eingeschlossen, weil meine Perspektive selbst keine klar bestimmten Grenzen hat; sie gleitet vielmehr an den Perspektiven der Anderen vorüber und beide sind gemeinsam in einer einzigen Welt versammelt, an der wir alle als anonyme Individuen im Erleben teilhaben.[50]

An diesem Punkt kann ein kurzer Einschnitt gemacht werden, denn dadurch, dass die Möglichkeit geschaffen wurde, in den Perspektiven hin, und herzugleiten, oder sie zu übernehmen – wie im Abschnitt *Miteinander in sozialen Räumen* beschrieben – lässt sich durch die Perspektivität alleine nicht mehr bestimmen, was eine*n Andere*n komplett von mir abtrennt. Diese Aufweichung des Begriffs ist jedoch ganz im Sinne dieser Arbeit: Die Unterschiede in der Perspektive erklären noch nicht, warum eine andere Person jemand gänzlich anderes sein sollte als man selbst. Es lässt sich nicht von vornherein bestimmen, warum jemand zu mir im *Gegensatz* stehen sollte, warum wir nicht gemeinsam eine ähnliche Perspektive auf die Welt haben sollten. Die Hervorhebung der Perspektivenunterschiede

---

49   Daran anschließend, dass als Andere unter Anderen zu sein eine Haltung zur Welt bedeutet, kann man daraus nicht nur eine Beschreibung generieren, sondern auch eine »*plurale, vieldimensionale Kritik*« formulieren, die das Bestehende nicht nur nachzeichnet, sondern hinterfragt; wobei dieses Hinterfragen nicht nur eine Richtung des Fragens kennt, sondern plurale Richtungen, die nicht in ein einheitliches Bild der Kritik überführt werden müssen oder können. Vgl. Waldenfels: *In den Netzen der Lebenswelt*, S. 174, Tatjana Schönwälder-Kuntze: *Haben philosophische Methoden politisches Gewicht?*, in Posselt, dies. & Seitz: *Judith Butlers Philosophie des Politischen*, S. 39.

50   Vgl. Merleau-Ponty: *Phänomenologie der Wahrnehmung*, S. 404.

tritt also nach dieser Theorie erst bei größeren oder intensiver erlebten Differenzen zu Tage; wobei dies nicht bedeutet, dass man mit einer Person nicht, sowohl gemeinsame Aspekte haben kann als auch solche bei denen man sich stark, oder zumindest merklich voneinander unterscheidet. Die Unterschiede zu Anderen treten also dann vermehrt in den Fokus, wenn sie mir deutlich widerfahren oder man sich thematisch in der Reflexion darauf bezieht. Sitze ich im Seminarraum und jemand kommt nackt durch die Tür, dann widerfährt mir die Andersheit sehr direkt, sie rückt in den Fokus. Ist die Person hingegen angemessen gekleidet, dann muss man schon stärker einen Unterschied erkennen wollen, um dies auch zu tun. Man muss etwas, das sich unterscheiden *soll*, reflexiv, etwas, was einem nicht als Unterschied widerfährt, thematisieren. Selbst wenn ich dies träumen sollte, trifft weiterhin zu, dass einer*m die Anderen als Vorstellung anderer Weltverhältnisse widerfahren.

Die vor dem Einschnitt gemachte Bestimmung der unscharfen Grenzen zwischen den Perspektiven kann in dieser Arbeit generell ins Erleben transferiert werden, was dazu führt, dass diese plurale, ineinander übergehende Perspektivität nicht nur in der Wahrnehmung gegeben ist. Sie besteht im Gegenteil auch beim Denken, beim Handeln, beim Fühlen, eben allen jenen in der Strukturäquivalenz verbundenen Fähigkeiten, die sich aus dem Erleben der Welt durch Abstraktion bestimmen lassen. So sind die Perspektivunterschiede, die Differenzen, die durch die Anderen als Ähnliche und Unähnliche auftauchen, der Ausgangspunkt, um die Anderen als solche zu erfassen; einen Fokus auf sie zu setzen, durch den sie nicht zu reinen Objekten meiner Erfahrung oder zu reinen Subjekten, die mit mir in Konkurrenz stehen, weil wir als Andere sowohl Ähnliche als auch Verschiedene sind, lässt sich der je eigene Sinn des Verhaltens in Bezug auf das Erleben beschreiben.

Die Anderen sind der Grund, aus dem einem klar wird, dass man die Welt nicht nur allein konstituiert haben kann, dass der Sinn, den einen Moment des Erlebens für jede*n hat, zwar von einem selbst kommen kann, aber auch von den Anderen abhängt. Hier kommt der schon erwähnte Begriff der *Sedimentierung* zum Tragen. Das Verständnis dieses Begriffes erweitert sich an dieser Stelle, denn wie beschrieben konstituiert kein Subjekt die Welt alleine und kann dies auch nicht: Die Welt ist ein Konglomerat aus den Sedimenten vergangener, momentaner und geplanter Verhaltensweisen, und kein Mensch alleine kann diese nur durch sein bewusstes Erleben selbst erschaffen. In den Sedimentierungen lagern sich die Fragmente der Anderen und auch die meiner Handlungen in verschiedenen Schichten ab. Diese Schichten liegen nicht in einem leeren Raum zwischen uns, sondern sie verkörpern sich, wie im letzten Kapitel gezeigt wurde, auf unseren Körpern: Sie bilden die Struktur unserer Fassade, also der Art und Weise, wie wir uns in Bezug zu Anderen darstellen; was dazu führt, dass in ein und derselben Handlung zugleich mehrere Sedimentschichten und damit undurchsichtige Perspektivunterschiede vorhanden sein können, die den Sinn des jeweiligen Verhaltens mitbestimmen.

Um dies zu veranschaulichen, kann man hier die Ausführungen von William James heranziehen und erweitern, in denen er vom *ununterbrochenen Übergang* spricht.[51] Sie schließen an die sedimentierten Unterschiede und Gemeinsamkeiten an, um das »Sowohl-als-auch« von Differenz und Kontinuität im Verhalten zu beschreiben. Mit diesen Beschreibungen lässt sich für das Erleben der Anderen bestimmen, warum es *durch* und *von* den Anderen bedingt ist und trotzdem ein Erleben der je eigenen Kontinuität darstellen kann. Wir sind anonyme Individuen. Dieser Abschnitt stellt also eine Erweiterung des Abschnitts *Erleben ohne absolutes Ich* aus Hauptteil I dar. James bezieht sich damit auf die »Einigkeit« eines Menschen im Bewusstseinsstrom bzw. der Kontinuität im eigenen Erleben, die durch dasjenige, was und wie es erlebt wird, jeweils singulär bestimmt ist, sich aber nicht notwendig abschottet. »Kontinuität ist hier eine bestimmte Art von Erfahrung, die ebenso bestimmt ist wie die Erfahrung der Diskontinuität, die ich schlechterdings nicht vermeiden kann, wenn ich versuche, einen Übergang von meiner Erfahrung zu der Ihrigen zu bilden.«[52] Dabei ermöglicht es das Erleben der ununterbrochenen Übergänge, sowohl die Veränderung der jeweils Anderen und des jeweiligen Selbst als auch deren Kontinuität zu erfassen: Die erlebte Kontinuität ist das erlebte »Fehlen eines Bruchs«[53], wohingegen das Erfassen der Diskontinuität uns jeweils ohne Rücksicht vor die Anderen stellt. Somit lassen sich die Anderen und man selbst als voneinander unterschiedene Menschen denken (wie sie im letzten Unterkapitel beschrieben wurde), die responsiv aufeinander Bezug nehmen.

Durch die Hinzunahme der Überlegungen zum Erleben *ununterbrochener Übergänge* von James kann hier also dem letzten Rest einer idealistischen, abstrakten Vorstellung des menschlichen Erlebens entgangen werden – denn die *ununterbrochenen Übergänge* verbinden das Erleben der Welt *mit* den Anderen, durch die die Übergänge zwischen den Unterschieden erlebt werden. Dies bedeutet die Singularität der Menschen: also unseren endlichen Standpunkt in der Welt und die Aufeinanderfolge von Übergängen, die ununterbrochen aus jeweils einzigartigen, aber nie exklusiven Perspektiven (immer mit Anderen) gemacht werden. Die verschiedenen Perspektiven wären ohne Andere nicht möglich und damit können sie auch nicht exklusiv sein. Sitze ich an meinem Schreibtisch oder sitzt dort eine andere Person? Blicke ich in die Bücher oder jemand anderes? Die Perspektiven auf das Geschriebene und auf die Utensilien, den Laptop, den Kugelschreiber, die Blätter mit Notizen sind verschieden und doch ähnlich: Für mich sind sie Grund, über Solidarität nachzudenken, für die andere Person der Anstoß, um Ungerechtigkeit zu thematisieren. Für mich sind sie Antrieb zu schreiben, für jemand Anderen der

---

51   William James:*Pragmatismus und radikaler Empirismus*, Frankfurt a.M.: Suhrkamp 2006, S. 32.

52   Ebd. S. 33.

53   Ebd.

Auslöser für Entsetzen über das, was Anderen durch Andere widerfahren ist. Es ist nie ein und derselbe universelle Standpunkt, es sind nicht nur unterschiedliche Abschattungen desselben. Es sind komplexe Darstellungen des jeweiligen Erlebens mit Überschneidungen und Unterschieden; es sind ununterbrochene Übergänge von einer Perspektive zur Nächsten und zu denen von Anderen, seien sie geschrieben, direkt erlebt, nachträglich im Aufeinandertreffen diskutiert oder dass man es ihnen »ansieht«. Die anderen Perspektiven halten die eigene fest und gemeinsam lassen sie sich verändern. Diese Perspektivität ist demnach eine Verbindung zu Anderen, nicht eine Abschottung von Ihnen.

Die Rede von den *ununterbrochenen Übergängen* ist damit James' Terminus, um seiner eigenen Theorie gerecht zu werden, dass man weder nur Kontinuität noch ausschließlich Diskontinuität erfährt. Eine Position, die das eine auf das Andere zurückführt, nennt er »kapriziös wetterwendisch«.[54] Dieser Überlegung schließe ich mich in Bezug auf das Erleben an, da es zwar niemals von Anderen her abgeleitet werden kann, aber auch ohne sie nicht gedacht werden könnte. Die Anderen sind die Bedingung unserer Wirklichkeit. Für die hier vorgestellte sozialphilosophische These bedeutet dies, dass eine Theorie, die das Erleben nur in der eigenen Kontinuität ohne die Erfahrung von Brüchen durch die Anderen denkt, genauso verkürzt wäre wie der Versuch, das Erleben nur im Modus des Unpersönlichen zu beschreiben. Beide Verkürzungen sollen hier in der Betonung des Miteinanders ausgeschlossen werden, in dem Gemeinsamkeiten und Unterschiede liegen.

In dieser Form, die Singularität/Einzigartigkeit der Menschen durch die Differenzen und Kontinuität, im Miteinander zu denken, entgeht man den Problemen der Reduktion der Anderen auf *ein* Ich eben dadurch, dass jede*r Andere auf eine Vielzahl von Ander*en* trifft. Bleibt man dafür im Beispiel des Telefonierens, lässt sich verstehen, warum die Gleichzeitigkeit von Differenzen/Diskontinuitäten und Kontinuität im Alltäglichen in den minimalen Übergängen von dem einem zum anderen kein Problem darstellt: Man erlebt beim Telefonieren (generell in gemeinsam erlebten sozialen Situationen) gleichzeitig die eigene Kontinuität, wie die Kontinuität der anderen Personen. Gerade die wechselnde Stabilität der Verhältnisse zu Anderen ermöglicht es, in der eigenen Kontinuität Differenzen zu bestimmen. Kontinuität bedeutet demnach nicht eine kohärente Erzählung, die durch ein übergreifendes Thema klassifiziert wäre. Es ist mein Leben, aber es ist keine vollständig zueinander passende Erzählung. Gerade, wenn Andere längere Zeit keine Nähe zu mir haben, kann ich erleben, dass sie mir Veränderung spiegeln, die man selbst nicht erwartet hätte. Oder umgekehrt: Sie spiegeln diese Veränderungen, weil sie die Kontinuität der eigenen Veränderung nicht miterlebt haben. Dieses Phänomen ist nun nicht für lange Zeitabstände reserviert, sondern eine Möglichkeit aus dem Fakt, dass die Beziehungen zu Anderen unterschiedlich intensiv sind; sowohl in

---

54　Ebd., S. 34.

der Nähe zueinander als auch in der Häufigkeit der Anwesenheit. Dadurch wird eine Erfahrung von Ähnlichkeit und Unterscheidung allererst beschreibbar, wenn man die Perspektiven Anderer als Verhandlungsbasis über die eigene Darstellung akzeptiert. Um auf das Telefonat zurückzukommen: Selbst wenn sich die geäußerten oder gedachten Antworten und Reaktionen von Beginn des Telefonats bis zum Ende nur nuanciert voneinander unterscheiden – wir erleben uns darin jeweils als Andere.[55]

Ist es ein Gespräch zur Klärung eines Konflikts und man geht mit der Meinung in das Gespräch, man hätte sich selbst vollständig akzeptabel verhalten und diese Sichtweise kippt während des Telefonats, man versteht also besser, warum sich die andere Person verhalten hat, wie sie es tat, dann schleicht sich eine Diskontinuität in das eigene Verhalten ein. Ich bin nicht mehr mit meinen anderen Gedanken identisch. Diese Diskontinuität oder Differenz innerhalb meines Verhaltens ist dabei jedoch kein Problem für das Erleben meiner Kontinuität als Kontinuität, vielmehr ist sie die Vorausetzung dafür. Nichtsdestoweniger müsste man an dieser Stelle davon sprechen, dass man zum*r Andere*n ihrer*seiner selbst geworden ist. Als vollständige Abgrenzung zu einem vorherigen Selbst taucht diese Differenz oder Alteritätserfahrung des eigenen Selbst selten auf. Genau diese starke Form der Veränderung sucht und beschreibt bspw. Sartre in all seinen Biographien.[56] Er nennt genau den Punkt Konversion, an dem man durch die Anderen und die soziale Situation, durch die man jemand wurde, ein*eine Andere*r wird. Damit ist diese Konversion der Punkt, an dem man Anderen darin zustimmt, dass nicht sie sich verändert haben, sondern man sich selbst. In einer Situation, in der man mit langjährigen Freund*innen zusammensitzt, die man häufig trifft und zu denen man eine enge Bindung hat, auf einmal Insidersprüche und Witze nicht mehr als lustig gewertet werden, sondern man sie problematisch findet, kann die Aussage einer der anwesenden Personen, dass man sich selbst verändert habe und nicht die andern Anwesenden, eine plötzliche und unhintergehbare Evidenz haben.

Damit wird hier eine konfuse und zumeist undurchsichtige Situation im sozialen Miteinander als Ausgangspunkt für die Betrachtung des Alltäglichen beschrieben. Erst durch die aktive thematische Setzung eines Fokus orientiert sich die Betrachtung der sozialen Situation hin zu einer Theorie, die uns je selbst als Andere unter Anderen bestimmt. Die Anderen widerfahren mir zwar, aber es ist ein bewusster Prozess, sich nicht auf die Diskontinuität oder Kontinuität zu fokussieren

---

55   Möglich ist auch ein Gespräch, das nur aus einem Wort als Antwort besteht: »Ja, ja, hmm, ja, ja ….«

56   Beispiele finden sich dafür in all seinen biographischen Schriften angefangen bei *Baudelaire*, Reinbek b. H. Rowohlt, 1978 über *Marllarmés Engagement*, Reinbek b. H. Rowohlt, 1983/*Saint Genet* bis zur fünfteiligen *Flaubert Studie*.

und dabei einseitig eine Identität mit dem Unterschiedenen oder dem Gemeinsamen zu behaupten; denn dieser Reduktionismus stellt einen immerwährenden Prüfstein für eine Theorie über das Miteinander dar: Je besser man die Anderen als Andere beschreiben kann, umso umfassender ist das Verständnis der Anderen als Andere unserer Selbst.

Das vorherrschende Gefühl von Kontinuität beim Erleben des eigenen Selbst ergibt sich dabei indirekt durch die Sedimente im Vergleich mit der eigenen Vergangenheit und direkt in der Gegenwart durch die Unterschiede und Gemeinsamkeiten, die ich mit Anderen in meinem Horizont oder Fokus erlebe. Die Sedimentierungen und die erlebte Andersheit durchdringen sich jeweils an verschiedenen Punkten.[57] Die Welt ist mehr, als ein einzelnes, ideales Ich geschaffen haben oder in sie hinein konstruiert haben könnte. Die Sedimentation der Handlungen zeigen permanent – *auf indirekte Weise* – die Übergänge zwischen eigenen Vorhaben und dem Vorhandenen sowie den Vorhaben Anderer an, entweder indem sie darauf aufbauen, sich dagegen wenden oder davon abspringen, also etwas Neues produzieren.[58] Der Sinn, den das Erleben hat, steht also nicht für sich alleine, er kommt nie nur von *mir* und ist nie *nur mir* zugänglich: Der Sinn, den ich während des Telefonats in der Sprache und Sprechweise eines*einer Freund*in höre, ist mir zugänglich, weil es nicht nur ihr*sein subjektiver Sinn ist, der vermittelt wird, und es nicht nur mein subjektiver Sinn ist, den ich in dem Gehörten erlebe. Die Sedimente setzen sich in der jeweiligen Sprache, dem Gesagtem und dem Gehörten, fest, und so sind sie Mittler des Sinns. Sedimente sind Vermittler eines Sinns, der sie nicht selbst sind.

Die Sedimentierungen stellen in dieser Arbeit – nach dem hier Beschriebenen und ausgehend von Merleau-Ponty – ein sprachliches Bild dar, mit dem das Anwachsen, das Bestehen und das Fortwirken der sozialen Strukturen durch die Handlungen der einzelnen Anderen beschrieben werden soll. So stellt sich die Sedimentierung als die Ansammlung von vergangenen, kontinuierlich und auch diskontinuierlich wirkenden Gemeinsamkeiten und Unterschieden mit Anderen dar. Es kann gerade durch die Undurchsichtigkeit der sozialen Sedimentation nicht immer genau angegeben werden, welche sozialen Strukturen intensiver durch die Sedimente nachwirken als andere. Ich weiß bspw. nicht immer, welche Normen in

---

57   Vgl. William James: *Pragmatismus und radikaler Empirismus*, S. 32: »Der radikale Empirismus dagegen läßt sowohl der Einheit als auch dem Getrenntsein Gerechtigkeit widerfahren. Er sieht keinen Grund dafür, eines von beiden für eine Illusion zu halten. Er weist beides einer bestimmten Beschreibungsebene zu und versteht, daß tatsächliche Kräfte am Werk sind, welche die Einheit im Laufe der Zeit vergrößern.«

58   Zum letzten Punkt der Neuproduktion kann weiterführend auf Deleuzes und Guattaris *Anti-Ödipus* verwiesen werden, im Besonderen auf den Punkt des Wunsches und seiner positiven, Neues hervorbringenden Kraft. Vgl. Gilles Deleuze & Félix Guattari: *Anti Ödipus – Kapitalismus und Schizophrenie I*, Frankfurt a.M.: Suhrkamp 2014, S. 35.ff.

meinen Handlungen zur Darstellung kommen, da die Sedimentationen durch den je eigenen Sinn der Handlungen stetig verfestigt *und* verändert werden.

Dass der Sinn die schon vorhandenen Sedimente übersteigen kann, die in und durch die Kultur und die Anderen festgelegt sind, lässt sich auf einem Seitenweg mit Martin Heidegger argumentieren. Es ist der Weg, wie das »Dasein« zu den Anderen kommt.[59] Dieser Pfad wird im nächsten Sinnabschnitt zu einer generellen Betrachtung der Anderen und des Sinns, den sie in ihren Handlungen im Alltag verkörpern, führen. Diese Betrachtung ist durch die Überlegungen Heideggers zur Sorge motiviert, da sie einen Vorschlag für ein gemeinsames Weltverhältnis darstellt. Dazu muss sich aber schon hier, in der Betrachtung des Alltags, in einigen entscheidenden Punkten von Heidegger abgegrenzt werden, da man sonst, obwohl der Solipsismus keine Möglichkeit ist, wie hier schon gezeigt wurde, in einen Solipsismus und eine Logik des »Andere-Besitzens« (eines idealen Ichs) zurückfällt.

Verstehen & Sinn im Alltag Heidegger schreibt über das Verhältnis von »Dasein« und Welt Folgendes: »Das »Dasein« ist zunächst und zumeist von seiner Welt benommen.«[60] Das heißt, das »Dasein«, der Mensch (die Verwendung der Einzahl ist in diesem Fall notwendig, da Heidegger nur von Einzelnen spricht) benimmt sich in der Welt, durch die er bewegt wird. Oder anders ausgedrückt: Wir (!) verhalten uns in der Welt auf eine bestimmte Art und Weise, die auf die Welt reagiert und sie verändert. Durch *zunächst* und *zumeist* wird ein *apriorisches Perfekt* ausgedrückt, was heißt, dass diese Beziehung des Menschen zur Welt eine Struktur des Menschseins ausdrückt und nicht vom Menschen abstrahiert werden kann. Schon hier ist jedoch bei Heidegger nicht von einer Welt, sondern von einer »jemeinigen« Welt die Rede, was sich im Zitat durch das Possessivpronomen »seiner« ausdrückt. Für Heidegger bin *ich* also in einer Welt, von der *ich* benommen *bin*, in dem Sinne, dass sie sich *mir*, in der Art wie sie ist, zeigt, als eine Welt von Handlungsangeboten und Geboten, in der die Dinge durch *sedimentierte* Handlungen vorgeformt sind – um weiter Merleau-Pontys Begriff zu benutzen. Diese *jemeinige Welt* scheint dem zu widersprechen, wofür bisher argumentiert wurde. Dies trifft auch genau dann zu, wenn damit eine Welt gemeint ist, die nur *einem* »Dasein« (einem Menschen) zugänglich sein soll.

Hier offenbart sich ein deutlicher Unterschied in der Gewichtung des theoretischen Ansatzes: Heidegger argumentiert ausgehend von *einem* »Dasein«. Dieses »Dasein« steht für sich allein und ist nicht, wie im hier beschriebenen Ansatz, ein Strukturmerkmal der Anderen. Die Anderen strukturieren sich durch einzelne Iche. Heidegger argumentiert genau andersherum: Er geht von *einem* »Dasein« aus, zu dessen Struktur die Anderen gehören. Das »Dasein« ist die Grundstruktur.

---

59   Zur Bedeutung der Anderen bei Heidegger vgl. Bedorf: *Andere*, S. 94ff.
60   Heidegger: *Sein und Zeit*, S. 113.

Heidegger bestimmt also die Anderen und die Dinge als konstitutive Momente für das »Dasein«, nimmt aber die Reziprozität nicht explizit in seinen Argumentationen auf, wohingegen hier von der Vielzahl an Anderen ausgegangen wird, bei der ein »Ich« als Strukturmerkmal der Andersheit auftaucht. Heidegger schreibt: »Die Nachforschung in der Richtung auf das Phänomen, durch das sich die Frage nach dem Wer beantworten läßt, führt auf Strukturen des Daseins, die mit dem In-der-Welt-sein gleich ursprünglich sind: das *Mitsein* und *Mitdasein*.«[61] Die hier vorgestellte Theorie widerspricht Heideggers damit also nicht, aber es gibt eine intensive Varianz in der Perspektive, die untersucht werden soll.[62] Denn Heidegger bleibt bei seiner Analyse des »Daseins« an der Frage haften, *wer* das (eine) »Dasein« ist. Dies verweist auf einen Nominativ, also auf eine Bestimmung der Identität *einer* Person, und lässt deshalb keine anonyme oder vieldeutige Antwort zu. Sie schließt also eine; wie die, die hier gegeben wurde, aus. Heidegger verkürzt das Erleben also auf die Seite der Kontinuität, wie man es mit James festhalten könnte, und ebnet die Diskontinuitäten, die Unterschiede zu den Anderen, damit komplett ein.

Fragt man nach dem »Wer«, kann die Antwort, will man Gemeinsamkeiten und Unterschiede zu den Anderen nicht außer Acht lassen, nur heißen: *viele*. Hier kann man mit Günther Anders polemisch Folgendes hinzufügen: »[D]ie Selbstgefälligkeit der Was- und Werfrage [ist] unüberbietbar.«[63] »Selbstgefällig« kann man hier zum einen polemisch verstehen, jedoch auch wörtlich: Nach dem Wer oder Was fragen heißt nach einem Selbst fragen, für das es gefällig oder bequem ist, alles im Bezug zu sich *selbst* und gänzlich ohne Bezug zu Anderen zu denken. Dies ist eine Folge davon nach dem *Wer* oder *Was* zu fragen, ohne zu bedenken, dass alles, was, und jede*r, der*die ist, immer auf eine bestimmte Art und Weise sein muss. Die Frage impliziert also immer schon ein *Wie*, dass mit der Beschreibung der Darstellung beantwortet werden muss, und nicht mit einem Rückgriff auf ein so oder so bestimmtes, bestehendes Selbst.

Vor welchem Hintergrund fragt also Heidegger nach dem *Wer*, nach welcher Identität (mit wem oder was), wenn *er* die Frage stellt? *Er* fragt nach dem *Subjekt*, das diese Frage stellen kann, und nicht nach der Struktur des Fragestellens, nicht danach, was es aussagt, die Frage stellen zu können, sondern danach, was das »Dasein« zum »Dasein« macht, was ihm eine *Sonderstellung*, also eine Identität verleiht. Wie kann eine Antwort auf diese Fragen aussehen? In etwa wie folgt: »Dasein« ist Seiendes, das je ich selbst bin, das Sein ist je meines.«[64] Diese Antwort gibt Heidegger in *Sein und Zeit*, aber das »jemeinige Dasein« ist ein exklusives. Es ist durch seine Bestimmung als reine Selbstbeziehung vereinzelt, da es bloße

---

61   Ebd. S. 114.
62   Vgl. Michael Theunissen: *Der Andere*, S. 269:
63   Günther Anders: *Die Antiquiertheit des Menschen II Über die Zerstörung des Lebens im Zeitalter der dritten industriellen Revolution*, München C.H. Beck, 1988, S. 129.
64   Heidegger *Sein und Zeit* S. 114.

Übereinstimmung mit sich selbst bleibt. Wie sollte das »jemeinige Dasein« diese Frage nach sich selbst stellen, wenn es immer schon nur jemeinig gewesen wäre, wenn es nicht durch Andere die Unterscheidung erlebt hätte? Genau darin liegt die Abgrenzung der Verfallenheit im Alltag und der Eigentlichkeit: Im Alltag bin nicht ich bei mir selbst, sondern bei und mit Anderen, warum sollte diese Bestimmung aber erfordern, dass es eine Eigentlichkeit in der Vereinzelung gibt? Diesen Punkt scheint auch Heidegger zu sehen, aber nicht für die Infragestellung der Eigentlichkeit auszubauen, denn er führt weiter aus: »Es könnte sein, daß das Wer des alltäglichen Daseins gerade *nicht* je ich selbst bin.«[65] Es *könnte also sein*, dass der Mensch sich nicht im *Vereinzeln* und *Jemeinigen* als man selbst findet, sondern gerade durch und im Umgang mit Anderen, ohne eine Ebene der Eigentlichkeit.

Man sollte sich an dieser Stelle wieder an Deleuze erinnern, der die Kategorie des Möglichen als Struktur der Anderen im Erleben ausgemacht hat: Da die Anderen allererst die Möglichkeiten hervorbringen, kann auch nur in Bezug zu ihnen die Frage nach egal welchem Sinn gestellt werden, als Frage nach der sinnhaften Antwort des Erlebens der Anderen als voneinander unterschiedenen Personen. Der erlebbare Sinn steht also immer im Plural. Es gibt nie nur einen Sinn des Erlebten und er ist nie nur meiner. Fragt man an diesem Punkt nach der Stellung des vorliegenden Abschnitts in der Arbeit, also danach, welchen Zweck er erfüllt, dann ist es folgender: Es wurde hier die Abhängigkeit jedes Menschen – selbst im Erleben der Kontinuität des Selbst – als positive Bestimmung verstanden, die ein Besitzverhältnis im Bezug zu Anderen ausschließt. Dabei wechselt die Perspektive im Text auf eine ähnlich fließende Weise hin und her, wie dies zu Beginn des Abschnitts für den Wechsel von Gemeinsamkeiten (die auf Kontinuitäten beruhen) und Unterschieden (die auf Diskontinuitäten beruhen) zu denen Anderer beschrieben wurde. Außerdem konnte gegen die Position argumentiert werden, dass die Alltäglichkeit eine negativ zu bewertende Verfallsform darstellt. Sie wurde hier als ein *gemeinsamer* Ausgangspunkt bestimmt: Frage ich nach dem Sinn des Erlebens, dann frage ich nach dem gemeinsamen Ausgangspunkt mit Anderen, dem als kontinuierlich und diskontinuierlich erlebten Alltag, in dem uns der Sinn auf der Grundlage geteilter Sedimentationen widerfährt, ohne davor in eine Eigentlichkeit zu fliehen. Die allgemeinste Aussage über den Sinn des Erlebens ist mithin, dass uns im Erleben widerfährt, dass wir *Andere unter Anderen* sind.

Es ist also gerade der Alltag und nicht irgendein Grenzfall, der die radikale Bedingung der Wirklichkeit des Menschseins als Andere unter Anderen offenbart. Natürlich kann man in Grenzfällen, völlig vereinzelt in sich gesponnen sein, aber diese Form des Lebens ist selbst wieder eingebettet in einen Alltag, aus dem sie – metaphorisch gesagt– herausragt: Das Alltägliche ist die Art und Weise zu sein, durch die sich die individuellen Besonderheiten als Andere erst abbilden können.

---

65   Ebd. S. 115.

Oder anders formuliert, um von der Zuspitzung der Andersheit, die Waldenfels macht, nämlich das Fremde zu beschreiben, eine Bestimmung zu entlehnen: »Das Fremdartige, das die Grenzen bestimmter Ordnungen überschreitet, setzt eine bestimmte Form von *Normalität* voraus.«[66] Oder noch anders, mit Sartre formuliert: Die Negation ist immer eine bestimmte Negation (fremd/anders), die etwas Positives (gewohnt/normal) voraussetzt, etwas, das gerade deshalb als normal angesehen werden kann, weil es nicht schon negiert ist, sondern negiert werden kann.[67] In diesem Sinne ist das Alltägliche das Positive, in dem die Sedimente der Kulturen die Struktur des Überschreitbaren bilden. Ich wende mich hier also mit den Worten von Peter Berger und Thomas Luckmann der Alltagswelt als geteilter Wirklichkeit zu: »Wenn wir die Wirklichkeit der Alltagswelt verstehen wollen, so müssen wir uns nach ihrem Wesen als Wirklichkeit fragen [...].«[68] Genau dieser Aufforderung möchte ich nach dem Seitenweg über Heideggers Beschreibung des Alltags, der als nächstes folgt, nachkommen. Es wird untersucht, was den Alltag verstehbar macht. Somit ist es möglich, die im letzten Sinnabschnitt begonnene Beschreibung von Heideggers Bestimmung des Alltags fortzusetzen und sie von ihrer vorrangig negativen Konnotation (»Verfallsform«) zu trennen.[69]

Der Alltag ist der Ort des *Man* und, wie Heidegger richtig sieht, ist es möglich, sich hinter dem So-macht-man-das-eben zu verstecken.[70] Aber das *Man* und die Art, wie Andere etwas machen, sind auch die Sprungbretter, etwas anders zu machen, den bekannten und schon vorhandenen Sinn zu übersteigen, der die Grundlage des Verstehens bildet. Wie hilft der gezeichnete Seitenweg nun, den Sinn, den Andere darstellen und der deshalb das Sedimentierte übersteigt, zu beschreiben und dabei zu verstehen? Er hilft auf dem Weg, dass die Bedeutung der Anderen für das Menschsein noch einmal deutlicher hervorgehoben wurde: Das Geborenwerden in einen Alltag, in eine schon vorhandene Kultur mit Strukturen und sedimentierten Verhaltensweisen (wie aus einem Glas trinken, wie laufen, wie sich kleiden, wie ein*eine guter*gute Arbeiter*in sein) sind keine Formen der Uneigentlichkeit, sondern sie gehören zu jedem sinnhaften Verhalten genau deshalb, weil sie den Sinn einer Verhaltensweise oder Geste *nie vollständig* umfassen, aber deren *normierten* bzw. *alltäglichen Ausgangspunkt* bilden. Sie sind die sich häufenden Darstellungsformen unserer Fassaden, die jedoch niemals die gesamte Fassade ausmachen. Sie sind immer auch mehr als das.

---

66   Waldenfels: *Der Stachel des Fremden*, S. 59.
67   Vgl. Sartre: *Das Sein und das Nichts*, S. 94.
68   Berger & Luckmann: *Die gesellschaftliche Konstruktion der Wirklichkeit*, S. 21. Die Bestimmung zur Betrachtung der Wirklichkeit des Alltags kann deswegen von Berger & Luckmann übernommen werden, da sie, obwohl an einer Soziologie interessiert, auch von einer phänomenologischen Betrachtung ausgehen. Vgl. ebd., S. 23.
69   Heidegger *Sein und Zeit* S. 166ff.
70   Ebd. S. 128.

Das *Mehr*, das den Sinn erst vervollständigt, ist die zusätzliche, die spontane Komponente, die zu jeder der Gesten oder Handlungen hinzukommt, da wir durch unser Verhalten und unsere Handlungen immer sowohl eine Kontinuität als auch eine Differenz darstellen. Das *Mehr* ist also die begriffliche Darstellung einer Lücke, die sich im Alltag herausbildet. Es wird hier an das Gewesene und Vorhandene angeknüpft, aber mit der Betonung, nicht komplett durch es bestimmt zu sein. Der Sinn, der sich dabei darstellt, ist ein Sich-Abarbeiten an der Welt, den Anderen und an »mir« je selbst. Nehmen wir die Situation des Telefonierens wieder in den Fokus, um dies zu verdeutlichen: »Hallo, wie geht es dir?« Diese Frage am Anfang eines Telefonats ist sowohl Floskel als auch Lücke: Wird mir diese Frage gestellt und ich antworte ebenfalls mit einer Floskel (gut, so lala, es könnte besser sein) nimmt das Gespräch vermutlich die Form eines völlig belanglosen Austausches an. Es wird langweilig. Hier zeigt sich ein Beispiel für das *Mehr* des Sinns, das sich sogar in bloßen Floskeln als Sedimente zeigt. Das *Mehr* ist die Besonderheit des Sinns des Gesagten, des Redens, des Telefonierens (der Handlung, der Geste), kurz, des Verhaltens, in dem die Art und Weise dessen aufgenommen wird, wie der Allgemeinplatz von den Telefonierenden performativ dargestellt wird: Dieses Gespräch ist ein Allgemeinplatz (das *Was*), in dem eine Begrüßung formuliert wird, die die Struktur des Verhaltens am Telefon darstellt (das *Wie*). Es ist die Langeweile oder aber auch die Freude, das spontane Treffen mit jemandem, den*die man schon lange nicht mehr gesehen hat. Der Sinn ist also, in Verbindung zu bleiben, auch wenn dies bedeutet, ein langweiliges, floskelhaftes Gespräch miteinander zu führen.

Somit ist sogar ein Sinn, der als langweilig erlebt wird, mehr als eine bloße Vorhandenheit, mehr als ein bloßes soziales Sediment. Die Langeweile bildet sich aus den allerallttäglichsten Antworten. Sie macht dadurch die Langweiligkeit performativ zum Sinnbild von Alltäglichkeit. Damit ist das Antworten eine Überschreitung der sedimentierten Floskeln. An dieser Stelle können die Begriffe Sedimentation, Alltag und Sinn also in folgendes Gefüge gebracht werden: Der Sinn einer Verhaltensweise bildet sich durch die Überschreitung oder die Annahme sozial vorgeprägter Verhaltensweisen, der Sedimentationen.[71] Diese beiden Begriffe – Sinn und Sedimentation – bilden die Grundlage dafür, was wir als den Alltag beschreiben: denn das Verhalten ist immer eine Neubestimmung der Sedimente, entweder durch einen vorrangig ablehnenden oder durch einen erhaltenden Sinn.

Nach der hier bestimmten Zusammengehörigkeit von Kontinuität und Diskontinuität kommt keine Aussage, kein Sinn vollständig vom Alltäglichen, niemals vollständig von den vorhandenen sozialen Strukturen los, in die man geboren wurde. Aus dieser Überlegung scheint es, im Gegensatz zu Merleau-Pontys schon zitierter Äußerung, nicht mehr erstaunlich, sondern erwartbar » daß spontane Akte, durch

---

71   Vgl. Berger & Luckmann: *Die gesellschaftliche Konstruktion der Wirklichkeit*, S. 24 & S. 72f.

die Menschen ihrem Leben Gestalt geben, sich äußerlich sedimentieren und alsdann die anonyme Existenzweise der Dinge [...] zueignen«.[72] Aber es bleibt – aus denselben Überlegungen folgernd – auch kein Verhalten gänzlich von den sozialen Strukturen verschluckt, was im Folgenden auszuführen ist. Die Frage »Wie geht es dir?« wird in ihrer Alltäglichkeit durch einen gelangweilten oder abwesenden Gesichtsausdruck oder Ton *noch* gleichgültiger; oder aber zu einer Darstellung von Freude über das Treffen. Man sagt etwas immer mehrdeutiger oder eindeutiger, als *man* es sagen könnte. Das gleichgültige oder gelangweilte Verhalten ist mehr als die Darstellung, die *man* gegeben hätte.[73] Die Langeweile ist selbst eine Darstellung der Möglichkeit, sich zu verhalten, und damit *mehr* als eine bloße Sedimentierung im Alltag. Andererseits wird diese einmal gemachte Überschreitung der Alltäglichkeit bei Wiederholung selbst wieder Sediment und kann damit zu einer alltäglichen Bedeutung des Darstellens werden oder eben »[sich] die anonyme Existenzweise der Dinge [...] zueignen«.[74] Die Schichten der Sedimentation überlagern sich: Man bleibt ihnen verhaftet.

Es lässt sich damit folglich sagen: Ob das Telefonat langweilig ist, interessant, traurig oder schön, gleich welche Bestimmung es hat, es gibt *mindestens* eine, die man besonders bzw. intensiv erlebt, und diese verleiht dem Gespräch einen Sinn. Dieser Sinn ist einem während des Gesprächs und auch noch danach gegeben, obwohl er nicht durch eine Verbalisierung im Gespräch reflektiert werden muss. Er kann aktiver Teil dessen sein, worüber man redet (durch die reflexive Setzung eines »Meta«-Themas) oder er wird indirekt erlebt und fließt so in die Gesprächsführung mit ein (durch die Bedingtheit des Fokusses – worüber geredet wird – durch den Horizont). Der Sinn ist erschaffen und widerfahren: Er wird erlebt. Er »bedeutet etwas. Und darunter verstehen wir nicht nur, daß sich [das Erlebte] als eine reine Qualität darbietet: [Es] setzt sich als ein bestimmtes Verhältnis unseres psychischen Seins zur Welt [...], es ist eine organisierte und beschreibbare Struktur.«[75] Der Sinn, der in dieser Darstellung des Alltags erlebt wird, kann somit strukturell definiert werden, als die Art und Weise, *wie das Etwas unter Anderen erlebt wird.* Damit umfasst der Sinn das Alltägliche in seiner kontinuierlichen und gleichsam differenten Form. Einen Sinn hat damit alles, was in einer sozialen Situation auf eine bestimmte Art erlebt wird (jede Handlung, Wahrnehmung, Imagination, genauso wie jedes Fühlen und Denken). Er ist ein Konglomerat aus den verschiedenen bewussten Fähigkeiten und den in jeden Leib eingeschriebenen Sedimenten der sozialen Strukturen.

---

72   Merleau-Ponty: *Phänomenologie der Wahrnehmung,* S. 399.
73   Vgl. Heidegger: *Sein und Zeit,* S. 127.
74   Merleau-Ponty: *Phänomenologie der Wahrnehmung,* S. 399.
75   Jean-Paul Sartre: *Skizze einer Theorie der Emotionen* in *Die Transzendenz des Ego Philosophische Essays 1931-1939,* Reinbek b. H. Rowohlt, 1997, S. 270.

Der Sinn des Sprechens, des Handelns, des Verhaltens ist mehr als die Bestimmung dessen, *was etwas ist*, was den Sinn darauf begrenzt, *dass etwas erlebt wird*. Der hier beschriebene Prozess des Erlebens ist immer schon auf eine *bestimmte Weise*; angenehm, unangenehm, verstörend, verständlich oder auch absurd, und dabei immer sozial strukturiert. Damit ist zudem auch der Sinn eines etwas (eines Was) immer schon auf eine bestimmte Art (ein Wie) durch die Anderen gegeben.[76] Hier lässt sich also die Bestimmung des Erlebens aus dem ersten Hauptabschnitt, als auf das *Wie* bezogen, auf den erlebten Sinn übertragen. Die Vermittlung von Erleben und Sinn geschieht dabei, wie im Beispiel des Telefonats zu sehen war, sofort im Gespräch, während wir es erleben; es wird nicht erst danach in einem Bewertungsverfahren ein Sinn hinzugestellt.

Sinn und Erleben sind zwei Aspekte der Bedingung der Wirklichkeit, mit Anderen unter Anderen zu sein.[77] Der Sinn ist somit *mehr* als das Alltägliche, aber ohne die Alltäglichkeit als geteilte Grundlage für das Verstehen nicht zu denken. Er ist gleichzeitig als gegeben und verändert erlebt. »[D]er Alltag [ist] mehreres zugleich, Stätte kontingenter Sinnbildung, Sinnverteilung und Sinnablagerung und Stätte von Sinnentstellung und Sinnverdrängung, von Schein und Gewalt und all dies in labyrinthischer Mischung.«[78] Der Alltag bietet somit den notwendig kontingenten Ausgangspunkt für das Verstehen, da er eben der Ort des Sinns in den verschiedensten Facetten ist. Er ist die Stätte von Sinnentstellung und Verdrängung, Gewalt und Schein einer Fülle an negativen Beschreibungen und Erfahrungsmöglichkeiten, aber auch von positiver Vieldeutigkeit, die es ermöglicht, aufeinander Bezug zunehmen. Oder ganz banal: Nur, weil wir einen alltäglichen Sinn teilen und gemeinsam verändern können, können wir gelingend miteinander telefonieren: Wir sind responsiv. Ich möchte an dieser Stelle noch betonen, dass ich hier absichtlich die positiven Aspekte des Alltags fokussiere, da negative Bestimmungen schon reichlich in der Literatur vorzufinden sind. Es ist eine produktive Sichtweise auf den Alltag miteinander. Es ist die positive Bestimmung der Vieldeutigkeit, der Bestimmung, dass wir Andere unter Anderen sind.

So entsteht kein Problem aus der Vieldeutigkeit. Sie ist die Bedingung der Wirklichkeit für das Verstehen und das Überschreiten des bloß Sedimentierten hin zu einem persönlichen und teilbaren *Mehr*. Es gibt in der hier beschriebenen Form nichts bloß Sedimentiertes (keine reine Determination) oder ein reines *Mehr* (absolut freie Neubestimmung); beides sind Extreme desselben alltäglichen Verhaltens. Durch die bisher gemachte Beschreibung des Sinns und die Betonung der Notwendigkeit der Vieldeutigkeit für das Verstehen ist es sinnvoll, auf die Unterscheidung

---

76   Vgl. Silvia Stoller: *Existenz – Differenz – Konstruktion*, S. 118.
77   Vgl. Berger & Luckmann: *Die gesellschaftliche Konstruktion der Wirklichkeit*, S. 26.
78   Bernhard Waldenfels, *In den Netzen der Lebenswelt*, S. 176.

zwischen Verstehen und Erkennen noch einmal zurückzukommen, denn der Unterschied tritt so deutlicher hervor. Ich kann den Alltag, in dem ich lebe, nicht vollständig in Distanz setzen. Dies wäre aber notwendig für eine von der Vieldeutigkeit getrennte eindeutige Erkenntnis. Es wäre die Thematisierung von etwas nur Notwendigem ohne historische, soziale und damit kontingente Bezüge.

Die Distanz geht aber aus demselben Grund verloren, der es ermöglicht, den Sinn zu teilen: Jedes Erkennen ist selbst durch alltägliche Strukturen (wie etwas in einem bestimmten Bereich zu erkennen ist) vorgezeichnet. Das Erkennen des Alltags richtet sich zurück auf einen bestimmten Punkt des Alltags, um einen Beitrag zur Erkenntnis dessen zu leisten, wie sich der Alltag zu einer bestimmten Zeit dargestellt hat. Das Erkannte ist die reflexive Feststellung des Verstehens – des Erlebens eines sowohl widerfahrenen als auch mitproduzierten Sinns. Das Erkannte behält trotz des feststellenden Charakters eine relative Perspektive und verliert diese nur scheinbar, wenn man das Erkannte als absolut erklärt. Vieldeutigkeit ist also deshalb die Bedingung für das Verstehen, weil es nicht nur ein schon festgelegtes und sicheres Gesicht des Sinns gibt, sondern die vielen Facetten dessen, *wie etwas erlebt wurde oder wird*. Eine soziale Situation kann deshalb viele *Sinne* haben, da sie zwar einen alltäglichen Umgang miteinander darstellt, aber tatsächlich unterschiedliche, differente oder auch diskontinuierliche Momente umfasst, die sich von Anderen als sinnvoll oder unsinnig verstehen lassen. Vieldeutigkeit kann somit nicht als Problem verstanden werden: Sie ermöglicht gerade erst etwas verstehen zu können, Sinn zu verändern und sich bestimmte Bereiche des Erlebten als zu erkennende zu wählen. Gäbe es keine Differenz, wie sie durch die Vieldeutigkeit eröffnet wird, so wäre es nicht nachvollziehbar, wieso man etwas verstehen oder nicht verstehen sollte. Es gäbe ja keine Unterschiede.

Die Frage, die sich daran anschließt, ist die nach der Art dieser Unterschiede: Ist es eine Unterscheidung in Kategorien, die durch Kontradiktionen getrennt sind? Diese Ansicht würde implizieren, dass es genaue und eindeutige Grenzen zwischen den verschiedenen erlebbaren Phänomenen gäbe, bzw. Gründe, solche Grenzen für alles Erlebte anzunehmen. Doch wurde bisher gezeigt, dass es um das Beschreiben und nicht um das Kategorisieren des Erlebten geht. Es geht um ein Verstehen der Kontingenz des Miteinanders, um ein mögliches Füreinander zu bestimmen. Einen Gegensatz zu dieser kontradiktorischen Begriffsgenese bietet der Ansatz von Gilles Deleuze. Er beschreibt eine Möglichkeit für die Genese als »Blockierung« des Alltags, die sich durch minimale Differenzen und nicht durch Kontradiktionen im Extremen bestimmen lassen.[79] Ich will hier die Bedeutung der Kontradiktionen für die Differenzierung nicht verneinen, aber man muss ihr eine andere Form der Distinktion zur Seite stellen. Dadurch versucht diese Arbeit der Überlegung über den beständigen Wechsel im Erleben, die mit James bestimmt

---

79   Gilles Deleuze: *Differenz und Wiederholung*, S. 28.

wurde, gerecht zu werden. Diese minimalen Übergänge, die Übergänge im Kleinsten nennt Gilles Deleuze *Vize-diktion*.[80] Im Unterschied zur Kontradiktion sind sie es, die die *Grauzonen* bestehen lassen, in denen etwas weder vollständig alltäglich noch vollständig unalltäglich/besonders ist. In dem Bereich, der sich durch diese vielen möglichen *Kippphänomene* bestimmen lässt, liegt eben das *Mehr* an Sinn, das die Alltäglichkeit überschreitet, das selbst das Handeln in Strukturen nicht komplett von ihnen ableitbar macht. Alltäglichkeit und Unalltäglichkeit sind deshalb aber keine symmetrischen Pole einer begrifflichen Kontradiktion, sondern es handelt sich dabei um ein *asymmetrisches Verhältnis*. Wie schon beschrieben wurde, baut ja das Unalltägliche und auch das *Mehr* auf einer vorhandenen Positivität auf, der faktischen Gegebenheit von Alltag und Strukturen, die das Verhalten mitbestimmen, oder, wie Waldenfels es ausdrückt:»Schließlich gehört das Alltägliche nicht nur zum Leben im Ganzen, es durchdringt *alle Lebensbereiche*, auch solche wie Wissenschaft, Kunst und Religion, die bestimmt sind, den Alltag zu überschreiten.«[81] Für die Philosophie selbst bedeutet dies, sich nicht auf Erklärungen zu reduzieren, sondern vor allem die Beschreibung der Phänomene zu betreiben, um ihre Eigenheiten darzustellen. Was bedeutet dies aber konkret? Es bedeutet, dass man nicht danach fragt, was das Gegenteil von etwas ist, sondern wie das eine dem anderen ähnelt, genauso wie es bisher in dieser Arbeit gemacht wurde, um die Anderen nicht als Gegenteil des Ich zu verstehen, sondern als ähnliche wobei jede*r für alle Anderen auch ein*e Andere*r ist. Nimmt man als Beispiel die Perspektiven auf meinen Schreibtisch wieder auf, wird in der Beschreibung nicht danach gefragt, wer auf den Schreibtisch sieht, sondern wie das erlebt wird, was man erlebt. Ich erlebe meinen Schreibtisch als und die Blätter als meine Aufgabe, als zu Erledigendes. Andere erleben diese Perspektive nun vielleicht auch als Arbeit, als Aufgaben, die erledigt werden müssen, und sie erleben es als etwas, das von jemandem erledigt werden muss. Der Unterschied ist die perspektivische Angabe »meine« bzw. »deine« Arbeit, die unsere Perspektiven voneinander trennt. Es ist meine Arbeit und die Andere verstehen dies, weil sie keinen Gegensatz zu mir bilden, sondern Ähnliche sind. Frage ich nun eine andere Person, ob sie mir ein paar

---

80 Vgl. ebd., 233: »Dieses Verfahren des unendlich Kleinen, das die Unterscheidung der Wesenheiten aufrechterhält […], ist völlig verschieden von der Kontradiktion; man muß ihm daher einen besonderen Namen, den Namen ›Vize-Diktion‹ geben. Im unendlich Großen steht das Gleiche in Kontradiktion zum Ungleichen, sofern es dieses *in essentia* besitzt, und widerspricht sich selbst, sofern es sich selbst negiert, indem es das Ungleiche negiert. Im unendlich Kleinen aber steht das Ungleiche in Vize-Diktion zum Gleichen, in Vize-Diktion zu sich selbst, sofern es das, wodurch es *in essentia* ausgeschlossen wird, als Fall einschließt. Das Unwesentliche umfaßt das Wesentliche als Fall, während das Wesentliche das Unwesentliche *in essentia* enthielt.«

81 Waldenfels: *In den Netzen der Lebenswelt*, S. 36. & vgl. S. 155.

Seiten zum Korrekturlesen abnimmt, dann wird auf einmal die Arbeit auf meinem Schreibtisch auch in der Perspektive einer anderen Person zu »meiner« Arbeit aus ihrer Perspektive. Es gibt also minimale Unterschiede, die nicht in eine begriffliche Kontradiktion münden, sondern in permanente Wechsel. »Mein« kann zu »Dein« kippen und umgekehrt. Damit kann hier schon in der Beschreibung die Trennung zwischen meinem Erleben und dem Erleben Anderer als variabel und nicht als starre Grenze bestimmt werden. Das Erleben Anderer umfasst meines wie das der Anderen: Zwischen Subjekt und Anderem liegt keine kontradiktorische Entgegensetzung, sie sind Teile der Dimension des Erlebens.

Ein Blick auf das Erkennen Es lohnt sich, an dieser Stelle kurz innezuhalten und den Prozess des begrifflichen Erkennens genauer zu beschreiben, der mir als Abstoßungspunkt gedient hat, um das Verstehen als Erleben der pluralen Sinne zu bestimmen. Das bedeutet, dass ich nicht jede Form, die bisher als Erkenntnistheorie besprochen wurde, zur Abgrenzung heranziehe, sondern dass ich eine Theorie des Erkennens bespreche, die in der Phänomenologie eine der deutlichsten Ausformulierungen bedeutet. Es ist diejenige von Roman Ingarden, der in *Zur Objektivität der sinnlichen Wahrnehmung* die Vorstellung des Prozesses der Erkenntnis punktgenau beschreibt: »Das Erkennen kann nur dort stattfinden, wo [drei Elemente] auftreten: a) das Subjekt, das eine Operation vollzieht, b) diese Erkenntnisoperation selbst und c) der Gegenstand, auf den die Operation sich bezieht«.[82] Diese Relation zwischen Subjekt und Gegenstand in der Erkenntnisoperation ist keine ungewöhnliche Voraussetzung für das Erkennen, und er führt seine archetypische Vorstellung vom Erkennen weiter fort: »Die Erkenntnisoperation ist die Gewinnung durch das Subjekt eines Wissens über den durch diese Operation bestimmten Gegenstand; ihr Zweck ist die Gewinnung einer ›Erkenntnis‹ dieses Gegenstandes, d.h. eines *wahren Wissens*«.[83] Das Erkennen ist also *eine* Operation mit dem Zweck der Erlangung von »wahrem Wissen«. Diese Dopplung ist Ausdruck der Besonderheit dieser Form, als Ausnahmeprodukt des menschlichen Denkens, als Feststellung des Verstandenen. Man kann durch das Erkennen also das Verstehen in eindeutige Aussagen überführen: Die Relation zwischen Menschen und Welt ist die Bedingung für das Erkennen, dessen optimales Ergebnis ein eindeutiger Begriff sein soll. Damit ist das Erkennen jedoch eine Operation unter anderen Denkvermögen und anderen bewussten Fähigkeiten. Die Relation Mensch-Welt, die schon immer unablösbar als Alltag verflochten sind, besteht vor und mit jedem Versuch zu erkennen weiter. Die Kategorien, die dem Wissen, dem Erkannten entsprechen – wahr und falsch –, sind keine Universalien, die auf alle Bereiche des Lebens angewandt

---

82   Roman Ingarden: *Zur Objektivität der sinnlichen Wahrnehmung, Gesammelte Werke Band 8,* Tübingen: Niemeyer 1997, S. 161.

83   Ebd.

werden können – wer würde dies auch behaupten wollen –, sondern Beurteilungs-
zuschreibungen *ausschließlich* für das Erkannte. Dieser Blick auf das Erkennen ist
damit ein Schritt, zu bestimmen, wie das Verstehen des Sinns beurteilt werden
kann.

Liegt Paris in dieser Himmelsrichtung? Ist in dieser Tasse Kaffee? War Nietzsche ein Philosoph?[84] Auf diese Fragen gibt es Antworten, die unter die Kategorien *wahr* und *falsch* fallen können, wenn man aus einer feststehenden Perspektive auf sie blickt. Man versucht also die Welt immer von einem Standpunkt aus
zu erkennen. Solange ich hingegen nicht versuche, die Welt zu erkennen und unter Erkenntniskategorien zu subsumieren, gibt es keine sinnhafte Möglichkeit, die
Kategorien *wahr* und *falsch* zur Beurteilung von etwas zu gebrauchen. Für die vorliegende Arbeit bedeutet dies, dass die Hauptthese, dass die Anderen die Bedingung der Wirklichkeit ausmachen, eine Kategorisierung ist, die den Anspruch auf
Gültigkeit erhebt, da diese beschreibende Bestimmung mit den Kontingenzen der
Ausgestaltung umgehen kann, ihnen eine Struktur gibt. Die Bereiche des Erlebens,
die ich nicht in der Reflexion versuche zu erkennen, können nicht sinnvoll unter
wahr oder *falsch* subsumiert werden; aber diese Bereiche sind dennoch Teil des Verstehens. Erst das, was ich versuche zu erkennen, wird *wahr* oder *falsch* sein. Aber
im Erleben der Welt haben wir es mit Sinn zu tun, den wir handelnd, fühlend, denkend, wahrnehmend und imaginierend miterschaffen und der uns durch Andere
widerfährt. Diese sind nicht *wahr* oder *falsch*. Man versteht etwas als langweilig,
interessant, schön, eklig, liebenswert etc. Die aufgezählten Sinngehalte sind relational und nur durch eine Verbindung von Menschen, Anderen und Welt zu verstehen. Will man dies schematisieren, bedeutet es, dass das Verstehen des Sinns
das Korrelat des Erlebens der Welt ist und das Erkennen von etwas das Korrelat
zum Reflektieren auf etwas Erlebtes ist. Das Erkennen wird somit eine bestimmte
Form des Verstehens, bei der ein gerechtfertigter, wahrer Glaube entstehen soll.
Jedes Erkennen ist Verstehen, aber nicht jedes Verstehen ist Erkennen.

Damit mündet hier die im ersten Hauptteil begonnen Kritik an einer Vorstellung der Phänomenologie, die sich mit einem *rein theoretisierenden Bewusstsein* beschäftigt, in eine differenzierte Beschreibung des Verhältnisses von Erleben und
Erkennen. Und es lässt sich – nochmals mit Gurwitsch – diese Vorstellung eines
rein theoretischen Bewusstseins, wie folgt, charakterisieren:

> Der Gegenstand steht zwar in einer Beziehung zu mir, weil er Zielpunkt meiner
> Zuwendung ist, aber diese Beziehung gehört wesentlich zur Distanz, die mich von
> ihm abhebt. Diese Distanz des Gegenstandes, auf den ich mich richte, von dem

---

84   Diese letzte Frage ist eine geplante Stolperstelle, da schon die Frage, ob Nietzsche ein Philo-
      soph war, nicht völlig eindeutig zu beantworten ist.

ich Bewusstsein habe, kann von keiner räumlichen Annäherung je überwunden werden [.]«[85]

Anders als in diesem Zitat wird hier nicht von einer ursprünglichen Distanz ausgegangen, die zwischen Menschen und Welt liegt. Sondern ich gehe von einem asymmetrischen Verhältnis aus, bei dem wir Andere und die Welt zusammen die Sedimentierungen der sozialen Situation bilden, die dem Erlangen von Wissen genauso notwendig zu Grunde liegt, wie der Möglichkeit, den Alltag zu überschreiten. Es ist ein Verhältnis von Nähe und Distanz, wodurch die Relationalität stärker betont wird. Die hier benutzten Begriffe beschreiben also erlebbare Weltverhältnisse genauer, in denen keine kontradiktorischen Distanzen vorliegen, sondern *Vizediktionen*, kleine Differenzen, die auch die Nähe zwischen Begriffen anzeigen und nur im Grenzfall wie Kontradiktionen erscheinen. Ein Beispiel für solch eine erlebbare, widerfahrene Kontradiktion im Alltäglichen wäre der im letzten Kapitel beschriebene Fall des Nackt-ins-Seminar-Gehens. Bei ihm stellt sich ein Widerspruch zu der üblichen Kleidung im Seminarraum ein, denn alle Anderen tragen konventionellerweise welche. Aber die Anderen sind keine Kontradiktionen meines Erlebens, sondern sie unterscheiden sich minimal bis maximal in der Intensität. Wir sind in keinem Fall ganz und gar von Anderen unterschieden, und wenn es doch in manchen Fällen so erscheint, dann sind es jene, in denen man mit einer Andersheit konfrontiert ist, die einem als nicht realisierbare Möglichkeit erscheinen. Dies kann geschehen, weil die sozialen Strukturen vollkommen versteinert sind, oder weil das grundlegendste Weltverhältnis in der Tat der Anderen negiert wird.

Die beiden Pole Welt und Menschen bzw. Menschen und Objekten geraten also erst dann zueinander in eine kontradiktorische Distanz – wie im Zitat bestimmt –, wenn sie in von der Reflexion thematisch erfasst und etwas anderem entgegengesetzt werden. Es lohnt sich hier noch einmal, Husserls Bestimmung der Phänomenologie zu betrachten, um die Unterschiede in der Programmatik zwischen dieser Phänomenologie und der hier vertretenen zu zeigen. Husserl verfolgt schon zu Beginn seiner Reformulierung der Phänomenologie in den *Ideen I* eine einseitige Betrachtung, die auf ein reines Erkenntnisinteresse abzielt. Dies zeigt sich bereits in den ersten zwei Sätzen des ersten Paragraphen: »Natürliche Erkenntnis hebt an mit der Erfahrung und verbleibt in der Erfahrung. In der theoretischen Einstellung, die wir die ›natürliche‹ nennen, ist also der Gesamthorizont möglicher Forschung […] bezeichnet: Es ist die Welt.«[86] Warum Husserl, obwohl er von der Erfahrung ausgeht, die theoretische Einstellung mit der natürlichen gleichsetzt, kann nur im Hinblick auf sein rein erkenntnistheoretisches Interesse begründet

---

85   Gurwitsch: *Die mitmenschlichen Begegnungen in der Milieuwelt*, S. 59.
86   Husserl: *Ideen I*, S. 10.

werden. Es ist eine Setzung auf ein Ziel hin. Sonst hätte man bestimmen müssen, dass es außer dem Erkennen noch andere Einstellungen zur Welt gibt und es nicht in jedem Moment darauf ankommt, etwas von der Welt zu erkennen.

Das meint es, wenn ich davon spreche, dass das Erlebte, wie das Fühlen von Ekel, *sinnhaft* ist: Das Erlebte zeigt keine abstrakten Erkenntnisformeln an, die das reine *Was* einer Sache bestimmen, sondern sie zeigen, *wie* das *Was* ist. D.h., das Erleben zeigt an, unter welchen Strukturen sich etwas oder jemand im Sozialen darstellt. Das Gespräch, das langweilig ist, kann dennoch Informationen vermitteln, die wahr oder falsch sind, doch die Fakten auf ihren Wahrheitswert zu überprüfen ist etwas anderes, als ein Gespräch zu führen, das langweilig ist, und es ändert nichts daran, ob das Gesagte wahr oder falsch ist, dass es langweilig war. Damit soll aber nicht gesagt werden, dass dieses Sinn vermittelnde Verstehen einen unbedingten Vorzug vor dem Wahren hätte. Es soll aber darauf insistiert werden, dass das Erkennen *ein Weltbezug* der Menschen *unter anderen* ist, der in seinen besonderen Eigenschaften, das Wahre und das Falsche zu bestimmen, auf dem Erleben der Welt aufbaut oder eher *ein* Teil des Erlebens ist. »Unter Anderen« ist hier also doppeldeutig zu verstehen: 1. ist das Erkennen eine Fähigkeit neben anderen; 2. besteht das Erkennen in Bezug auf Andere und durch Andere.

Wieso wird hier nun nochmals auf anderem Wege betont, was schon im ersten Hauptteil gezeigt wurde? Dies geschieht, um darauf hinweisen zu können, dass es beim Erleben des Telefongesprächs und dem Verstehen des Sinns, den Andere darstellen, nicht zuerst um ein Erkennen der Anderen geht, sondern dass das *Mehr an Sinn* in jeder alltäglichen, sozialen Situation erlebt wird. Es geht in dieser Wiederholung also auch darum, zu zeigen, dass ich den Sinn, der im Gespräch ausgedrückt wird, verstehen kann, ohne ihn vorher erkannt haben zu müssen. Andersherum entstünde ein Problem der Beschreibung; Andere zu verstehen, wenn dies notwendig auf Wissen gegründet wäre, erwiese sich als unmöglich.

Dies lässt sich in vier Schritten zeigen: 1. Wenn Wissen notwendig ist, um Andere zu verstehen, muss ich die Anderen notwendig schon zum Objekt gemacht haben. 2. Anders als bei Gegenständen ist die Kontinuität der Anderen durch immer neue Differenzen in ihrem Handeln und Verhalten Anderen gegenüber bestimmt. 3. Wenn ich also die anderen Personen verobjektiviere, kann ich sie nur unter Kategorien subsumieren, sie aber nicht als Prozess denken, der noch abläuft, weil eine Kategorie zu benutzen ein abgeschlossenes Urteil ist. (Es geht aber beim Verstehen Anderer nicht vorrangig darum, ob die Art, wie sie sich verhalten, wahr oder richtig ist. Es geht darum *wie* wir gemeinsam leben.) 4. Leben als bloße Kategorie zu verstehen, unterliefe das Verstehen der Anderen als Handelnde, Fühlende, Denkende, Imaginierende und Wahrnehmende, kurz als Erlebende. Man wüsste dann zwar vielleicht, *was* diese Person ist (z.B.: Ist X ein Mensch? Ist X lebendig oder tot?), aber nicht was sie will beziehungsweise *wie* sie sich verhält. Dieser vierte Punkt ist jedoch entscheidend dafür, z.B. dem Gespräch, schon während man es führt, einen

Sinn beimessen zu können. Und genauso erlebe ich ja auch ein Gespräch. Es hat einen Sinn, den ich während des Redens erfasse, und auf den ich antworte oder den ich selbst mit hervorrufe. Diesen geteilten Sinn erkenne ich aber nicht zuerst, sondern ich erlebe ihn während des Prozesses.

Hier sei nun vorweggeschickt, dass genau diese Wendung hin zum Verstehen als Grundlage des Erkennens eine Hinwendung zum Pragmatischen darstellt und an William James anschließt. Für das Verstehen Anderer ist nicht das Erkennen wichtig, sondern ob die Interaktion, das Verhalten in Bezug auf die Anderen *funktioniert*. Dieses *Funktionieren* bildet sich auf dem Grund des Alltages und lässt das Gewohnte entstehen und bestehen. Es bezieht sich aber nicht darauf, ob der verfolgte Zweck erreicht wird, sondern darauf, ob ich gelingend interagiere, ob sich ein Sinn einstellt, egal welcher Art (Missverständnis, Ablehnung, Zustimmung, Langeweile, Heiterkeit etc.). Es gibt damit keine Frage nach dem Gewinn oder dem Erfolg gegeneinander. Der Sinn ist nicht meiner und nicht irgendjemandes, er ist durch die Anderen als Andere. Er ist die Sphäre, die im Alltag Neues werden lässt und Gewohntes weiter übermittelt. *Der Sinn und das Verstehen sind immer miteinander geteilt, weil sie nur in der sozialen Situation bestehen.*

Daran anschließend kann mit de Beauvoirs Aussage aus *Das Alter* Folgendes gesagt werden: »Die Gewohnheiten ersparen uns Anpassungsschwierigkeiten, sie liefern Antworten, bevor man sich Fragen stellen muß.«[87] Dieser Satz kann als Übergang und Zusammenfassung für diesen Sinnabschnitt verstanden werden. Die sozialen Strukturen sind der Modus dessen, wie man auf den Alltag reagiert. Was im Alltag passiert, erscheint mir gewohnt. Jene als Gewohnheit erlebten Antworten auf das Alltägliche sind also die sedimentierten und vergangenen sozialen Strukturen der Verhaltensweisen der Anderen; die Normen, die Art und Weise wie wir miteinander interagieren. Sie widerfahren uns in der sinnhaften Bezugnahme aufeinander: »Die Gewohnheit – das ist die Vergangenheit, soweit sie von uns nicht repräsentiert, sondern in Form von Einstellungen und Verhaltensweisen gelebt wird; es ist die Gesamtheit der ›Montagen‹ und Automatismen, die uns das Gehen, Sprechen, Schreiben usw. ermöglichen.«[88] Die Montagen des Alltags (Sedimentierung plus Überschreitung der Sedimente hin zu einem *Mehr*) münden in unser Verhalten. Das Montierte stellt die inkorporierte Sammlung an vergangenen Strukturen und sozialen Sedimenten dar, aus denen unser erlebter Alltag besteht. So ist der Alltag also ein *Teil unserer eigenen Körper* und unseres Verhaltens.

---

87   Simone de Beauvoir: *Das Alter*, Reinbek b.H.: Rowohlt 1977, S. 400.

88   Ebd. (Für den Hinweis auf diese beiden Stellen in Simone de Beauvoirs Buch *Das Alter* bedanke ich mich bei Hannah Chodura, ohne deren gleichzeitige Arbeit am Thema des Alters diese Überlegungen wohl keinen Eingang in die vorliegende Arbeit gefunden hätten.)

Leibliches Verstehen und die Übercodierung des Leibes Wieder einmal beginne ich mit Merleau-Ponty. An dieser Stelle soll eine Unterscheidung ausgearbeitet werden, die den hier verwendeten Begriff des Verstehens weiter spezifiziert. Es ist die Unterscheidung zwischen »erotischem« und »verstandesmäßigem« Verstehen, die die Bedeutung der Gewohnheit und deren leibliche Gebundenheit verdeutlicht. Für diese Einschreibung wird der Begriff Codierung verwendet, wodurch bestimmt werden kann, wie die Montagen[89] – um diesen Begriff de Beauvoirs kurz aufzugreifen – aus Stift und Hand, Gangart und Beinen etc. ohne Subsumierung unter allgemeine Kategorie sinnhaft sein können:

> Es gibt ein erotisches ›Verstehen‹, das von anderer Art ist als das Verstehen des Verstandes; der Verstand versteht, indem er eine Erfahrung unter einer Idee erfaßt, der Begierde aber eignet ein Verstehen, das ›blindlings‹ Körper mit Körper verbindet. So ist selbst die Geschlechtlichkeit, die man doch lange genug als typisches Beispiel einer bloßen Körperfunktion betrachtet hat, keineswegs ein peripherer Automatismus, sondern Intentionalität, die der Bewegung der Existenz selbst folgt und mit ihr sich erhebt und zurückfällt.[90]

Was in diesem Zitat zum Tragen kommt bzw. zum Thema wird, ist die leibgebundene Verständlichkeit, ein Verstehen, das im Erleben liegt und nicht durch ein Distanzverhältnis ausgedrückt wird. Körper und Körper – oder eher: Leib und Leib – gehen in vielfältigen Gesten und Mimik aufeinander ein, die Montagen aus Leib und Kleidung, Leib und Besteck u.a. haben aneinander Teil: Allein der Versuch, die Hand oder die Schulter einer anderen Person zu berühren, spielt mit mehr impliziten Faktoren, als es beschrieben werden kann. Was ich leiblich verstehe, ist demnach die im letzten Kapitel beschriebene Fassade der Anderen, ihre performative Darstellung der Intentionalität unter sozialen Strukturen.[91]

---

89   Ähnlich der Montage (vgl. Beauvoir: *Das Alter*, S. 400) kann auch der Begriff der »Wunschmaschine« von Deleuze und Guattari verstanden werden: Deleuze & Guattari: *Anti-Ödipus*, S. 7ff.

90   Merleau-Ponty: *Phänomenologie der Wahrnehmung*, S. 188. Vgl. dazu die Kritik von Judith Butler an der Beschreibung der Geschlechtlichkeit bei Merleau-Ponty: *Geschlechtsideologie und phänomenologische Beschreibung – Eine feministische Kritik an Merleau-Pontys Phänomenologie der Wahrnehmung*, in Silvia Stoller & Helmuth Vetter (Hg.): *Phänomenologie und Geschlechterdifferenz*, Wien: WUV 1997, S. 166ff.

91   An diesem Punkt der Arbeit tritt zu der sozialphilosophischen Beschreibung eine unvermeidbare Nähe zu moralischen und ethischen Fragestellungen hinzu. Die Phänomene selbst und dadurch auch die Thematik dieser Arbeit (die Anderen unter Anderen) kommen nicht ohne moralische, ethische, also soziale Strukturierungen – wie man sich zu verhalten hat – aus. Unsere Vorhaben werden durch sie codiert. Und so birgt der Fokus dieser Arbeit gerade durch die gegebenen Beispiele die Offenheit, meine moralischen Vorstellungen in diesen Beispielen vorzufinden, weil hier versucht wird, das alltägliche Miteinander unter den sozialen Strukturen zu bestimmen. Es wird hier in *keinem* Abschnitt dafür argumentiert, dass

Das leibliche Verstehen hat jedoch nicht nur das Gesicht der Lust, hier im speziellen Textausschnitt Merleau-Pontys der sexualisierten Lust, sondern dieses Verhalten ist *auch hilfsbereit, offen* und *nicht* vollends *definiert*. Man kann jemanden durch das Begehren (als Form leiblichen Verstehens) verstehen, aber es ist nicht nur positiv besetzt. Durch die Begierde kann man auch unterdrückend, gewaltsam und einseitig feststellend sein. Das erotische – oder eben besser: das *leibliche* – *Verstehen* ist, wie oben schon für den Alltag bestimmt, *nur im Angesicht* von *Vieldeutigkeit*, also einer generellen Offenheit möglich. Wenn etwas nicht die Möglichkeit lässt, auch das Gegenteil oder abweichende Verhaltensweisen zuzulassen, dann wird von der Person, der die Möglichkeiten genommen werden, gerade nicht gefordert zu verstehen, was gerade getan werden soll oder nicht, sondern es wird gefordert, Folge zu leisten: Die Person, die nur folgen soll, muss nichts leiblich verstehen, aber sie verliert dadurch nicht die Möglichkeit dazu: Das leibliche Verstehen bildet eine grundlegende Fähigkeit, die nicht negiert werden kann.

Was aber passieren kann, ist, dass man in Situationen gerät, in denen das Miteinander ein Gegeneinander ist, bspw. wenn es von einer der beteiligten Personen als unerwünscht dargestellt wird, dass eine andere Person die Fähigkeit zum Verstehen ausüben soll, oder es einem egal ist, ob verstanden wird, was man mit dem eigenen Verhalten bezwecken will. Ein Beispiel dafür können Verhaltensweisen sein, die als Ausübung von Gewalt verstanden werden. Sie werden verstanden, aber sie lassen keine eigenen Deutungen zu, sondern zwingen die Deutung der Gewalt ausübenden Person oder Gruppe anderen auf. Gewalt und einseitige Feststellungen sind damit nicht vom Verstehen getrennt, zeugen aber von Desinteresse daran, dass Andere verstehen können. Gewalt ist immer auch die Inkaufnahme von *Unverständnis*.

Anders verhält es sich mit einem Verhalten, das Zuverlässigkeit bei Anderen benötigt: Dass Andere zuverlässig sind, ist die Darstellung eines Verhaltens, das sich auf Andere verlässt. Es ist ein Vertrauen darauf, dass sie ihre generelle Offenheit, ihre verschiedenen Möglichkeiten einschränken, damit das Verhalten, was man ausführen möchte, gelingt. Es ist ein Vertrauen dahingehend, dass Andere

---

eine beschriebene Form des Miteinanders einen notwendigen Vorrang vor einer anderen haben soll. Dies ist auch nicht die Bitte, die Beispiele unhinterfragt stehen zulassen, sondern es ist die Explikation meiner eigenen Perspektive, die nicht aus dieser Arbeit zu verbannen ist. Liest es sich an bestimmten Stellen so, als würde eine der Varianten bevorzugt, dann deshalb, weil ich es nicht geschafft habe, meine eigene Vorstellung davon, wie man zusammenleben sollte, aus dem Text vollständig herauszuhalten. Sollte es solche Passagen geben, und davon ist auszugehen, dann sind sie durch mein eigenes Ethos geprägt. Ich bitte also darum, keine versteckte moralische Argumentation hinter dem Text zu vermuten, sondern solche Passagen als Ausdruck eines Wunsches zu verstehen, der dennoch eine nachvollziehbare Beschreibung liefern kann. So sind *Offenheit* und *Eindeutigkeit* zwei Begriffe, die nicht mit »gut« und »schlecht« beurteilt sind.

die Situation verstehen und deshalb in einer bestimmten Art und Weise darauf antworten. Gebe ich einer anderen Person etwas zum Korrigieren, dann vertraue ich darauf, dass sie versucht, den Text zu verstehen, und gleichzeitig darauf, dass sie den Text gründlich korrigiert. Auf der anderen Seite bedeutet es aber auch, dass die Kritik, die geäußert wird, als konstruktiver Hinweis verstanden werden soll und nicht als Ablehnung des Inhaltes, denn mit Dissens ist immer zu rechnen. Zuverlässigkeit ist also eine Form doppelten Vertrauens.

Beispielhaft zeigt sich das leibliche Verstehen am Zulassen oder Ablehnen von Berührungen. Zieht man seine*ihre Schulter zurück oder »versteinert« einem der Körper durch die Berührung oder den Blick einer anderen Person, dann verstehen die Anwesenden das Verhalten als unbehaglich, ablehnend oder verärgert. Kommt man auf die Zuverlässigkeit zurück, dann verlässt man sich in diesem Moment darauf, dass Andere verstehen, dass diese Situation unangenehm ist und sich so verhalten, dass diese Situation geklärt werden kann. Damit steht das leibliche Verstehen auf dem Boden des Pragmatischen. Es ist situativ in soziale Strukturen des Alltags eingebunden. Es unterscheidet sich deshalb vom verstandesmäßigen Verstehen als Subsumieren von etwas unter einen Begriff, womit man im Bereich des Erkennens angekommen wäre. Lehne ich eine Berührung ab, stelle ich mein Unwohlsein, mein Ablehnen dieses Verhaltens dar.

An diesem Beispiel lässt sich auch aufzeigen, warum ein gewaltvolles Verhalten immer auch eine Inkaufnahme von Unverständnis ist: Wird die Berührung gewaltvoll ausgeführt, dann spielt es keine Rolle, ob die berührte Person oder die Berührende verstehen, worauf die Interaktion abzielt, geschweige denn, ob sie damit einverstanden sind. Das Ziel ist in der gewaltvollen Berührung schon endgültig festgelegt, und zwar nicht als Möglichkeit, sondern als Notwendigkeit/Zwang gegen Andere.[92] Die Anderen sind dabei nur als Objekte Teile des Zu-Erreichenden, und damit nicht Quell eigener Möglichkeiten, sondern nur Möglichkeit für den*die Gewaltbereit*e selbst.

Will man sich dagegen unterstützend verhalten, steht der Sinn, den man mit dem eigenen Verhalten jemand Anderem vermittelt, auf dem Spiel. Es ist keine eindeutige Angelegenheit mehr, ob es als unterstützend aufgefasst wird oder nicht. Unterstützung als solche zu verstehen, ist stärker von der Situation und damit von den Anderen abhängig. Positives Verhalten vertraut auf die Perspektiven der Anderen. Negatives Verhalten (im Extremfall Gewalttätiges) schließt die Perspektiven der Anderen im eigenen Verhalten ein und die der der Gewalt ausgesetzten Person in dem Sinne aus, dass sie nicht als eigenständige Person in Erscheinung treten soll. Diese grobe Beschreibung von Gewalt soll hier nicht weiterverfolgt werden,

---

92   Zum Verhältnis von Zwang und Möglichkeit in Bezug auf die Anderen vgl. Deleuze: *Logik des Sinns*, S. 367ff.

da sie den Ausschluss des Füreinander bedeutet, und deutlich weiter gefasst werden müsste.[93] Sie musste jedoch aufgegriffen werden, da eine Beschreibung des Miteinanders ohne einen Verweis auf Gewalt ein Phänomen des Alltags ausklammern würde, an dem nicht vorbeigeschaut werden sollte.

Hier lässt sich wieder betonen, was im ersten Unterkapitel *Miteinander in sozialen Räumen* schon argumentiert wurde. Das Erleben zeigt auf, dass wir in Bezug auf andere Menschen und die Gegenstände im Verhältnis eines *Nebeneinander* und dadurch eines immer offenen *Miteinander* stehen, dessen Sinn durch ein leibliches Verstehen erlebbar ist. Mit Merleau-Ponty kann man hier also Folgendes konstatieren:»Perspektiven und Gesichtspunkte sind [...] als unser In-sein im Welt-Individuum zu begreifen, und die Wahrnehmung [sowie das Erleben, P.H.] nicht als Konstitution des wahren Gegenstandes, sondern als unser Sein-unter-den-Dingen [und den Anderen, P.H.].«[94] Was uns dazu führen kann, mit Waldenfels den Bereich des »*Logos der praktischen Welt*« in der Kategorie des Leiblichen – also des Verstehens als Erleben des Verhaltens in seinen eigenen Grenzen – zu denken. Dieser Bereich ist »den Risiken der Erfahrung ausgesetzt« und deshalb »nicht von vorneherein fest [gestellt]«.[95] Dies stellt also eine Loslösung von jeglichem Absolutheits- oder Universalitätsanspruch des Verstehens im erotischen bzw. leiblichen Bereich des Erlebens dar. Das Verstehen ist nie abgeschlossen.

Die Welt ist nie nur meine Welt.[96] Und sie muss, so trivial es auch klingt, deshalb als soziale beschrieben werden. Sie ist also immer unsere. Diese *unsere Welt* besteht auch in der Zeit vor der eigenen Geburt. Jene Zeit ist uns, vermittelt durch Sedimentationen und Strukturen, in die wir eingebettet sind, die ich heute an mir und den Anderen entdecken kann, ohne dass wir sie selbst *neu erschaffen* hätten, zugänglich. Diese Strukturen und Optionen sind Teil des beschriebenen Alltags, auf dem die Sinnkonstitution fußt. So geben mir das Besteck, der Löffel und meine Erziehung eine Möglichkeit an, wie ich mit dem Löffel Suppe löffeln kann, die durch Andere vermittelt ist. Ich verstehe also den Löffel und das Löffeln durch die Anderen und meinen codierten Leib hindurch. In dem Löffel zeigt sich implizit die Zeit seiner Bearbeitung und Genese durch die Anderen inbegriffen, genauso wie die Art ihn zu benutzen, die ich durch den Umgang der Anderen mit ihm gelernt habe; seine Form, der Stiel, der sich zwischen meine Finger legt und so einen bestimmten Bewegungsablauf funktional macht. Es entsteht ein gemeinsamer Sinn, ein gemeinsames Verhalten in der Handhabung des Löffels. Dieser allgemeine Handlungscode wird aber durch die spezifische Art und Weise und sogar die

---

93   Einen Überblick zu Darstellungen und Strukturen von Gewalt bietet die Textsammlung *Gewalt: Strukturen, Formen Repräsentationen* von Mihran Dabag, Antje Kapust & Bernhard Waldenfels (Hg.), München: Fink 2000.

94   Vgl. Merleau-Ponty: *Phänomenologie der Wahrnehmung*, S. 402.

95   Waldenfels: *In den Netzen der Lebenswelt*, S. 83.

96   Vgl. Merleau-Ponty: *Phänomenologie der Wahrnehmung*, S. 397.

Art des Löffels (Suppen-, Kaffeelöffel etc.) und durch sein Material (Metall, Plastik etc.) und die »Etikette« *übercodiert.* Code meint also die Art und Weise, *wie* etwas zu tun sein sollte, die sich durch eine beständige Wiederholung und die sozialen Strukturen in einen Leib eingeschrieben haben. Gibt es also einen konventionellen Code des Löffelns? Ja, einen, der einer*m wortwörtlich in der Hand liegt. Er verändert sich dadurch, ob man schnell oder langsam löffelt und obdie Schüssel oder den Teller dabei festhält; er wird an bestimmten Stellen in der konkreten Situation übercodiert, auch wenn sich die Konvention dadurch noch nicht verändert. All das zusammen garantiert das sinnhafte *Mehr* aus Kontinuität und Diskontinuität, dass je nach Kultur, aber auch je nach Person, einen unterschiedlichen Sinn verstehend erlebbar macht. Aus diesem Verstehen kann nun die Benutzung nach dem Code folgen, die Recodierung, ihn zum Eierlaufen zu benutzen, und die *Übercodierung,* wenn man Löffel nicht mehr zum Essen benutzt, sondern ihnen einen anderen Sinn einschreibt: bspw. durch die wiederholte Verwendung von Löffeln als Aschenbecher, ohne sie danach wieder in ihrem konventionellen Gebrauch zu verwenden.

Im *Übercodieren* liegt dabei stets eine Form der Machtausübung, des Beherrschens.[97] Damit wurde hier, nachdem im vorherigen Kapitel die Notwendigkeit des Alltäglichen für das gegenseitige Verstehen betont worden ist, die andere Seite, die des Gegeneinanders, der Abgrenzung im Alltäglichen, mit in den Blick genommen. Diese Codierungsprozesse werden im Sinnabschnitt *Verstehen, Funktion, Wahrhaftigkeit* wieder aufgegriffen. Zusammenfassend für diesen Sinnabschnitt kann man somit sagen: Offenheit/Uneindeutigkeit ist die Bedingung dafür, eine Situation überhaupt verstehen zu können, weil es nur bei einer Offenheit der Situation überhaupt notwendig wird, sie zu verstehen. Wären Situationen beständig eindeutig, gäbe es keine Varianz darin, wie man sich in einer Situation verhält. Die Pluralität von Umgangsformen im Miteinander wäre nicht mehr sinnvoll beschreibbar, sondern würde zu einer eindeutigen Skala für angebrachtes und unangebrachtes Verhalten führen. Im nächsten Abschnitt soll nun auf eine Umgangsform im Miteinander genauer Bezug genommen werden. Es ist das Verhalten der *Fürsorge,* welches ausgehend von Heidegger nun betrachtet werden soll. Die *Fürsorge* ist in dieser Arbeit der Ausgangspunkt für die Fokussierung auf ein Füreinander als Möglichkeit des Miteinanders.

Die Modi der Fürsorge An dieser Stelle, an der das leibliche Verstehen beschrieben und konkretisiert wurde, laufen drei Stränge auseinander, die sich mit der Frage der Funktion des Verstehens beschäftigen. Zum einen ist es eine Frage der Sorge um Andere (einer Form der Fokussierung des Miteinander als Füreinander), die

---

97   Vgl. Gilles Deleuze & Félix Guattari: *Gespräch über den Anti Ödipus (mit Felix Guattari),* in: Gilles Deleuze (Hg.): *Unterhandlungen 1972-1990,* Frankfurt a.M.: Suhrkamp 2017, S. 36.

Heidegger beschreibt. Zum anderen ist es eine Frage nach dem Begriff der Funktion selbst, und zuletzt ist es eine Frage nach der Struktur bzw. den Codes, nach denen *man* handelt, wie man sie überschreiben bzw. übercodieren kann, sie vielleicht sogar decodiert. Der erste Strang wird in diesem Sinnabschnitt aufgenommen, da er die Grundlage der Frage nach der Funktion des Sinns ist. Dieser zweite Strang schließt im Abschnitt *Verstehen, Funktion, Wahrhaftigkeit* direkt an diesen hier an. Danach wird in Form der *parrhesia* die Beschreibung der Sorge komplettiert, um schließlich zum dritten Strang *Miteinander in sedimentierten Welten* zu gelangen, der gleichzeitig den Abschluss dieses Kapitels bildet. Trotz dieser Teilung verlaufen die Beschreibungen der Sinnabschnitte eng miteinander verwoben.

Zuerst soll also auf den Begriff der Sorge – Heideggers Versuch zu beschreiben, wie Menschen aufeinander bezogen sind – eingegangen werden. Waldenfels stellt die Frage in Form folgender Aussage: Die Sorge »tritt im alltäglichen Verhalten auf als Übung der Sorgfalt [...]. Es fragt sich dann, was sich hinter dieser Sorge verbirgt, wo und wie sie im Leben verankert ist, wie sie den Menschen prägt und in welche soziokulturellen Gestalten sie sich kleidet.«[98] Dieser Aufgabe, die Waldenfels an eine Untersuchung der Sorge stellt, werde ich hier an ausgewählten Beispielen nachgehen. Eine solche Beschreibung der Sorge ist deshalb sinnvoll, da sie einen phänomenologischen Versuch darstellt, das Miteinander zu beschreiben, von dem ausgehend die Strukturen dieses Miteinanders in den Fokus des Erlebens treten können. Dazu werde ich mich den Beschreibungen Heideggers kritisch zuwenden, um eine weiterführende Bestimmung der Sorge im Miteinander, in der sozialen Situation zu forcieren:

> Die Fürsorge hat hinsichtlich ihrer positiven Modi zwei extreme Möglichkeiten. Sie kann dem Anderen die »Sorge« gleichsam abnehmen und im Besorgen sich an seine Stelle setzen, für ihn *einspringen*. [...] Ihr gegenüber steht die Möglichkeit einer Fürsorge, die für den Anderen nicht so sehr einspringt, als daß sie ihm in seinem existenziellen Seinkönnen *vorausspringt*, nicht um ihm die »Sorge« abzunehmen, sondern erst eigentlich als solche zurückzugeben.[99]

In dieser Form, eine Beziehung zwischen Menschen zu beschreiben, kommt es vor allem auf den Begriff des Nehmens an, der sich in *Abnehmen* und *Übernehmen* (um sie zurückgeben zu können) aufteilt. Thematisiert man diese Begriffe, so lässt sich die Sprache Heideggers wie folgt übersetzen. In der Sorge geht es darum, sich den Problemen und den Ansichten der Anderen *anzunehmen*. All diese Akte bestimmen nur dasjenige, was *das* Subjekt tun kann, entweder um das Problem in Form eine*r Stellvertreter*in für die Anderen zu lösen, wodurch das Problem *übernommen* wird, oder das Problem als Ratgeber*in aufzuzeigen, um der anderen Person ihr

---

98   Waldenfels: *Erfahrung, die zur Sprache drängt*, S. 294.
99   Heidegger: *Sein und Zeit*, S. 122.

Problem *zurückzugeben*. Sowohl die erste Variante als auch die zweite zeugen von einem *Besitzverhältnis* gegenüber Anderen. Entweder *nehme* ich den Anderen das Problem und die Sorge ab, oder ich muss erst Wissen über das Problem besitzen, um es *zurückgeben* zu können. Was aber soll diese Beschreibung des Besitzens für das Miteinander bedeuten? Es bedeutet, dass hier ein Verhältnis zwischen Menschen beschrieben wird, bei dem immer eine Person als das Subjekt und die andere Person als das Objekt bestimmt wird.[100] Es ist also ein Verhältnis der Macht, denn das Subjekt besitzt dann die Sorge der Anderen oder übernimmt sie.[101]

Dies wird allerdings in diesen beiden »positiven Modi« der Sorge – wie Heidegger sie nennt – durch die gewählte Sprache verdeckt. Nach dieser kritischen Darstellung steht nun an, zu fragen, ob die Sorge mehr als diese beiden Möglichkeiten birgt. Wird es ebenso möglich sein, zu versuchen, sie nicht ein Verhältnis des Besitzes zu beschreiben? Darauf kann mit Karl Löwith geantwortet werden, der sich der Terminologie Heideggers bedient, um jedoch deutlich klarer in seiner Argumentation von der Welt zum Zusammenleben von Menschen zu kommen:

> Weil das menschliche Dasein durch sein »In-der-Welt-sein«, das In-der-Welt-sein aber durch »Mitsein« bestimmt ist, eigentliches Mitsein jedoch Mit-einander-sein bedeutet, das Miteinander-sein aber gleichbedeutend ist mit »Zusammenleben«, ist von vornherein zu erwarten, daß ebenso wie die allgemeine »Welt« schon eo ipso *Mit*-welt anzeigt, so auch das allgemeine »Leben« schon eo ipso *Zusammen*-leben meint.[102]

Löwith hält an dieser Stelle fest, wie der Weg vom einzelnen Erleben der Welt zum Zusammenleben führt. Dies steht in der Darstellungsform konsequent in Zusammenhang mit dem Titel seines Buches *Das Individuum in der Rolle des Mitmenschen*. Es geht ihm – ausgehend von Heidegger und der Subjektphilosophie verpflichtet – darum, die einzelne Person so zu beschreiben, dass die Bedeutung für die Anderen daran erkennbar wird. Oder um es noch expliziter zu sagen: Es geht Löwith um das Individuum und sein Verstehen der Anderen. Er verstärkt dadurch die Betonung der Bedeutung der Anderen im Vergleich zu Heidegger, aber auch in seiner Beschreibung ist die Welt mit Anderen ein Aspekt der Welt; und erst durch den Umgang mit der Welt erreichbar.[103] In Löwiths Beschreibung ist es keine Frage des Besitzens, die Anderen zu erleben, aber es ist eine Frage des aktiven Umgangs mit der Welt, nur im Handeln, genauer: nur im Sprechen kommt man zu ihnen. Beide

---

100   Vgl. Sartre: *Das Sein und das Nichts*, S. 450.
101   An dieser Stelle kann die Frage nach der Fürsorge für Pflegebedürftige aufkommen. Dieses Thema ist jedoch viel zu diffizil, als dass es hier sinnvoll thematisiert werden könnte. Vgl. Patrick Schuchter: *Sich einen Begriff vom Leiden Anderer machen – Eine Praktische Philosophie der Sorge*, Bielefeld: transcript 2016, S. 51ff.
102   Karl Löwith: *Das Individuum in der Rolle des Mitmenschen*, Stuttgart: J.B. Metzler 1981, S. 31.
103   Vgl. ebd., S. 29 & 130.

Punkte wurden in der bisherigen Argumentation dieser Arbeit in ihrer Privilegie-
rung verkehrt: Dadurch, dass das Erleben immer darstellt und diese Darstellung
nicht ex nihilo entsteht, sondern sich aus der Wiederholung des Erlebens Anderer entwickelt, muss man nicht erst zu den Anderen kommen, muss man keinen
Zugang zu ihnen finden, sondern man lebt immer schon miteinander und in einer geteilten Wirklichkeit. Die Frage, die sich in diesem Sinnabschnitt stellt, ist
nun die folgende: Wie kann man durch die Fokussierung der Anderen in der Fürsorge einen Umgang miteinander beschreiben, der ein Füreinander bedeutet, das
nicht allein das konkrete Erleben der Anderen erfasst, sondern die Strukturen, die
einander verbinden und unter denen man gemeinsam leben muss?

Es geht also im Verlauf des Sinnabschnitts darum, ein Verhältnis zu bestimmen, in dem erst durch das Füreinander die Probleme als Strukturprobleme deutlich werden: Man muss sie nicht zurückgeben, weil man sie nicht zurückgeben
kann. Das Problem wird gemeinsam erlebt, und durch seinen Widerfahrnischarakter ist es, als würde man gemeinsam darüber *stolpern*. Die gemeinsame Sorge ist
nicht von einem Menschen allein intendiert, sie erwächst aus den sozialen Strukturen. So bedeutet die Sorge nicht die Übernahme der Probleme und eine privile-
gierte Stellung, sondern ein Miteinander; oder wie Waldenfels es ausdrückt: »Das
Ethos der Sorge beruht [...] auf einer natürlichen Verwandtschaft zwischen den
Menschen.«[104] Das Verhältnis zu Anderen erscheint in dieser Form der Sorge wie
das von Spiegeln, die nicht nur zurückwerfen, worauf sie gerichtet sind, sondern
durch ihre unterschiedlichen Perspektiven *mehr* zeigen, *mehr* in den Blick nehmen
können als ein Spiegel alleine.[105] Dies ist eine Möglichkeit, die Sorge als leibliches
Verstehen darzustellen und von ihr ausgehend die Wirklichkeit des Miteinanders
zu beschreiben, das auf dem Erleben der Anderen unter Anderen fußt. So eröffnet
sich nicht nur ein Verhältnis von Subjekt und Objekt, sondern eine theoretische,
wie ebenso praktische Sichtweise, die die Anderen als Menschen mit eigenen und
fremden Möglichkeiten bestimmt.

Auf die eben beschriebene Weise lässt sich auch verhindern, von einem *eigentlichen* bzw. einem *verfallenen* Teil des Lebens zu sprechen: Heidegger hat zwar recht,
wenn er beschreibt, dass das alltägliche Geschehen, die Codes, die unser Verhalten mitbestimmen, das, worum wir uns Sorgen machen, verdecken kann. Aber
heißt das auch, dass man mit ihm konstatieren muss, dass es das eigentliche Leben ist, in dem man sich der Sorge bewusst wird, und der Alltag als Verdeckung
dieser Sorge eine Verfallsform darstellt?[106] Sieht man in dieser Weise auf das Problem, so ergibt sich eine Spaltung des Menschen in einen eigentlichen Bereich

---

104   Waldenfels: *Erfahrung, die zur Sprache drängt*, S. 295.
105   Vgl. Eco: *Über Spiegel*, S. 30.
106   Vgl. Heidegger: *Sein und Zeit*, S. 175.

und einen verfallenen. Heidegger betont zwar, dass Verfallsform nichts Negatives meinen soll, aber dennoch fällt es schwer, diese negative Konnotation völlig zu ignorieren. Ungeachtet der Konnotation ist aber diese Teilung des Menschen in zwei Bereiche auch schwerlich nachzuvollziehen: Wie könnte jemand für mich *einspringen*, oder mir *vorausspringen* – zwei Formen des Umgangs miteinander, die als Phänomene unproblematisch in der Wirklichkeit aufzufinden sind – wenn man hauptsächlich, wie man es nach Heidegger annehmen muss, mein alltägliches Verhalten und nicht mein Eigentliches erleben könnte? Andersherum: Wenn ich mir schon selbst im Eigentlichen meiner Sorge bewusst wäre, wieso müsste man sie mir dann zurückgeben oder abnehmen? Im Eigentlichen bedarf ich der Anderen nicht, weil ich ganz bei mir bin, und im verfallenen Alltag, wo ich der Anderen bedürfte, können sie sich nicht sinnvoll um mich sorgen, da sie meine eigentlichen Sorgen nicht tangieren können; sie sind ja nur »jemeinig« und ihnen nicht zugänglich, da wir im Alltag niemand sind.[107] Die Funktion dessen, das Leben in »eigentlich« und »verfallen« zu trennen, liegt also im Unklaren. Sie ergibt nur in einer Vereinzelung Sinn, jedoch sind wir immer unter Anderen. »Die Eigentlichkeit wirkt als Filter.«[108] Dieser Filter der Eigentlichkeit verstellt uns den Blick auf den sozialen Aspekt, der für jede Situation und jede Sorge innerhalb dieser Situationen konstitutiv ist: Unsere Wirklichkeit zeigt sich *nur* in der sozialen Situation. So stellt diese These sich Heideggers Argumentation durch die Ausschließlichkeit entgegen, für die hier argumentiert wird. *Nur* in der sozialen Situation zeigt sich die Wirklichkeit, nicht von ihr ausgehend in einem Bereich der Eigentlichkeit, in dem ich zunächst bin und aus dem ich dann heraustreten kann. In dieser zweiten Form bestimmt es Heidegger, wenn er schreibt: »*Zunächst* ist das faktische Dasein in der durchschnittlich entdeckten Mitwelt. [...] Zunächst ist das Dasein man und zumeist bleibt es so.«[109] Damit wird ein Ausgang aus dem Alltag bestimmt, der selten und exklusiv ist. Dass viele Verhaltensweisen alltäglich sind und von einem*r selbst und von Anderen ausgeführt werden, kann nicht bezweifelt werden: Dies ist die Rolle, die soziale Strukturen durch ihre Wiederholung im jeweiligen Verhalten auszeichnen. Warum aber einen Ausgang proklamieren, der einem*r in der Angst etwas Eigentliches zeigt, als gäbe es nicht auch die Angst, die man hat, wie alle Anderen? Wie im ersten Hauptteil bestimmt, ist die Angst und ihr Bezug, die Gewissheit der eigenen Endlichkeit, nichts getrennt von Anderen, sondern ein Bezug durch und mit Anderen auf die Vergänglichkeit des menschlichen Lebens; und auch diese teilen wir miteinander. Diese Trennung ergibt also für die theoretische Beschreibung der Wirklichkeit zwei Probleme: 1. Wird die Wirklichkeit dualistisch? Es gibt Eigentlichkeit und Uneigentlichkeit, aber sie sind nur Produkt

---

107   Vgl. ebd. S. 128.
108   Waldenfels: *Erfahrung, die zur Sprache drängt*, S. 298.
109   Heidegger: *Sein und Zeit*, S. 129.

der Vorannahmen Heideggers, nicht notwendiges Ergebnis der Beschreibung der Wirklichkeit. Eine alternative Beschreibung der Wirklichkeit ohne Eigentlichkeit wurde und wird in dieser Arbeit ausgearbeitet. Und 2.: Stellt die Eigentlichkeit ein Beschreibungsproblem für die *vorausspringende* und die *einspringende* Sorge dar, weil diese beiden Sorgen nur defizient funktionieren können, sobald man nicht aus der Eigentlichkeit heraus sorgt? In der Eigentlichkeit werden sie jedoch unnötig, weil ich klar vor mir selbst stehe, aber eben nur noch vor mir und nicht mehr bei, mit, für oder gegen Andere.

Es gibt in unserer Wirklichkeit also sowohl die von Heidegger beschriebenen zwei Formen der Sorge *(einspringend* und *vorausspringend),* wenn man sie von der Beziehung zur Eigentlichkeit abtrennt, als auch das erlebbare Phänomen in der hier hinzugefügten Form. Deshalb stellt sich die Frage, wie alle drei Formen gemeinsam auf dem Erleben aufbauen können. Um dies zu bestimmen, kann die Beschreibung der Alltäglichkeit aus den letzten Sinnabschnitten hilfreich hinzugezogen werden: Die in der Alltäglichkeit ausgemachte Struktur von codiertem Verhalten und sinnhaftem *Mehr* ist es, welche alle drei Formen des Sorgens ermöglicht. Das Verhalten, das auf den alltäglichen Codes des *Wie-mit-dem-Gegebenen-umgehen* gründet, ist nicht nur mir eigen, sondern wird oder wurde notwendigerweise von Anderen geteilt. Kurz bedeutet das: Wir verhalten uns ähnlich, weil wir unter ähnliche Strukturen vergleichbare Unterschiede erleben. So können wir uns umeinander »sorgen«, weil wir den Sinn der Verhaltensweisen verstehen und gemeinsam Probleme in der sozialen Struktur erleben können, gerade weil wir sie verkörpern, d.h., weil wir sie zur Darstellung bringen.

Dieses geteilte Verhalten eröffnet die Möglichkeit, für Andere einzuspringen, weil ich die Anforderungen erahnen kann, auf die sie reagieren müssen, oder ihnen deswegen vorausspringen und ihnen zeigen kann, welches Verhalten gelingen, bzw. funktionieren könnte. Diese Abhängigkeit des Sorgens von Anderen ergibt sich, »wenn der fremde Anspruch meiner Initiative vorausgeht und meine Bedürfnisse durchkreuzt, und zwar unausweichlich, was besagt, daß mein eigenes Wort eine Form der Antwort ist und daß es von anderswoher kommt.«[110] Unser Verhalten und insbesondere das sorgende Verhalten ist also eine Form der Responsivität auf die gemeinsamen sozialen Strukturen und die konkreten Anderen, um die man sich sorgt und die sich jeweils um einen selbst sorgen. Ich sorge mich also nicht um Andere, weil es meine vollkommen subjektive Entscheidung ist, sondern weil der Anspruch nach Sorge der Anderen (und damit auch meiner) schon in der geteilten Situation besteht. Man antwortet also auf einen Anspruch, der selbst eine Antwort auf die Situation ist.

Soweit die Beschreibung der Modi der Sorge, die Heidegger bestimmt hat. Sie gründen sich bei Heidegger auf einem Miteinander, das dann in der Sorge verdeckt

---

110   Waldenfels: *Erfahrung, die zur Sprache drängt,* S. 299.

wird, in einem Verhalten, das die Anderen vollständig oder teilweise objektiviert. Die Form des Sich-der-Sorge-zusammen-Bewusstwerdens baut aber ebenso auf dem Alltäglichen auf: Es ist die gemeinsame Erfahrung des *Mehr* des Sinns, der die Sedimente übersteigt und somit eine Sorge auftauchen lässt, die das alltägliche Verhalten mitbestimmt und damit von *uns gemeinsam erlebt wird*. Es ist eine gemeinsame Response (Reaktion und Aktion) auf soziale Strukturen, wie sie mit Waldenfels schon im ersten Kapitel dieses zweiten Hauptteils bestimmt wurde.

An dieser Stelle scheint eine Veranschaulichung der drei Modi der Sorge angebracht, um sie zugänglicher zu machen: Es geht bei der Sorge nicht ausschließlich um banale Probleme, wie »Komme ich pünktlich zum Zug?« o.Ä. Dies wäre eine Untertreibung. In Heideggers Text verweist nichts darauf, dass es auch um diese Form von Problemen gehen könnte. Es ist eine Transformation meinerseits, die die Sorge besser in den Kontext des vorliegenden Textes einpasst. Es geht Heidegger nicht um so offensichtliche Probleme wie das Verpassen eines Zuges, sondern um Probleme, die sich als »existenzielle« bezeichnen ließen und als solche zuallererst erkannt werden müssen. Da ich aber im Folgenden dafür argumentieren werde und auch schon dafür argumentiert habe, dass es keinen eigentlichen Bereich in den Menschen – oder sonstwo – gibt, in dem die existenziellen Probleme »warten«, wurde die Struktur der Sorge Heideggers kurzerhand in den Alltag verlegt, um dort zu bestimmen, wie sich im alltäglichen *Miteinander* Probleme zeigen. Ich weiche also darin von Heidegger ab, dass nicht die Frage nach existenziellen Problemen für *ein alleinstehendes* »Dasein« gestellt wird, sondern nach den Problemen, die alltäglich im *Miteinander unter bestehenden sozialen Strukturen* erlebt werden. Sowohl die alltäglichsten als auch die »existenziellen« Probleme zeigen sich im Erleben der sozialen Situation.

Es geht hier also um solche Probleme, die so offen im alltäglichen Geschehen vorhanden sind, dass man sie gerade deswegen im Horizont des eigenen Erlebens übersehen kann. Beispiele dafür können – und das wirkt jetzt möglicherweise wie eine *slippery slope*, da die nachstehenden Beispiele existenzieller »Natur« sind, aber sie zeigen sich eben auch in den alltäglichsten Umgangsformen – struktureller Rassismus oder verschiedenste andere Formen von Diskriminierung sein. Eine Sorge, die diesen Punkten entspricht, ist die Frage danach, wie der menschliche Körper sexualisiert wird. Mit Judith Butler lässt sich diese Frage wie folgt formulieren:

> [G]anz sicher ist es so, daß Körper leben und sterben, essen und schlafen, Schmerz empfinden und Freude verspüren, Krankheit und Gewalt erleiden [...]. [Aber] [v]on welchen Zwängen werden Körper als »sexuierte« Körper materialisiert, und wie haben wir die »Materie« des biologischen Geschlechts und die von Körpern allgemein als eine ständig wiederholte, gewaltsame Eingrenzung der kulturellen

Intelligibilität zu verstehen? Welchen Körpern wird Gewicht beigemessen – und warum?[111]

In Verbindung mit der Sorge kann man an dieser Frage aufzeigen, inwiefern die drei Modi der Sorge sich unterscheiden und welche Implikationen sich für die sich daraus ergebenden Strukturen des *Einspringens, Vorausspringens* oder – für die dritten, von mir hinzugefügte Sorgestruktur – des *gemeinsamen Stolperns* ergeben.

Zum ersten Modus, dem *Einspringen*: Wenn »mir« auffällt, dass jemand sexuell belästigt wird – sei es durch Worte oder Berührungen – dann kann man sich aus Sorge um diese Person »einschalten«, sie »verteidigen« und »in Schutz nehmen«. Damit nimmt man die Sorge auf sich und macht das, worum sich gesorgt wird, zum eigenen Problem (ungeachtet, ob die andere Person dies möchte). Damit verhalte ich mich aber nicht so, als wäre die belästigte Person ein Subjekt, sondern als wäre sie ein Objekt. Dabei zeigt sich hier der Widerspruch in diesem Verhalten deutlich, da man dieses Verhalten einem Objekt gegenüber nicht zeigen könnte – denn wie sollte es belästigt werden? Man benutzt die betroffene Person, um auf das unhinnehmbare Verhalten der anderen Person hinzuweisen und diese zu konfrontieren und stellt sich selbst dadurch als die Person dar, die zugegen sein muss, um zu helfen. Diese Sorge ist demnach nicht notwendig direkt an der sich sorgenden Person interessiert; obwohl natürlich auch die Situation eintreten kann – bspw. bei einer gewalttätigen Auseinandersetzung –, dass man die Person ist, die zugegen sein muss, um zu helfen. Dabei werden nicht alle, sondern nur die belästigende Person als Subjekt und aktiv bestimmt.[112]

Der zweite Modus der Sorge unterscheidet sich von dem gerade Beschriebenem in der Form, dass er nicht das Problem direkt anspricht, sondern die betroffene Person selbst. Statt einzuspringen und die betroffene Person zu »verteidigen«, *springt* man – mit Heideggers Worten – *voraus*, damit sie sich selbst dieses Problems bewusst wird. Doch auch im Hinweisen auf eine geschehene Ungerechtigkeit birgt sich die Gefahr, die anderen involvierten Personen nicht gänzlich als Andere zu begreifen, da hier zwar ein Appell an die betroffene Person gerichtet wird, aber dieser Appell ist selbst eine Aufforderung etwas zu tun, was in Gegenwart der belästigenden Person eine Verdopplung des Drucks darstellen kann. Dabei wird die belästigende Person zum Objekt, um von ihr ausgehend auf die Unterdrückung hinzuweisen. Was dabei also stehen bleibt, ist, dass in beiden Modi der Sorge ein Verhältnis von Subjekt und Objekt zwischen Menschen beschrieben wird.

Diese beiden Modi der Sorge bestimmen also weiterhin sehr begrenzt ein *Füreinander*, denn dieses ist immer auch eine Form des Gegeneinanders. Man sorgt

---

111   Butler:*Körper von Gewicht*, S. 15ff.
112   Beim *Einspringen* für Sorgen mit Gegenständen fällt dieser Bereich weg und die Anderen spielen als Subjekte gar keine Rolle. Das Problem ergibt sich nur bei der Anwendung des Modus der Sorge, wenn es um Andere geht.

sich um jemanden, indem man sich gegen jemanden anderen stellt. Je schwieriger oder gefährlicher die Situation ist, desto unproblematischer scheint dieses Verhalten zu werden. Es soll hier demnach nicht festgestellt werden, dass diese Formen der Sorge falsche oder unzureichende Beschreibungen des Phänomens darstellten, sondern dass sie einen möglichen Bereich der Sorge ausschließen; den, in dem man sich miteinander füreinander sorgt, man *zusammen* über eine problematische Struktur *stolpert* und nicht auf der individuellen Ebene agiert: Wir laufen gemeinsam auf einer Straße und man pfeift uns hinterher und ruft: »Du siehst scharf aus!« Der Moment, in dem wir diese Catcalling hören, kann nun zum *Einspringen* oder *Vorausspringen* führen, wenn du dich meiner oder ich mich deiner Sorge annehme und wir uns so gegenseitig die Chance zur eigenen Aktivität nähmen. Was aber auch möglich ist, ist, dass wir beide zusammen über dieses Verhalten stolpern und aus dieser Verunsicherung, diesem unangenehmen Erlebnis heraus zusammen aktiv werden. Damit wird die alltägliche Struktur der Objektivierung durch das Hinterherpfeifen aufgeworfen, wodurch es möglich ist, sich nicht nur gegen diese Struktur zu wehren, indem jemand für eine andere Person einsteht oder auf diese Objektivierung hinweist, sondern man das strukturelle Problem innerhalb dieses Verhaltenscodes versteht. Damit weist das Problem über den konkreten Einzelfall hinaus: Es ist weder allein meine Verantwortung, dein Problem noch allein seine*ihre Schuld. Es wird durch diesen Blick zu *unserem* gemeinsamen Problem, zu einer Struktur, die alle Perspektiven bedingt. Dies geschieht, weil wir alle in und unter den Strukturen des Alltags leben, die als »normal« erlebt und vorgelebt werden: Versucht man, die existenziellen Probleme auf diese dritte Art zu verstehen, dann ist das Alltägliche auch nicht mehr *dein* oder *mein* Problem, sondern *unseres*, weil uns gemeinsam gewahr wird, dass das Problem aus den verschiedenen geteilten Codes stammt, die den Alltag prägen.[113] Das Problem wird als sedimentierte Struktur erlebt, und so wird ein implizites Phänomen explizit. Es wird zum Ausgangspunkt gemeinsamen Verhaltens.

Die Formen der Sorge sind, so könnte man resümieren, Bewusstwerdungsprozesse, die die Verknüpfungen von Denken, Handeln, Fühlen, Wahrnehmen und Imaginieren als von Anderen abhängig offenlegen: Sich zu sorgen ist das Widerfahrnis einer komplexen Verbindung der bewussten Fähigkeiten in einer sozialen Situation, in der man miteinander füreinander ist. Diese Beschreibungen der Modi

---

113   Eine Frage, die mir in der Diskussion über diese Idee gestellt wurde, ist, ob auch das Pöbeln einer betrunkenen Person eine Darstellung sozialer Strukturen ist. Prinzipiell ja: denn auch das Pöbeln stellt sich in einer bestimmten Art und Weise dar und wer im völlig betrunkenen Zustand noch darauf kommt, sexistische, homophobe, rassistische oder antisemitische Äußerungen zu benutzen, um andere ab – oder sich selbst aufzuwerten, der*die wurde von diesen Strukturen so durchdrungen, dass sie zur natürlichen Haltung geworden sind. (Kommen hingegen nur noch unverständliche Laute als Pöbelei an, dann ist es wohl auch die Darstellung von Problemen, aber in einer anderen, impliziteren Form.)

der Sorge wurden im Ausgang einer Beschreibung aufgeführt, welche Judith Butlers Buch *Körper von Gewicht* entnommen ist. Doch ihre Darstellungen haben nicht nur Beispielcharakter für die hier vorliegende Theorie. Um dies zu unterstreichen, sei folgende Stelle angeführt, in der sie über mitfühlende Beziehungen zueinander spricht:

> Es kann auch sein, daß bestimmte Identifizierungen und Zugehörigkeiten zustande gebracht, bestimmte mitfühlende Beziehungen ausgedehnt werden, um gerade eine *Des*identifizierung mit einer Position zu stiften, die allzu sehr mit Verletzung und Aggression gesättigt scheint, eine Position, die infolgedessen nur dadurch besetzbar wäre, daß der Verlust lebbarer Identität im Ganzen imaginiert werden würde. Daher die seltsame Logik in der mitfühlenden Geste, [...] die einem/einer anderen angetan wird, um die Aufmerksamkeit von der Verletzung, die einem selbst zugefügt wird, abzulenken. Eine Geste, die dann zum Vehikel der Verschiebung wird, mit der man für sich selbst *durch den anderen und als der andere fühlt.* Daran gehindert, die Verletzung im eigenen Namen vorzubringen [...], macht man die Klage im Namen des anderen.[114]

Diese verbergende Geste, in der man sich selbst hinter den Anderen zurückzieht, ist es, die ich als eine problematische Möglichkeit in Heideggers Modi der Sorge herauszustellen versucht habe. Man nimmt die Sorge der Anderen in Besitz, um selbst aus dem Fokus zu rücken, in den man die Anderen drängt: Stehe nicht mehr ich, sondern auf Grund meiner *voraus-* oder *einspringenden* Sorge die Anderen im Fokus, dann wird der Raum erhalten, in dem sich ein Subjekt und ein Objekt gegenüberstehen. Es ist kein Platz für ein Verhalten, das jeweils andere Menschen in den Anderen sieht.

In einen solchen Bewusstwerdungsprozess, in dem sich Menschen nicht in einen vor allem aktiven und einen vor allem passiven Part teilen, sondern jeweils zugleich beides sein können, führen die beiden Modi der Sorge nur schwerlich, so wie Heidegger sie beschreibt: Sie sind immer die Darstellungsform eines – im weitesten Sinne – vorschreibenden Verhaltens, das auf Grundlage einer Vorstellung der Eigentlichkeit, in die man sich »zurückziehen« könnte, operiert. In der dritten Form, in der wir *zusammen stolpern*, ist es nicht ausgeschlossen, dass sich jeweils die Beteiligten auch hintereinander verstecken. Aber da das Stolpern die Möglichkeit birgt, zusammen das Problem, das man mit der sozialen Situation hat, auszustellen und Lösungsvorschläge auszutauschen, kann es der Weg in ein Miteinander sein, in dem wir uns gegenseitig als Andere verstehen und nicht notwendig gegeneinanderstehen. Dadurch ist das Sich-als-ein*e-Andere*r-Fühlen nicht mehr Praxis eines einseitigen Schutzbedürfnisses, sondern das gemeinsame Arbeiten an den Strukturen, dem ausgeübten Zwang. Nicht die Anderen oder ich sind diesem

---

114   Butler: *Körper von Gewicht*, S. 146.

allein ausgesetzt, sondern wir alle als Andere der Anderen. Dabei können neben den Strukturen, die man problematisiert, durch die gemeinsame Problematisierung neue soziale Strukturen entstehen, die denselben Prozess des Stolperns anregen können, wenn sie zu unterdrückenden Mechanismen werden. Damit erhält man am Ende dieses Sinnabschnittes eine Bestimmung des Miteinanders, in dem soziale Situationen beschrieben werden können, die sowohl ein gegenseitiges, als auch ein gemeinsames Miteinander darstellen. Es kann aber kein Vorzug der einen oder anderen Sorge bestimmt werden, da sie alle zur Beschreibung sozialer Situationen notwendig sind. (Dass sich dabei ein gemeinsames Abarbeiten an Strukturproblemen nach einer *angenehmen* Form des Miteinanders anhört, wird zum einem in meinen eigenen Vorstellungen eines angenehmen Miteinanders gründen, andererseits aber vielleicht auch an den Vorstellungen liegen, die die Leser*innen mit mir teilen oder in denen wir uns unterscheiden.)

Verstehen, Funktion, Wahrhaftigkeit Gibt es aber durch diese Beschreibung eine Form der Sorge, die die richtige oder wahre Form wäre? Diese Frage muss als sinnfrei erachtet werden, da es natürlich für verschiedene konkrete Formen von Problemen unterschiedliche praktikable Arten der Sorge gibt und keine einen *generellen* Vorzug haben kann. Beurteilt man also die Modi der Sorge nicht nach *wahr* oder *falsch*, so scheint es eine Frage der Angemessenheit zu sein, welche Form der Sorge wann zu bevorzugen ist.[115] Der Gesichtspunkt der Angemessenheit führt die Argumentation zu einer Beurteilung des Verhaltens durch pragmatische Kategorien. Die Funktionalität eines Modus der Sorge kann nicht endgültig festgelegt werden, sondern hängt vom konkret erlebten Moment, dem erlebten Problem im Alltag ab, weshalb sich sorgend zu verhalten weder wahr noch falsch sein kann, sondern lediglich angemessener oder unangemessener.

Dabei muss berücksichtigt werden, dass Funktionalität nicht mit Effektivität oder Erfolg gleichzusetzen ist. Man kann eine gelingende Problemlösungsstrategie haben, und sich angemessen verhalten, auch wenn es nicht die effektivste Art zu sein scheint, dieses oder jenes anzugehen. Die Frage danach, was effektiv ist, ist nicht dieselbe Frage, wie die nach dem, was funktioniert! Denn eine pragmatische Überlegung ist eine Frage danach, was *funktioniert*, und nicht danach, was *am besten* funktioniert. Der Fokus liegt bei Ersterem darauf, die Strukturen in ihrer Funktion zu beschreiben, bei Letzterem liegt der Fokus darauf, welche Möglichkeiten offenstehen, sich bspw. gegen eine Unterdrückung zu wehren; kurz: Wie man sich

---

115   Für diese Betrachtung der Sorgephänomene unter dem Gesichtspunkt der Praktikabilität werde ich argumentieren, ohne alle Fälle aufzeigen, oder auch nur eine Regel dafür angeben zu können, wann welcher Fall praktikabel ist. Dafür stellen sich im konkreten Erleben von Problemen in sozialen Strukturen zu viele mögliche Kontingenzen ein.

verhalten kann, ist nicht allein meine subjektive Entscheidung, sondern immer eine Antwort auf eine konkrete Gegebenheit. Mein Verhalten ist damit immer eine direkte Verbindung zu Anderen, die diese soziale Situation mit mir teilen, egal wo sie sich befinden. Ginge man bei dieser Struktur vom Effektivsten aus, so würde man in eine Logik der Objektivierung und der klar feststehenden Handlungs- und Verhaltensnormen fallen, in der die Anderen Mittel zu meinem Zweck sind. Das Effektivste funktioniert natürlich auch und es kann sich dafür entschieden werden; oder sagen wir besser: man kann im Nachhinein verstehen, was wie effektiv war, aber es ist eben auch nicht alles effektiv, was funktioniert. Effektivität und Pragmatik sind keine Synonyme. Damit wird hier offensichtlich, dass es auf der Ebene des Verstehens eine Verknüpfung der hier vorgestellten Verbindung von existenzieller Phänomenologie und den Theorieansätzen von Judith Butler und Gilles Deleuze zum Pragmatismus gibt: Alle drei Strömungen treffen sich dadurch, dass sie entweder explizit oder implizit die Beziehung zu Anderen zum Prinzip ihrer Philosophie erheben. Der Vergleich zwischen phänomenologischer Methode und der Theorie von Butler wurde sowohl weiter oben in dieser Arbeit sowie auch mehrfach in Arbeiten von Silvia Stoller gezeigt. Ich schließe mich ihrer These an, dass »[a]nhand von Butler gezeigt werden [kann], dass der Poststrukturalismus so weit von der Phänomenologie nicht entfernt ist.«[116] Zusammengefasst werden kann diese Verbindung zwischen Phänomenologie und Butlers Ansatz für die vorliegende Arbeit darin, dass ich ihrer Kritik dahingehend zustimme, »dass ein individueller Akt immer auch Teil eines sozialen Arrangements ist.«[117] Die Phänomenologie kann also, wenn sie die Kritik Butlers sinnvoll aufnimmt und sich damit zu einer Beschreibung der kontingenten Strukturen verändert, nicht nur individualistisch sein, sondern eine Beschreibung davon, wie sich die sozialen Strukturen wiederholen und was das für die Wirklichkeit bedeutet: Wir sind als Andere unter Anderen.

Die Frage, die hier im Folgendem behandelt wird, ist die nach der Art und Weise *wie* Funktion und Verstehen verbunden werden können. Dazu braucht es nun einen Aspekt der pragmatischen Theorien: die Art und Weise, in der im Pragmatismus der Sinn funktional ausgehandelt wird, nicht im rein theoretischen Diskurs, sondern im Erleben der Anderen. Genauer aufzeigen kann man dies an William James Beschreibung in *Pragmatismus und radikaler Empirismus*. Dieser Beschreibung wird sich hier nun zugewendet, um sowohl den gedanklichen Anknüpfungspunkt als auch die Differenz der Darstellung des erlebten oder erfahrenen Bereichs herauszustellen: Die Erfahrung bzw. das Erleben ist 1. »ihrer äußeren Form nach [eine] chaotische«, in der wir verwebt sind, sich uns aber auch »Aufgaben« stellen; 2. weist sie eine Ebene auf, die durch gelernte und unhintergehbare Strukturen bestimmt

---

116   Silvia Stoller: *Existenz – Differenz – Konstruktion. Phänomenologie der Geschlechtlichkeit bei Beauvoir, Irigaray und Butler*, München Wilhelm Fink, 2010, S. 363.

117   Ebd. S. 377.

ist. (Sie bestimmt den Bereich, durch den die Körper an einem bestimmten Ort, einer Zeit etc. bedingt sind. Es ist die Form der Montage, auf die schon mit Simone de Beauvoir verwiesen wurde). Und 3. Gibt es eine Ebene, die die Handlungsmöglichkeiten und konkreten Handlungen umreist, »die den Bereich solcher Antworten markieren, welche ihrer Form nach mit all unseren gegenwärtigen Bedürfnissen am meisten übereinstimmen«.[118] Diese Überlegungen erinnern stark an die Beschreibung des Erlebens aus dem ersten Hauptteil dieser Arbeit. Sie unterscheiden sich aber aufgrund der augenscheinlichen Stufenfolge von James' Betrachtung von der hier absichtlich vermiedenen Hierarchisierung bestimmter Erlebensbereiche deutlich in ihrer Form. Um es klar auszudrücken: Eine normierte oder ontologische Hierarchie im Erleben zerstört die Pluralität und damit auch die Komplexität, die die Grundlage des hier bestimmten Verstehens der Anderen als Andere bietet.

James führt weiter aus: »Ihr [dieser Abfolge der Erfahrungsbereiche, P.H.] zufolge verbirgt sich Erfahrung ursprünglichster Reinheit heute unter historisch entstandenen Prädikaten, so daß wir in ihr kaum mehr als ein *Anderes*, ein *Das*, sehen können«.[119] In diesem Zitat wird zum einen die Hierarchisierung deutlich, was die Ansichten James' von den hier vertretenen unterscheidet, doch er weist auch ausdrücklich auf die historische Formung der *reinen Erfahrung* hin. Dieser Aspekt beschreibt die *Sedimentierung* im Verhalten, Alltag und Erleben. James nimmt also Rücksicht auf die strukturelle Geformtheit aller Erlebensbereiche durch Andere, wodurch sich nochmals augenscheinlich die Verbindung zum Poststrukturalismus und zur Existenzphänomenologie zeigt. Silvia Stoller schreibt dazu folgendes: »In der Tat wäre die Erfahrung ungedeutete Erfahrung genau dann, wenn zuträfe, dass das Erfahrungssubjekt nicht interpretierend oder deutend in die Erfahrung eingreift, wenn sich also beispielsweise das Erfahrungssubjekt zum Erfahrungsobjekt nur passiv [...] verhielte.«[120] Da James nun dem Selbst nicht bloß eine passive Haltung zuweist, sondern die Aktivität betont, wenn er schreibt, dass das Erleben uns Aufgaben stellt, kann man dieses Erleben, das er beschreibt, nicht als uninterpretiert bestimmen. Liest man James auf diese Weise, muss man zwar die Hierarchisierung weiterhin zurückweisen, da sie als Ausgangspunkt eine Reinheit der Erfahrung behauptet, die nicht bewiesen werden kann, aber die Prozesshaftigkeit des Erlebens und die Verbindung von Menschen und Welt können hier problemlos systematisch eingefügt werden, genauso wie der Aspekt der Aufgabenstellung des Erlebens an uns. Diese Verbindung liegt, worauf hier immer wieder verwiesen wurde, im Erleben selbst, da es eine Antwort von uns fordert. Die Überlegungen von James können damit genutzt werden, um über den Begriff der Funktion, über den pragmatischen Gehalt des Sinns nachzudenken.

---

118   James: *Pragmatismus und radikaler Empirismus*, S. 92.
119   Ebd., S. 92.
120   Stoller: *Existenz – Differenz – Konstruktion*, S. 125.

Und dennoch muss auch Folgendes zur Abgrenzung gesagt werden: Dass das Erleben »rein« ist, oder anders formuliert: dass für James unter dem Erlebten eine Ebene des Reinen liegt, ist eine Prämisse, die ich mit dem hier Argumentierten ablehnen muss. Denn was soll dieses Reine sein? Es steht wohl als Chiffre für einen Bereich, der nicht durch die Beziehung zu Anderen geformt ist. Sie soll die Wahrhaftigkeit des Erlebten verbürgen, um die Basis für einen Begriff der Wahrheit zu schaffen. Doch genau diese Fundierung der Wahrheit oder Wahrhaftigkeit im Reinen erscheint als unnötig: Gerade im Pragmatismus gibt es ja eine Wahrheitsvorstellung, die an keinen vorher angenommenen Prämissen festhalten soll, sondern in einem Aushandlungsprozess mit Anderen besteht. Warum James diese Prämisse einführt, bleibt unklar, da sie gerade nicht auf die Pragmatik von Wissen verweist: denn das Wissen soll im Pragmatismus immer wieder praktisch überprüft werden, um zu verifizieren, dass erreicht wird, was man behauptet.[121] Wenn also jetzt keine Erfahrung gemacht werden kann, die rein ist, dann ist es nicht funktional, davon auszugehen, dass man einige oder auch nur eine reine Erfahrung machen könnte.[122] Diese Vermutung einer Reinheit des Erlebens kann eben diesem nicht gerecht werden, weil bereits in jedem »Blick« auf die Welt unsere Sozialisation mit eingebunden ist.[123] Das Erleben ist nie rein, nie losgelöst von Anderen. Es ist immer ein Komplex mit Anderen.

Dass dieser Zustand jemals ein »einfaches *Das*«[124] wäre, ist schlichtweg auszuschließen und auch nicht notwendig, um eine Verbindung von Welt und Menschen zu beschreiben. James bezieht diese Aussage zwar darauf, dass es in der Erfahrung keine erlebte Differenz zwischen mir und dem *Entgegenstehenden* gibt, was aber nicht heißt, dass das Erleben selbst nicht gewertet wäre, dass es keinen differenzierten Sinn hätte.[125] Erinnert man sich an die Bestimmung der ununterbrochenen Übergänge, ist die Differenz genauso notwendig wie die Kontinuität. Man kann also aufgrund der kontinuierlich wachsenden Sedimentierungen, die den gesamten

---

121   Vgl. James: *Pragmatismus und radikaler Empirismus*, S. 90.

122   Vgl. William James: *Der Pragmatismus – Ein neuer Name für alte Denkmethoden*, Hamburg Felix Meiner, 1994, S. 125f.

123   Was aber festgehalten werden soll, ist, dass der Anfang der Betrachtung auch bei James ein Bereich ist, in dem noch nicht durch einen Erkenntnisprozess unterschieden ist, was Objekt ist. Es ist durch die thematische Reflexion im Horizont zu bestimmen, weil dieser die Grundlage für das Erkennen bildet. (Im Erkenntnisprozess weiterhin vom Objekt und nicht wie bisher vom Gegenstand zu sprechen, bringt sprachlich eine klare Trennung zwischen Erkennen und Handeln: denn dadurch kann, wie oben geschehen, das *Entgegenstehende* ein weiteres Feld abdecken, in dem auch andere Menschen und der eigene Leib eingefasst sind, ohne ihnen ein festes Wesen, eine bloße Passivität zu attestieren, wie es der Begriff Objekt suggeriert.) Vgl. Stoller: *Existenz – Differenz – Konstruktion*, S. 224.

124   James: *Pragmatismus und radikaler Empirismus*, S. 47.

125   Vgl. zur Gemeinsamkeit von Poststrukturalismus und Phänomenologie in Bezug auf ein nicht a historisches Erleben Silvia Stoller: *Existenz – Differenz – Konstruktion*, S. 111.

Bereich des Erlebens durch anwesende und abwesende, lebende und tote Andere durchziehen, nicht sinnvoll von *einer* reinen Erfahrung sprechen. Die Sedimente haben nur deshalb eine Kontinuität, weil sie die Differenzen aufnehmen und bestehen lassen. Dann ist das Geteilte-Miteinander von Menschen und Welt nicht dadurch gefährdet, dass es soziale Strukturen und die Bedingtheit durch Andere gibt, sondern es findet gerade darin seine Darstellung.

Diesem erlebten Prozess, der »Erfahrung zum Beispiel gerade dessen, was ich hier niederschreibe« spricht James zu, dass er »den Geltungsstatus einer ›Wahrheit‹« habe.[126] Diese sehr starke Behauptung, auf der Problematik in Bezug auf die reine Erfahrung – denn auf jene bezieht sich James auch für diese Argumentation – schon hingewiesen wurde, relativiert er im darauffolgenden Satz wieder, indem er dort die Zeitlichkeit der Geltung der erlebten Sache unterstreicht: »Der folgende Tag mag sie auf eine ›Meinung‹ reduzieren«.[127] James wird dadurch indirekt – da er ja immer noch von einer rein abstrakt zu nennenden reinen Erfahrung ausgeht – dem Punkt gerecht, dass er zwar sein Schreiben *direkt* erlebt, dass die Schreibpraktik selbst aber eine Kulturtechnik darstellt. Das Schreiben selbst wird von einer sozialen Struktur bedingt, die aus einer Sedimentierung der Vergangenheit besteht.[128] Dieser Fakt, dass die sozialen Strukturen unsere Körper codieren, kann nicht einfach bei Seite geschoben werden. Er erschließt sich deshalb, da es in unserer erlebten Wirklichkeit mit Anderen immer schon eine gewohnte bzw. gelernte Form des Verhaltens und der Gegenstände gibt. Ein Stift ist nie nur ein Stift und das Erleben ist ein Erleben der sozialen Strukturen und damit durch eben diese sozialen Strukturen bestimmt. Sandro Zanetti führt dazu in der Einleitung zu seinem Sammelband *Schreiben als Kulturtechnik* Folgendes aus:

> Wer schreibt, bedient sich einer Technik, die kulturell vorgeprägt ist: Das Zeichensystem ist weitgehend vorgegeben, die Bewegungen der Hand erfordern Übung, die Schreibgeräte, zumal heute, sind Produkte eines Industriezweigs. Und doch erschöpfen sich Schreibakte nicht in der Reproduktion kulturspezifischer Vorgaben. Schreiben ist eine Technik, durch die Kultur ihrerseits geprägt wird [.][129]

Vom Schreiben als einer *reinen Erfahrung* zu sprechen, erscheint also deshalb abwegig, weil das Erleben, das beim Schreiben gemacht wird, eben nicht für sich alleine steht, sondern durch die Einübung der Handführung und der verwendeten Zeichen *codiert* ist. (Hier zeigt sich sehr deutlich die Dimension der leiblichen Einschreibung von Normen – bspw. wie man schreibt – durch Codes.) Niemand kann deshalb eine reine, uncodierte Erfahrung bzw. ein uncodiertes Erleben des

---

126   James *Pragmatismus und radikaler Empirismus*, S. 48.
127   Ebd. S. 48.
128   Vgl. de Beauvoir: *Das Alter*, S. 400.
129   Sandro Zanetti: *Einleitung* in ders. (Hg.): *Schreiben als Kulturtechnik* Suhrkamp Frankfurt a.M. 2012, S. 7.

Schreibens haben. Dies würde bedeuten, dass man etwas erleben könnte, das sich nicht darstellt und damit nicht für oder durch Andere wäre. Diese Bestimmung, dass das Schreiben notwendig eine Darstellung von und für Andere ist, lässt sich für das Erleben im Allgemeinen ausweiten, obwohl dabei berücksichtigt werden muss, dass die Intensität, in der das jeweils Erlebte codiert ist, sich von Fall zu Fall und von Verhalten zu Verhalten stark unterscheiden kann. Dennoch kann festgehalten werden, dass die Codierung des Erlebten ein Teil dessen ist, was bisher Sedimentierung genannt wurde und sich in jedem konkreten Erleben finden lässt. Die Hinzunahme der Codierungsbegrifflichkeit für die Beschreibung der sozialen Strukturen erweitert die phänomenologische Begrifflichkeit, wodurch eine Beschreibung der sozialen Situation mit Anderen vom Miteinander ausgehen kann und nicht nur von einer Ich-du-Beziehung ohne Gesellschaft.

Was aber von der Meinung, die James vermeintliche Wahrheit nennt, bleibt, ist, dass man während des Schreibens einen Sinn erfasst, der sich aus Sedimenten und einem eigenem Mehr zusammensetzt. Dieser Sinn wird im Alltag erlebt, weswegen er genauso wenig »rein« sein kann wie das Erleben. Da es sich dabei also nicht um eine *erkannte* »Wahrheit« handelt, wie sie oben mit Ingarden bestimmt wurde, muss diese Geltung der erlebten Wahrheit perspektivisch variabel sein. Es ist für einen nicht immer gleich, zu schreiben, trotzdem ist es für jede*n immer auf eine bestimmte Art und Weise. Wir können angeben, wie es für uns funktioniert oder eben nicht funktioniert, wie wir mit einer Situation leben können oder nicht. Somit trifft hier in der Fokussierung des Verhaltens der Anderen auf den Begriff der Funktion des erlebten Sinns: Das Verhalten wird sinnhaft erlebt und kann nur unter dem Gesichtspunkt des Funktionierens, der Angemessenheit tatsächlich verstanden werden. Nur so lässt sich die permanente Betonung des *Wie* in dieser Arbeit begreifen. Das *Wie* wir uns verhalten und das *wie* wir dieses Verhalten Anderer im Umgang mit der Welt erleben, bestimmt, ob es als gelingend, misslingend, als angemessen oder einfach als unpassend verstanden wird. Unter diesen Aspekten wird der erlebte Sinn Teil einer pragmatischen Beurteilung.

Dieser Aspekt ist die Ausformulierung der pragmatistischen Forderung, dass der Sinn (das *Wie-sich-etwas-darstellt*) immer direkt im Erleben überprüfbar sein muss und dabei zu einer *erkannten* Wahrheit werden kann, aber nicht muss. Die Geltung dieser »Wahrheit« ist an das Weiterbestehen des Erlebens oder die Erinnerung daran gebunden. Sie ist in Gefahr.[130] Dies bedeutet nicht, dass ich diese Form der Wahrheit in jedem Erleben kontinuierlich erleben muss, sondern dass sie im konkreten Fall wiederholt erlebbar sein muss. Ich kann behaupten, jemand sei sympathisch, aber beim nächsten Treffen bekommen wir uns in die Haare, dennoch bleibt es möglich, dass die Sympathie sich wiedereinstellen kann. Es ist die Bestimmung einer Protreptik: denn, wenn ich jemandem mitteile, wie ich diese

---

130   Vgl. Sartre: *Wahrheit und Existenz*, S. 24.

oder jene Person erlebt habe, dann kann man das als Setzung verstehen – so ist die Person –, oder als Aufforderung, sich selbst ein Bild zu machen. Es ist also die Verlagerung von einer erklärenden wissenschaftlichen Methodik hin zu einem theoretischen Umgang, der zum Nachvollziehen und gemeinsamen Erleben auffordert, um den sozialen Charakter des Erlebten zu beschreiben; oder wie es Lambert Wiesing beschreibt: »Der protreptische Text [...] ist eine Einladung, eine Wissenschaft selbst mitzumachen.«[131] Man könnte diese Form der genetischen Geltungshaftigkeit der »Wahrheit« – zur besseren Differenzierung und Beschreibung – auch Wahrhaftigkeit nennen, weil es um die Passung der Aussage und des Verhaltens zum eigenen Erleben und dem Erleben der Anderen geht. Diese Aufforderung zum Miterleben und Nachvollziehen ist demnach nicht nur für eine Wissenschaft sinnvoll, da sie Vergleichbarkeit, Falsifizierbarkeit und Verifizierbarkeit ermöglicht. Weil man miterlebt, was behauptet wurde, ist das Erlebte vergleichbar und muss sich dem Urteil stellen, ob wahrhaftig das erlebt wurde, was behauptet worden ist.

In dieser Weise kann man hier also auch Sartres Aussagen zu Flaubert verstehen, die dafür als Beispiel dienen können. Sartre schreibt in dem Zitat Flaubert eine Wahrheit zu; die Wahrheit, selbst die Passivität darzustellen, die er sich von außen auferlegt fühlt. Ob dies nun zutrifft oder nicht, sei für den Fall Flaubert dahingestellt; worum es mir im Folgenden geht, ist die Zuschreibung einer Wahrheit:

> Diese unausgesprochene Absicht wird bei der Krise grundlegend: es geht nicht mehr darum, einen Augenblick tatsächlich oder scheinbar in den Genuß seiner »Natur« zu komme, sondern im Gegenteil ihr zu gehorchen; sie ist es, die den Sturz *hervorbringt*: es ist Flauberts *Wahrheit*, die, seit mehr als zwanzig Jahren, unwissende oder böswillige äußere Einflüsse umsonst zu kaschieren versucht haben, indem sie Gustave von außen Bewegungen aufzwangen, die er nicht *durchhalten* konnte und die sich in ihm eben durch seine Passivität einige Zeit fortsetzen.[132]

Die Krise, von der die Rede ist, ist Flauberts Sturz in Pont l'Évêque. Flaubert wird stark und lange dazu gedrängt, selbst aktiv sein Leben zu führen, so dass es für ihn nur einen Ausweg gibt, handeln oder eben jener Sturz, die äußerste Darstellung seiner Passivität: Er lässt sich fallen. Dieser Sturz ist, nach Sartre, Flauberts *eigene Wahrheit*. Was bedeutet dieser Satz? Er bestimmt den Sturz zur Darstellung von Flauberts Konstitution, verkörperten Wirklichkeit als Ergebnis der Codierung durch die Familie und die Gesellschaft. Es ist die Konsequenz der Art und Weise, in der Flaubert die Welt erlebt. Er fühlt sich *wahrhaft* als passive Person, die vollkommen von den Anderen und den Gegenständen bestimmt wird. In der Situation in Pont l'Évêque lässt sich das Bestimmt-sein durch Andere, was Sartre als Zwang von

---

131   Wiesing: *Das Mich der Wahrnehmung*, S. 96.
132   Sartre: *Flaubert* Band IV, S. 99.

außen beschreibt, nur noch dadurch leben und verarbeiten, so dass er sich selbst stürzt. Die Situation fordert von ihm – trotz seiner von Sartre bestimmten Passivität – vehement eine eigene Aktion. Diese Wahrhaftigkeit *für* Flaubert bedeutet damit keine notwendige Übereinstimmung dessen, *wie* Flaubert die Situation erlebt, mit dem, *was* tatsächlich durch die Situation und all jene gesellschaftlichen Strukturen hervorgerufen wurde, die sie durchziehen. Der Sturz ist die Fassade eines Bereichs dieser Strukturen, die für Flaubert im Erleben das intensivste Widerfahrnis darstellt. Diese zu benennen ist eben die Wahrhaftigkeit, die »Wahrheit«, die in seiner Darstellung liegt. Dieser so mitgeteilte Sinn kann also etwas *Wahrhaftiges* vorstellen, dessen Quasi-Wahrheit in der Reflexion zum Thema gemacht werden und damit *erkannt* werden kann.

Dieser *Sinn* wurde oben als Darstellung des Miteinanders bestimmt, auf den sich das leibliche *Verstehen* bezieht. Man versteht die *wahrhaftigen* Ausdrücke des Miteinanders durch die *praktischen Konsequenzen*, also die konkreten Verhaltensweisen. Damit stellen diese drei Begriffe Charakteristika des wahrhaftigen Erlebens dar, die sich nicht voneinander trennen lassen: Es gibt nur Sinn, wenn ich ihn durch angemessenes (funktionierendes) Verhalten verstehe. Es gibt nur angemessenes Verhalten, wenn ich den Sinn leiblich verstanden habe. Etwas leiblich verstanden habe ich nur dann, wenn ich auf den Sinn angemessen reagiere. Diese dreifache Charakterisierung erlaubt es nun auch – im Hinblick auf die Performativität –, das Verhältnis zwischen sozialen Codes und leiblichem Verstehen aufzuzeigen. Ein Verhalten, das als Antwort auf Situationen mit ähnlichen Anforderungen funktioniert, wiederholt sich und wird von anderen wiederholt. So wird aus dem, was verstanden wurde, eine Verhaltenspraxis, ein Code, der das Verstehen formt, und die Wiederholung des Verhaltens als Antwort auf ähnliche Situationen als funktionierend darstellt.

Dieser Bestimmung wurde hier Halt gegeben, indem beschrieben wurde, inwiefern der verstandene Sinn als Grundlage für ein funktionierendes Verhalten Geltung für das Erleben haben kann: Die Geltung dieses Sinns ist eine vorläufige, wodurch das Verhalten Anderer wahrhaftig verstehbar wird und man mit ihnen sinnvoll interagieren kann. So kann also die Frage nach der Verbindung von Funktion und Verstehen durch den Blick auf James' Pragmatismus wie folgt interpretiert werden: Der funktionale Aspekt bei der Betrachtung des Verstehens liegt darin, dass das Verstehen immer an das Konkrete gebunden ist, sich mit ihm messen lassen muss - ; oder wie James es in seinen letzten Vorträgen *Der Pragmatismus* sagt: »Die pragmatische Methode besteht [...] in dem Versuch, jedes [Urteil] dadurch zu interpretieren, daß man seine praktischen Konsequenzen untersucht.«[133] Dies bedeutet weiterhin, dass das Konkrete, das hier nun als die im Horizont und Fokus des Erlebens befindlichen Anderen und Gegenstände definiert werden kann,

---

133   James: *Der Pragmatismus*, S. 28.

mich durch seinen Sinn bestärken oder umstimmen kann – alle Meinungen und Ansichten, ob wahr oder nicht, ob meine oder die Anderer, stehen immer auf dem Spiel:[134]

> Der einzelne Mensch hat bereits einen Vorrat an a l t e n A n s i c h t e n. Jetzt stößt er auf eine neue Erfahrung und dies setzt die alten Meinungen in Bewegung. Jemand widerspricht ihnen, oder wir entdecken in einem Augenblicke des Nachdenkens, daß sie einander widersprechen; oder wir hören von Tatsachen, mit denen sie unvereinbar sind.[135]

Dieses Austauschen von Meinungen beruht auf dem Verständnis des Erlebens als durch Andere Bedingtes und der Darstellung dessen als Fassaden, die den Anderen als wahrhaftiger Sinn der Darstellung vermittelt wurden. Diese Position erlaubt es, einer Kritik vorzugreifen: Das in dieser Arbeit vorgestellte Projekt muss keinen Relativismus oder eine Willkür dabei bedeuten, was zu Entscheidungen und Meinungen führt, solange man eine Verbindung zum Konkreten, den Anderen und den Gegenständen in der Welt für die Beschreibung von Erleben und sozialen Strukturen als konstitutiv versteht. Was durch die Pragmatik auf Grund der Historizität und Abhängigkeit von Anderen jedoch immer aufgezeigt wird, ist ein Bezug zur Kontingenz, die eben das Aufs-Spiel-Setzen der je eigenen Position bedeutet. Man kann das Erlebte nicht weit über die Gegenwart des Erlebten hinaus rechtfertigen. Gerade weil es performativ ist, muss es sich beständig wiederholen und daraus seine Geltung erhalten.

parrhesia als Darstellungsform des Füreinander An dieser Stelle möchte ich den Stand der Arbeit kurz zusammenfassen: Es konnte gezeigt werden, dass durch die Bewegungen des Leibes in, zwischen und durch soziale Räume Kontinuitäten und Diskontinuitäten innerhalb des Erlebens als Strukturäquivalenz des eigenen Handelns, Wahrnehmens, Fühlens, Imaginierens und Denkens und des Erlebens der Anderen selbst erlebt werden können. Diese Diskontinuitäten und Kontinuitäten können erlebt werden, da sie einen Sinn *darstellen*, der sich auf der Fassade verkörpert und den man verstehen oder missverstehen kann. All das sind Formen, in denen Andere fokussiert werden. Um zu bestärken, dass die Verwendung der bisher beschriebenen Methode nicht zu einem Meinungsrelativismus führt, wird sowohl der Grund für den Verdacht kurz vorgeführt als auch seine Entkräftung durch die *parrhesia* dargestellt: Es soll hier betont werden, dass der Sinn die Darstellung *verschiedener* funktionierender Verhaltensformen ist, von denen keiner eine absolute Wahrheit zukommt. Es wurde gezeigt, dass die Wahrheit des nicht thematisch reflektierten Erlebens einer Wahrhaftigkeit mit begrenzter Geltung entspricht. War-

---

134   Vgl. Merleau-Ponty: *Phänomenologie der Wahrnehmung*, S. 496.

135   James: *Pragmatismus und radikaler Empirismus*, S. 37.

um sollte es also nicht gleichwertig sein, also funktionieren, eine Bank zu überfallen, nicht wählen zu gehen, konservative Werte zu vertreten, Müsli zu essen,
jemanden zu helfen, oder jemanden, der mich dabei aufhalten will, die Bank zu
überfallen, als Gegner*in anzusehen. Wie kann eine Entscheidung mehr als willkürlich sein, wenn sie auf dem Erleben beruht, das sich im Angesicht der Anderen
immer wiederholen muss?

Die Antwort darauf finden wir in der Struktur des Erlebens selbst. Es ist bestimmt durch Sedimentierungen, Verhaltenspraxen und Gegenstände, die »älter
sind« als jeder von uns oder solche, die durch uns neu geschaffen werden.[136] Diese
Sedimentierungen und sozialen Strukturen teilen wir miteinander bspw. durch die
Fokussierung der Anderen in der Sorge, da die Anderen, zu denen wir je selbst gehören,
durch die Spiegelung des Erlebten die Sichtweisen und Schattierungen dessen, *was
ist*, mit unterschiedlichen Beschreibungen davon, *wie* es ist, bereichern. So können
wir gemeinsam die sozialen Strukturen des Alltäglichen, die uns bestimmen, aufdecken. Die Entscheidungen sind also nicht willkürlich, da sie nicht von einem
nur für sich entscheidenden Subjekt, das seinen Willen kürt, getroffen werden.
Die Entscheidungen sind nie gänzlich relativ, aber auch nie gänzlich bestimmt:
Zwischen diesen Extremen liegt die Kontingenz; die Keimzelle der menschlichen
Freiheit als permanentes Sich-aufs-Spiel-Setzen. Dies gilt es hier im Folgendem
zu aufzuzeigen.

Das Erlebte ist niemals Notwendigkeit, aber es ist auch keine bloße Willkür.
Woran man nichts ändern kann, ist die Kontingenz. Rechtfertigungen, aus denen
heraus man etwas tut und zu dem das Getane selbst wird, haben immer einen kontingenten Ursprung. Das Erlebte stellt als Handlungs- oder Verhaltensgrundlage
also die Form dar, in der wir die Kontingenz spezifisch erleben, als eine nicht notwendige Grundlage. Gerade aus dieser nicht Notwendigkeit und Rechtfertigungslosigkeit heraus erscheint die Verknüpfung mit Anderen als Bedingung unserer
Wirklichkeit, da sie unser Verhalten als jeweils Andere bestimmen. Diese Grundlage liegt deshalb auch nicht in verdeckten Schichten. Sie kann von jeder*m bei
jedem Verhalten bestimmt werden, da sie immer implizit und performativ mitvoll-
zogen wird. Deshalb kann diese Bedingung unserer Wirklichkeit sowohl fokussiert
als auch thematisiert werden: Sie ist in Form der oben beschriebenen Wahrhaftigkeit mitteilbar, weil wir alle an der Kontingenz durch unser gemeinsames In-
der-Welt-Sein partizipieren. Sie widerfährt uns, wenn sie uns widerfährt, in der
Form, in sie von Anderen *für* uns dargestellt wird. Diese Praxis überschneidet sich
mit der Ausformulierung der *parrhesia* in Michel Foucaults Vorlesung *Der Mut zur
Wahrheit – die Regierung des Selbst und der Anderen II;* sie wird die entscheidende Ergänzung bilden, um die zwei Modi der Sorge, die mit Heidegger beschrieben wurden und den dritten hier hinzugefügten – das Zusammen-Stolpern – so darstellen

---

136   Vgl. Merleau-Ponty: *Phänomenologie der Wahrnehmung*, S. 398.

zu können, dass eine feste Hierarchisierung der Modi (ob ethisch, ontologisch oder theoretisch, die im letzten Abschnitt ausgeschlossen wurde) unmöglich wird.

Was vorher noch bestimmt werden muss, ist, dass die *parrhesia* historisch zwar eine Form der politischen Rede darstellt, aber eine Einbettung in die konkrete Lebenswelt hat. Man spricht in einer politischen Institution über das wahr, was man erlebt hat. Politische Rede und Rede über das Erlebte unterscheiden sich damit konkret entweder durch den*die Adresat*in, die Situation, in der man spricht oder durch die Intention. Das Erleben lässt sich vom Politischen also nicht gänzlich trennen: Es wird hier aber keine Handlungsvorschrift für die Politik formuliert, sondern die Grundlage einer Möglichkeit des politischen Verhaltens in der Lebenswelt als Bedingung für das wahrhaftige Verstehen der Anderen festgehalten. Dabei zeichnet sich die *parrhesia* dadurch aus, notwendig ein Risiko mit sich zu bringen; ein Risiko deshalb, weil das *Freimütig-für-wahr-Sprechen* und Sich-für-das-Ausgesprochene-Verbürgen immer bedeutet, dass man in den Fokus tritt und dort Ziel von Reaktionen sein wird, egal in welcher Form, ob freudig, ärgerlich, heiter, böswillig oder ignorierend. Man steht frei vor den Anderen und setzt sich ihrer Meinung aus und die eigene aufs Spiel. Die Anderen wiederum setzen sich dem Gehörten unter demselben Risiko aus: sie sind es ja, die freimütig angesprochen werden und freimütig hören können. Das Risiko verbindet die Lebenswelt und das Politische miteinander, gerade weil es immer ein Risiko darstellt, freimütig zu berichten, *wie* es für einen ist. Politisches und die Lebenswelt sind damit zwei Bereiche, die sich nicht voneinander trennen lassen, aber auch nicht gänzlich in Eins fallen.[137] Sie unterscheiden sich meist nur in der Intensität dessen, was zu welchem Zweck und wie es geäußert wird. Somit hängen sie als Verschiedene zusammen.

Die *parrhesia*, die Foucault, von der Tradition der Antike ausgehend, beschreibt, stellt also eine Praxis im Umgang mit Anderen dar, die zum einen bedeutet »alles zu sagen«, alles darzustellen;[138] zum anderen bedeutet sie, sich dem Urteil der Anderen *anzuvertrauen*, so wie von ihnen zu erwarten, dass sie sich meiner Aussagen *annehmen*, sie verstehen wollen.[139] »Die *parrhesia* ist also, kurz gesagt, der Mut zur Wahrheit seitens desjenigen, der spricht und das Risiko eingeht, trotz

---

137   An dieser Stelle würde sich eine Diskussion des Verhältnisses zwischen den hier bestimmten sozialen Situationen anbieten. Doch diese Diskussion muss, gerade wegen der großen Bedeutung den der Übergang vom Sozialen zum Politischen und zurück für das Leben hat, hier ausgesetzt werden, weil der Umfang einer solchen Diskussion den Raum dieses Sinnabschnitts übersteigen würde. Eine solche Diskussion der Pluralität als Bindeglied zwischen Politik und Sozialem könnte ihren Ausgang bei Hannah Arendt, Judith Butler und Chantal Mouffe nehmen.

138   Vgl.: Michel Foucault: *Der Mut zur Wahrheit – die Regierung des Selbst und der Anderen II*, Frankfurt a.M.: Suhrkamp 2012, S. 26.

139   Vgl. ebd. S. 28.

allem die ganze Wahrheit zusagen, die er denkt, sie ist aber auch der Mut des Gesprächspartners, der die verletzende Wahrheit, die er hört, als wahr akzeptiert.«[140] Dieses Risiko kann im Extremfall, von dem die antike Form ausgeht, das Aufs-Spiel-Setzen des eigenen Lebens oder der Anderen bedeuten.[141] Unterhalb dieses Extrems tummelt sich aber eine Vielzahl an unterschiedlich intensiven Risiken, die sich durch unterschiedliche Privilegien und die Art und Weise der Darstellung des Sich-aufs-Spiel-setzens staffeln.[142] *Parrhesia* wird von Foucault und in der Tradition vorrangig als Form der Rede verstanden; ich erweitere diese Verwendung in der vorliegenden Arbeit in Blick auf die Notwendigkeit des Intentionalen, sich als Fassade und damit für Andere darzustellen (Stil, Kleidung, Bewegungen, Emotionen, Passionen, Aussagen etc.). Aus dem Mut zur Wahrheit bzw. Wahrhaftigkeit wird, weil man damit vor Andere tritt, notwendig eine Darstellung dessen, was für wahr gehalten wird; man bietet sich somit der Aushandlung – dem Urteil Anderer – dar. Man setzt sich aufs Spiel.

Was die *parrhesia* aber außerdem noch bedeuten muss, ist eine *Bindung* an die Anderen, damit sie nicht in einer „Steigerung ins Extreme", damit sie nicht in „Entfremdung oder Dekadenz" umschlägt.[143] Sie ist damit eine Praxis, die strukturell sowohl in das Konzept der gesamten vorliegenden Arbeit passt als auch speziell an das anknüpft, was mit Butler als negativer Aspekt der Sorge herausgestellt werden konnte: das Sich-hinter-den-Anderen-Verbergen, um selbst nicht in den Fokus zu rücken. Darauf lässt sich nun mit Foucault antworten: »[D]ie Praxis des Wahrsprechens über sich selbst [stützt] sich auf die Gegenwart des anderen und diese erforder[t] [ein Sich-Einlassen P.H.] auf den anderen, der zuhört, der zum Sprechen ermahnt und selbst spricht«.[144] Neben dem Sich-hinter-den-Anderen-Verbergen gibt es also mit der *parrhesia* eine Praxis, die ein gegenseitiges »Sich-Öffnen«, ein Den-Anderen-alles-Darstellen, wie man etwas erlebt, bedeutet. Was

---

140   Ebd. S. 29.

141   Vgl. ebd. S. 30.

142   Vgl. zur Verwendung des Risikos in dieser Arbeit Bernhard Waldenfels Ausführungen zur Foucaults *parrhesia* Konzept aus Bernhard Waldenfels: *Sozialität und Alterität. Modi sozialer Erfahrung*, Frankfurt a.M.: Suhrkamp 2015, S. 412. In diesem Text bestimmt Waldenfels eine mögliche Verbindung phänomenologischer Sozialtheorie und der *parrhesia* im Foucaultschen Sinne, wenn die Alterität nicht gesetzt wird, sondern wir ihr ausgesetzt sind. Waldenfels bestimmt dazu das Verhältnis von Response und *parrhesia* und kritisiert Foucault gleichzeitig: „Mir scheint, es gibt keine radikale Andersheit ohne die Andersheit des Anderen, die wir gerade nicht setzen, sondern der wir ausgesetzt sind. [...] Also nochmals Parrhesia und Response, zwar nicht eines gegen das andere, aber doch eines nicht ohne das andere." Ebd. S. 428. Den letzten Teil dieses Zitates werde ich versuchen im Verlauf der nächsten Seiten auszuführen, nicht ohne dabei weiter zu betonen, dass es nicht „der Andere" ist, dem wir ausgesetzt sind, sondern den Anderen unter Anderen.

143   Ebd. S. 427.

144   Foucault: *Der Mut zur Wahrheit II*, S. 18.

damit eine Erweiterung der *parrhesia* über das Reden und Hören, worauf sich auch Waldenfels bezieht,[145] hinaus auf die gesamte leibliche Darstellung bedeutet. Die gesamte eigene Darstellung in dieser Form der *parrhesia* aufs Spiel zu setzen, ist in mehrfacher Hinsicht ein anstrengendes Unterfangen. Darauf werde ich im dritten Hauptteil unter dem Gesichtspunkt des Risikos zurückkommen. Den-Anderen-alles-Darstellen, wie man etwas erlebt, ist – um es zu wiederholen – die Transformation der *parrhesia*, die für die vorliegende Arbeit benötigt wird; vom Sprechen wird die *parrhesia* zur Praxis verschiedener Darstellungen dessen, was als Problematisch in einer Situation mit Anderen erlebt wird, die dies wiederum in Frage stellen können.

Durch diese Praxis ist es besser zu verstehen, was der dritte Modus der Sorge, das *Zusammen-Stolpern* bedeutet: Dieser Modus hat schon den Ausgangspunkt des Mit-Anderen-zusammen-etwas-Tun und bildet so eine mögliche Grundlage bspw. für ein Gespräch, in dem man den Anderen alles sagen kann, was einen an der bestimmten Situation besorgt. Das *Zusammen-Stolpern* kann also der Ausgangspunkt dafür sein, sich den (unangenehmen) Wahrheiten zu zuwenden, die die sozialen Strukturen darstellen: denn Wahrheit heißt hier nicht absolute Wahrheit über das was ist, sondern, im pragmatischen Sinn verstanden, ist hier wahr, was man tatsächlich, *wahrhaftig* erlebt hat. Wenn man sich diskriminiert fühlt, so ist der Aspekt, auf dessen Wahrhaftigkeit es ankommt, über den gesprochen werden sollte, ob man sich tatsächlich so fühlt. Diese Aussage, wie es für einen ist, ist immer der Anfang einer Aushandlung, deren Ergebnis auf dem Spiel steht, weil dargestellt wurde, wie man etwas erlebt hat. Mit der *parrhesiastischen* Darstellung ist das Füreinander jedoch nicht abgeschlossen, es ist maximal sein Beginn: denn mit dieser wahrhaftigen Aussage über das Erleben setzt man sich den Anderen aus, die ebenso *parrheseisch* das Gegenteil oder eine Uneinigkeit über diesen Punkt anführen können. So ist das *Gemeinsame-Stolpern* – ob man sich einig ist oder uneinig – die Darstellung eines *Sich-füreinander-Sorgens* und nicht nur des Sorgens für jemanden.

Die *parrhesia* kann aber nicht nur mit dem *Gemeinsamen-Stolpern* einhergehen. Die *parrhesia* ist generell eine Form des Umgangs miteinander (ein Ethos), in dem die anderen zwei Modi der Sorge nicht mehr wie bei Heidegger Formen der Isolation sind, sondern sich in Formen des *Miteinanders* zeigen: Durch die ehrliche Aussage dessen, wie einem in einer Situation zumute ist, kann es sich ergeben, dass die anderen Personen für mich *einspringen* oder mir *vorausspringen* können, und zwar nicht mehr, weil die eine Person die Andere objektiviert, sondern gerade, weil das aktuelle Problem, um das man sich gemeinsam sorgt, und die Person, für die *ein-* oder *vorausgesprungen* wird, ernst genommen werden.

Bestimmen lässt sich dies durch die Beschreibung Foucaults am Ende seiner ersten Vorlesung zur*m *parrhesiast*in* damit Folgendes:

---

145   Vgl. Waldenfels: *Sozialität und Alterität*, S. 422.

> Seine besondere Rolle besteht nicht darin, das Sein der Natur und der Dinge aus-
> zusagen, ständig begegnen wir bei der Untersuchung der *parrhesia* diesem Gegen-
> satz zwischen dem nutzlosen Wissen, das das Sein der Dinge und der Welt aus-
> sagt, und dem Wahrsprechen des Parrhesiasten der sich bemüht, in Frage stellt,
> sich an die Individuen und Situationen hält, [...] um den Individuen die Wahrheit
> über sie selbst zu sagen, die sich ihrer eigenen Augen entzieht, um ihnen ihre ge-
> genwärtige Situation, ihren Charakter, ihre Fehler, den Wert ihres Verhaltens und
> die möglichen Folgen ihrer Entscheidungen zu offenbaren.[146]

Diese Beschreibung ist die Verbindung der *vorausspringenden Sorge* mit dem davor
vorrausgehenden Alles-die-Situation-betreffende-Sagen, um einer anderen Person
zu zeigen, *wie es auch sein könnte.* Man wird zu einem Spiegel der Möglichkeiten, den
es ohne die Anderen für alle von uns nicht gäbe.[147]

Worauf schon hingewiesen wurde, ist die Problematik einer Ersten-Person-
Exklusivität. Auch die foucaultsche Beschreibung könnte dahingehend gelesen
werden, wenn man bei der *parrhesia* die Rede mit Aktion und das Hören mit Passivität gleichsetzt; dies wäre jedoch eine Einseitigkeit, die von einer Betrachtung
des einen Subjekts ausgeht und dieses mit der einen aktiven Person identifiziert.
In der Situation der *parrhesia* ist es aber schon angelegt, dass die beiden oder
die Gruppe der Anderen, die miteinander sprechen, einander zuhören; sich also
gegenseitig darstellen und damit ein Füreinander ermöglichen. Man ist immer
sowohl aktiv und passiv. Alle gehen ein Risiko ein, das sie verringern könnten:
Sie entscheiden sich, die Anderen als Andere ernst zu nehmen, sie als Andere zu
verstehen. Dies ist die Form des Füreinander, in die die *parrhesia* führen kann. Die
Anderen können dabei »sonst irgendjemand [, ...] ein quidam (irgendwer)« sein.[148]
Dies ist keine negative Austauschbarkeit, sondern die hier schon bestimmte
Bedingung der Wirklichkeit der Menschen als Andere unter Anderen. Jede*r kann
für jede*n die Stellung eines Spiegels einnehmen, der die Wahrhaftigkeit dessen,
was durch einen selbst ausgedrückt wird, als das ausdrückt, wie es bei Anderen
angekommen ist. Man spiegelt uns unser Verhalten. Andere bringen es einem*r
selbst zurück.

Was ist also die *parrhesia* als Beschreibung des Miteinanders? Sie ist eine Le-
bensweise, ein *Ethos*, durch das die Anderen fokussiert werden.[149] Sie werden jedoch nicht in irgendeiner Form fokussiert, sondern als Andere, als solche, deren

---

146   Foucault: *Der Mut zur Wahrheit* II, S. 37.
147   Hier erscheint wieder der Argumentationsstrang, der bei Deleuzes *Logik des Sinns* seinen Aus-
      gang nimmt. Denkt man sich zurück an den ersten Hauptteil; wurde dort dargelegt, dass die
      Anderen die Struktur der Möglichkeit bilden.
148   Foucault: *Der Mut zur Wahrheit* II, S. 19.
149   Vgl. Foucault: *Der Mut zur Wahrheit* II, S. 45.

Darstellung des Erlebens ebenso wie meines auf dem Spiel steht. Man ist sich demnach bewusst, dass es keinen festen Halt gibt, aus dem man seine oder die Identität eines*r Anderen ableiten könnte. Das heißt: man kann sich nicht nicht darstellen, aber man kann sich auf eine bestimmte Art und Weise darstellen. In der *parrhesia* ist diese Form das Füreinander. Dieses Ethos führt uns also zurück zu Butlers Beschreibungen, in denen sie festhält, dass eine komplette Identifizierung mit einer Sache oder einer »Identität« eine *phantasmatische Inszenesetzung*, etwas Irreales ist; denn das Ethos der *parrhesia* – in der hier beschriebenen Form – ist notwendig verbunden mit einer offenen, Identifizierung, die keine Identität hervorbringt.[150] Wenn die *parrhesia* nämlich wie ein *Kabinett aus Spiegeln* wirken soll, bei dem die Menschen das Risiko auf sich nehmen, das Wahrhafte darüber, *wie* sie die Situation erleben, darzustellen, dann sind die jeweils Anderen für diese Art des Sprechens, für die eigene Wahrhaftigkeit und die Identifizierungen der jeweiligen Personen konstitutiv. Die Identifizierung mit etwas als wahrhaftiges Erleben kann nicht ein starrer Block sein, sondern muss sich – metaphorisch gesprochen – fluide in den Spiegeln der Anderen zu einem Bild zusammenfügen, das sich mit jeder Person wandelt, die an dieser Praxis beteiligt ist. So kann man mit Judith Butler konstatieren:

> Bezeichnenderweise kann niemals gesagt werden, sie [die Identifizierung P.H.] habe stattgefunden; die Identifizierung gehört nicht zur Welt der Ereignisse. Sie wird konstant als ein gewünschtes Ereignis oder eine Vollendung figuriert, die aber letztlich niemals zustande gebracht wird; die Identifizierung ist das phantasmatische Inszenesetzen des Ereignisses.[151]

Es geht Butler hierbei um die Identifizierung mit einer Geschlechtsidentität, doch diese Offenheit gegenüber der Identität des Geschlechts lässt sich auch auf andere Identitätsmuster übertragen, die zumeist zur Abgrenzung gegen Andere benutzt werden. Deshalb kann Butler auch davon sprechen, dass die Identifizierung keinen Ereignischarakter habe: Die Identifizierung ist *nicht*, sie tritt *nie* in die Realität und ist damit auch kein eintretendes Ereignis. Sie wird nur als Prozess immer wiederholt und dadurch performativ dargestellt. Die *parrhesia* hingegen ist als Ethos des Füreinander der Versuch, die Situation in all ihren Facetten und Kontingenzen miteinander zu teilen, auch wenn dies bedeutet, den Anderen darzustellen, dass man sich oder Andere als schüchtern, reserviert, arrogant, fröhlich usw. erlebt.

Diese Unmöglichkeit einer vollständigen Identifizierung, die die *parrhesia* als Praxis erst notwendig macht, ist zugleich auch der Grundgedanke der hier in im

---

150   Man kann hier einen Vergleich zu Sartres »totalisierender Totalität« ziehen. Es sind Prozesse, die auf ein Ziel hin ablaufen, dass sie nie erreichen können; Scheinprozesse einer Illusion von Identität.

151   Butler: *Körper von Gewicht*, S. 152.

ersten Hauptteil im Abschnitt *Der Weg zum Erleben* transformierten Existenzphilosophie. Die von dort ausgehende, in der gesamten Arbeit beschriebene Verkörperung der Menschen durch die Anderen findet sich in Sartres schon öfter herange-
zogener *Flaubert-Studie* wieder. Durch die folgende Stelle soll die Abhängigkeit der
Identität von Anderen und ihre damit verbundene Irrealität noch einmal aufgegriffen und erweitert werden. Denn es ist eben diese Offenheit des eigenen Selbst,
die wahrhaftige Rede darüber, *wie* eine soziale Situation erlebt wurde, die die *parrhesia* so wichtig für das Miteinander sein lässt: »Ein Kind von sechs Jahren ist im
Allgemeinen bis in sein tiefstes Inneres durch die Anderen und durch sich selbst
bezeichnet: leben heißt Bedeutung hervorbringen; leiden heißt sprechen; es ist für
von außen kommende Sinngehalte durchlässig, weil es selbst sinngebend ist«.[152]
Sartre spricht hier über das Kind Gustave Flaubert; die Aussage ist an das Kind
geknüpft, da sein Werk eine Studie über die Konstitution von Flauberts Handlungen, seines Schriftsteller-Seins ist. Ob diese Aussage aber auf den Menschen Flaubert zutrifft oder nicht, spielt für die Theorie dieser Arbeit keine ausschlaggebende
Rolle. Was durch sie gezeigt wird, ist, dass die Bedeutung des Lebens durch die
Anderen gezeichnet ist. Dies kann aber nur deshalb so sein, weil auch die Anderen
durchlässig für die Bedeutungen sind, die ihnen von Flaubert bzw. von der in den
Fokus gerückten Person entgegengebracht werden. Wenn aber die Konstitution im
Fokus der Anderen (als Fokussierende und Fokussierte) liegt, dann kann die Konstitution nicht durch die Identität mit einem Wesen oder einer Sache geschehen.
Die Identität ist entweder ein starres Erklärungsmuster, das nie zutrifft, oder sie
ist die Form des Verhaltens und damit nur als Beschreibung, *wie es für eine Person
ist*, sinnvoll denkbar.

Diesen Punkt kann man mit Sartre selbst wieder auf den Begriff des Sinns
zurückführen. Der Sinn wurde ja gerade als Erleben und Widerfahren dessen bestimmt, *wie es für jemanden ist*, weil der Sinn sich gerade im Alltag durch ein Überschreiten der Sedimentierungen hin zu einem *Mehr* konstituiert. »Der Sinn eines
Lebens geschieht dem Lebenden von und durch die menschliche Gesellschaft, die
ihn trägt, und durch die Eltern, die ihn hervorbringen: deshalb ist er immer *auch*
ein Unsinn.«[153] Der Sinn oder Unsinn eines Lebens liegt also – wie eben schon mit
Butler beschrieben – nicht in einer festen Identität vor, von der man ihn ableiten könnte, sondern er verändert sich stetig durch die Anderen, mit denen man
sich konfrontiert und in deren Gegenwart man verhält. So bekommt also auch der
Begriff des *Unsinns* eine Bedeutung: Nicht jeder Sinn, den die Fokussierung der
Anderen hervorbringt, ist mit den eigenen Verhaltensweisen vereinbar und so entsteht die Möglichkeit einer unsinnigen Zuschreibung: Eine solche kann mit Butler bspw. die Geschlechtsidentität sein. Diese Identitätszuschreibung kann damit

---

152   Sartre: *Flaubert*, Band I, S. 25.
153   Ebd., S. 142.

als unsinnig bestimmt werden, da sie die Ausgrenzung dessen bedeutet, was neben oder außerhalb der Geschlechtlichkeit noch zu den Menschen gehört und das Persönliche auf *ein* bloßes Sediment und oder *ein* allgemeines Schema reduziert, wodurch die Identität in diesem Sinne eine Negation, ein reduzierter Abzug dessen ist, was einen Menschen ausmacht. Die Offenheit, die Pluralität und ein Teil Selbstbestimmung gingen am eigenen Verhalten verloren. Man ist eben nicht *eine* Frau, *eine* lsbtiqa*-Person oder *ein* Mann wie alle Anderen, denen eine solche Zuschreibung widerfährt. Man ist immer mehr als das und deshalb als Andere*r unter Anderen.[154]

Damit kann man die Existenzphilosphie hier auf eine Weise beschreiben, die sie in eine Theorie, die auf einer Negativität (dem *Fehlen* von feststehender Identität) aufbaut, zu einer Theorie transformiert, die von der positiven Vielheit ausgeht, die durch den Fokus der Anderen und die eigenen Handlungen konstituiert, beständig umgeschrieben und nie vollendet wird. So können – wie in dieser Arbeit geschehen – die phänomenologische Existenzphilosophie und die oft unter dem Banner Poststrukturalismus bzw. Postmoderne zusammengefassten Theorien von Foucault, Deleuze und Butler in Bezug auf eine Theorie des Erlebens der Anderen unter Anderen sinnvoll aufeinander bezogen werden. Das Erleben führt zu den Strukturen und die Strukturen zum Erleben, sie bedingen sich gegenseitig, gerade weil die Darstellung performativ wiederholt und damit verändert wird. Im Ausgang all dieser Theorien stellt sich unser jeweiliges Erleben als Erleben von Anderen unter Anderen dar. Man kann hier also die Bestimmungen von Sylvia Stoller zu Butler und der Phänomenologie ergänzen. Sie schreibt: »Wenn Butler also sagen müsste: ›Man kann nicht nicht wiederholen‹, so wäre dem vor dem Hintergrund der phänomenologischen Forschung hinzuzufügen: ›Man kann nicht nicht erfahren‹.«[155] Hier lässt sich nun ergänzen: Weil man nicht nicht erleben kann und nicht nicht wiederholen kann, ist es notwendig, sich unter Anderen darzustellen. Wir können nicht nicht unter Anderen sein und jenes Sein-unter-Anderen kann nicht nicht darstellend sein. An dieser Stelle fügen sich die Beschreibungen zur Fassade und die Beschreibungen der Fokussierung der Anderen zusammen.

Durch diese Verbindung kann hier also vermieden werden, die Identität als einen positiven Kern darzustellen, von dem unterschieden zu sein eine Negati-

---

154   Man könnte es ergänzen: Paul Helfritzsch ist zwar ein Mann, hat studiert und kommt aus einem privilegierten Umfeld, aber ich bin das nicht nach dem Modus es zu sein, denn nicht jeder studierte Mann aus einem privilegierten Umfeld ist Paul Helfritzsch. Dieser Satz ist eine Hinzufügung zu Sartres Kritik an der Idee der vollkommen deterministischen Klassenzugehörigkeit, die sein Beispiel über Paul Valéry, zu einem macht, dass man auf alle Lebensbereiche anwenden kann. Vgl. Jens Bonnemann: *Der Spielraum des Imaginären – Sartres Theorie der Imagination und ihre Bedeutung für seine phänomenologische Ontologie, Ästhetik und Intersubjektivitätskonzeption*, Hamburg: Felix Meiner 2007, S. 464.

155   Stoller: *Existenz – Differenz – Konstruktion*, S. 130.

on bedeuten würde. Die Identität ist ein imaginäres Bild von einer*m, das eben deshalb, weil es imaginiert ist, nicht existiert. *Die Identität ist tatsächlich das, was als Negation vom Wirklichen abgezogen wird.* Das Wirkliche ist die Vielfältigkeit der Eigenschaften, Interessen und Vorlieben (welcher Art auch immer), die sich nach der Situation, also nach den Beschaffenheiten des Konkreten richten und damit so wechselhaft sein können wie die Gegebenheiten und die gesellschaftlichen Strukturen, in denen man sich bewegt. Die Strukturen, über die man stolpern kann, sind also bspw. Identitätsvorstellungen, die erst entstehen, wenn Andere mich spiegeln. Die *parrhesia* ist also die positive Möglichkeit, mit dem Leck an Identität umzugehen, dass man je selbst als Anderer ist, um nicht aus demselben Grund Andere oder mich in Identitäten zu zwängen, die die gesellschaftliche Struktur vorbereitet hält.

Im Vorausspringen, im Einspringen und im Gemeinsamen-Stolpern stellen sich meine Sorgen und die Sorgen der Anderen erst in ihrer Gänze als sowohl persönliche als auch gesellschaftliche dar. Das Problem entsteht also erst durch die geteilte Welt mit Anderen, so wie es in dieser Welt gelöst werden kann, wobei eine verpflichtende Aussage darüber, wie die Probleme gelöst werden können, welchem Modus der Sorge ein Vorrang eingeräumt werden soll, hier nicht gegeben werden kann. Was bis hierhin aber mit Butler, Foucault, de Beauvoir und Sartre festgehalten werden kann, ist, dass die *parrhesia* als Ausgangspunkt *für die ein- und vorausspringende Sorge* und als das Ergebnis *des gemeinsamen Stolperns* eine Verhaltenspraxis ist.[156] In ihr nehmen

---

156 Zusatz zum Begriff der *parrhesia* in der Darstellung von Foucault: Hier soll noch darauf hingewiesen werden, was Michel Foucault in seiner letzten Vorlesung der Reihe *Der Mut zur Wahrheit* zur *parrhesia* im christlichen Kontext beschreibt. In der zweiten Stunde der Sitzung vom 28. März 1984 verweist Foucault darauf, dass das Verhältnis der *parrhesia* im christlichen Glauben auch als eines zu Gott gedacht werden kann: Dabei verliert sich aber die horizontale Bindung der die Wahrheit sprechenden Person zu den Anderen. Sie wird zu einer vertikalen zwischen einer Person und Gott, wodurch gerade die für diese Arbeit interessante Beziehung zu den Anderen in der *parrhesia* verloren geht, was auch dazu führt, dass das Vertrauen, welches die andere Seite des Risikos ist – über das schon gesprochen wurde – ebenso verloren geht und zu einer Furcht vor der höherstehenden Macht wird, um in einem weiteren Schritt, zu einem »arroganten Vertrauen« überführt zu werden. Auf verschiedenste Weise wird damit also alles untergraben, was hier an Positivem an der *parrhesia* festgehalten wurde. Deshalb wurde auf diese Möglichkeit bisher nicht hingewiesen: Das vertikale Verhältnis der *parrhesia* zu Gott stellt also ein Problem dar, das sich aus dieser Vertikalität ergibt, da sie entweder a) das Verhältnis zu den Anderen verliert, b) das Vertrauen, aus dem das Risiko, *alles Nötige wahr auszusprechen*, eingegangen wird, sich in eine »Gottes«-furcht wandelt, oder c) das Vertrauen als Arroganz ausgelegt wird, indem die höhere Macht nicht anerkannt wird und man sich gerade deshalb traut, alles zu sagen und unnützes Geschwätz produziert. All diese Bestimmungen führen aber von dem Teil der Auslegung der *parrhesia* weg, der wie eine phänomenologische Beschreibung des Selbst und Anderen klingt: *parrhesia* ist »der Mut, gegenüber allem die Wahrheit über sich selbst zu offenbaren, *sich so zu zeigen, wie man ist* [Hervorhebung P. H.]« (Foucault: *Der Mut zur Wahrheit* II, S. 436). Außerdem soll hier nicht vorenthalten werden, dass die *parrhesia* – wie gerade schon gesehen – in ihren Ursprüngen nicht nur po-

alle die Anderen und über diese sich selbst als Andere*r in den Fokus, wodurch wir uns in unserer nicht festgestellten Identität und unserer Wandelbarkeit ernstnehmen. »Es gibt keine Einsetzung der Wahrheit ohne eine wesentliche Setzung der Andersheit; die Wahrheit ist nie dasselbe; Wahrheit kann es nur in Form der anderen Welt und des anderen Lebens geben.«[157] Dieses Zitat stellt an dieser Stelle ein noch loses Ende dar, welches im letzten Kapitel *Die soziale Situation – Widersprüche vielfältiger Weltverhältnisse* wieder aufgegriffen wird. Aber schon hier lässt sich sagen, dass die Differenzen der Perspektiven, ihre Andersheit gerade deshalb besteht, weil wir miteinander umgehen und so die Wahrhaftigkeit der Perspektiven Anderer erleben und verstehen können.

Evidenz als soziale Gewissheit Nach diesen Ausführungen zur *parrhesia* wird sich die Überleitung in das jetzt Folgende möglicherweise wie ein größerer Sprung anfühlen: Bis jetzt stand die Fokussierung der Anderen durch die Sorge und die *parrhesia* direkt im Mittelpunkt der Betrachtung, im Weiteren soll aber die Fokussierung der Anderen nicht nur im direkten Umgang miteinander betrachtet werden, sondern über die Vermittlung durch die Gegenstände, deren Bedeutung seit dem Anfang dieses Hauptteils schon mitschwingt. Denn wie in *Miteinander in sozialen Räumen* gezeigt werden konnte, sind die Anderen und man selbst als Andere*r Teil derselben Welt, in der auch die Gegenstände vorhanden sind und als Ganzes zur Fassade der Körper gehören. An dieser Stelle wird der dritte Strang vom Anfang des Abschnitts *Die Modi der Fürsorge* wieder aufgegriffen. Es wird sich zeigen, wie die Codierung nicht nur als soziale Struktur in unseren je eigenen Leib, sondern auch in die Gegenstände eingeschrieben ist:

---

sitiv besetzt war, sondern auch als bloßes »Alles-Sagen« (bspw. von Profanem, aber besser Unwichtigem), man könnte es mit Heidegger *Gerede* nennen, benutzt wurde. Die Betrachtung dieser Möglichkeit, die die Anderen nicht ernstnimmt, werde ich in meiner Betrachtung ebenso wenig einbeziehen, wie es Foucault tat. Dass die Möglichkeit besteht durch nicht situativ verhaftetes Sprechen in ein belangloses Gerede zu geraten, ist zwar richtig, für die Betonung der konstitutiven Bedeutung der Anderen allerdings nicht notwendig. Hinzutritt Waldenfels Kritik am Pakt mit den Anderen, die Zuhören: „Der Andere, dem die Wahrheit gesagt wird […], *muß* dem Wahrsprechenden Gehör schenken und das Wahrsprechen akzeptieren mit der Folge, daß der Mut zur Wahrheit vom Sprecher auf den Hörer überspringt – *wenn* er die Rolle spielen will, die ihm zugedacht ist." (Waldenfels: *Sozialität und Alterität*, S. 418) Doch dabei muss – selbst wenn Waldenfels im Blick auf Foucaults Beschreibung Recht haben mag – man muss das Wahrsprechen akzeptieren als ein Modus, der den Anderen vertraut, gerade tatsächlich darzustellen, wie sie erleben, aber sie müssen dem Erlebten keine absolute Geltung zusprechen, denn genau diese steht permanent auf dem Spiel, da sie durch Andere unter Anderen konstituiert wird.

157   Foucault: *Der Mut zur Wahrheit II*, S. 438.

Die Welt ist der Ort, an dem wir uns verständigen, und zwar durch das, was unser Leben an Artikulationen aufbringt. Aus dieser Rasenfläche vor mir glaube ich die Wirkung des Grüns auf das Sehen des Anderen erahnen zu können, durch die Musik habe ich einen Zugang zu seiner musikalischen Empfindung, und das Ding selbst verschafft mir Zutritt zur Privatwelt des Anderen.[158]

Diese Stelle aus Merleau-Pontys *Das Sichtbare und das Unsichtbare* greift die Verbindung der Anderen untereinander durch die Gegenstände deutlich auf. Ich spreche von den Anderen, um auch mich bzw. diejenigen mitzubeschreiben, die sich weiterhin, also während sie diesen Text lesen, als Ich verstehen; denn Andere sind wir alle füreinander. Merleau-Ponty beschreibt anhand alltäglicher Phänomene des Erlebens von Rasen und von Musik einige Möglichkeiten dafür, wie ein Zugang zu den Empfindungen der Anderen gegeben ist. Er erweitert diese Aussage dann, um zu bestimmen, dass es die vorhandenen Gegenstände sind, die einen Zutritt zur Privatwelt der Anderen bieten. Damit lässt sich hier einlösen, was sich sowohl unter der Betrachtung der Kulturtechnik des Schreibens als auch unter der Bestimmung der Sedimentierungen und Fassaden schon implizit gezeigt hat: Nicht nur in die Leiber der Anderen sind soziale Strukturen eingeschrieben, auch die Gegenstände sind, wie das Beispiel des Schreibwerkzeugs gezeigt hat, sozial codiert.[159]

Dieser Aspekt stellt die Vermittlung zwischen den im Kapitel *Miteinander in sozialen Räumen* beschriebenen Wechseln zwischen den sozialen Räumen und der Fokussierung einer impliziten Interaktionsform im Miteinander dar. Merleau-Ponty beschreibt die Uneindeutigkeit der Gewissheit des Miteinanders wie folgt: »Nun, diese nicht zu rechtfertigende Gewißheit einer gemeinsamen sinnlichen Welt ist der Sitz der Wahrheit in uns.«[160] Die in diesem Zitat angesprochene Wahrheit wurde in der vorliegenden Arbeit als Wahrhaftigkeit bestimmt, die man sinnvoll im Miteinander erleben kann. Es ist diese Gewissheit, einander sinnvoll im Miteinander zu erleben, was die Anderen erleben, die laut Merleau-Ponty nicht absolut zu rechtfertigen ist. Anders gesagt: Diese Gewissheit ist *kontingent*. Sie ist das Erleben des kontingenten Sinns im Verhalten der Anderen, und wie hier ergänzt werden soll, das Erleben des kontingenten Sinns, der auch in die Gegenstände eingeschrieben ist.

Diese Gewissheit über das Hören, Sehen, Fühlen, Denken, Imaginieren, kurz über das Erleben der Anderen und ihrer augenscheinlichen »Privatwelten« – wie Merleau-Ponty es nannte – baut auf den wechselnden Bestimmungen der Anderen um uns herum auf. Dies bedeutet also, dass es möglicherweise keine Rechtfertigung für eine spezielle empirische Gewissheit gibt, es aber dennoch möglich ist,

---

158   Merleau-Ponty:*Das Sichtbare und das Unsichtbare*, München: Wilhelm Fink, 2004, S. 27.
159   Ebd., S. 42.
160   Ebd., S. 28.

die Struktur dessen, was ist, kategorisch zu beschreiben. Deshalb können wir keine Aussage ohne Bezug zu Anderen treffen. Andere widerfahren uns immer, sei es direkt oder indirekt. Damit kann man die Struktur der Kontingenz als soziales Phänomen bestimmen: Wir sind Andere unter Anderen, das ist die Bedingung unserer Wirklichkeit und sie zeigt sich im Verhalten zu Anderen, zu Dingen und im Umgang miteinander in der Welt. Denn wenn etwas kontingent ist, ist es ja gerade etwas, was wirklich existiert – auch wenn es nicht gerechtfertigt werden kann –, und damit kann man es beschreiben. Die Beschreibung dessen, wie das Kontingente sich zeigt, kann hier aber nicht alleine ausreichen; es zeigt sich ja als kontingent. Die Beschreibung des Kontingenten muss also weitergehen; sie weitet sich aus, wenn man die Frage nach der konkreten Funktion stellt, also danach, wie das Kontingente verwendet wird. Hier zeigt sich sehr deutlich der Stellenwert, den die Beschreibung der pragmatischen Wahrhaftigkeit für das Verstehen der Anderen hat; sie ist Teil einer Geschichte des Umgangs miteinander.

Als Beispiel dafür lässt sich auf das Schreiben als Kulturtechnik zurückkommen, das schon im Abschnitt *Verstehen, Funktion, Wahrhaftigkeit* als Beispiel diente. Zanetti bestimmt schließlich auch den Stift als Teil der Kulturtechnik des Schreibens, und mit de Beauvoir kann gesagt werden, dass der Stift zur Montage Körper-Gegenstand-Handlungscode gehört. Es lohnt sich also, die Bestimmung der Kulturtechnik noch einmal zu betrachten: »Das Zeichensystem ist weitgehend vorgegeben, die Bewegungen der Hand erfordern Übung, die Schreibgeräte, zumal heute, sind Produkte eines Industriezweigs.«[161] Das Schreibgerät ist schon eine *potentielle* Leerstelle, in der es nicht zu entscheiden, nicht zu rechtfertigen ist, welches Schreibgerät benutzt werden soll. Diese Frage lässt sich nur dadurch beantworten, dass man darauf schaut, warum, also zu welchem *individuellen* Zweck, man das eine oder andere Gerät benutzt, um zu schreiben, und *wie* man schreiben möchte. Ist es ein Bleistift, ein Füller, ein Laptop etc.? Nehmen wir für das Beispiel weiterhin an, es sei ein Bleistift. Dann ist es eben nicht zu rechtfertigen, ausschließlich vom Bleistift auf das Schreiberlebnis der anderen Person zu schließen, die ihn benutzt, es sei denn, man beschreibt den Stift in seiner durch die Kultur hervorgebrachten Verbindung zu der Praxis des Schreibens, der Produktion des Stiftes etc. Diese sozialen Einflüsse auf das Stück Holz und die Graphitmine sind es, die es ja eben erst zu einem Stift machen und durch diese Sedimentierung die Grundlage für die Gewissheit schaffen, das Erleben der Anderen über den Stift hinweg fokussieren zu können. Daraus erwächst nun jedoch keine Rechtfertigung, sondern ein Verstehen der Kontingenz. Das bedeutet, dass sich hier wie im alltäglichen Verhalten die sozialen Strukturen als Sedimentierungen festsetzen und einen gemeinsamen Ausgang bilden, um die sogenannten »Privatwelten« miteinander in Verbindung zu bringen. Dies geschieht gerade deswegen, weil die »Privatwelten« gar nicht so

---

161   Zanetti: *Einleitung*, S. 7.

privat sind, wie man es vermuten könnte. Sowohl im Verhalten als auch in den Dingen liegen – wie schon beschrieben – Sedimentierungen Anderer vor, die die »Privatwelten« eher als *sedimentierte Welt miteinander* auszeichnen und nicht als einen abgeschotteten Bereich. Mit Sartre kann man diese Sedimentierungen des Sinns in die Gegenstände wie folgt beschreiben, um das prozesshafte Entstehen der Sedimentierung vollständiger zu explizieren:

> Der Sinn wird Materie: er gewinnt deren inerte Konsistenz. Nicht durch Evidenz: durch Dichte. Die Idee verhärtet sich, erdrückt den Geist, der sie trägt: es ist ein Stein, den man weder hochheben noch wegwerfen kann. Dennoch ist diese kompakte Masse durch und durch *Sinn* geblieben.[162]

Hier zeigt sich der Weg des Sinns in die Materie und sein Fortbestehen in ihr. Denn genau das meint Sartres Beschreibung: In einer *pragmatisch-phänomenologischen* Beschreibung ist die Gewissheit nicht durch eine ideale oder abstrakte Evidenz, sondern durch eine Evidenz, die ihre Geltung aus der Dichte erreicht, also durch eine Schwere, die in unserem Erleben liegt. Die Evidenz in Bezug auf die kontingente Gewissheit über das Erleben der Anderen ist also notwendig sozial vorstrukturiert und erhält daraus gerade ihre Dichte. Diese Vorstrukturierung wurde schon in der Beschreibung des Alltags mit Merleau-Ponty, Butler und Waldenfels als Sedimentierung aufgedeckt und als gemeinsamer Ausgangspunkt für das Verstehen des Sinns der Handlungen der Anderen herausgestellt.

Was bedeutet aber *Dichte*? Dichte bedeutet, dass sich das Tun der Anderen in die Dinge einschreibt, dass die Gegenstände codiert werden. Wer kann schon sagen, wer das erste Schreibwerkzeug in der Hand hatte? Aber wenn ich heute meinen Bleistift in der Hand halte, dann sind in ihm die Ideen und Handlungen implizit oder explizit eingeschrieben, die zu seiner Produktion geführt haben. Soweit, so klar; es besteht aber auch die Möglichkeit, diesen sedimentierten Code (die Bedienungsanleitung), der in den Bleistift eingeschrieben ist, zu *übercodieren*. Die Rede von Codierung, Übercodierung und Decodierung ermöglicht es an dieser Stelle, die vage Aussage Sartres, dass sich die Ideen verdichten, detaillierter zu beschreiben. Warum diese Einschreibung als Dichte bestimmt wird, zeigt sich nämlich besonders gut daran, wie schwer es ist, die Einschreibung (Codierung), die als Sedimente an den Dingen und dem Verhalten haften, wieder zu verändern. Dieses *Übercodieren* ist der Prozess, in dem ein Bleistift zu *meinem* bzw. er zu einem speziellen Gegenstand gemacht wird. Was diesen Verhaltensweisen gemeinsam ist, ist, dass durch sie eine verändernde Macht ausgeübt wird und man die Sedimentierungen bestimmt, die bspw. den Stift bis dahin geprägt haben. Man überschreibt also den Code und strukturiert ihn so um. Der Bleistift wird zum abgenutzten, verlängerten, angekauten etc. Diese Veränderung am Gegenstand verweist auch auf die Art

---

162   Sartre: *Flaubert*, Band I, S. 19.

wie das Erleben der Person ist, die den Bleistift bspw. noch so lange benutzt, dass eine Verlängerung benutzt werden muss. So verdichte ich aber auch den Code des Bleistifts und manifestiere damit seinen Sinn als Etwas zum Schreiben, was mir und Anderen evident erscheint und durch meinen Gebrauch weiter verfestigt wird.

Neben der Machtausübung der *Übercodierung* besteht aber auch die Möglichkeit der *Decodierung*: Wie beim Übercodieren der sedimentierte Code im Gegenstand überschrieben wird, wird der Code beim *Decodieren* nicht über – sondern vollständig umgeschrieben.[163] Dieser Umgang mit Codes ist schwerer durchzuführen und noch schwerer selbst zu institutionalisieren, da es nicht einfach ist, die Sedimente einer Sache abzuschütteln. Bleiben wir beim Stift, so kann ich versuchen, ihn mit einem gezielten Wurf in die Verkleidung der Zimmerdecke zu werfen. Bleibt er dort stecken, verliert er seine eingeschriebene Bestimmung als Schreibwerkzeug und sogar jeden praktischen Bezug. Aufgrund dieses Verlusts kann man behaupten, dass der Stift *decodiert* wurde, weil sowohl seine tiefgehende Sedimentierung als Werkzeug dadurch aufgelöst wird, als auch die Art, *wie* er gehalten werden soll, um zu schreiben, nicht mehr sinnvoll ausgelesen werden kann. Kurzum: Er kann nicht mehr dazu benutzt werden, wofür er gedacht und gemacht war, und ist damit *decodiert;* was nicht heißt, dass er ohne Verwendung oder zerstört wäre, wobei die Zerstörung sicherlich die umfangreichste *Decodierung* bedeutete.

Die *Decodierung* und *Übercodierung* sind damit besondere Formen mit etwas umzugehen, was Sartre *Widrigkeitskoeffizient* nennt.[164] Dieser Begriff findet sich zuerst in *Das Sein und das Nichts* und wird von Sartre in seinem späteren Werk *Die Kritik der dialektischen Vernunft* um den Begriff der *Gegenfinalität* erweitert. Sowohl der Widrigkeitskoeffizient als auch die Gegenfinalität beschreiben die Reibung, das Risiko beim Umgang mit Anderen. Sie sind als Begriffe relational *zwischen* den Entwürfen der Menschen und den Problemen bestimmt, die dabei durch und an den Gegenständen und ebenso durch die Anderen auftreten können.[165] Dabei ist die Unterscheidung der beiden Formen von Reibung so zu treffen, dass der Widrigkeitskoeffizient direkt aus dem Verhalten entsteht. Wenn ich bspw. versuche einen Baum zu fällen, dann ist der Koeffizient, des Widerstandes, den ich erfahre, zusammengesetzt aus der Schärfe der Säge oder Axt, der Härte des Holzes, der Herstellung der Axt durch Andere und der generellen Hilfe Anderer dabei usw. Ob der Baum aber zu hart ist, die Säge zu stumpf, oder mir niemand hilft, diese Bestimmungen ergeben sich erst bei dem Versuch ihn zu Fällen, also dem jeweiligen ausgeführten Verhalten. So kommen in der jeweiligen Handlung direkt Welt und Mensch in ein *Reibungsverhältnis.* Bei der *Gegenfinalität* handelt es sich dagegen um ein indirektes Verhältnis. Das Beispiel, welches Sartre in der *Kritik der dialektischen Vernunft* gibt,

---

163 Vgl.: Deleuze & Guattari: *Anti-Ödipus*, S. 42ff.
164 Sartre: *Das Sein und das Nichts*, S. 791.
165 Vgl. ebd. S. 806f. & ders.: *Die Kritik der dialektischen Vernunft*, S. 240f.

ist folgendes: Holzen ganze Generationen von Menschen die Wälder einer Region ab, bis die Hänge der Berge soweit gerodet sind, dass beim Eintreten eines schweren Regenfalls Dörfer unter einer Schlammlawine begraben werden, so ist die Folge des Handelns nicht direkt im Fällen eines Baumes zu sehen.[166] Die Gegenfinalität beschreibt also die indirekten, nicht intendierten und auch nicht abzusehenden Folgen, die eine Handlung haben kann. Dabei ist nicht festgelegt, was unabsehbare Folgen sind; dies verändert sich mit jedem Wissen um die Beschaffenheit der Welt und der anderen Menschen.

Was Sartre in seinen Beschreibungen des Widrigkeitskoeffizienten und der Gegenfinalität nur implizit mitbeschreibt, ist, dass sie sich nicht nur im Umgang mit Dingen zeigen, sondern auch im Umgang mit den Anderen. Um sich dessen bewusst zu werden, ist die Rückwende auf die Begriffe *De-* und *Übercodieren* insofern hilfreich, als sowohl die Reibungen beschrieben werden können, die beim Versuch, bestehende soziale Strukturen zu verändern, sie umzuschreiben, entstehen können, als auch die Tragweite der Reibungsbegriffe im Zwischenmenschlichen zu bestimmen. Als konkretes Beispiel kann hier der Versuch aufgeführt werden, das generische Maskulinum in einer Sprache durch Formen zu ersetzen, die »gegendert« sind, sich an alle Menschen, egal welcher Sexualität, richten. Dies stellt den Versuch dar, eine Sprache zu *decodieren,* in der eine strukturelle Ausgrenzung bestimmter Personengruppen zu einer gefestigten Unterdrückungsstruktur geführt hat. Die direkten Widerstände gegen diese Sprachänderung (der Widrigkeitskoeffizient) sind nun nicht in den Worten selbst eingeschrieben, sondern in den Menschen, die diese Sprache verwenden, sie sprechen, sei es durch Unverständnis, das Verweisen auf die Tradition der Sprache, die dadurch stockende Aussprache. Die Widerstände lassen sich hier in vielfältigen Formen finden und denken. Sie verweisen auf eine direkte Verantwortung der Sprecher*innen für ihren Umgang mit der Sprache.

Die Gegenfinalität ist nun aber dasjenige, was den Ausgangspunkt der *Decodierung* bedeutet. Denn es ist nicht überprüfbar, ob in der Verwendung des generischen Maskulinums eine Unterdrückungs*absicht* vorhanden, oder ob diese das Abbild einer schon bestehenden unreflektierten Unterdrückung ist, die in einer stetigen Genese Einzug in die Sprache gefunden hat. Diese Unterdrückungs- bzw. Ausgrenzungsstruktur der Sprache stellt also eine Gegenfinalität dar, die nun abgebaut werden soll. Die Verantwortung liegt bei Gegenfinalitäten somit nicht darin, dass man sie absichtlich hervorgerufen hat, sondern darin, sich ihrer bewusst zu werden, um diese ungewollte Folge, zum Beispiel des Sprechens oder Schreibens, nicht zu entwerten, sondern sie anzuerkennen, und im Anschluss daran zu *deco-*

---

166   Vgl. Sartre: *Kritik der dialektischen Vernunft,* S. 173f.

dieren.[167] Die Decodierung richtet sich also nicht gegen Personen, sondern gegen soziale Strukturen, die durch die Codes in die Körper eingeschrieben und performativ durch Personen verkörpert werden. In der Sprache findet sich jedoch nicht nur Gegenfinalität in Sinne einer impliziten Struktur, die unterdrückend wirkt. Ebenso findet sich darin auch der Widrigkeitskoeffizient, eine Überwindung, die es kostet, die Sprache zu benutzen oder mit Anderen zu sprechen, die die Sprache durch Schimpfworte und Beleidigungen schwerer aushaltbar machen. Somit ist die implizite Unterdrückung in der Sprache ein Beispiel für Gegenfinalität und die explizite Benutzung von Beleidigungen eines für den Widrigkeitskoeffizienten.

Im Versuch, Dinge oder soziale Strukturen durch *De-* oder *Übercodierung* zu verändern, erschafft man also die neuen Strukturen oder Dinge nur im Ausgang von den schon bestehenden und sieht sich deshalb mit der Widerständigkeit dieser Strukturen und den schon aktiven Gegenfinalitäten, von denen man ausgehen muss, konfrontiert. Man reibt sich an ihnen ab. So entstehen neue Strukturen, die nicht völlig von den alten abgelöst werden können und selbst Widerstände direkt als Koeffizienten oder als Gegenfinalitäten erzeugen.

Die Gegenstände in ihrer sozialen Vorstrukturierung sind, wie es am Beispiel des Stiftes gezeigt werden konnte, nicht nur durch die Herstellung und Verwendung »auf den Leib zugeschnitten«.[168] Sie »schneiden« auch den Leib der Anderen durch die Codes ihrer Benutzung zu. Der Krampf in der Hand beim Schreiben bezeugt sowohl die dreistündige Arbeit am Text, darüber hinaus aber auch, wie sehr sich die Hand dem Schreibwerkzeug anpasst; der Gegenstand leistet »Widerstand«.[169] Der Code, der im Stift eingeschrieben ist, lässt nur einige bestimmte Handhabungen zu, um mit ihm zu schreiben. Der Stift selbst hat keinen Anteil daran, was geschrieben wird, aber er bestimmt die Form der Handhaltung und wie flüssig die Buchstaben aus der Handbewegung entstehen: Der Stift leistet also direkten Widerstand, wenn man versucht, anders als vorgesehen mit ihm zu schreiben. Dieser Code der Benutzung ist nun nicht nur durch den*die Produzent*in, Designer*in oder andere aktiv an der Herstellung Beteiligte festgelegt.

---

167   Auch hier finden sich keine normativen Vorschreibungen. Diese Beschreibung der Machtausübung und der Möglichkeit sich anders zu verhalten, sind Beschreibungen, die einen bestimmten Bewusstwerdungsprozess des sozialen Miteinanders darstellen und hier insofern auch nicht fehlen dürfen, da es das Ziel dieser Arbeit ist, die Anderen als Bedingung unserer jeweiligen Wirklichkeit auszuweisen.

168   Heidegger *Sein und Zeit* S. 117.

169   Eine andere Form der Codierung kann die durch die geschriebene und gesprochene Sprache sein, wobei Sprache hier nicht mit einem Gegenstand gleichgesetzt werden soll, aber die Ähnlichkeit in der Härte der Zuschneidung ist bemerkenswert, vergegenwärtigt man sich, wie stark unterdrückende soziale Strukturen wie eine binäre Geschlechtsordnung durch die Sprache erhalten bleiben.

Diese sozialen Strukturen, die den Alltag durchziehen, ließen sich mit Heidegger auch als der Bereich des *man* beschreiben. Die sozialen Strukturen sind in Form des *man* personifiziert, es ist »überall dabei, doch so, daß es sich auch schon immer davongeschlichen hat, wo das »Dasein« auf Entscheidung drängt. [...] Es kann am leichtesten alles verantworten, weil keiner es ist, der für etwas einzustehen braucht.«[170] Die Strukturen haben keine genau bestimmbare Gruppe an Verantwortlichen, die die Folgen oder momentanen Gesichter und Formen ihres Auftretens geplant hätten und deshalb an ihnen Schuld wären. Die Dichte der Strukturen entsteht also durch ein – um es mit Butler zu sagen – performatives Zitieren, eine beständige Wiederholung von Normen, Gesetzen und Zwängen, wie etwas zu tun ist, oder eben, wie *man* etwas zu tun hat, aus der sich auch ein Evidenzgefühl ihnen gegenüber einstellen kann: »Die Performativität ist demzufolge kein einmaliger »Akt«, denn sie ist immer die Wiederholung einer oder mehrerer Normen; und in dem Ausmaß, in dem sie in der Gegenwart einen handlungsähnlichen Status erlangt, verschleiert oder verbirgt sie die Konventionen, deren Wiederholung sie ist.«[171] Deshalb ist es aber auch unsinnig, nach den Konstrukteur*innen der Strukturen zu fragen; sie haben sich im *man* davon geschlichen, weil wir es alle sind. Wobei man Heidegger aber genauer fassen muss, ist der letzte Teil des Zitats, die Frage der Verantwortung. Es wurde zwar gezeigt, dass die Gegenfinalität nicht Ausdruck einer direkten Verantwortung und Schuldzuweisung sein kann, aber sie ist dennoch kein Leck an Verantwortung. Heideggers Formulierung ist die negative Möglichkeit, von *man* zu sprechen, weil es niemand konkret seien kann. Aber deswegen ist es nicht notwendig niemand. Das *man* ist ein Teil der *sozialen Strukturen*, in denen wir uns alle als Andere vor- und wiederfinden, weswegen die Verantwortung für die konkrete Form der Gegenfinalität bei uns allen liegt, sei es bei einem durch Rodung erfolgten Erdrutsch oder wie hier beschrieben, bei einer unterdrückenden soziale Struktur, wie sie die Sprache selbst sein kann. Dieser Gedanke der Verantwortung führt zur Solidarität und wird im nächsten Hauptteil im Sinnabschnitt *mögliche Solidarität* als Ausgangspunkt dienen.

In diesem Kapitel gab es, wie im letzten Sinnabschnitt deutlich wurde, eine ungewöhnliche Mischung verschiedenster Theorieansätze: Es wurden phänomenologische Sichtweisen mit der feministischen Theorie von Judith Butler, der Beschreibung der Codierungspraxis von Deleuze und Guattari, der Neubeschreibung der *parrhesia* von Foucault und der pragmatischen Methode von William James verbunden. Dadurch konnte eine Interpretation der Fokussierung der Anderen vorgelegt werden, die Folgendes zum Ausdruck bringt: In der Fokussierungspraxis der Anderen, in der Sorge und der *parrhesia* zeigt sich der Alltag als derjenige Ort, an dem das vielfältige Verhalten der Menschen im Umgang mit den Dingen ein *Mehr an*

---

170   Heidegger: *Sein und Zeit*, S. 127.
171   Butler: *Körper von Gewicht*, S. 39.

Sinn erschafft. Die Alltagswelten sind den Anderen deshalb zugänglich, weil diese in der Alltagswelt einen geteilten Ausgangspunkt erfahren. Man ist in den sozialen Strukturen eingebunden, so wie sie in uns eingeschrieben sind. Diese Struktur macht uns zu Anderen und stellt einen geteilten Ausgangsbereich dar. In diesem Bereich beziehen wir uns aufeinander in verschiedenen Modi der Sorge. Als deren funktionale, gelingende Form des gleichwertigen Miteinanders wurde die Praxis der *parrhesia* bestimmt, in der man alles Nötige wahr ausspricht, um das eigene und das Verhalten Anderer in einer konkreten Situation zu verstehen. Diese Beschreibung ist eine direkte Fokussierung der Anderen in der Sorge, die durch ein wahrhaftiges Aussprechen mit ihnen umgeht. Sie wurde durch die indirekte Form der Fokussierung der Anderen über die Gegenstände, ihre Sedimentierungen und die sozialen Strukturen komplettiert, wodurch die Reibungskräfte (der Gegenfinalität und des Widrigkeitskoeffizienten) an den Dingen und den Anderen beim Versuch der Über- oder Decodierung als Veränderung der bestimmenden sozialen Strukturen beschrieben werden konnten.

Im Horizont mit Anderen

In der Art und Weise wie hier die Beschreibung der Anderen als Andere erfolgt, sollen sowohl die Eigenheiten der Anderen als auch die Eigenheit des eigenen Selbst, für mich und Andere ein*e Andere*r zu sein, verstanden werden. Dies kann nun nicht nur in einer direkten Fokussierung der Anderen in der Sorge oder der *parrhesia* erfolgen, sondern die Anderen zeigen sich auch indirekt; bspw. vermittelt über Gegenstände im Horizont. Die Frage, die in diesem Kapitel gestellt wird, ist also die nach den scheinbar unbeteiligten Anderen. Oder anders formuliert: Wie können andere Personen, die nicht direkt involviert sind, für das Erleben Anderer wichtig sein? Ich verweise auf sie aus dem Grund, dass sie zwar unbeteiligt, aber dennoch anwesend sind. Diese indirekte Anwesenheit ist sowohl über die Gegenstände als auch durch die möglichen Verhaltensweisen vermittelt. Die unbeteiligten Anderen im Horizont spielen für uns, genau wie umgekehrt wir für sie, immer *auch* eine konstitutive Rolle: Insofern diese *vorbeigehenden* Anderen ein Potenzial darstellen, dass sich jemand um uns sorgen könnte, bzw. wir uns um jemanden (Modus 1 und 2 der Sorge) oder wir uns gemeinsam füreinander sorgen (Modus 3).[172] Die Anderen sind die Möglichkeit der Sorge und damit zugleich auch Bedingung ihrer Wirklichkeit, oder, allgemeiner mit Deleuze gesagt:

> [I]n Wirklichkeit ist es eine Struktur, die die ganze Funktionsweise dieser Welt insgesamt begründet und garantiert. Das kommt daher, daß die zur Beschrei-

---

172   Vgl. dazu den Abschnitt *Die Modi der Sorge* dieser Arbeit.

bung dieser Welt notwendigen Begriffe – Form/Untergrund, Umrisse/Objektein-
heit, Tiefe/Länge, Horizont/[Fokus, P.H.] usw. – leer und unanwendbar blieben,
wenn der Andere nicht da wäre [.][173]

Diese allgemeine Bestimmung ist es, die in der vorliegenden Arbeit bis hierhin
plausibel gemacht werden sollte, oder, wie es speziell an dieser Stelle heißt: Ohne
diese Anderen im Horizont als permanenter Spiegel der Darstellung liefe sich auch
ein Konzept der Modi der Sorge in Verbindung mit der *parrhesia* nicht beschreiben;
denn diejenigen, die nicht aktiv teilhaben, sind zwar noch nicht im Fokus anderer
Verhaltenspraxen involviert, aber sie sind die permanente Möglichkeit im Horizont. Ich zitiere im Anschluss hieran nochmals eine Stelle aus Deleuzes Anhang zu
Logik des Sinns: »[D]er andere ist weder ein Objekt [im] Wahrnehmungsfeld noch
ein Subjekt, das mich wahrnimmt: Er ist [...] eine Struktur [...], ohne die dieses Feld
[...] nicht so funktionieren würde, wie es funktioniert. [...] Doch welches ist diese
Struktur? Es ist die des Möglichen.«[174] Weil die Anderen die Struktur der Möglichkeit nicht »nur« für die Wirklichkeit, sondern für alle bewussten Fähigkeiten
verkörpern, kann durch sie auch erst die *parrhesia* als Praxis bestehen. Aber noch
zwingender ist die Verbindung der *parrhesia* mit dem Fokus auf die Anderen in ihrer Andersheit; sie also als Andere zu erfassen, die bewusst erleben und dabei ihre
Verhaltensweisen aufs Spiel setzen. Denn in der *parrhesia* spricht bzw. stellt man
freimütig aus/dar, wie es einem ist, während man sich dessen gewahr ist, dass
dies ein Risiko für einen selbst und die Anderen bedeutet: Die *parrhesia* gibt es nur
dank der Anderen, und die *parrhesia* lässt die Anderen in ihrer Andersheit zu Wort
kommen und sie werden durch sie als solche gehört.

Es zeigt sich an dieser Stelle, worin eine intensiv erlebte Differenz liegt: nicht
zwischen mir und den Anderen, sondern darin ob wir *anwesend* oder *abwesend*, fokussiert oder im Horizont sind: »Der wahre Dualismus liegt in der Struktur ›Anderer‹ im [Erleben, P.H.] und den Wirkungen seiner Abwesenheit.«[175] Nimmt man also die These Deleuzes ernst, so liegt darin eine Dualität, die permanent erlebt wird
und aus Anwesenheit der Anderen bei gleichzeitiger Abwesenheit Anderer entsteht:
Es ist die Dualität *zwischen* Zwang und Perspektivität. Die Anderen sind entweder
direkt (anwesend) oder indirekt (abwesend) in meinem Fokus, durch mein Verhalten mit ihnen oder mit den Gegenständen, oder sie sind in meinem Horizont an-
bzw. abwesend. Sie stellen somit Möglichkeiten dar, oder ihre völlige Abwesenheit

---

173 Deleuze: *Differenz und Wiederholung*, S. 350.
174 Deleuze: *Die Logik des Sinns*, S. 370.
175 Ebd., S. 372. Im Zitat steht in der ersetzten Stelle »Wahrnehmungsfeld«. Wie im ersten
      Hauptteil dieser Arbeit gezeigt werden konnte, ist das Wahrnehmen eine bewusste Fähig-
      keit der Menschen untereinander und alle bewussten Fähigkeiten, die im Erleben zusam-
      mengefasst sind, teilen das Strukturmerkmal, durch Andere bedingt zu sein. So war dieser
      Austausch kein Problem innerhalb dieser Arbeit.

– sei es durch Isolation oder objektifizierendes Verhalten – erzeugt das Gefühl, gezwungen zu sein, da keine anderen Perspektiven erscheinen. Auch hier führt die Frage also zurück zur Identifizierung als unabschließbare Praxis, wenn die Beschreibung der Menschen als Andere ernst genommen werden, weil sie die Bedingung unserer Wirklichkeit sind: Ihre Perspektiven konstituieren unser je eigenes Selbst mit.

Vielheiten machen! Der folgende Sinnabschnitt dient dazu, an die Ausführungen zur Identifikation anzuknüpfen, also an die Frage, ob wir mit uns oder jemanden identisch sein können. Die Antwort, die hier gegeben werden soll, ist: Nein, dies können wir nicht. Wir sind Vielheiten. So vermittelt sich aus der Fokussierung der Anderen ihre An- und Abwesenheit besonders im Horizont, da dort beides zusammenkommen kann, ohne dass man die An- oder Abwesenheit von jemandem fokussierte oder gar thematisierte. Die im Horizont befindlichen Anderen und die Bereiche der Anderen, die im Horizont liegen, sind die permanente Darstellung unserer leiblich gebundenen Perspektive hin zu denen Anderer; zu ihren gewohnten, andersartigen zu ihren fremden Verhaltensweisen, ihrem Denken, Fühlen, kurz: Darstellungen zu ihrem Erleben. Es ist ein Horizont aus Fassaden, die ihm Konturen geben. Treten diese Anderen aus dem Horizont in den Fokus, wird ihre An- oder Abwesenheit erst direkt offenbar, man erlebt durch diesen Übergang, dass sie schon im Horizont waren. Mit diesen erlebten Übergängen assimiliert man die Anderen jedoch nicht, sie werden im eigenen Erleben nicht zu *Gleichen* (oder zu mir selbst). Sie bleiben Andere, so wie man je selbst ein*e Andere*r für Andere ist. Wir sind und wir bleiben viele, bleiben Ähnliche und Unterschiedene.

An dieser Stelle kann man über das nachfolgende Waldenfels-Zitat eine Brücke zurück zum ersten Kapitel dieses Hauptteils schlagen: »Was draußen ist, ist *nicht* drinnen, nur so spricht uns Fremdes an.«[176] Die Übergänge zwischen den sozialen Räumen und jene zwischen Horizont und Fokussierung der Fassaden anderer Körper sind erlebbare Wechsel des eigenen und des anderen Verhaltens. Arbeitet man in einer Bar, ist es ein fundamentaler Unterschied, ob man dort bedient oder als Gast an einem Tisch sitzt. Man verhält sich anders, die eigene Fassade ist freundlicher, etwas gespielt freundlich, nicht fröhlich, aber mit nettem Gesicht. Als Gast hingegen erlaubt man sich in gewissem Maße aktiv darzustellen, dass man heute wenig Lust habe, oder sogar so unzufrieden ist, dass es unfreundlich wirkt. Es wird in der vorliegenden Arbeit also weiterhin dafür argumentiert, dass Drinnen und Draußen keine absoluten Grenzen bestimmen, sondern beide Begriffe Teil einer Bezugnahme auf die Welt sind. Sie geben einen konkreten Raum an: Wo befindet sich etwas aus der Perspektive von jemandem. Dies bedeutet aber keineswegs, dass es zwischen Drinnen und Draußen keinen Unterschied gäbe. Etwas, das von

---

176 Waldenfels: *Der Stachel des Fremden*, S. 40.

meiner Perspektive verschieden ist, nehme ich genauso als verschieden wahr, wie ich die Verschiedenheit und die Andersheit von Gedanken und Verhaltensweisen durch die Fassade Anderer erlebe. Worauf hier insistiert wird, ist also, dass diese Unterschiede durch das jeweilige Verhalten, Denken, kurz das Erleben der Fassaden dargestellt werden. Sie haben den gleichen Ort, dieselbe Welt als Ausgangspunkt, dieselben Gegenstände als Ziel und gemeinsam die Struktur der Anderen als Bedingung unserer Wirklichkeit. Deshalb werden die Anderen im Verstehen nicht *gleich* gemacht, sondern man wird ihnen als Andere *gerecht*. Sie werden als Andere behandelt, wodurch man ihnen eben dadurch gerecht wird, weil sie nur durch ihr Anderssein oder auch das Fremde erlebbar sind.[177] Diese Bedingung der Wirklichkeit mag im Alltag unter Sedimenten verschüttet sein und deshalb nicht leicht in den Fokus treten, doch im Horizont ist der Bezug zu Anderen immer beständig. Die Anderen im Horizont meines Erlebens können also die »Fremden« sein, die uns ansprechen, die zwar außerhalb meiner Perspektive stehen, weil sie sich anders verhalten, aber die Möglichkeit haben, meine Perspektive zu verschieben, in den Fokus des Erlebens *einzutreten* und mit ihnen die Möglichkeit unser Verhältnis zu Anderen als Bedingung der Wirklichkeit zu bestimmen.

Diese als Fremde und Andere Bezeichneten sind damit nicht notwendig negativ bestimmt. Die Anderen und die Fremden haben keine Verhaltensweisen, die nicht mit denselben Gegenständen und den anderen Menschen, zu denen man je selbst gehört, umgehen müssten. Man erlebt die Welt miteinander. Dieser gemeinsame Umgang in derselben Welt bedeutet eben auch, auf unterschiedliche Umgangsformen zu treffen, zu denen man sich je selbst wieder verhalten muss. Schrecken einen die Verhaltensweisen ab? Bleiben die Anderen draußen? Geht man auf sie zu, sie auf einen selbst oder begegnen wir uns im Nebeneinander *zwischen* Drinnen und Draußen auf der Schwelle? All das sind mögliche Formen, in denen uns die Übergänge von Drinnen und Draußen widerfahren: Gerade, weil sich an den Gegenständen und im Umgang miteinander der Raum der vermeintlichen »Privatwelt« und der der »Fremden« – oder besser, der der anderen Welt – *überschneiden*, können wir *füreinander einspringen* (Anderen Sorgen abnehmen), *einander vorausspringen* (Anderen ihre Sorge direkt spiegeln) und *miteinander* bzw. *gemeinsam stolpern* (die Strukturen bestimmen, unter denen wir leben). Die Anderen sind die Bedingung für jedes sorgende Verhalten und Erleben.

Dabei eröffnet sich nochmals die Frage danach, woher wir wissen oder erahnen können, was eine andere Person braucht, worüber wir uns für oder mit ihr sorgen sollten: denn wovon man nicht ausgehen kann, ist, dass man eine andere Person völlig verstanden oder »in ihr Inneres« bzw. hinter die Fassade geschaut hätte, denn dort ist nichts; nichts, was sich nicht auch auf der Fassade darstellte. Unterstützen kann man diese Aussage mit einer Überlegung von Bernhard Waldenfels, in der

---

177   Vgl. Bedorf: *Andere*, S. 14.

ein Ausgangspunkt aufgezeigt wird, der nicht vereinzelt oder einzeln ist, sondern eine Vielheit bestimmt:

> Es gibt nicht eine Sphäre der Eigenheit und dazu noch eine solche der Fremdheit, sondern als leibliches Wesen ist jeder selbst für Andere da. Dem entspricht eine genetische Betrachtungsweise, die ausgeht von einem adualistischen Anfangsstadium der »Konfusion« von Ich und Welt, von Ich und Andern und Ich, Welt und Andere hervorgehen läßt aus einem Prozeß fortschreitender Differenzierung.[178]

Waldenfels beschreibt in diesem Zitat eine *Konfusion* von Bereichen, die oft abstrakt in eine dualistische Trennung gesetzt werden (Mensch und Welt, Ich und die Anderen), wodurch er gerade dieser strengen Trennung entgegentritt. Diese *Konfusion* aus Ichen, Anderen und der Welt, das Konglomerat aus vielem Verschiedenen ist es, was in der vorliegenden Arbeit bisher funktional als soziale Situation benannt wurde. Aus diesem Grund passt sich das Sprechen von einer *Konfusion* in die Beschreibungen meiner Arbeit ein. Wenn also im weiteren Verlauf von einer sozialen Situation die Rede ist, dann meint dies die Möglichkeit zu einem nicht hierarchischen Aufeinandertreffen von Anderen unter Anderen in der Welt, zu einer horizontalen Ordnung (ohne Generäle – wie man mit Deleuze und Guattari ergänzen könnte).[179] Diese horizontale Ordnung ist es, die im Füreinander anvisiert werden soll. Denn nicht ein Dualismus steht hier als Ausgangspunkt, sondern eine erlebte Vielheit von Anderen unter Anderen, von Gegenständen, von Verhaltensweisen, von Umgangsformen miteinander und von Sinnen (*wie* es ist, *etwas* zu erleben), die dabei erlebt werden. Diesen Vielheiten in einer Beschreibung völlig gerecht zu werden, gelingt nicht auf einen Schlag und vermutlich gar nicht, wenn der Anspruch eine abschließende Definition ist: Es handelt sich um eine beständig wechselnde Menge und sich abwechselnde Andere, Gegenstände und soziale Räume.

Es stellt sich somit in dieser Betrachtung eine Sichtweise auf die Wirklichkeit mit Anderen dar, die an Deleuzes und Guattaris Bestimmung der Vielheit erinnern kann. Sie schreiben, dass man »[d]as Viele (multiple) [m a c h e n] m u ß [...], nicht dadurch, daß man fortwährend übergeordnete Dimensionen hinzufügt, sondern im Gegenteil ganz schlicht und einfach in allen Dimensionen, über die man verfügt: jedesmal n-1«.[180] Man *macht* die Differenzierung also performativ im Erleben und im Kommunizieren über dieses Erleben. Man macht die Vielheiten, weil sie und das Erleben immer weniger als die Gesamtheit der Welt sind – denn es sind erlebte Horizonte und Fokussierungen, die die Darstellungsräume (Fassaden) der Intentionalität performativ eröffnen, aber nie alles zeigen können: Das bedeutet es,

---

178   Bernhard Waldenfels: *Der Spielraum des Verhaltens*, Frankfurt a.M.: Suhrkamp 1980, S. 70.

179   Vgl. Deleuze & Guattari: *Rhizom*, S. 35 & 41.

180   Ebd., S. 11.

wenn Deleuze und Guattari und ich hier mit ihnen »n-1« schreiben. Warum sollte man aber Vielheiten machen? Vielheiten nicht zu verdecken, sondern sie explizit zu machen, ist das, was in der *parrhesia* (darstellen wie man erlebt, selbst wenn sich dies nicht kohärent darstellen lässt, sondern widersprüchlich erscheint) passiert: Vielheiten explizit machen bedeutet demnach, das Füreinander performativ mit hervorzubringen.

Im Sprechen über Vielheiten ist deshalb nicht die permanente Rückführung des Erlebten auf etwas Abstrakteres und stets noch Abstrakteres gemeint. Es ist als Sprechen die Form einer konkreten Vielheit. Man würde dadurch sonst die Anbindung des Erlebens an das Konkrete der Welt und an die Anderen verlieren. Vielheiten zu machen ist das Blicken auf die konkrete *soziale Situation*, in der sich die Anderen, mein Handeln und die Gegenstände erst dann als gesonderte Vielheiten zeigen, wenn ich sie »abziehe«, wenn man erlebt, wie wir uns unterscheiden.

Die Bestimmung der Vielheit liefert an dieser Stelle ein Instrumentarium zur Beschreibung der mit Waldenfels aufgezeigten sozialen Situation zwischen einem Ich, der Welt und den Anderen, in der die Anderen in ihrer Andersheit als Andere in Erscheinung treten können. Die Welt, in der wir Anderen mit den Gegenständen sind, ist eine Vielheit, die wir miterzeugen und die wir deshalb nur adäquat beschreiben können, wenn wir an der erlebten Vielheit als Maß festhalten, d.h. weder alles umfassende Einheitsprinzipien noch starre Dualismen zur Beschreibung nutzen. Die Anderen und man selbst erleben die Gefühle, die Gedanken, also das Erleben der jeweils Anderen durch die Differenz ihrer Fassaden im eigenen Erleben. So kann man die Anderen und sich selbst auf dieselbe Weise beschreiben: *als Andere unter Anderen!*

Dadurch kommt man, so scheint es, zu Uneinigkeiten mit den Theorien der Eigentlichkeit und der Ersten-Person-Autorität. Denn klar ist, dass Gegenstände wie Grashalme und Bücher sich nicht selbst zumute sind. Versucht man aber, die Anderen in den Blick zu nehmen, so besagt der Common Sense, sieht man nur die Oberfläche, die eigentlichen Aspekte der Anderen lägen verborgen. Die These dieser Arbeit widerspricht der üblichen Annahme nicht, dass man von Anderen nur die Oberfläche erlebt, sie wendet sich aber dagegen, dass hinter dem Erlebbaren noch eine weitere Ebene läge, nur weil Gefühle und Gedanken nicht eindeutig auf der Oberfläche liegen, sondern als Verkörperung, als Fassade. Deshalb muss man die Anderen als Vielheiten beschreiben, wenn man ihnen in einer theoretischen Beschreibung gerecht werden will: Selbst, wenn man Andere als fremd empfindet, sollten sie in einer Beschreibung als die Vielheit dargestellt werden, als die sie erlebt werden. Sonst würde man ihnen die abstrakte Maske des Fremden überstülpen, ohne sich auf die Unterschiede in ihrer Vielgesichtigkeit auf der Fassade einzulassen.

Warum aber ist diese Offenheit in der Beschreibung wichtig? Nimmt man die hier mit Butler aufgegriffene Theorie der Performativität ernst, dann ist auch jede

wissenschaftliche Beschreibung daran beteiligt, bestehende Strukturen zu reproduzieren. Dies ist der Grund, warum hier bestimmt wird, wie man die Vielheiten, die Andere sein können, beschreibt, um nicht selbst bestehende Strukturen zu
reproduzieren: In einer Beschreibung, die die Formen des Füreinander im Alltag
betonen will, muss deshalb das Füreinander beschrieben werden, aber es bedarf
auch des begrifflichen Rahmens, der dieses Füreinander mitentstehen lässt, oder
zumindest kein Gegeneinander, genauso, wie durch die Beschreibung selbst keine
nur individualistische Perspektive reproduziert werden soll. Diese Überlegungen
schließen sich somit auch folgendem Schluss von Tatjana Schönwälder-Kuntzes
Aufsatz *Haben philosophische Methoden politisches Gewicht?* an:

> Wenn also der »kritische Weg [...] allein noch offen« ist, dann lässt er sich aktu-
> ell dahingehend ergänzen, dass er neben der Analyse des Status quo immer auch
> die eigene Verhaftung und deren Überschreitung in die transformative Dynamik
> der Theoriebildung integrieren muss. Wenn Theorie zur Formierung des Gegebe-
> nen beiträgt, weil die legitimiert und [...] Handeln begründet, dann hat auch die
> angewandte Methode politisches Gewicht – weil sie darüber entscheidet, wie frei
> gedacht wird, ob die Grenzen der scheinbar unumstößlich Gegebenen gedanklich
> überschritten werden.[181]

Hier wird die Arbeit also durch die Art und Weise, wie versucht wird, das Miteinander als Füreinander zu beschreiben, auf sich selbst und auf die eigene Methodik zurückgeworfen, da die Beschreibung als Teil einer Methode – das *Wie-wir-
miteinander-Umgehen* zu fokussieren – selbst wieder eine Darstellung ist, die eine
bestimmte Form des Miteinanders offenbart. Somit trägt diese Arbeit selbst dazu
bei, zu bestimmen und darzustellen, was sie beschreiben will. Und deshalb kann
man mit Deleuze und Guattari – nicht um es als Gegebenheit zu formulieren, die
man nur einfach aufdecken müsste, sondern als Aufforderung an die Theoriearbeit
selbst – Folgendes aussagen: »Seid nicht eins oder viele, seid Vielheiten!«[182] Ihre
Forderung ist ein Appell daran, weder sich selbst noch die Anderen auf irgendei-
nen Aspekt oder eine bestimmte Menge bei der Beschreibung zu reduzieren und
diese Reduktion dann als Ausgangspunkt für die theoretische Betrachtung alles
Handelns, Denkens oder für das Erleben zu verstehen. Es ist eine Aufgabe für die
Theoriearbeit, die Wandelbarkeit der Menschen und ihrer Fassade mit einzubeziehen, sie nicht zu vergessen oder zu verdecken. Die Suche nach einem Quell der Eigentlichkeit, einer Vereinheitlichung der Vielheiten, die durch das Offensichtliche
verdeckt sein soll, endet immer mit einer theoretischen Fokusverengung bei der
Beschreibung der Bedeutung der Anderen und deshalb auch mit einer Fokusverengung des eigenen Selbst, die mit Sartre als *Unaufrichtigkeit* gekennzeichnet wer-

---

181   Schönwälder-Kuntze: *Haben philosophische Methoden politisches Gewicht?*, S. 42.
182   Deleuze & Guattari: *Rhizom* S. 41.

den könnte.[183] Dieser Punkt wird im Abschnitt *Unaufrichtigkeit und parrhesia* wieder aufgegriffen werden.

Nach diesen methodischen Explikationen in der Zusammenführung von Waldenfels, Deleuze, Guattari und Sartre soll ein Beispiel dafür gegeben werden, wie das »Machen von Vielheiten« in der sozialen Situation aus Welt, Anderen und Ich nicht in eine Reduktion führt, sondern die Andersheit bestehen lässt: In einer Unterhaltung sagt jemand etwas, was durch seine Art oder durch seinen Inhalt eine Verletzung hervorgerufen hat. Auf diese Verletzung kann man nun auf verschiedene Weisen reagieren. Ich gehe hier beispielhaft von Wut aus: Es wird also Wut erlebt, die ein Nicht-einverstanden-Sein mit der verletzenden Aussage ausdrückt; eine starke Abneigung gegen das Gesagte und die Art, wie es gesagt wurde. An diesem Punkt ist es nun möglich, sich gegenseitig *nicht* auf die Wut oder darauf, dass man verletzt wurde, zu reduzieren: denn die verletzte oder wütende Person ist nicht nur wütend. Geschieht dies nicht, reduziert man im Gegenteil das Gegenüber auf einen einzigen intensiv erlebten Aspekt, man objektiviert die andere Person und schließt die Vielheit aus. Mit Simone de Beauvoir kann man hier anschließend die Position der Person, die die Andere objektiviert, beschreiben:

> Wenn der Unterdrücker sich der Forderung seiner eigenen Freiheit bewußt wäre, dann müsste er [...] von sich selbst aus auf die Unterdrückung verzichten. Aber er meint es nicht ehrlich: im Namen der Ernsthaftigkeit oder der Leidenschaften, seines Machtwillens oder seiner Gelüste weigert er sich, seine Vorrechte abzutreten.[184]

Das Problem, sich gegenseitig nicht auf eine Einzelheit zu reduzieren, ist also eine Frage dessen, es »ehrlich«, oder, wie es oben bestimmt wurde, wahrhaftig zu meinen und die eigene Position (wie es einem erscheint) darzulegen, ohne die Anderen dadurch in feste Beschreibungen zu zwängen. Möchte man also die Anderen nicht reduzieren, jemanden als *nur* wütend (verletzt) oder, auf die Perspektive der (absichtlich oder unabsichtlich) verletzenden Person bezogen, nicht nur *ausschließlich* verletzend bestimmen, dann geht dies nicht, ohne dabei auf sich selbst und auch auf die Anderen als Vielheiten zu reagieren.

Sie sind Vielheiten, weil sie frei sind und nicht reduzierbar auf *eine* bestimmte Struktur, von der aus man einander lückenlos erklären könnte. Dieselbe Argumentation kann man auch in einer paradoxeren Form formulieren: Weil wir von einander widersprechenden sozialen Strukturen determiniert sind, sind wir Vielheiten. Dass sich diese Strukturen widersprechen führt aber dazu, dass sie keine eindeutigen Verhaltensweisen erzwingen können, sondern dass sie selbst auf dem Spiel stehen. Dieses Auf-dem-Spiel-Stehen ist die Definition von Freiheit, die hier

---

183   Vgl. Sartre: *Das Sein und das Nichts*, S. 120.
184   de Beauvoir: *Für eine Moral der Doppelsinnigkeit*, S. 144.

beschrieben wurde. Ist also eine Verletzung eingetreten, so ist es an der Person, die die Verletzung verursacht hat, von ihrem Standpunkt abzusehen und die nun wütende Person nicht als unzurechnungsfähige*n Gesprächspartner*in darzustellen. Es gilt im Gegenteil, der wütenden Person als Andere*r gerecht zu werden, indem man sowohl bewusst einordnet, dass wütend zu sein *eine* Reaktion unter anderen ist, als auch, dass die Person mehr ist als wütend. Umgedreht ist es an der wütenden Person, die Verletzung nicht als alleinigen Ansatz für das weitere Miteinander zu nehmen. Die verletzende Person *kann* in der Beschreibung weiterhin als Vielheit gesehen werden. Auf diese Art und Weise würde man sich in einem Kraftakt gegenseitig nicht reduzieren.[185] Denn die Anderen und sich selbst als Vielheit, als Andere zu verstehen, ist eine Haltung, die eingenommen werden kann, aber – und das will ich nicht verdecken – im konkreten Umgang beim Verletztwerden Kraft und Überwindung kostet: umso mehr, je reduzierender die Verletzung auf die eigene Andersheit wirkt.[186] Was sind aber diese Vielheiten, die sich selbst alterieren? Sie sind die wechselnden Horizonte und Fokussierungen der Fassaden der Anderen.

Es soll hier aber, um nicht in einen »naiven Humanismus« zu verfallen, nicht unbeachtet bleiben, dass Verletzungen passieren, die es unmöglich machen, die verletzende Person nicht auf diese Tat zu reduzieren, und genauso umgekehrt; aus dem Grund, dass die Verletzung selbst die Freiheit der Anderen absichtlich ignoriert und damit von Beginn an kein Miteinander gewollt ist. In den Worten de Beauvoirs lässt sich dies so beschreiben:

> Auf die bloße Faktizität seines Daseins reduziert […], von seiner Zukunft getrennt […] und der Welt […] beraubt, scheint ein Mensch nicht mehr zu sein als eine Sache unter Sachen, die man aus der Gesamtheit der anderen Dinge entfernen kann, ohne daß seine Abwesenheit irgendeine Spur auf der Erde hinterläßt.[187]

Damit wird ex negativo aber auch die Möglichkeit aufgezeigt, dass man nicht reduktiv miteinander umgehen muss, sondern es eine Form des alltäglichen Umgangs im Miteinander darstellen kann, *Vielheiten in der sozialen Situation aus Welt, Anderen und Ich zu machen, die nicht in eine Unaufrichtigkeit führen.* Verhält man sich füreinander, ist dies jedoch auch kein Indikator dafür, dass nicht gerade dieses Verhalten Anderen »aufstößt«, dass sie sich davon gestört, bedrängt oder angefeindet fühlen. Aus diesem Problem kommt man nicht heraus, da jedes Verhalten

---

185   Vgl. Sartre: *Die Transzendenz des Ego*, S. 46.

186   Dies soll jedoch nicht heißen, dass in der Reaktion auf die Verletzung keine Wut mitspielen soll und dass ein wütendes Verhalten nicht selbst eine angemessene Reaktion sein kann. Denn Wut kann eine sehr angemessene Reaktion auf strukturelle Probleme sein, die sich wie bspw. Alltagssexismus oder Rassismus immer wiederholen.

187   de Beauvoir: *Für eine Moral der Doppelsinnigkeit*, S. 147.

das Risiko birgt, Anderen zu widersprechen. Die Bestimmungen de Beauvoirs zeigen hingegen die extremste Form, in der man die Anderen unter einen Blickpunkt objektivieren kann. Sie ist das Gegenteil des Umgangs, den ich hier als Ausgangspunkt für die Wirklichkeit als Andere unter Anderen beschrieben habe. Ihre Beobachtung ist eine Beschreibung von Gleichgültigkeit gegenüber den Anderen, die sie zu bloßen Objekten macht, wodurch ihnen und damit auch jedem je selbst die Andersheit abgesprochen wird. Man versteht die Menschen dann nicht mehr als Andere, die auch für sich *selbst* sind, sondern als *starre Gebilde*, die auf einen Moment reduziert werden können. Die Menschen werden zu einer Sache, zu einer reinen Faktizität mit abgeschlossener Identität degradiert. Diese Reduktion ist das *hässlichste* Gesicht der Unaufrichtigkeit.[188] Doch sie bleibt nur ein mögliches Gesicht und nicht das notwendige Ergebnis davon, jemanden für etwas zu halten. Versteht man die Anderen als Vielheiten, die in einer sozialen Situation aus Welt, Anderen und Ich erlebt werden, dann verschwinden die eingangs erwähnten Kategorien der Eigentlichkeit und Uneigentlichkeit.

Unaufrichtigkeit und parrhesia Durch die Bestimmung der Menschen als Vielheiten, die wir sind und erleben, wird die ganze Tragweite des Konzepts des *freimütigen Darstellens*, der *parrhesia* deutlich. Sie ist nicht nur eine Möglichkeit, auszudrücken, wie es einem geht. Man kann durch sie über Bereiche der Fassaden der Anderen (jede*n selbst eingeschlossen) sprechen, sie darstellen, die man bisher nicht fokussiert erlebt hat oder erleben konnte. Man kann durch das freimütige Darstellen, *wie es für eine*n ist, etwas zu erleben* – so trivial es auch erscheint –, etwas über die Anderen als Andere und sich selbst erfahren. Es ist die aktive Form, etwas explizit darzustellen. Die *parrhesia* ermöglicht es deshalb, von der Teilung zwischen *Eigentlichem* und *Uneigentlichem* abzusehen und die Oberfläche, die Fassade in den Blick zu nehmen, gerade weil sie expliziert.

Diese Kritik an der Eigentlichkeit und Uneigentlichkeit ähnelt strukturell jener, die Sartre in *Das Sein und das Nichts* gegen die Teilung des Bewusstseins in Bewusstes und Unbewusstes ausführt: dass eine Trennung in Bewusstes und Unbewusstes im Geist dazu führt, dass ein Übergang vom einen zum Anderen nicht mehr als aktiv gedacht werden kann, sondern durch eine nicht beschreibbare Kraft geschehen muss, die die Menschen eindeutig bestimmen würde.[189] Diese Kraft, die für den Übergang sorgt, erscheint in einer Erklärung sinnvoll, doch sie widerspricht dem, was erlebt wird oder wie Sartre es schreibt: »[D]ie Erklärung durch Magie [beseitigt] nicht die Koexistenz [...], zweier kontradiktorischer Strukturen [Bewusstsein

---

188   Vgl. Sartre *Das Sein und das Nichts* S. 159: »Wenn die Unaufrichtigkeit möglich ist, so weil sie die unmittelbare, ständige Bedrohung jedes Entwurfs des menschlichen Seins ist, weil das Bewußtsein in seinem Sein ein ständiges Risiko von Unaufrichtigkeit enthält.«
189   Vgl. Sartre *Das Sein und das Nichts* S. 124ff.

und Unbewusstes], die sich gegenseitig implizieren und zerstören.«[190] Damit ist gemeint, dass der Dualismus zwischen Bewussten und Unbewussten sich zwar begrifflich anbietet, da das bewusste Erleben auf etwas verweist, was nicht bewusst ist. Aber – und das ist der entscheidende Punkt – es erscheint nur wegen dieser Erklärungsform als Kontradiktion: Entweder das Unbewusste beherrscht das Bewusste oder das Bewusste kann mit dem Unbewussten nichts zu tun haben. Diese Problematik entsteht nun nur, weil das Unbewusste in das Bewusstsein »gelegt« wird, als wäre das Bewusstsein ein Ort. Doch es ist, wie im ersten Hauptteil gezeigt, ein Bezug; ein intentionaler Bezug in der Welt, der keine Teilung erzeugt, sondern eine Form, in der sich die bewussten Fähigkeiten darstellen.

Die Unaufrichtigkeit – so wie sie in dieser Arbeit verstanden wird – ist demnach keine Teilung, die einen Ort der Eigentlichkeit bedingen würde, sondern sie ist eine Form, in der man sich zueinander verhält. Zu zeigen sein wird, dass man Sartres Beschreibung der *Unaufrichtigkeit (mauvaise foi)* in die hier verwendete Terminologie als eine Fokusfixierung bzw. eine Nicht-fokussierung dessen überführen kann, was im Horizont der eigenen Fassade und der Fassaden anderer liegt.[191] Es lässt sich somit durch folgendes Zitat Sartres an die Beschreibung der *mauvaise foi* als Möglichkeit des Miteinander und als Bedingung der sozialen Situation anknüpfen: »Die Möglichkeitsbedingung der Unaufrichtigkeit ist, daß die menschliche Realität in ihrem unmittelbaren Sein, in der [S]truktur des präreflexiven Cogito das ist, was sie nicht ist, und nicht ist, was sie ist.«[192] Diese Struktur wurde hier schon expliziter bestimmt, in der Form, als Andere durch Andere bedingt sein zu müssen. Man geht jedoch nie völlig in einer Zuschreibung auf, die man erlebt oder die einem widerfährt. Das ist es, was ich mit der Formulierung meinte, dass man sich in einer unbestimmten Pluralität von Anderen, die aber notwendig plural ist, zueinander verhält: Die Unaufrichtigkeit ist kein fester Teil des menschlichen Bewusstseins. Sie ist eine Form, in der sich das Erleben einer Person dem Erleben einer anderen Person darstellt. Diese Darstellung der *mauvaise foi* zeigt sich im Umgang mit Anderen als *Fokusfixierung:* Die Anderen und man selbst sind für eine Person, die unaufrichtig erlebt, nur das, als was sie schon erlebt wurden, oder das, als was sie noch nicht erlebt wurden. Ein Beispiel im Sinne von Butler wäre wohl Folgendes: Man erlebt sich als Mann, weil man als solcher erzogen wurde, und reduziert sich und Andere damit auf ein bestehendes Bild von Geschlechtlichkeit, ohne es zu hinterfragen. Es zeigt sich also, dass die Reduktion der Anderen oder des eigenen Selbst gerade das ist, was Sartre als Unaufrichtigkeit bestimmt.

---

190   Ebd., S. 130.
191   Vgl. Ebd., S. 159: In *Das Sein und das Nichts* verweist Sartre in einer Fußnote darauf, dass die Authentizität nicht Thema dieses Buches ist und in einem anderen verhandelt werde. Dieses andere Werk sind die *Cahier pour une moral* eine unfertige Ausarbeitung zu einer Existenzphilosophischen Moral der Authentizität.
192   Ebd., S. 153.

Die von ihm aufgedeckte Doppelstruktur der menschlichen Wirklichkeit, »zu sein was man nicht ist und nicht zu sein, was man ist«, haben wir weiter oben schon bei Simone de Beauvoir implizit vorgefunden.[193] Nicht umsonst heißt der zitierte Essay de Beauvoirs *Für eine Moral der Doppelsinnigkeit*; dort argumentiert sie, und ich hier mit ihr und Sartre, dafür, dass die Freiheit der Menschen darin besteht, die je eigenen Perspektiven, die aufs Spiel gesetzt werden, sich gegenseitig zu vergegenwärtigen.

Dies ist die Verbindung zu der Überlegung, die ausgehend von Deleuzes gemacht wurde, dass die Anderen die Struktur der Möglichkeit bedeuten. Ob man sie reduziert, man miteinander für eine Sache handelt, über den nächsten Tag nachdenkt: die Möglichkeiten, sich so oder so zu verhalten, entstehen in Bezug auf Andere, ob man sich dessen explizit bewusst ist oder nicht. Implizit sind unsere Verhaltensweisen immer Anderen ausgesetzt, und sie wiederum eben diesem Verhalten.

Auf diesem Weg lässt die Verbindung von Existenzphilosophie in der in Hauptteil 1 bestimmten Form (die Existenz geht dem Wesen voraus, weil wir Andere unserer selbst für Andere sind) und dem deleuzeschen Denken am deutlichsten zeigen: Wenn Sartre davon spricht, dass wir nicht sind, was wir sind, und sind, was wir nicht sind, dann bedeutet dies, dass wir für uns selbst jeweils schon Andere sind. Man ist also nicht, was man ist, weil man sich in Bezug zu Anderen verhält. Das bedeutet, dass man von den Verhaltensweisen beeinflusst ist, aber auch, dass man sich anders verhält als sie; man ist also, was man nicht ist, denn das Verhalten, das man darstellt, ist nicht gänzlich selbstgewählt und nicht völlig determiniert, weil man sich beständig ver*ändert*. Man hat keine feststehende Identität, was nichts anders bedeutet, als dass man sich verändert und man diese Veränderung als Alterität des eigenen Selbst verstehen muss, die die Möglichkeiten sich zu verändern durch Andere bedeutet. Damit ist auch in dieser von mir gegebenen Formulierung der existenzphilosophischen These das Wesen nicht festgelegt, und dies gerade durch die Bedeutung der Anderen, die hier als Möglichkeitsstruktur des gesamten Erlebens und deshalb als Bedingung der Wirklichkeit bestimmt werden konnte.

De Beauvoir beschrieb in einer der zitierten Stellen, dass die unterdrückende Person nicht *ehrlich* zu sich selbst ist, wenn sie unterdrückt, gerade weil sie dadurch die Freiheit der Anderen hintergeht, sich selbst darüber blendet, dass andere Menschen, allem Erleben zum Trotz, nicht frei seien.[194] Dieser Verweis auf die Ehrlichkeit bringt uns zurück zum mit Foucault beschriebenen Konzept der *parrhesia*. Man spricht in der *parrhesia* etwas aus, in der Form *wie es* ist; dadurch wird – um metaphorisch zu sprechen – Licht in die Falten, Furchen und Schluchten der Fassade geworfen, die bis dahin verdeckt waren. Es wird der Fokus auf Vielheiten

---

193   Vgl. ebd. & de Beauvoir: *Für eine Moral der Doppelsinnigkeit*, S. 82.
194   de Beauvoir: *Für eine Moral der Doppelsinnigkeit*, S. 144.

oder Andersheiten gelenkt, die noch nicht thematisiert erlebt wurden. Auch mit Sartre lässt sich diese Verbindung zwischen *parrhesia* und im Horizont verschwindenden »Eigenschaften«, Gefühlen etc. ziehen. Er schreibt: »Die Unaufrichtigkeit ist nur möglich, weil sich die Ehrlichkeit bewußt ist, von Natur aus ihr Ziel zu verfehlen.«[195] Dieses Zitat bedeutet in aller Kürze, dass ehrlich zu sein eine reflexive Ebene einschließt, nämlich die, dass man nur dann unumstößlich ehrlich sein könnte, wenn man eine eindeutige Identität hätte. Da dies – wie hier schon mit Bedorf, Butler, Sartre und de Beauvoir gezeigt wurde – nicht der Fall ist, muss eine ehrliche Aussage darstellen, was gerade ist, sich aber zugleich bewusst sein, dass dies nur für den Moment gilt. Die Doppelstruktur der menschlichen Wirklichkeit, die sich als Alterität durch die soziale Situation darstellt, ermöglicht demnach allererst die Unaufrichtigkeit als Modus der Reduktion des Menschen auf das, was er gewesen sein soll, oder auf das, was er nicht ist. In der Unaufrichtigkeit verliert man durch die Setzung eines Fokus auf das Gewesene (sich in einer Situation feige verhalten zu haben) oder auf das noch nicht Seiende (auch wenn ich jetzt verletzt bin – ich kann auch wieder nicht verletzt sein) die Anderen als Menschen aus dem Blick. Man fokussiert entweder, was war oder was wird: Der jeweils andere Modus befindet sich jedoch immer als Möglichkeit im Horizont, der fokussiert werden kann. Durch einen unumsichtigen, unaufrichtigen Fokus (den jede*r immer wieder haben kann, wenn der Fokus sehr stark ist) verliert man also die im Horizont befindlichen Teile der Wirklichkeit aus dem Blick.

Die Ehrlichkeit hingegen hat diese Vieldeutigkeit im Blick. Ihr Problem ist es nun, dass sich der Fokuswechsel nicht vermeiden lässt, da der Wechsel zwischen Horizont und Fokus immer – wie im ersten Kapitel dieses Hauptteils gezeigt – an einen zeitlichen Verlauf geknüpft ist. Außerdem lässt sich durch die strukturelle Teilung der Intentionalität (in Horizonte mit Fokus und Thema) nie die Gänze, nie eine echte Totalität in den Blick nehmen, sondern nur die Darstellung der Intentionalität als Fassade. D.h., um den Gegensatz deutlich klarzustellen: Selbst, wenn durch die Darstellung versucht würde, eine Ganzheit auszudrücken, wäre dies nicht möglich. Ein Abgleich mit der Wirklichkeit wird immer zeigen, dass es mehr auf der Fassade gibt, als eine totalitäre Bestimmung zeigen könnte. Hier wiederholt sich die Kritik an der Totalität, die im ersten Hauptteil im Ausgang von Butler geführt wurde: Total kann etwas nur dann sein, wenn man den Fokus fest auf eine bestimmte Eigenschaft oder eine Reihe zueinander passender Eigenschaften setzt, von der aus sich »Alles« erklären lässt. Was dadurch jedoch nicht explizit abgebildet werden kann, ist eine sich verändernde Pluralität mit wechselnden Verhaltensweisen, die sich widersprechen, sich jedoch nicht ausschließen. Dadurch lässt sich eine teilweise Reduktion, die wieder revidiert werden muss und dabei selbst teilweise reduktiv ist, nicht gänzlich vermeiden. Die Struktur, aus der

---

195   Ebd. S. 152.

die Phänomene von Unaufrichtigkeit und *parrhesia* entstehen, ist dem endlichen Standpunkt der Anderen als Andere für sich je selbst geschuldet. Sie stellt eine permanente Möglichkeit zur Unterdrückung genauso wie zur Befreiung dar: Die Reduktion muss als Reduktion explizit werden, weil unser Selbstbild an die Anderen als Andere gebunden ist. Diese Möglichkeiten der Selbstbilderzeugung sind aber solche, bei denen die Freiheit jedes Mal wieder auf dem Spiel steht, wir uns immer wieder im sozialen Miteinander zueinander verhalten müssen. Es sind also Möglichkeiten, die mit einem Kraftakt, einem Kampf verbunden sind.

Was kann aber die *parrhesia* hier in der Diskussion der reduktiv wirkenden Unaufrichtigkeit »ans Licht bringen«, wenn man freimütig die Wahrheit spricht und auch in der Ehrlichkeit nicht ohne jegliche Form der Reduktion umhinkommt? Um dies zu klären, folgt nun ein Zitat Sartres, in dem er das Ziel der Ehrlichkeit, das gleichzeitig ihr Problem ist, formuliert:

> Was ist ihr [der Ehrlichkeit] Ziel? Machen, daß ich mir das eingestehe, was ich bin, damit ich schließlich mit meinem Sein übereinstimme; also machen, daß ich nach dem Modus des An-sich bin, was ich nach dem Modus von »Nicht-das-sein-was-ich-bin« bin. Und ihr Postulat ist, daß ich im Grunde schon nach dem Modus des An-sich das bin, was ich zu sein habe. So finden wir am Grund der Ehrlichkeit ein unaufhörliches Spiel von Spiegeln und Spiegelungen, einen fortwährenden Übergang von dem Sein, das das ist, was es ist, zu dem Sein, das nicht ist, was es ist, und, umgekehrt, von dem Sein, das das ist, was es nicht ist, zu dem Sein, das das ist, was es ist. [...] Damit es nämlich eine Ehrlichkeitsintention gibt, muß ich ursprünglich zugleich das sein und nicht das sein, was ich bin.[196]

Hier steht in kompakter Formulierung der Ausgangspunkt, den die Untersuchung der Unaufrichtigkeit in Verbindung mit der *parrhesia* in der vorliegenden Arbeit genommen hat: Die *parrhesia* ist der Spiegel, den man sich selbst vorhält und den man von Anderen vorgehalten bekommt. In ihr stellt man freimütig dar, wie es für eine*n ist, dieses oder jenes zu erleben. Dabei setze ich mir selbst und wird mir durch die Anderen immer wieder eine Art und Weise gesetzt, wie man sein kann oder soll, also eine Fassade, die reduzierend, nicht jedoch reduktiv ist. Doch ist die *parrhesia* nicht nur dieser Spiegel, sondern auch derjenige, der mich das reduktive Moment dieser Darstellung, »wie es für *mich* ist«, aufzeigen oder erleben lässt. Die *parrhesia* ermöglicht es – ohne den Anderen oder mir vorzuwerfen, ich meinte eigentlich etwas anderes –, mitzuteilen, wie es für eine*n ist, mit ihnen umzugehen, so wie sie es ihnen ermöglicht, einer*m zu sagen, wie es für sie ist. Dadurch lässt sich dieser Sinnabschnitt wie folgt schließen: Hinter der Doppelstruktur der menschlichen Wirklichkeit als Andere unter Anderen gibt es nichts Verborgenes,

---

196   Sartre: *Das Sein und das Nichts*, S. 151.

Eigentliches, sondern in jedem Verhalten liegt alles, was in der Situation erforderlich ist, um sich zu verstehen: Die notwendige Verbundenheit mit Anderen ist ein Horizont aus Fassaden, die eine kontinuierliche und diskontinuierliche Darstellung zeigen.

Leichtigkeit im Umgang miteinander An diesem Punkt zeigt sich also explizit die zeitliche Bedingtheit des hier Beschriebenen: Es ist die Kontinuierlichkeit und Diskontinuierlichkeit dessen, wie man etwas erlebt. Diese Möglichkeit der Kontinuität und Diskontinuität wird mir durch die Spiegelung des Verhaltens der Anderen aufgezeigt: Während man bspw. freimütig darstellt, wie es für einen ist, kann sich genau dies ändern oder verstetigen. Das *Sich-in-den-Anderen-und-sich-selbst-als-Andere*r-freimütig-Spiegeln* ist immer an ein Verstreichen von Zeit, an eine spezifische Dauer und ein Vertrauen gebunden.[197] Diese Bewegung kann man mit Henri Bergson nicht nur inhaltlich, sondern auch sprachlich gut in das hier Beschriebene einpassen. Auch er spricht in seiner Darstellung der Bewegung vom Horizont und dem Aufeinandertreffen mit Anderen und Gegenständen, sowie in einer Metaphorik der Spiegel:

> In dem Maße, in dem mein Horizont sich weitet, scheinen [...] die Bilder, die mich umgeben [...], mir indifferent zu werden. Je mehr ich diesen Horizont verenge, umso deutlicher staffeln sich [die Anderen, P.H.], die Gegenstände, die er umfaßt, nach der mehr oder weniger großen Leichtigkeit, mit der mein Körper sie berühren und bewegen kann. Gleich einem Spiegel werfen sie meinem Körper seinen möglichen Einfluß zurück, sie ordnen sich nach der zunehmenden oder abnehmenden Macht meines Körpers.[198]

Die Leichtigkeit, mit der sich der Horizont verengen oder erweitern kann (bspw. durch die Bewegung in einer Stadt), bringt die Begriffe des Widrigkeitskoeffizienten (der direkt erfahrenen Schwierigkeit, etwas zu tun) und der Gegenfinalität (der verzögerten, indirekt durch die Handlung ausgelösten Schwierigkeit) an dieser Stelle wieder mit in die Betrachtung des Horizontes ein. Sie wurden als Formen der Schwierigkeit beschrieben, etwas in der Welt zu verändern. Der Begriff, in dem Gegenfinalität und Widrigkeitskoeffizienten zusammengeführt werden können, ist der der Schwierigkeit. Er gibt den negativen Aufwand an, um etwas in der Welt zu verändern. Dagegen tritt nun die Leichtigkeit in den Fokus, die angibt, inwieweit mein Körper einen positiven Einfluss auf den Moment der Welt, zu dem ich mich verhalten muss, ausüben kann, wie gut man die soziale Situation verändern kann. Die Gegenstände und die Anderen verleihen diesem Begriffspaar

---

197   Vgl. Andreas Hetzel: *Vertrauen als Affekt der radikalen Demokratie* in Thomas Bedorf & Kurt Röttgers (Hg.) *Das Politische und die Politik*, Frankfurt a.M. Suhrkamp, 2010, S. 235ff.

198   Henri Bergson: *Materie und Gedächtnis*, Hamburg Felix Meiner, 2015, S. 18.

(Schwierigkeit und Leichtigkeit) seine Geltung, weil wir uns *mit* uns selbst *als* Andere konfrontieren.

Durch die Gegenstände – aber vor allem durch die Anderen – fällt es mir *leichter* oder *schwerer*, das von mir oder das von den Anderen im Horizont Liegende in den Fokus zu nehmen. Leichtigkeit, Widrigkeitskoeffizient und Gegenfinalität sind Begriffe, mit denen sich das *andauernde aufeinander bezogene Verhalten als Spiegelkabinett der Anderen* strukturell beschreiben lässt. Es offenbart ein Umkippen von Begriff (Leichtigkeit) zu Begriff (Schwierigkeit) und zurück.

Die zeitliche Bedingung beziehungsweise die Prozesshaftigkeit ist es, auf die also besonders hingewiesen wird, um den Wechsel zwischen den konkreten Verhaltensweisen untereinander nicht unter den Tisch fallen zu lassen. Diese Bestimmung der Dauer lässt sich mit Waldenfels ergänzen, wodurch die Verbundenheit von Vergehendem, Erleben und Zukünftigem folgendermaßen benannt werden kann: »Da wir unsere Vergangenheit nie völlig hinter uns bringen, ist die Ablösung nur die Kehrseite einer fortdauernden Verbundenheit.«[199] Man ist also nicht nur die eigene sedimentierte Vergangenheit, sondern auch eine Ablösung von ihr. Hier tritt die Struktur des Sinns als Verknüpfung von Alltag und *Mehr* wieder hervor: Da ich beides, Vergangenheit und Zukunft im Modus des *Sowohl-als-auch* bin, lassen sich die Menschen jeweils als Andere (als Vielheiten) bestimmen, die andauernd die alltäglichen sozialen Strukturen wiederholen. Gerade in dieser Wiederholung ist man aber mehr als das, was man einmal war, bzw. wie man sich einmal verhalten hat. In der Mitte zwischen vergangenen Handlungen und denen, die man vorhat, liegen jene, die man gerade ausführt. In dieser Zeit liegen die anderen Handlungen und die Handlungen Anderer im Horizont und können mir vor allem durch das Spiegeln der Anderen offenbar bleiben. Durch sie erlebt man die Leichtigkeit und die Schwierigkeit, die man hat, wenn man sich in der Welt zu Anderen verhält. Die Anderen können einem helfen, *für einen einspringen, einem vorausspringen* und *mit einem zusammen stolpern*.

Ein Beispiel dafür kann in dem Roman *Stiller* von Max Frisch gesehen werden. Sein Hauptcharakter wird durch die ungewollte Rückkehr in seine Heimat mit dem konfrontiert, was er war, was er getan hat. Die Frage, die sich durch den ganzen Roman zieht, ist diejenige, ob er wirklich, wahrhaftig Stiller sei, wenn er ehrlich ist. Diese Frage im Roman steht der Praxis der *parrhesia* nahe; er soll freimütig sagen, wer er ist, beschreiben, wie es wahrhaftig war, er zu sein; Forderungen, die nach Sartre unaufrichtig genannt werden können: denn damit soll sich Stiller ja gerade auf das festlegen, was er war. Er begegnet diesen auffordernden Fragen mit der Verneinung, er sei nicht Stiller; er flieht nach vorne in die Zukunft. Dies sind die zwei Gesichter der Unaufrichtigkeit, wie sie Sartre beschreibt: 1. sich auf das zurückziehen, was man ist, heißt, sich von der Idee leiten lassen, die Vergangenheit

---

199   Waldenfels: *Der Spielraum des Verhaltens*, S. 70.

würde uns vollständig determinieren; 2. sich in die Zukunft verrennen, heißt, sich von der Idee leiten zu lassen, man wäre losgelöst von allem, was man getan hat und von allem, was Andere getan haben.[200] Beide Wege sind, wie oben bestimmt, Reduktionen dessen, was die Doppelsinnigkeit der menschlichen Realität bedeutet: sowohl frei als auch von den Strukturen bedingt zu sein.

Doch die Wiederholung dieser Frage durch die Anderen wirft Stiller immer mehr und mehr darauf zurück, was in die Weiten des Horizonts seiner Fokussierung gerückt ist. Er beteuert über weite Strecken, nicht Stiller zu sein, sich anders als er zu verhalten. Die Darstellung der Doppelsinnigkeit ist dabei aber die Besinnung des Hauptcharakters auf die Wiederholung; sowohl die Vergangenheit als auch die Offenheit, die Ablösung – wie es Waldenfels nannte – wiederholen sich, je nachdem, auf was man gestoßen wird. Er bekommt die Widerständigkeit und die Gegenfinalität durch die Anderen zu spüren und erfährt so seine *Leichtigkeit*:

> Wiederholung! Dabei weiß ich: alles hängt davon ab, ob es gelingt, sein Leben nicht außerhalb der Wiederholung zu erwarten, sondern die Wiederholung, die ausweglose, aus freiem Willen (trotz Zwang) zu seinem Leben zu machen, indem man anerkennt: Das bin ich! ... Doch immer wieder (auch darin die Wiederholung) genügt ein Wort, eine Miene, die mich erschreckt. Eine Landschaft, die mich erinnert, und alles in mir ist Flucht, Flucht ohne Hoffnung, irgendwohin zu kommen, lediglich aus Angst vor Wiederholung.[201]

Die Angst vor der Wiederholung ist das Ressentiment des bloßen erkennenden Hinsehens: denn im Horizont der menschlichen Wirklichkeit mit Anderen haben wir am Beispiel Stillers die paradoxe bzw. partielle Wiederholung des Einzigartigen gefunden, dessen, was er getan hat und was er vorhat. Dies drückt Deleuze in *Differenz und Wiederholung* wie folgt aus:»Wiederholen heißt sich verhalten, allerdings im Verhältnis zu etwas Einzigartigem oder Singulärem, das mit nichts anderem ähnlich oder äquivalent ist.«[202] Die Wiederholung ist das Erleben der Verbundenheit mit der Vergangenheit und der Zukunft. Sie ist nicht etwas Allgemeines, sondern sie ist die performative Darstellung der menschlichen Wirklichkeit als Andere, und für Andere nicht zu sein, was man ist, und zu sein, was man nicht ist.[203] Man ist jemand, der*die sich verändert und wiederholt. In der Wiederholung erleben wir unsere Wirklichkeit mit Anderen immer mit, sie zu fokussieren bedarf aber, wie hier gezeigt wurde, der Anderen und der Gegenstände, die den eigenen Blick auf bestimmte Bereiche der *sozialen Situation* spiegeln, ihn dadurch leichter oder schwerer leiten und umleiten können.

---

200 Vgl. Sartre: *Das Sein und das Nichts*, S. 146.
201 Max Frisch, *Stiller*, Suhrkamp Frankfurt a.M. 2013, S. 69.
202 Gilles Deleuze *Differenz und Wiederholung*, Fink München 1992, S. 15.
203 Vgl. Sartre: *Das Sein und das Nichts*, S. 147.

Was man aber bei all der Beschreibung nicht vergessen darf, ist, dass die *Leichtigkeit* eine Einheit mit Gegenfinalität und Widrigkeitskoeffizienten bildet. Es ist eine harte Aufgabe, ein Kampf mit sich selbst, den jede Person führt, sich dieser Wirklichkeit als Andere unter Anderen bewusst zu sein. Die Schwierigkeit ist nicht nur, dass man beim freimütigen Sprechen selbst immer zwei reduktive Momente miteinander verbinden muss, sondern dass man sich gegenseitig darin unterstützen muss, diese Doppelsinnigkeit hören zu wollen. Die *parrhesia* ist deshalb eine optimistische Beschreibungsform des Miteinanders, weil sie darauf vertraut, dass wir füreinander Interesse haben. Durch sie sollen die negativen Seiten des Miteinanderlebens auf keinen Fall verdeckt werden, aber den Fokus nur auf sie zu lenken würde ebenso ein falsches Bild des Miteinanders erzeugen, da das Negative auf die Möglichkeit zur *parrhesia* zeigt. So erfährt auch Stiller dieses »Dilemma«: Es wird ihm ehrlich gesagt, man verstehe ihn nicht, und er antwortet ehrlich, dass genau dies der Grund für sein Verhalten sei, alles zu bestreiten. Mit dem folgenden Zitat verlassen wir Stiller und den Roman von Max Frisch wieder, um im weiteren darüber zu sprechen, wie sich die *Leichtigkeit* als Ausdruck unseres Einflusses auf die Umwelt sowie der Widrigkeitskoeffizient und die Gegenfinalität als Einfluss auf uns nehmen, wie sie sich in einer je schon bestehenden Stimmung darstellen: »Daß Stimmungen verdorben werden und umschlagen können, sagt nur, daß das »Dasein« je schon immer gestimmt ist.«[204] Dies ist dann nur ein weiterer Aspekt der Schwierigkeit, sich der menschlichen Wirklichkeit als *einer sozialen Situation* bewusst zu sein und diese zu beschreiben. So ist auch Stiller und ebenso sein Anwalt gestimmt, gestimmt von Unverständnis: »›Ich verstehe Sie nicht‹, sagt mein Verteidiger. ›Das weiß ich‹, sage ich, ›darum bin ich ja genötigt, Herr Doktor, alles zu bestreiten, was Sie von mir sagen‹.«[205]

Die Stimmung als Folge der Wiederholung Immer befinden wir üns in dieser Spannung, die exemplarisch mit Stiller, dem Hauptcharakter aus dem gleichnamigen Roman von Max Frisch, bildlich gemacht werden konnte. Wir befinden uns als *Andere unter Anderen* in einer Stimmung; einer erlebten *sozialen Situation* aus Welt und Anderen. Ich komme hier wieder auf Heidegger zurück und nehme damit auf das »Immer-schon-gestimmt-Sein« Bezug. In dieser sozialen Form der Gestimmtheit wird nicht verschleiert, dass der Grund dieser Gestimmtheit nicht immer klar darin bewusst zu Tage treten muss, was man tut: Wie häufig sind wir, durch das, was zu tun ist, die Pflichten, in denen sich soziale Strukturen sich äußern, von der Stimmung und von ihrem Sinn abgelenkt: »*Die Befindlichkeit erschließt das Dasein in seiner Geworfenheit und zunächst und zumeist in der Weise der ausweichenden Abkehr.*«[206]

---

204   Heidegger: *Sein und Zeit*, S. 134.
205   Max Frisch, *Stiller*, S. 330.
206   Heidegger: *Sein und Zeit*, S. 136.

Die *Geworfenheit* bedeutet hier die unhintergehbare Bedingung dessen, dass wir zu einer bestimmten Zeit an einem bestimmten Ort in der Welt sind, ohne dies gewählt zu haben. Es geht also – um es zu wiederholen – um Strukturen, die – bei Heidegger – ontologisch notwendig vorhanden sind, die man aber im Zuge dieser Arbeit weniger statisch als die sedimentierten Strukturen deuten kann, die sich im Alltag als die Grundlage der individuellen Sinngebung gezeigt haben. Die Geworfenheit verweist auf soziale Strukturen *und* unhintergehbare Bedingungen, wie den Ort der Geburt. »Weniger statisch« bedeutet dabei, dass sich die sozialen Strukturen, die in die Leiber eingeschrieben sind, als Codes betrachtet werden können, die sich dennoch verändern können. Das ist möglich, weil die sozialen Strukturen zwar verfestigte Gewohnheiten und Handlungsweisen sind, sich aber in jeder Anwendung wieder performativ mitformen müssen. Sie sind brüchig, sie bröckeln auseinander und in andere Formen zusammen.

Diese beständige Umformung der sozialen Strukturen ist ein Gesicht der Wiederholung, in dem sich Kontinuität und Diskontinuität – wie mit James bestimmt – ablesen lassen. Betrachtet man die Gestimmtheit aus dieser Perspektive, dann sind die Befindlichkeiten nicht länger als *Abkehr* zu bestimmen, sondern eher – weniger intensiv – als eine *Ablenkung;* eine Ablenkung nicht vom Eigentlichen – dessen Konzeption hier schon mehrfach in Zweifel gezogen wurde –, sondern von etwas in der Welt, von Anderen oder Gegenständen im Horizont. Die Gestimmtheiten stellen sich in Mimik und Gestik der Fassaden sowohl im Fokussierten als auch im Horizont des Erlebens dar. Positiv formuliert bedeutet dies, dass jede Stimmung Anderer uns aus verschiedenen Perspektiven einen Spiegel vorhält, der das Bild des Befindens in verschiedenen Facetten, die nicht immer zusammenpassen, wiedergibt. Die Stimmungen geben Sicherheit, sie verwirren, machen betroffen, und das möglicherweise zur selben Zeit. Diesen Punkt kann man mit Heidegger, auch in der hier abgeschwächten Form, ein Ausgeliefertsein an die Welt nennen, welches er wie folgt einführt:

> Die Befindlichkeit erschließt nicht nur das »Dasein« in seiner Geworfenheit und Angewiesenheit auf die mit seinem Sein je schon erschlossene Welt [was hier *Konfusion* genannt wurde, P.H.], sie ist selbst die existenziale Seinsart, in der es sich ständig an die »Welt« ausliefert, sich von ihr angehen läßt, derart daß es ihm selbst in gewisser Weise ausweicht [abgelenkt wird, P.H.].[207]

Die hier dargelegte Ausweichbewegung wurde im letzten Sinnabschnitt in der Form der Unaufrichtigkeit beschrieben, die in Verbindung mit dem *freimütigen Sprechen* bzw. *Darstellen* ohne Rekurs auf etwas Eigentliches die Möglichkeit bildet, eine Verschiebung des im Horizont Befindlichen in den Fokus zu erreichen. Es muss an dieser Stelle ein Grundgedanke dieser Arbeit wieder ins Gedächtnis

---

207 Ebd., S. 139.

gerufen werden, nämlich dass sich dies alles auf dem Boden des Alltags abspielt: Dies bedeutet, dass sich im Alltag zeigen lassen muss, wie man sich selbst und die Anderen sich permanent an die Welt ausliefern. Als Andere stehen wir je selbst in einer Welt zwischen *Anderen* und Gegenständen. Wir gehen mit Dingen um, wir verhalten uns Anderen gegenüber und sie sich uns gegenüber. Sind wir also der Welt *ausgeliefert*? Ja, aber damit sind wir nicht allein.

Betrachtet man dazu folgendes Zitat, das Merleau-Ponty aus der Gestaltpsychologie Wolfgang Köhlers aufgreift, dann zeigt sich, wie eine »Auslieferung« bei ihm schon in der basalsten Wahrnehmung als eine Auslieferung an die Dinge konstatiert werden kann: »Unser Wahrnehmungsfeld bildet sich aus ›Dingen‹, und aus ›Zwischenräumen zwischen Dingen‹.«[208] Die Auslieferung an die Welt ist damit schon zu Beginn der phänomenologischen und existenzphilosophischen Forschung ein bestimmender Faktor. Es ist also nichts Neues aufgezeigt worden. Aber die Art und Weise, in der es gezeigt worden ist, ist eine radikale Reformulierung auf Grundlage der Betonung der Andersheit: Die Betonung geht von »Die Dinge gliedern unser Erleben« zu »Die Anderen konstituieren unser Erleben, die in die Gegenstände eingeschriebenen Strukturen, die Sedimente anderer Verhaltensweisen in meinem Verhalten, die normierenden Codes, wie man mit etwas umgehen, wie sich verhalten soll« über. Nach dieser ausführlichen Reformulierung kann man die Untersuchung der Gestimmtheit folgendermaßen bestimmen: Alles berührt uns und stimmt uns in dieser oder jener Weise *für Andere*. So entsteht daraus ein Geflecht, in dem man sich verlieren kann, in dem man sich je selbst an die Welt und die Anderen ausgeliefert hat und immer schon ausgeliefert ist. Man kann sich jedoch selbst und seinen im Horizont liegenden Bereichen ebenso ausweichen wie den Anderen im Horizont und deren Horizontbereichen. Ein Beispiel ist das Gefühl der Unruhe, aus dem man Andere übersieht, oder eine Betroffenheit, die einen auf sich selbst zurückwirft. Dies ist möglich, weil man von den Horizonten der Anderen und den je eigenen nur indirekt betroffen ist. Man muss sich also umhören wollen, um sich aktiv in den Horizonten wiederzufinden bzw. die Energie dafür aufzubringen. Diese Gedanken hält Deleuze in seinem Buch über Spinozas praktische Philosophie fest. Er beschreibt, auf welche Art man sich mit den erlebten Gegenständen und Anderen verbinden kann:

> [D]urch Schnelligkeit und Langsamkeit läßt man sich zwischen die Dinge [und die Anderen P.H.] gleiten, verbindet man sich mit anderen Dingen [und Anderen P.H.]: man fängt niemals an, man macht niemals reinen Tisch, man schleicht sich ein, man tritt mitten hinein, man paßt sich Rythmen an oder zwingt sich ihnen auf.[209]

---

208   Merleau-Ponty: *Phänomenologie der Wahrnehmung*, S. 35. (Köhler, *Gestalt Psychology*, S. 164f. – zitiert nach ebd. S. 35)
209   Gilles Deleuze: *Spinoza – Praktische Philosophie*, Berlin: Merve 1988, S 160.

Auch in diesem Zitat lässt sich das Alltägliche finden. Es ist der Raum, in den man sich nur *einschleichen kann*. Und das Alltägliche ist auch der Grund dafür, dass man nicht *tabula rasa* machen kann. Denn wie hier in der Untersuchung des Sinns gezeigt wurde, ist der Alltag mit Strukturen, Sedimenten und Codes durchzogen. Diese bilden die Grundlage des Sinns, *wie* einem *etwas* erscheint. Es ist diese Asymmetrie zwischen Vorhandenem und Neuem, die es unmöglich macht, das Alltägliche Moment für Moment isoliert zu betrachten. Es sind die *Wiederholungen* der Strukturen, Codes und der daraus resultierenden Sedimentierung, die beschrieben werden sollen; oder kurz: Die Formen des Miteinanders in den sozialen Strukturen sind undurchsichtig.

Deleuze benennt dafür zwei Arten, die Wiederholung zu beschreiben, um zu bestimmen, wie die alltägliche Struktur mit der Individuellen zusammenfällt: »Die eine ist eine ›nackte‹ Wiederholung, die andere eine bekleidete Wiederholung, die sich selbst bildet, indem sie sich bekleidet, maskiert, verkleidet. Die eine besteht aus Exaktheit, die andere entspricht dem Kriterium der Echtheit.«[210] Man könnte hierin die Rückkehr zu einer Theorie der Eigentlichkeit oder Authentizität vermuten, denn das Angeben eines Bereichs als denjenigen, der nach den Kriterien der Echtheit gemessen werden muss, legt die Vermutung nahe, dieser sei der Kern des anderen Bereiches. Doch das Sprechen von einer *nackten* und einer *bekleideten* Wiederholung impliziert etwas anderes: Es impliziert, dass es keine allgemeine und einheitliche Wiederholung gibt. Sie verläuft immer doppelt und in vielen kleinen Schritten; einmal bekleidet, nach dem Modus dessen, was besteht, in den sozialen Strukturen, Codes, oder – in den Worten Deleuzes – maskiert, verkleidet, oder auch travestiert. Die andere Form ist die Wiederholung dessen, was wird, was noch nicht ist, was in dieser bestehenden Verkleidung Neues entsteht. Die erste Form verläuft kontinuierlich und die zweite ist die Diskontinuität. Damit ist die Echtheit kein Verweis auf die Eigentlichkeit, denn ich bin, sollte man sich in der Wiederholung beschreiben müssen, sowohl Teil der *bekleideten* (kontinuierlichen) Wiederholung als auch Teil der anderen, der *nackten* (diskontinuierlichen). Die Echtheit, von der Deleuze spricht, ist als ein Gegenpart zur Eindeutigkeit nicht Ausdruck dessen, dass hinter der Oberfläche etwas anderes liegt, sondern dessen, dass die Oberfläche selbst mehr ist, als man ihr zuschreibt. Sie besteht aus Falten und Furchen, die durch Verhaltenscodes, soziale Strukturen, eben durch Sedimente verkleidet sind, wodurch sie kontinuierlich wirken. Aber sie bestehen dennoch auf der Oberfläche.

Wo führt diese Beschreibung der Doppelsinnigkeit der Wiederholung hin, wenn man sich den Ausgang dieser Abschnitte mit Heidegger in der Bestimmung des Lebens als immer schon Gestimmt-sein vergewissert? Es führt dazu, mehr sagen zu können, als dass die Menschen immer in einer bestimmten Stimmung

---

210   Deleuze: *Differenz und Wiederholung*, S. 43.

sind. Es kann dadurch die Differenz und der geteilte Ausgangspunkt für die Stimmungen in der Wiederholung des Verhaltens, in der *sozialen Situation* aus Welt, Gegenständen und Anderen gezeigt werden. Das, was man *meine* Gestimmtheit nennen kann, baut auf der generellen Gestimmtheit der Anderen, ihrer Gestimmtheit und ihrem Verhalten in einem – als *meinen* thematisch bestimmbaren – Horizont auf. Unsere Fassaden spielen zusammen, stimmen sich ab und zeigen Verwerfungen zwischen uns auf.

Auch im Text von Deleuze stößt man – nach diesem Einschub – auf diese Asymmetrie:»Die asymmetrische Wiederholung verbirgt sich in den symmetrischen Zusammenhängen oder Wirkungen; eine Wiederholung von ausgezeichneten Punkten unter der Wiederholung von gewöhnlichen Punkten; und überall das Andere in der Wiederholung des Selben.«[211] In der uneindeutigen Wiederholung liegt damit eine Struktur, die die Gestimmtheit bedingt: Es ist die Notwendigkeit, in der Wiederholung Verhaltensweisen und Strukturen wieder zu durchlaufen, dabei selbst diesen Punkt möglicherweise zum ersten Mal zu durchlaufen und ihn immer irgendwann zum ersten Mal durchlaufen zu müssen. Die Wiederholung lässt sich damit auch bei Deleuze als Performativität des Sozialen darstellen. Beispielhaft kann man hier anführen, dass auch meine Eltern schon negative Erfahrungen in der eigenen Schulzeit gemacht haben, sie vielleicht auf ihr Aussehen reduziert wurden, auf ihre sportliche Leistung oder generell auf die »Bereitschaft mehr Leistung« zu erbringen als Andere. Diese Zuschreibungen und Erwartungen muss ich dennoch, oder gerade, weil sie sie auch durchlaufen haben, in Form von eigenen Entscheidungen, Handlungen und Verletzungen selbst wiederholen, für mich jeweils zum ersten Mal, für sie in der veränderten Wiederholung ihrer eigenen Verhaltensweisen.

In der Wiederholung liegen deshalb sowohl auf der Seite der kontinuierlichen Wiederholung des Konkreten als auch auf der Seite der *nackten* der diskontinuierlichen Wiederholung schon die Anderen mit in meinem Erleben. Sie sind immer schon im Horizont meines Erlebens und hier kann mit den letzten zwei Sinnabschnitten ergänzt werden: Sie sind die Spiegel, die meine Verhaltensweisen auf mich zurückverweisen, so wie ich die ihren auf sie, wodurch sich fokussierte und nicht fokussierte Einflüsse der Anderen als Gestimmtsein Ausdruck verleihen – denn das, was ich in den Spiegeln erlebe, kann mich erfreuen, mir Mut machen, mir Unbehagen bereiten, mich zaudern lassen etc.[212] Das Gestimmtsein ist damit innerhalb des Erlebens ein *Intensitätszentrum*, in dem sich in der Wiederholung der Strukturen und der Codes die Sedimentierungen weiterbilden, die die je eigene

---

211   Ebd., S. 43.
212   Vgl. Butler: *Das Unbehagen der Geschlechter*, S. 7 & Joseph Vogl: *Über das Zaudern*, Zürich*Berlin diaphanes, 2008, S. 35ff.

Stimmung herausfordern oder ermöglichen.[213] *Intensitätszentrum* nenne ich es deshalb, weil die »Ursprünge« der eigenen Stimmung im Fokus wie im Horizont durch ein Zusammentreffen mit den Anderen und der Gegenstände in Form der *sozialen Situation* erlebt werden.

So kann Merleau-Ponty im Umgang mit den Anderen folgende poetisch anmutende Beschreibung ausführen:

> Um den wahrgenommenen Leib [der jeweils Anderen P.H.] herum bildet sich ein Wirbel, von dem meine Welt angezogen und gleichsam angesaugt wird: und insofern ist sie nicht mehr nur die meine, ist sie nicht mehr nur mir gegenwärtig, sondern für X gegenwärtig, für jenes andere Verhalten, das sich in ihr abzuzeichnen beginnt.[214]

Der von Merleau-Ponty als Wirbel bezeichnete Sog, der den Leib der Anderen umgibt, kann als Bereich mit besonderen *Intensitäten* verstanden werden.[215] Das heißt, dass durch das Verhalten der Anderen – nicht nur, wenn ich sie fokussiere – ein Sinn erlebt wird, der einen anzieht oder abstößt. Es ist also mein Leib, der unter Anderen ist, wodurch ein Bereich gebildet wird, der intensiver erlebt wird, gerade weil ein gemeinsames Erleben durch die leibliche Nähe mit Anderen geschieht: Wir erleben diesen intensiven Bereich unwillkürlich als sinnhaft. Dies passiert deshalb, weil auch die Verhaltensweisen der Anderen Wiederholungen innerhalb von bestehenden sozialen Strukturen sind. Das Verhalten läuft nach bestimmten Codes ab, die aufgrund der geteilten Sedimentierung eine gemeinsame Oberfläche bieten, die – um in derselben Bildsprache zu bleiben – individuelle Furchen und Falten wirft. Deshalb kann man mit Merleau-Ponty argumentieren, dass das Verhalten von Anderen für Andere gegenwärtig ist. Konkret bedeutet dies: Man ist wütend, verletzt, fröhlich, euphorisch etc. auf eine Weise, in der es auch Andere sein könnten, aber nicht aus allgemeinen Gründen, sondern durch die Beziehungen zu Anderen. Man könnte hier nun einwenden, dass nicht in jeder Situation Andere zugegen sind, die mein Verhalten aktiv mitbestimmen. Doch genau aus diesem Grund wurde in dem vorliegenden Kapitel der Fokus auf die Anderen im Horizont gelegt, also auf diejenigen, die nicht direkt aktiv oder anwesend sein müssen. Das Soziale ist immer vorhanden, auch wenn man alleine am Schreibtisch sitzt und am eigenen Geschriebenem zweifelt: Warum zweifele ich daran? Weil die Anderen immer miterlebt werden. Die Darstellung, sei es die eigene oder die einer anderen Person, steht immer in Bezug zu Anderen, weil sie erlebt werden kann.

Weiterhin muss dann auch mit Merleau-Ponty geschlussfolgert werden, dass »[e]ine solche [Theorie des Für-Andere-Seins, P.H.] erfordert [...], daß schon in der

---

213   Vgl. Merleau-Ponty: *Phänomenologie der Wahrnehmung*, S. 472ff.
214   Ebd., S. 405.
215   Deleuze & Guattari: *Rhizom*, S. 7.

Weise, in der ich mich selbst sehe, meine Eigenschaft als möglicher ›Anderer‹ sich vorzeichnet, so wie in meiner Sicht des Anderen schon seine Eigenschaft als Ich impliziert ist.«[216] An dieser Stelle kann also die These, die ein Leitgedanke der bisherigen Beschreibung war, durch die Textstellen von Merleau-Ponty und Deleuze wiederholt werden: Das Erleben ist unser geteilter »Zugang« zueinander, weil es nicht ohne den Bezug zu Anderen denkbar wäre – die Anderen sind unsere Bedingung der Wirklichkeit.

Damit kann an diesem Punkt auch die Untersuchung der Unaufrichtigkeit mit einem Fazit versehen werden. Merleau-Ponty versteht – ganz im Sinne Sartres und de Beauvoirs – die Anderen nicht als Dinge oder als reine Subjekte und baut damit seine Beschreibung auf der sartreschen auf: »Der Andere-als-Gegenstand ist nur eine unaufrichtige Modalität des Anderen, so wie die absolute Subjektivität nur ein abstrakter Begriff von mir selbst ist«[217] – und mit der These dieser Arbeit kann man ergänzen: ein abstrakter Begriff von mir selbst als Andere*r wäre.

Diese Bedingung der menschlichen Wirklichkeit als Andere ihrer selbst unter Anderen ist der Grund dafür, immer schon durch die Anderen gestimmt zu sein. Diese Stimmung kann deshalb mit Anderen geteilt werden, weil wir in und durch die Strukturen bedingt sind, die Bedingtheit sich in den Stimmungen niederschlägt und sich in jeder*m niederschlagen kann, die*der diese Strukturen erlebt. Mit William James kann man diese beiden Abschnitte, in denen die Wiederholung ebenfalls in einer doppelsinnigen Form beschrieben wurde, zusammenfassen. Das folgende Zitat verweist noch einmal aus einer anderen Richtung auf die Uneindeutigkeit, in der sich der Alltag wiederholt: »Unsere Erfahrungsfelder haben keine eindeutigeren Grenzen als unsere Wahrnehmungsfelder. Beide sind stets durch ein *Mehr* zerfranst, das sich kontinuierlich entfaltet und durch das jene im fortschreitenden Lebensprozeß kontinuierlich ersetzt werden.«[218] Die sedimentierten sozialen Strukturen und Codes wiederholen sich in doppelter Weise, als Festigung (oder Codierung) dessen, wie etwas schon gemacht wird, und als Überschreitung (als Übercodierung und Decodierung) des schon Gefestigten in eine neue Form.

Damit wurde hier in einem zerfransten, undurchsichtigen Bereich versucht zu beschreiben, welche Grundlage und begriffliche Beschreibungsdimension das Immer-schon-gestimmt-Sein haben muss und wie sich die schon dargelegten Formen der Fokussierung innerhalb des erlebten Horizontes in der Gestimmtheit wiederfinden können: Wir sind immer schon gestimmt, weil wir uns nicht nicht wiederholen können, weshalb aber diese Wiederholungen als Darstellungen füreinander erlebbar sind. Wir können auch nicht nicht darstellen.

---

216   Merleau-Ponty: *Phänomenologie der Wahrnehmung*, S. 508.
217   Ebd. S. 509.
218   James: *Pragmatismus und radikaler Empirismus*, S. 46.

Zwischenbilanz Die Vielheiten, die wir alle als Andere sind, treffen in der sozialen Situation von Anderen, Ich und Welt aufeinander. Dieses Aufeinandertreffen ist die Grundlage und die Lösung der Unaufrichtigkeit, die sich aus der menschlichen Wirklichkeit als Vielheit (»nicht das sein, was man ist ,und das sein, was man nicht ist«), dem endlichen Standpunkt der Menschen, die sich nicht vollständig in den Blick nehmen können, und der Begegnung mit Anderen erzeugt. Diesen Teil der sozialen Situation habe ich hier als Horizonte bezeichnet, in denen wir mit Anderen sind. Die Horizonte sind nicht nur der Bereich außerhalb der Fokussierung im Erleben der Welt, die Horizonte sind die Umgebung, die zu jeder Fokussierung notwendig gehört. Geht es nun um die Beschreibung der Bedeutung der Anderen, also der Menschen für die Menschen, so kommt diese im Horizont besonders zur Geltung: Die Anderen sind Spiegel für uns und wir für sie. Wir machen uns gegenseitig die Bereiche unseres Erlebens zugänglich, die außerhalb des Fokus liegen, indem wir freimütig für wahr sprechen und für wahr darstellen, was wir erleben. Auf Grundlage dieser Beschreibung war es im letzten Sinnabschnitt möglich, aus dem geteilten Raum, in dem wir uns darstellen, wie es ist, auf die Wiederholung sozialer Codes einzugehen. Wir treffen in der konkreten Welt aufeinander, während wir unsere Darstellungen in der Wiederholung der Strukturen durch Codes erschaffen, die zur Veränderung oder Verfestigung der Sedimente führen.

Nach dem hier Dargelegten wird ersichtlich, dass alle hier benutzten Begriffe in der *sozialen Situation, im Konkreten* ihren Ausgang nehmen. Sie einzeln zu betrachten kann mit Merleau-Ponty als eine Abstraktion betrachtet werden,[219] die nicht mit einbezieht, dass man immer in unter Anderen ist, dass man nur in sozialen Situationen existiert. Wir stehen hier also am Übergang zur Situation und ihrer Beschreibung. Als erster Anhaltspunkt soll dafür eine Textpassage von Martin Buber herangezogen werden, der aus der Textsammlung *Das dialogische Prinzip* stammt und auf die Besonderheit der Situation hinweist, die über jene hinausgeht, auf die mit Merleau-Ponty hingewiesen wurde:

> Wer die These annimmt und die Antithese ablehnt, verletzt den Sinn der Situation. Wer eine Synthese zu denken sucht, zerstört den Sinn der Situation. Wer die Antinomik zu relativieren strebt, hebt den Sinn der Situation auf. [...] Der Sinn der Situation ist, daß sie in all ihrer Antinomik gelebt und nur gelebt und immer wieder, immer neu, unvorhersehbar, unvordenkbar, unvorschreibbar gelebt wird.[220]

Die Situation kann nur erfasst werden, wenn man ihr ihre eigentümliche Vielheit, ihre Differenzen zugesteht und genau diese Uneinheitlichkeit, das Leck an Planbarkeit annimmt. Man muss also sowohl die These als auch die Antithese als

219 Vgl. Merleau-Ponty: *Phänomenologie der Wahrnehmung*, S. 311.
220 Martin Buber: »*Ich und Du*« in: ders., *Das dialogische Prinzip*, Darmstadt: Lambert Schneider 1984, S. 97.

Setzungen vermeiden oder beide zugleich bestehen lassen, was jene Textstelle mit der in Hauptteil 1 vorgeschlagenen und bisher ausgeführten plurallektischen Darstellung in Verbindung bringt. Kurz: Während man lebt, bestehen Widersprüche oder Differenzen. Diese Betonung des Gelebt-werden-Müssens greift das bisher Geschriebene auf und überführt es in den Begriff der sozialen Situation. Wie diese Aufforderung ausformuliert werden kann, soll im abschließenden Hauptteil dieser Arbeit im Hinblick auf eine mögliche Solidarität bestimmt werden. Diese Widersprüche und Differenzen, die im Leben bestehen, werden offenbar durch die Anderen bedingt, die sie uns darstellen, und somit ist eine erlebte Situation immer eine soziale Situation.

Die soziale Situation – Widersprüche vielfältiger Weltverhältnisse

Zu erleben und erlebt werden zu können wurde in dieser Arbeit als die sich darstellende gemeinsame Struktur der bewussten Fähigkeiten der Menschen beschrieben. Das heißt, dass sich unser Erleben immer schon für Andere darstellt und dadurch, dass es von Anderen erlebt werden kann, auch notwendig durch sie beeinflusst wird: Wir sind als Andere unter Anderen. Damit stellt jedes Erleben die Menschen mitten unter die Anderen und in die Welt. Dies ist nicht zu verstehen, als wäre es ein Zugang zur Welt; es ist der Ausgang unserer Weltverhältnisse: Wir sind immer mit Anderen in der Welt, ohne Ausweg. Diese Ausweglosigkeit, das Ausgeliefertsein an Andere, klingt nun zuerst unangenehm, da die Begriffe selbst negativ konnotiert sind, doch es handelt sich nur um die verkürzte Formulierung der Ergänzungen der Formeln, die Silvia Stoller für die Phänomenologie und Butlers Philosophie ausgeführt hat: 1. Man kann nicht nicht *erleben*. 2. Man kann nicht nicht wiederholen. Sie wurden hier zusammengeführt, um die Komplexität des banalsten Erlebens zu verdeutlichen: Man kann nicht nur nicht nicht erleben und nicht nicht wiederholen, sondern gerade weil man an diese beiden Punkte gebunden ist, kann man nicht nicht darstellen, was man erlebt, und noch komplexer; kann man nicht nicht etwas für Andere darstellen, das von Anderen immer schon beeinflusst ist. Dieser letzte Teil ist eine Formulierung der Komplexität des Erlebens, wie sie bisher versucht wurde, zu beschreiben. Ein Ausweg aus dem Sozialen ist also nicht in Sicht, nicht solange wir (er)leben; und dieser erlebte Bereich des Sozialen lässt sich nicht ohne Bewegung vorstellen. Wir kommen nie aus dem *Miteinander*, aber wir wechseln die Gegebenheiten, nehmen kleine unscheinbare Abzweigungen, die jede*n einen anderen Weg einschlagen lassen, oder wir brechen mit dem Gewohnten und verändern so nicht nur die Richtung, sondern den gesamten Weg. Dies lässt unterschiedliche Weltverhältnisse entstehen, die immer an ein Risiko gebunden sind, weil wir uns Anderen darstellen müssen und damit den Anderen ausgeliefert sind wie sie uns. Die bewusste Bereitschaft, mit dieser Form des Risikos umzugehen, wurde im letzten Hauptteil *parrhesia* genannt. Diesem Risiko werde ich mich im Verlauf des letzten Hauptteils als Form, wie man (er)leben kann, widmen. Die *parrhesia* ist somit zwiespältig, da man sie implizit immer wieder im Alltag vorfindet, wenn man ehrlich ein Risiko darstellt; um jedoch ein Füreinander zu ermöglichen, muss sie explizit ausgeübt werden, d.h., während man sich zudem noch dessen gewahr ist, ein Risiko einzugehen, sich Anderen darzustellen.

Das Risiko als Ereignis Ich muss dazu also noch einmal explizit auf das Konzept der *parrhesia* als Ethos zurückkommen. Anlass dazu, von ihm mehr zu erwarten, als bisher beschrieben wurde (ein Für-wahr-Sprechen/Darstellen zu sein), bietet die Lektüre von Didier Eribons Buch *Gesellschaft als Urteil*. Eine der darin vorkommenden Bestimmungen seines eigenen Verhaltens bietet mir die Möglichkeit, das Risiko beim Beschreiben der eigenen Wahrhaftigkeit anzugeben und gleichzeitig das mit Butler angesprochene Problem der Sorge, dass man sich im Sorgen hinter Anderen verbergen kann, auszuformulieren. Nun also zu Eribons Textstelle:

> Ich wollte diese Figur [den Vater] aus meinem Leben entfernen. Sie überlebte in meinem Nachnamen, der mich, ob ich nun will oder nicht, mit meiner Familie und insbesondere mit meinen Brüdern verbindet. (Als ich einmal zu einer Tagung in einer südfranzösischen Stadt fuhr, in der einer meiner Brüder – ein Automechaniker – lebte, erkannte ein Mitarbeiter des Hotels meinen Nachnamen und fragte mich höflich, ob ich ›mit … verwandt‹ sei. Ohne zu zögern, antwortete ich: ›Nein, das kann nicht sein!‹ Ich weiß sehr gut, welche Gewalt eine solche Anekdote für meinen Bruder darstellen muss.)[1]

In diesem Satz fällt das doppelte Risiko der Personen auf, die wahrhaftig aussprechen, *wie* etwas für sie ist: Eribon stellt sich selbst seinem Verhalten und gibt es deshalb unter dem Risiko wahrhaftig wieder, wodurch jedoch die Verletzungen und die Gewalthaftigkeit des Verhaltens für einen Anderen erst deutlich erlebbar werden. Man muss sich beides trauen, es zu *sagen* und es *hören* zu wollen; es darzustellen und diese erleben zu wollen. Man setzt sich selbst den Anderen aus. Und ich, der gerade diese Stelle zitiert, ich »verstecke« mich hinter einer *parrhesiastischen* Aussage Eribons, um nicht selbst ein Beispiel aus der eigenen Geschichte wiederzugeben. Ich benutze ihn – nicht mit böser Absicht –, um seinen Text, seine Aussagen in den Vordergrund zu stellen. Mein Risiko minimiert sich, in dem ich die Doppelung des Risikos bei den Sprechenden und den Hörenden durch eine andere Person herausstelle. Und dennoch; aus dem Geflecht mit Anderen komme ich, wie sich gerade performativ zeigt, nicht einmal beim Denken und Schreiben heraus – alles, was bisher geschrieben wurde, wurde im Horizont und Fokus der Anderen geschrieben und ebenfalls das nun Folgende: Diese Wirklichkeit unseres Erlebens wurde im letzten Hauptteil über Waldenfels Begriff der *Konfusion* bestimmt und durch die Beschreibung des Zusammenhangs von Fokussierungen und Erlebenshorizont der Anderen noch spezifischer als *soziale Situation* dargestellt. Dabei ist

---

1   Eribon: *Gesellschaft als Urteil*, S. 36.

die *soziale Situation* keine Einschränkung des zu bestimmenden Gebiets, dieser Begriff ist eine Radikalisierung des Beschreibens, denn jede Situation ist notwendig sozial und könnte ohne diesen Aspekt nicht gedacht werden. Nach Ferdinand Fellman kann man zum Ende dieser Arbeit also festhalten, dass der Begriff der *sozialen Situation* und der der *Alterität* – wie sie hier verwendet werden – gelebte Begriffe sind: »In ihnen findet die geschichtliche Dynamik des Lebens ihre [soziale Wirklichkeit, P.H.].«[2] Oder, wie man mit Jakob Brüssermann in einer heideggeresken Form sagen kann: »Das Sich-so-Gestalten in *dieser* legt das Sich-Gestaltende nicht darauf fest, wie es sich in Zukunft gestalten wird, sondern es bleibt ihm vorbehalten, sich in kommenden Situationen neu und anders zu gestalten. [...] Zum So des Sich-Gestaltenden gehört im Gegenteil die Mehrdeutigkeit«.[3] Gelebt sind die Begriffe also deshalb, weil sie sich darstellen müssen und dadurch im lebendigen Wechsel zueinander verhalten. Die Begriffe stehen in Bezug zu Anderen, genau wie wir als Andere und verändern sich so und laufen Gefahr nicht mehr dieselben zu sein.

Die Radikalisierung, jede Situation als sozial zu bezeichnen, ist demnach auch auf das notwendige Risiko bezogen, das jeder Situation innewohnt. Ich möchte dafür ein Beispiel geben, in dem sich unterschiedliche Weltverhältnisse darstellen, und aufzeigen, wie das Risiko – um zur Überschrift dieses Sinnabschnitts Bezug zu nehmen – als Ereignis wirkt: Nimmt man Eribons Beschreibung ernst, dann besteht nicht nur in jedem Moment, in dem sich das Erleben darstellt, ein Risiko sondern das mögliche Risiko kann eintreten und die soziale Situation verändern, also als Ereignis auftreten. Allein, dass Eribon auf seinen Nachnamen angesprochen werden kann und er sich mit ihm in der Welt darstellt, birgt das konkrete Risiko, mit der eigenen Familie in Verbindung gebracht zu werden und damit ein bestimmtes Weltverhältnis, eine Sozialisation und eine mögliche Form, bestimmte Situationen zu erleben. Im Falle Eribons scheinen mehrere Weltverhältnisse aufeinanderzutreffen: 1. sein Weltverhältnis als homosexueller Intellektueller, der in Abgrenzung zu seiner Familie steht; 2. das Weltverhältnis der Familie, die sich in einem völlig anderen sozialen Milieu befindet und damit auch andere Erlebensmöglichkeiten hat (auch wenn in der Familie selbst wiederum unterschiedliche Weltverhältnisse zusammentreffen). 3. Das Weltverhältnis des*der Hotelangestellten, die*der die Frage an Eribon stellt und damit die Verbindung der drei Weltverhältnisse in einer Situation schafft. Diese Verbindung verändert die soziale Situation, in der man sich davor befunden hatte, radikal: Er ist jetzt in »der Stadt seines Bruders«. So kommen wir also zur Veränderung der sozialen Situation zurück: Das

---

2   Ferdinand Fellmann: *Gelebte Philosophie in Deutschland – Denkformen der Lebensweltphänomenologie und der kritischen Theorie*, Freiburg/München: Karl Alber 1983, S. 19.

3   Jakob Brüssermann: *Sein und Situation – Zu den Forderungen einer Ontologie des »ich bin«*, Freiburg/München: Karl Alber 2017, S. 97.

beständige Risiko, auf etwas angesprochen, oder durch Mimik und Gestik darauf verwiesen zu werden, dass ich etwas so oder so getan, bzw. etwas mit dargestellt habe, was ich nicht beabsichtigt habe (wie die mögliche Zugehörigkeit zur eigenen Familie und damit zu einer Herkunft und damit verbundenen Verhaltensweisen), ist somit die Grundlage dafür, zwischen sozialen Situationen hin und her geworfen zu werden, aus einer angenehmen in eine verletzende, in eine peinliche, eine freudige, eine unerwartet positive etc. Kurz – das Risiko des Miteinander bildet die Grundlage für Ereignisse, die den Wechsel von Situationen zu anderen bestimmen:»Die unüberschaubare Menge von Risiko- und Gefahrenpotentialen moderner Gesellschaften kann vom einzelnen nicht direkt erfaßt werden. Es müssen *sozial* vermittelte Risikoselektionen erfolgen, die die *individuelle* Wahrnehmung und Bewältigung strukturieren.«[4]

Ein an diese Bestimmung anschließendes Beispiel kann folgendes sein: Man sitzt zusammen mit anderen Menschen an einem Kneipentisch. Man unterhält sich. Es sind Freunde, Bekannte und Freunde von Bekannten anwesend, die man noch nicht kennt. Das Gespräch verläuft zuerst sehr locker und im »Smalltalk« lernt man auch die Stimmen kennen, die von den Anderen gebraucht werden, die man noch nicht kannte. Die Gespräche separieren sich allmählich in zwei Gruppen und man ist doch wieder in einem Gesprächskreis mit den Befreundeten hineingeraten. Diese Situation, sowohl ihr angenehmer Rahmen, das Thema des Gesprächs (sei es über Eskapismus in Zeiten des unüberwindbar erscheinenden politischen Systems, in dem man sich nicht wohlfühlt, oder über die Möglichkeit, in den nächsten Tagen zusammen in den Garten zu gehen oder Richtung Meer zu fahren), die Blickrichtung und das eigene Verhalten (bspw. die Art wie man etwas aussagt) verändern sich sofort. Der Grund dafür ist folgender Satz:»Wir können uns ja nicht um alle kümmern, die zu uns kommen.« Dieser Satz erscheint nicht aggressiv, doch er ist durch die Situation, in der wir uns gerade befinden, wie ein Trigger. Diese Worte zerreißen die Situation wie ein Geschoss. Ihr Aufprall in allen Ohren lässt sie kippen: aus freundschaftlich wird argwöhnisch, wenig später Ablehnung dieser Art, sich zur Welt zu verhalten. Das Gespräch setzt sich fort mit der spontanen Frage aus der bis dato unbeteiligten Gruppe:»Wonach lässt sich entscheiden, um wen man sich nicht kümmern kann?« und wenig später mit der Frage:»Warum soll man sich eigentlich nicht um alle kümmern können, die um Hilfe bitten?«. Durch den ersten Satz, der weder provozieren noch verärgern wollte, hat sich die Situation so verändert, dass sich nun mindestens zwei Weltverhältnisse grob gegenüberstehen.

---

4   Wolfgang Krohn & Georg Krücken: *Risiko als Konstruktion und Wirklichkeit – Eine Einführung in die sozialwissenschaftliche Risikoforschung* in, dies. (Hg.): *Riskante Technologien: Reflexion und Regulation – Einführung in die sozialwissenschaftliche Risikoforschung*, Frankfurt a.M.: Suhrkamp 1993, S. 11.

Ab diesem Punkt gibt es mehrere mögliche Fortgänge der Gesprächssituation, am eindrücklichsten wird das Risiko, wenn sich die Weltverhältnisse nicht aneinander annähern, sondern die Kontrapositionen in den Fokus des Gesprächs rücken. Dann entsteht ein völlig anderes Gespräch: Der leichte und freundschaftliche Charakter, mit dem die Meinungen bis dahin ausgetauscht wurden und von einem Thema zum anderen hin und her fluktuierten, verändert sich. Das Gesagte erzeugt einen Widerstand, und es ist noch nicht klar, welche Auswirkungen der kurze Einwand und die Erwiderung darauf haben werden. (»Wir können uns ja nicht um alle kümmern, die zu uns kommen.«/»Warum soll man sich eigentlich nicht um alle kümmern können, die um Hilfe bitten?«). Es zeigt sich hier das Zusammenspiel von Gegenfinalität (der gesellschaftlichen Vorstellung, dass man erst etwas leisten müsse, bevor man Anspruch auf Hilfe hat), Widrigkeitskoeffizienten (die, diesem widersprechende Ansicht, das Leid, welches gesellschaftlich hervorgerufen wurde, behoben werden soll, wenn es vermeidbar ist) und Leichtigkeit (das Gespräch, bevor es einen Bruch durch das Thema erfahren hat), welches im letzten Hauptteil schon als Zusammenspiel der Dimensionen der Veränderbarkeit der sozialen Situation bestimmt wurde. Die Beispielsituation kann also, wenn man jeweils auf der Meinung beharrt, die man von Beginn an hatte, das Gegenteil der vormaligen Leichtigkeit werden. Das Gespräch befällt eine Schwere, die sich in lautstarken Argumenten, einer Eisigkeit beim Sprechen und abwehrenden Sitzhaltungen etc. darstellen kann. Alle beteiligten Personen sind von diesem Zusammenspiel betroffen und dem Risiko auf mehreren Ebenen ausgesetzt; einerseits dem Risiko, etwas zu sagen, das auf Widerwillen stößt, andererseits jenem, etwas zu hören, was man nicht hören will. Man steht auch vor dem Risiko, durch eine noch ausdrücklichere Formulierung der Thesen das Gespräch mit einem weiteren intensiv erlebten Ereignis noch mehr zuzuspitzen, also die Schwere noch mehr zu erhöhen. Aber es besteht auch die Möglichkeit, das Gespräch wieder in leichtere Bahnen zu lenken oder es, ohne es zu beabsichtigen, wieder leichter werden zu lassen (bspw. in Form von Ungezwungenheit).

Zusammenfassen kann man diese Beispiele also dahingehend, dass das Risiko in jedem Moment des (Er-)Lebens besteht, da man sich selbst und die Verbindung zu Anderen in jedem Moment darstellt: »Risiken wären demnach ebenso *objektiv* wie *sozial* konstruiert, und dies in einem unauflöslichen Zusammenhang.«[5] Das Risiko besteht somit bei jedem Verhalten: Die Frage, wann das Risiko als Ereignis erlebt wird, ist eine, die sich nach der Intensität des Erlebten richtet. Man geht mit allen Verhaltensweisen ein Risiko ein; wann einem*r jedoch das Risiko als Risiko widerfährt, ist eine Frage nach der Situation, in der man sich befindet, und damit nicht eindeutig vorherzubestimmen, sondern in Abhängigkeit zu Anderen.

---

5   Ebd., S. 13.

Sitze ich in einem Kreis von Personen, die sich im heutigen Sinne als konservativ verstehen, entsteht kein Bruch mit der Situation, der das Risiko des Gesagten verdeutlichen würde, wenn ich anmerke, dass nicht alle, die zu uns kommen, hier Hilfe erwarten sollen, es ist eher der Konsens. Dieses Risiko verdeutlicht sich erst in einer Situation wie der oben beschriebenen, in der die »konservative« Meinung nicht dem Konsens entspricht und einer*m erst durch die Äußerungen von Anderen als *eine* Meinung widerfährt. Das Risiko ist damit ein Kippphänomen, dass sich nach der jeweiligen Situation und der Art und Weise des Erlebten richtet. Es markiert die Grenzen, Brüche und sanften Übergänge zwischen den Situationen. Wieder mit Brüssermann kann man Folgendes festhalten:

> Es gibt einzelne Situationen nur inmitten anderer Situationen, jede Phase des situativen Prozesses nur unter anderen Phasen, d.h. im Ganzen der Existenz, aus deren Mitte wir als Situierte nur sprechen können. Genauso existiert der einzelne Situierte nur unter anderen, sind wir selbst seit dem fernen Anfang unserer jeweiligen Existenz nur im Miteinander mit den anderen *dieser jenige*, der wir selbst sind.[6]

Mit dem vor dem Zitat bestimmtem Faktor des Risikos lässt sich in dieser Beschreibung der Sozialität der Situation von Brüssermann angeben, wie der Wechsel beschrieben werden kann, den er versucht zu bestimmen, aber nicht eigens ausführt. Das Risiko markiert den eintretenden oder vergehenden Moment, in dem eine Situation in eine andere umkippt. Es ist, wie gezeigt wurde, die Grundlage dafür, den wechselnden Sinn von Situationen zu erleben. Das Umkippen kann aber nicht nur als Widerfahrnis erlebt werden, sondern man kann es auch aktiv vermeiden, oder es kann herbeigeführt werden: Dies ist vorrangig eine Frage der Macht – der sozialen Stellung und der damit einhergehenden Privilegien.

Mit Judith Butler kann man diese Beschreibungen nun folgendermaßen vom Risiko auf den Begriff der Macht beziehen. Das Risiko, das sich in Bezug zu Anderen offenbart, hat als Gegenbegriff den der Macht: Die Macht wird hier also als die Fähigkeit verstanden, eine soziale Situation in der Form zu halten, die man selbst zur Darstellung der jeweiligen Meinung gewählt hat, und auch über Brüche hinwegzugehen. Butler bezieht die Machtausübung innerhalb des Miteinanders nicht nur darauf, was eine Person ausüben kann, sondern auch darauf, wie diese Ausübung durch Andere immer schon bedingt ist:

> Das Subjekt, das sich zugleich in der Position des Adressaten wie des Adressierenden befindet und seine Haltungen innerhalb jenes gekreuzten Vektors der Macht einnimmt, ist nicht nur insofern durch den anderen begründet, als es der Anrede bedarf, um zu sein. Seine Macht leitet sich zudem von der Struktur der Anrede

---

6   Brüssermann: *Sein und Situation*, S. 196.

ab, insofern sich diese zugleich als sprachliche Verletzbarkeit und Ausübung der Sprache bestimmt.[7]

Man steht also nicht nur durch direkte Bezugnahme in Verbindung zu Anderen, sondern wechselseitig dadurch, dass diese direkte Bezugnahme wiederum durch Andere bedingt ist: Sie wird schwieriger, leichter, angenehm, aufreibend etc. Die Macht Anderer steht also in Relation zur Verletzbarkeit und genau diese Relation ist das Risiko, das man in jeder Situation eingeht, ob man will oder nicht: Nur weil es immer risikobehaftet ist, etwas auszusagen, lässt sich das Verhalten der Anderen als verletzend, Macht ausübend, unbedacht, unterstützend, solidarisch oder absichtlich beschreiben. Sie können einem beistehen, wodurch die Darstellung leichter wird, oder das Gegenteil bewirken, oder – um nicht nur die aktive Seite zu betrachten – sie tragen ihren sozialen Status, ihre Privilegien dauerhaft mit sich und habe so leichteres Spiel bei der Darbietung verschiedener Darstellungen. Diese aktiven und passiven Beschreibungen wiederum sind die Darstellungsformen des Wechsels zwischen Situationen, die man als Ereignis bestimmen kann.[8]

In all diesen Darstellungsformen der Verbindung zu Anderen liegt die Varianz zwischen dem Risiko, Andere zu verletzen oder mit Anderen gemeinsam ein ausgewogenes Füreinander zu erzeugen und dabei vielleicht zu scheitern. In allen Fällen stehen die Anderen als Grund für die jeweilige Erscheinungsform, in der sich das Miteinander darstellt. Dieser Bezug wird von Goffman auch auf ein Geschick bezogen, durch das versucht wird, andere nicht in unangenehme Situationen zu bringen:

Man mag anerkannte und nicht anerkannte Gründe haben, seine Pflichten als Interaktionsteilnehmer zu erfüllen, aber in jedem Fall braucht man die Fähigkeit, sich schnell und mit Geschick in die Rolle der anderen zu versetzen und sein Ver-

---

7   Judith Butler: *Haß spricht – Zur Politik des Performativen*, Frankfurt. a.M.: Suhrkamp 2006, S. 54.

8   Ich werde mich an dieser Stelle nicht auf eine ausführliche Diskussion über die Realität oder Virtualität des Ereignisses einlassen, da diese Diskussion selbst Anlass für eine eigenständige Arbeit wäre. Es sei nur so viel gesagt, als dass ich mich gegen die Darstellung des Ereignisbegriffs von Alain Badiou richte. Deutlich wird dies an folgender Textstelle: Badiou ist der Meinung, die Frage nach dem Ereignis und der Situation nur im *absoluten Raum* der Mathematik klären zu können, wohingegen ich bisher versucht habe zu zeigen, dass man die soziale Situation miteinander nur verstehen kann, wenn man das *konkrete Erleben* der Menschen mit Anderen beschreibt. Mit dieser Ausklammerung von Badiou verliert man aber gerade den Widerfahrnischarakter des Ereignisses aus dem Blick. Im Erleben selbst, kann es jedoch nicht einfach unter den sprichwörtlichen Strich fallen. Vgl.: Alain Badiou: *Das Sein und das Ereignis*, Zürich/Berlin: diaphanes 2005, S. 19, 27f. & S. 209.

halten von der Situation der anderen bestimmen zu lassen, damit sie nicht in Verlegenheit gebracht werden.[9]

Hier wird nochmals deutlicher, inwiefern die Anderen den permanenten Bezugspunkt für Andere bilden, entweder implizit oder explizit: Man erlebt Andere und versteht sie, man reagiert auf sie und sie auf einen selbst. Unter der Bezeichnung »Fähigkeit« bei Goffman muss aber weniger eine aktive Ausübung verstanden werden als vielmehr ein notwendiges Verhalten, dessen man sich vergewissern, auf das man reflektieren muss, um das Risiko zu erkennen, von dem bisher die Rede war: Man muss darauf reflektieren, dass man immer vor dem Risiko steht, andere zu verletzen, Macht auszuüben, verletzbar zu sein, weil man immer in sozialen Situationen von Anderen bestimmt wird – ob man diese Bestimmtheit reflektiert, weil man Andere nicht »verlegen machen will«, oder weil man sich generell der Beziehung zu Anderen bewusst ist, oder auch aus dem Grund, Anderen die eigene Meinung »schmackhafter« zu machen.

Das hier beschriebene Risiko stellt uns als Andere vor das Problem, den jeweils Anderen möglicherweise recht geben zu müssen, gegen sie zu verlieren, Gemeinsamkeiten zu finden, sich miteinander zu verständigen, auszuhalten, dass Andere andere Meinungen haben und noch eine Reihe weiterer Formen, die das Miteinander hervorbringen kann.[10] Das Risiko ist also die Beschreibungsdimension der sozialen Situation, die es erlaubt, das Alltäglichste wie das Extremste zu bestimmen.[11] Es ist das Risiko, sich selbst gegenüber Anderen aufs Spiel zu setzen. Oder, wie man es mit de Beauvoir, Sartre und Merleau-Ponty sagen kann: Das Risiko erwächst aus der Freiheit, sich miteinander zueinander verhalten zu müssen, während diese Verhalten auf dem Spiel steht.

Es wurden im Verlauf dieses Sinnabschnitts zwei Beispiele für die Alltäglichkeit des Risikos gegeben. Im nächsten Abschnitt werden die Kategorien »absurd« und »gewohnt« an extremeren Beispielen bestimmt: Albert Camus gibt dafür einen Einblick in eine Kriegssituation, in der eine hoffnungslos unterlegene Gruppe mit Messern bewaffnet auf eine Gruppe Maschinengewehre zuläuft. In Kombination mit den hier gegebenen eher gewohnten Beispielen wird dieses Beispiel für das Absurde einen Raum eröffnen, der die soziale Situation pragmatisch kategorisierbar machen kann. Der nächste Sinnabschnitt wird also an das Kapitel *Verstehen, Funktion, Wahrhaftigkeit* anschließen; absurd und gewohnt sind die zwei Seiten der Wahrhaftigkeit, die Perspektivwechsel und Verständigung nötig und möglich machen.

---

9   Erving Goffman: *Interaktionsrituale – Über Verhalten in direkter Kommunikation*, Frankfurt a.M.: Suhrkamp 1986, S. 127.
10   Vgl. Krohn & Krücken: *Risiko als Konstruktion und Wirklichkeit*, S. 40.
11   Vgl. Butler: *Krieg und Affekt*, S. 16.

Absurd & gewohnt, zwei pragmatische Kategorien Ausgehend vom Risiko wurde in dieser Arbeit nicht nur, wie eben geschehen, das Widerfahrnis einer Situationsänderung (Ereignis) bestimmt, sondern es wird in diesem letzten Hauptteil auch explizit beschrieben, warum es im Verstehen der Anderen nicht um die Kategorisierung in wahr oder falsch gehen kann: Das Verstehen basiert nach der hier gegebenen Argumentation auf der Offenheit der Pluralität, die für die Unterschiede zwischen uns bürgt und somit niemals die Notwendigkeit der Wahrheit erreicht. Diese Offenheit bezeichnet damit aber auch immer das Risiko, jemanden nicht zu verstehen; sie*ihn auf eine nur gewohnte Weise zu verstehen, obwohl es anders gemeint war, oder ihr*ihm eine absurde Position zu unterstellen, obwohl die Meinung oder das Verhalten völlig gewöhnliche Auswirkungen hat und nur die Darstellungsform ungewohnt anmutet. Genauso kann es einem jedoch auch geschehen, dass einem ungewohnt das Verstehen einer anderen Person widerfährt, dass man ihr Verhalten nachvollziehen kann, obwohl es ungewohnt ist; oder, wie es Jens Bonnemann sehr bildlich in Bezug auf das Widerfahrnis von Gegenständen in der Wahrnehmung ausdrückt: »Getroffen werde ich nicht nur von einem Schlangenbiss, sondern ebenfalls von der kühlen Brise an einem schwül-warmen Sommertag.«[12] Das Risiko, das durch das Widerfahrnis anderer Weltverhältnisse das Verstehen zum Missverstehen werden lässt, ist dasselbe, das auch zum Nachvollziehen des Verhaltens führen kann. Es erschließt sich aus dem Umgang miteinander und stellt somit nicht die Notwendigkeit dar, erkannt werden zu müssen, sondern es ist ein pragmatischer Aushandlungsprozess zwischen den Menschen, den Anderen unter Anderen in der Welt. Zum »Gelingen« – wie auch immer dies konkret ausgestaltet werden soll – gehören immer alle an der Situation beteiligten Personen, wenn aus dem Miteinander ein Füreinander werden soll, auch wenn dabei die Verantwortung für das Gelingen unterschiedlich verteilt sein kann. Jemand, der*die Privilegien verkörpert, hat sicherlich eine andere Verantwortung als jemand, der*die jeden Tag mit Prekarität zu kämpfen hat (ein gut verdienender, heterosexueller und durchsetzungsfähiger Europäer hat sicherlich mehr Verantwortung, Schritte auf Andere zuzugehen, einfach aus dem Grund, dass Personen mit mehr Privilegien mehr Schritte gehen können als solche, die schon auf prekären Boden stehen und zurecht befürchten, der Boden könnte unter ihnen zusammenbrechen).

Ich werde in diesem Sinnabschnitt also dafür argumentieren, dass für den gesamten Bereich des *nicht* auf das *Erkennen* gerichteten Erlebens keine Kategorisierung aus eben jenem Bereich übertragen werden kann, gerade weil das Risiko beim nicht erkennenden Erleben plural ist. Es kann nicht auf die binäre Struktur von wahr und falsch zurückgeführt werden. Ich werde vorschlagen, um das Erleben dennoch klarer beschreiben zu können, mannigfache Facetten des Gewohnten

---

12   Bonnemann: *Das leibliche Widerfahrnis der Wahrnehmung*, S. 183.

anzunehmen, deren Gewöhnlichkeit immer am Abgrund steht, immer die Möglichkeit hat, sich aus der einen oder anderen Perspektive als *absurd* darzustellen.[13]

Für diese Argumentation werden Versatzstücke aus allen Teilen der bisher gegebenen Arbeit zusammengeführt werden, weswegen ich immer wieder in kurzen Wiederholungen auf die benötigten Teile zurückkommen werde. Außerdem wird ein Autor zur Sprache kommen, der in der bisherigen Arbeit bei der Betrachtung des *Miteinander-Sterbens* als Stichwortgeber aufgetreten ist, der jedoch bei Überlegungen zum Absurden nicht unbeachtet bleiben kann. Albert Camus schreibt sowohl in *Der Mythos des Sisyphos* wie auch in *Der Mensch in der Revolte* über eben dieses Phänomen des Absurden. Er geht dabei von der Absurdität des Todes aus, die den Abgrund darstellt, in den die Gewohnheit des Lebens kippen kann. Jedoch bleibt das Absurde nicht für den Tod reserviert, was der Begrifflichkeit eine weitere Verwendung ermöglicht, wenn man die Struktur des Absurden bestimmt: Es ist das Widersprüchliche, dass sich im Gewohnten zeigt. Deshalb kann Camus schreiben: »Das Absurde hängt ebenso sehr vom Menschen wie von der Welt ab«;[14] denn das Absurde bezieht sich immer auf dieses Verhältnis der Menschen in der Welt, und man muss im Sinne dieser Arbeit ergänzen: in der Welt mit Anderen. Das Absurde und damit auch sein Kippphänomen, das Gewohnte, sind Kategorisierungen für die Relationen, die im Erleben als Komplex auftreten.

Es soll nun zur Verbildlichung erst ein Beispiel von Camus benutzt werden, um später eines zu geben, das die Bestimmung der Kategorien des Gewohnten und des Absurden noch genauer ermöglicht: Camus beschreibt, wie am Ende des letzten Sinnabschnitts schon bemerkt, eine Kriegs- oder zumindest Kampfsituation: »Wenn ich sehe, wie ein Mann sich mit blanker Waffe auf eine Gruppe von Maschinengewehren stürzt, dann werde ich seine Tat absurd finden.«[15] Diese extreme Beschreibung erscheint mir sofort als evident. Es ist absurd, mit einem Messer auf eine Gruppe – um ein Vielfaches überlegen – zuzustürzen, da es den Angriff selbst widersprüchlich macht: Man greift an, nicht um damit ein Ziel zu verfolgen, sondern man greift in der Gewissheit an, sich selbst in einen Kugelhagel zu begeben. Was aber ist das Absurde in dieser Situation? Gewöhnlich führt man Kämpfe, um zu gewinnen, und zumindest mit dem Vertrauen in ein mögliches

---

13   Warum ist das ungewohnte nicht nur ungewohnt, sondern absurd? Ist Absurdität als Kategorie nicht zu stark oder gar übertrieben? Ähnliche Fragen wurden mir im Hinblick auf diesen Abschnitt meiner Arbeit gestellt und ich kann verstehen, dass das Absurde, gerade im Ausgang von Camus, den Stellenwert einer existenziellen Erfahrung hat. Doch das bedeutet nicht, dass das Absurde immer nur in einer gewaltigen Situation auftreten kann, sondern gerade, dass das Absurde sich dann zeigt, wenn das Gewohnte nicht nur ungewohnt ist, sondern darüber hinaus das eigene Weltverhältnis hinterfragt und deshalb als absurd erscheint.

14   Camus: *Der Mythos des Sisyphos*, S. 33f.

15   Ebd. S. 42.

Gelingen der Aktion, die nicht notwendig zum eigenen Tod führt. Aber ist es notwendig, das Kämpfen in dieser Form zu beschreiben? Nein. Es ist gewohnt. Für den*die Betrachter*in in Camus Beschreibung ist es also nicht gewohnt, diese Art des Kampfes in der Gewissheit der Niederlage zu erleben. Es widerspricht dem eigenen Weltverhältnis und stellt es so in Frage. Eine andere Perspektive kann also diese Beschreibung, kann dieses Verhalten selbst, absurd macht. Sicherlich hält der Mensch das Messer, wie man ein Messer zum Angriff hält, er läuft in schnellem Tempo, wie man auf eine Gruppe zustürzt, und vielleicht sogar so, als wäre man nicht allein. Das Absurde daran sind nicht die einzelnen Verhaltensweisen, die man als Fassade präsentiert bekommt, sondern es ist die gesamte soziale Situation, in der diese Fassade als Verhalten zur Welt, als Weltverhältnis erlebt wird, das aus einer Perspektive absurd erscheint, weil es diese in Frage stellt.

Die perspektivische Relativität des Absurden ist nun eine Erweiterung dessen, was Camus selbst über das Absurde aussagt, obwohl die konsequente Formulierung dessen, was er als absurd bestimmt so, unumgänglich macht, die Perspektivität mit einzubeziehen. Denn das Absurde ist ja gerade keine absolute Wertung, sondern eine permanente Möglichkeit: Für mich erscheint beim Lesen der Textstelle bei Camus nicht erst das Zuspringen mit einem Messer auf Maschinengewehre absurd. Für mich ist das Halten eines Maschinengewehres oder eines Messers zum Angreifen schon der Moment, in dem ich aus dem herausgeholt werde, was ich für gewöhnlich halte. Es zeigt sich darin meine Perspektive auf das Verhalten Anderer und gleichzeitig meine Perspektive für Andere. Ich habe eine Perspektive auf die Welt, in der das Benutzen von Waffen zwar vorkommt, jedoch so weit von meiner Lebenswirklichkeit und meinem (privilegierten) Weltverhältnis entfernt ist, dass es mir absurd erscheint, sie tatsächlich zu benutzen; oder, wie es in einer Textstelle von Simone de Beauvoir heißt, die eine Verlautbarung der Akzeptanz der Freiheit der Anderen darstellt:

> [J]eder Mensch [braucht] die Freiheit der anderen Menschen, und in gewisser Hinsicht will er sie auch stets, und wäre er ein Tyrann; er braucht lediglich aufrichtig die Konsequenzen eines solchen Wollens auf sich zu nehmen. Nur die Freiheit der anderen verhindert, daß ein jeder von uns in der Absurdität der Geworfenheit erstarrt.[16]

Vor allem, wenn man also die Waffe benutzt, wie man sie benutzen soll, nämlich um Andere zu verletzen (Ausnahmen können wohl Sport oder Jagd sein), sei es durch Drohungen oder körperliche Gewaltausübung, erscheint dieses Verhalten absurd, da man die Freiheit der Anderen zu beenden versucht. Dadurch würde man Perspektiven auslöschen, die einen gerade davor bewahren, dass das Gewohnte nur noch absurd erscheint. So liest es sich schon absurd, wenn man Folgendes

---

16   de Beauvoir: *Für eine Moral der Doppelsinnigkeit*, S. 126.

formuliert: Die letzte Möglichkeit, Leben zu schützen, war es in diesem Moment, das Leben Anderer mit Waffengewalt zu nehmen. Es mag das sein, was man erlebt hat, jedoch bleibt man ohne Rechtfertigung vor dieser Situation stehen.

Im Angesicht dieser Rechtfertigungslosigkeit, dieser Kontingenz, die sich als Absurdität darstellt und einem*r widerfährt, sind es also die Anderen, die uns Möglichkeiten aufzeigen, nicht an ihr zu verzweifeln. Man kann also nach der Erweiterung des Absurden durch die Perspektivität mit Camus Folgendes festhalten: »Das Absurde ist im Wesentlichen eine Entzweiung. Es ist weder in dem einen noch in dem anderen der Verglichenen enthalten. Es entsteht durch deren Gegenüberstellung.«[17] Und diese Gegenüberstellung ist keine reflexive Leistung, sondern sie ist das Widerfahrnis der sozialen Situation selbst und damit die Darstellung verschiedener Weltverhältnisse durch die Fassade. Das Absurde ist das Gefühl, das sich einstellt, wenn das Verhalten von Menschen aus einer anderen Perspektive nicht zu passen scheint. Es zeigt sich in unterschiedlichen Intensitäten und ist in der Art und Weise, wie man sich zum Absurden und damit zu Anderen verhält, eine Form, die Intentionalität Anderer zu erleben.

Diese andere Perspektive kann nun die einer anderen Person sein, jedoch auch die eigene Perspektive, die sich im Laufe der Zeit verändert hat. Eine soziale Situation als absurd zu erleben, ist damit keine absolute Einschätzung, sondern – wie man es im Sinne des Sinnabschnitts *Verstehen, Funktion, Wahrhaftigkeit* bestimmen kann – ein wirkliches Erleben zu einer bestimmten Zeit, das sich über die Zeit ändern kann. »Wahrhaftig« bedeutet in diesem Sinne, dass bspw. das Absurde, wenn ich eine soziale Situation erlebe, die Wirklichkeit meines Erlebens darstellt. Dieser Punkt zeigt außerdem auf, warum die Kategorisierung von etwas als absurd eine pragmatische Kategorisierung ist und das Absurde damit eine pragmatische Kategorie: Das Absurde drückt ein Nicht-passen aus, was umformuliert bedeutet, dass es als nicht funktional *erscheint*. Die Perspektive, aus der ein Weltverhältnis absurd erscheint, *hält* dieses Verhalten zur Welt für nicht funktionell. Zugespitzt könnte man es als aussichtslos, widersprüchlich oder eben als absurd bezeichnen, sich auf diese Art und Weise zu verhalten. Um auf Camus zurückzukommen, kann man das Absurde folgendermaßen bestimmen: »Das Absurde in sich selbst ist Widerspruch.«[18] Und nun ist es auch explizit, worin dieser Widerspruch besteht: Es ist der Widerspruch der Weltverhältnisse.

Als anderes Beispiel für das Absurde und die Verbindung zu einem Weltverhältnis kann man eine Situation beschreiben, in der eine Person mit einer eher konservativen Einstellung durch eine oder mehrere Personen mit einer progressiven Idee konfrontiert wird: Man läuft an einem 8. März durch die Straßen und man

---

17   Camus: *Der Mythos des Sisyphos*, S. 43.
18   Albert Camus: *Der Mensch in der Revolte*, Reinbek b.H.: Rowohlt, 2013, S. 19.

wusste nicht, dass zur selben Zeit eine Demonstration gegen bestehende Unterdrückungsverhältnisse und für eine Gleichberechtigung aller Genderformen abläuft. Einem widerfährt diese Situation also. Die vielen Menschen, die Rufe »Prekarisierte, egal wer ihr seid, steht füreinander ein«, die Transparente, dies alles und der Grund für die Demonstration erscheinen aus der Perspektive der konservativen Person als absurd, oder das Ziel (die Gleichberechtigung) wird geteilt, aber die Demonstration und die geforderten Maßnahmen (bspw. Gendern in öffentlichen Dokumenten) erscheinen als absurde Forderungen, die nicht dazu führen können, dieses Ziel zu erreichen, da sie ein eigenes Privileg und damit ein verstetigtes Verhalten-können-zur-Welt in Frage stellt. In beiden Fällen stehen sich Weltverhältnisse gegenüber, die sich in einem bestimmten Verhalten in der Welt mit Anderen darstellen. In der Art und Weise, sich darzustellen, erzeugen sie gegenüber dem jeweils anderen Weltverhältnis einen Widerspruch, der als absurd erlebt wird. Das Gewohnte ist für die eine Gruppe oder die einzelne Person etwas anderes als für die andere. Je nach Perspektive erscheint das eine als nicht funktional und widerspricht damit den eigenen Ansichten, was einem*r dadurch selbst die Aufgabe gibt, diese andere Position einzuordnen. Kann man dies nicht, erscheint diese Position als absurd: »Der absurde Mensch dagegen vollzieht diese Nivellierung nicht. Er erkennt den Kampf an, verachtet die Vernunft nicht absolut und lässt das Irrationale zu.«[19] Es gibt also einen Unterschied zwischen dem Empfinden, dass etwas absurd ist – was wie eine Abwertung widerfährt –, und dem Sich-bewusst-sein, dass es Absurdität gibt, die nicht vollständig durch die Vernunft oder eine andere intellektuelle Technik aufgehoben werden kann: »[Denn] wenn ich die Grenzen der Vernunft anerkenne, leugne ich sie ja nicht, denn ich erkenne ihre relative Macht.«[20] Durch diese pragmatische Wendung kann man wieder an Fellmanns Benennung der »gelebten Begriffe« denken: Sie sind historisch durchdrungen und relativieren die Vernunft in demselben Maße, wie sie die Irrationalität oder das Chaos relativieren. Keiner der beiden Bereiche kann Absolutheit beanspruchen: »Es soll vielmehr die Philosophie von der unerträglichen Bürde der Beantwortung der letzten Fragen befreien, um sie in den Stand zu versetzen, sich im Reich der vorletzten sicherer bewegen zu können.«[21] Dieser Bereich der vorletzten Fragen ist der, in dem die Widersprüchlichkeit akzeptiert wird, die sich aus der Kontingenz ergibt. Diese Akzeptanz bedeutet, sich dem Absurden und dem Gewohnten als Kippphänomenen zu stellen, die unsere Wirklichkeit mit Anderen strukturieren. Die Anderen widerfahren einander und muten sich so einander zu: Jede*r ist zugleich dem Widerfahrnis der Anderen ausgesetzt und ist je selbst eine Zumutung für Andere.

---

19   Camus: *Der Mythos des Sisyphos*, S. 50.
20   Ebd. 53.
21   Fellmann: *Gelebte Philosophie in Deutschland*, S. 38.

Somit sind die Begriffe *Widerfahrnis* und *Zumutung*, die ich den Wahrnehmungs-philosophien von Jens Bonnemann *(Widerfahrnis)* und Lambert Wiesing *(Zumutung)* entnommen habe, im Sozialen zwei Seiten des Charakters, den jede*r für jede*n Andere*n darstellt. Wir sind somit füreinander ein Widerspruch, weil sich unsere Weltverhältnisse wortwörtlich widersprechen. Wir sind füreinander vielfältig: ge-wohnt, absurd, solidarisch, feindlich, freundlich, nebeneinander, gegeneinander, wahrhaftig, unaufrichtig, füreinander, sorgend und das alles miteinander. Unsere Situation ist immer sozial.

Dass das Absurde eine Darstellungsform des Widerspruchs ist, erscheint da-mit deutlich, doch ein Widerspruch worin? Es ist ein Widerspruch innerhalb der Gewohnheit, der sich beständig wiederholenden sozialen Strukturen, die das Welt-verhältnis als Bezug zu Anderen darstellen. Anhand dieser Überlegung können nun diejenigen Ausführungen wieder aufgenommen werden, die sich mit der Wieder-holung, dem Alltag und der Performativität auseinandergesetzt haben. Mit Judith Butler und Silvia Stoller konnte in dieser Arbeit bereits bestimmt werden, dass Per-formativität gerade deshalb eine Chance auf Veränderung in den alltäglichen Ge-wohnheiten bildet, weil die Gewohnheiten instabil sind.[22] Was bedeutet dies aber für das Absurde und das Gewohnte als Kategorien? Wie schon erwähnt, ist das Ab-surde der Abgrund, vor dem jede gewohnte Verhaltensweise steht: Das Gewohnte ist nichts, was schon immer war und immer so sein wird, es ist nicht einmal das-selbe in einer Zeit, an einem Ort. Jede Perspektive auf das Gewohnte zeigt Diffe-renzen auf und offenbart Widersprüchlichkeiten. Das Gewohnte ist demnach nicht stabil und unveränderbar, obwohl es sich zu wiederholen scheint. Es ist labil. Diese Labilität ist der Grund, warum sich das Gewohnte wiederholen muss, da es sonst aufhörte, gewohnt zu sein. Trinke ich jeden Morgen um 10 Uhr Kaffee, dann ist dies offensichtlich eine Gewohnheit. Doch sie bleibt es nur, wenn ich es wieder und wie-der mache. Höre ich auf, um 10 Uhr Kaffee zu trinken, oder verlege es, dann hört die Gewohnheit auf, Gewohnheit zu sein. Das Gewohnte hört jedoch nicht nur auf, gewohnt zu sein, wenn man es verändert, sondern auch dann, wenn man beginnt, es genauer zu betrachten: Fokussiere ich mich darauf, wie ich am Laptop schreibe, wie ich tippe, welche Finger ich dafür benutze, dann erscheinen meine gewohnten Bewegungen erst unpraktikabel, und je länger ich darüber nachdenke und Abstand dazu gewinne, erscheinen sie absurd, weil jede Fingerbewegung beginnt zu hin-terfragen, welchen Grund es für das Schreiben gibt; ist es die Lust am Text oder ist es die Kompensation für Widerfahrnisse, die aufzuarbeiten man sich sträubt – sie sind Sedimente von sozialen Situationen. Diese beiden Beschreibungen zeigen, dass das Absurde und das Gewohnte Hand in Hand gehen. Das Gewohnte ist eine Perspektive des Absurden und das Absurde ist eine Perspektive des Gewohnten.

---

22   Vgl. Stoller: *Existenz – Differenz – Konstruktion*, S. 130. & Butler: *Das Unbehagen der Geschlechter*, S. 202.

Verbunden sind sie durch Intensitätsunterschiede wie das Lächerliche, das Ungewohnte, das Euphorische, das Glückliche: Diese Formen liegen zwischen den Polen des Gewohnten und des Absurden, wodurch sie daran teilhaben, wie das Absurde oder das Gewohnte erlebt wird. Verläuft etwas so gut, dass es unerwartet zu einem glücklichen oder euphorischen Moment führt, dann ist das Absurde nicht negativ. Andersherum kann aber auch das Gewohnte, das ein wiederholtes Glück ausdrückt, als positiv erlebt werden. Durch diese Abschwächung des Absurden – wie in dem Beispiel des Schreibens am Laptop – wird es zwar schwerer, eine feste Grenze zwischen Gewohnten und Absurden zu ziehen, aber es wird möglich, den Alltag durch mehr Beschreibungsdimensionen sinnvoller in den sozialen Situationen darzustellen. Die Widersprüche stellen sich also auch dort dar, wo man sie am wenigsten erwartet; es sind Widersprüche im Gewohnten.

Was ist durch die Kategorien »gewohnt« und »absurd« für diese Arbeit und die Beschreibung der Anderen und des Selbst als Andere*r gewonnen? Die beiden Kategorien sind keine, die ich reflexiv urteilend aufstelle, sondern solche, die mir im Erleben widerfahren. Das bedeutet, dass sie darstellen, wie die Situation und über sie die Strukturen des Sozialen erlebt werden, in denen man sich befindet. Diese Aussage kann hier nun präzisiert werden: denn zum einen sagt sie mir etwas über meine Perspektive, mein Weltverhältnis aus und zum anderen über die Strukturen, in denen ich mit den Anderen lebe, deren Verhalten mir als absurd oder gewohnt erscheint. In dem Fall, dass mir mein eigenes Verhalten mit einigem Abstand als absurd oder doch als gewohnt erscheinen, sagen sie mir zudem durch Andere auch etwas über mich selbst aus. Dies bedeutet, dass die Anderen und ihrer Perspektiven mir gespiegelt werden und dies nicht neutral, sondern in unzähligen Facetten des Gewohnten, die je nach Fokus immer auch absurd erscheinen können.

In den widerfahrenen Kategorien von absurd und gewohnt versteht man die sozialen Strukturen als widersprüchlich und gewöhnlich zugleich: Das Erlebte wird als komplexe Pluralität aus den Weltverhältnissen Anderer, den sozialen Strukturen und der eigenen Perspektive immer als gewohnt und absurd erlebt. Diese Komplexität des Erlebens ist die kleinste Darstellungsform der These dieser Arbeit, dass die Anderen unsere Bedingung der Wirklichkeit sind, denn die Absurdität und das Gewohnte sind ein Kategorisierungspaar im Erleben, weil dieses Erleben durch etliche Perspektiven konstituiert (das Einfallstor des Absurden) und durch soziale Strukturen (die Wiederholung des Gewohnten) bestimmt wird. Man braucht also keine Abstraktionen oder metaphysischen Hinzunahmen, um das Erlebte als komplex erscheinen zu lassen. Die soziale Situation ist dies immer schon, bevor man beginnt, sie auf irgendeine Weise zu untersuchen. Gerade diese Komplexität aus Wiederholung und Perspektivität ist es, die das Ethos der *parrhesia* als sinnhaftes Verhalten im Miteinander herausstellt: Im freimütigen Aussagen dessen, wie sich einer*m die soziale Situation gerade darstellt, liegt eine Beschreibungsdimension der Wirklichkeit, die sowohl die eigene Gewissheit darüber, wie ich etwas erlebe, bestehen lässt, sie jedoch nicht absolut setzt, sondern in Frage stellt und sie aufs Spiel setzt. Dadurch wird ein Weitergehen von der eigenen Perspektive auf die soziale Situation, zu sozialen Strukturen ermöglicht, die nicht »nur« meine Perspektive betreffen, sondern gerade durch die Bedingtheit des Erlebens von Absurdem und der Wiederholung des Gewohnten immer die Anderen mit aufzeigt. »Absurd« und »gewohnt« sind die Dimensionen, in deren Wechsel uns andere Weltverhältnisse erscheinen.

Die Bezugnahme auf die *parrhesia* als Ethos führt direkt in den nächsten Sinnabschnitt über, in dem auf die Möglichkeiten der *parrhesia* zurückgekommen werden soll, die in den Sinnabschnitten über die drei Sorgeformen ausgeführt worden sind. Es soll jedoch nicht verhehlt werden, dass dieses Ethos nicht notwendigerweise in ein unproblematisches Miteinander führt und dass das gemeinsame Stolpern über soziale Strukturen nicht immer Besserung erzeugen muss, sondern dass gerade die Offenheit und Bezugnahme auf die geteilte soziale Situation zu etwas führen kann, das man bildlich gesprochen als eine Kälte im Umgang miteinander beschreiben kann. Dieser Punkt ist möglich, weil gerade das freimütige Für-wahr-Darstellen eine der offensichtlichsten Darstellungsformen des Risikos ist, das im ersten Sinnabschnitt dieses Abschlussteils benannt wurde.

Wir Anderen in der sozialen Situation oder der Beginn der Kälte   Zu Beginn dieses Sinnabschnitts möchte ich folgende Textstelle von Camus zitieren, in der auch in seinen eigenen Ausführungen die Perspektivität des Absurden implizit benannt wird: »Am Tage, an dem das Verbrechen sich mit den Hüllen der Unschuld schmückt, wird – durch eine seltsame, unserer Zeit eigentümliche Verdrehung – von der Unschuld verlangt, sich zu rechtfertigen.«[23] Innerhalb dieser Textstelle wird das Risiko der *parrhesia* offenbar, da man irgendein Weltverhältnis zuerst als unschuldig darstellen muss, ob es nun das eigene oder ein anderes ist. Alles, was im Namen der Unschuld geschieht, steht damit in Frage. Es gibt kein unhintergehbares Diktum, wonach sich das Unschuldige vom Schuldigen trennen lässt: Im Zusammenspiel von Gewohnheit und Absurdität stellen wir uns für Andere dar und sie sich für uns. Wir stehen also als Andere vor, neben und mit Anderen zusammen in sozialen Situationen und setzen uns gegenseitig dem Risiko aus, beurteilt zu werden und zu beurteilen, was bspw. unschuldig ist und was nicht. (Damit ist hier nicht nur eine rechtliche Beurteilung gemeint, sondern die alltägliche Beurteilung des Verhaltens der Anderen zur Welt und zu Anderen.) Die Überbrückung dieser Darstellungen, die nicht nach der Schuld der einzelnen Anderen fragt, sondern nach der sozialen Situation und den sozialen Strukturen, wird eben durch das Ethos der *parrhesia* ermöglicht. Dies geschieht in der Form, die soziale Situation mit Anderen so zur Darstellung zu bringen, wie man sie erlebt hat, wodurch den Anderen nicht

---

23   Camus: *Der Mensch in der Revolte*, S. 14.

nur implizit oder explizit durch meine Fassade präsentiert wird, wie es für mich ist. Es wird explizit zur Sprache gebracht und dadurch auch explizit beantwortbar und diskutabel. Das Erlebte ist somit nicht eine abgeschlossene fertige Einheit. Es steht im Wandel und in Frage; man geht – wie schon mehrfach betont – ein Risiko ein; ein Risiko, das jedoch nicht nur zur Selbsthinterfragung führen kann, sondern zum Hinterfragen des gesamten involvierten Verhaltens und der sozialen Strukturen: Man stolpert zusammen über das freimütig Präsentierte.

Ein Autor, der dieses Risiko umfassend dargestellt hat, ist Helmut Plessner. Er wird für die nächsten Seiten den Hauptreferenzautor darstellen, da er für eine Vermeidung gerade dieses Risikos einsteht. Er schreibt in *Grenzen der Gemeinschaft. Eine Kritik des sozialen Radikalismus*: »Alles [...], das sich nackt hervorwagt, es mag so echt gefühlt, gewollt, gedacht sein, wie es will, es mag die Inbrunst, die ganze Not unmittelbaren Getriebenseins hinter ihm stehen, trägt, indem es sich hervorwagt und erscheint, das *Risiko der Lächerlichkeit*.«[24] Das Risiko besteht also für Plessner ganz konkret in der Lächerlichkeit, dass Andere sich über uns echauffieren, unsere Verhaltensweisen abstrafen, als der Mühe nicht wert, als absurd. Lächerlichkeit ist die große gesellschaftliche wie gemeinschaftliche Schmach, die Plessner um jeden Preis verhindern bzw. umgehen möchte. Lächerlichkeit ist für ihn das Schändlichste, was als Reaktion oder Ergebnis am Ende einer Darstellung des eigenen Selbst und dessen, was man erlebt, stehen kann.[25] Die *parrhesia* und das damit verbundene Ethos des Anderen, das eigene Erleben wahrhaftig darzustellen, kann von ihm deshalb nur negativ bewertet werden. Plessner schreibt – nicht über den Begriff *parrhesia* direkt, aber zum selben Phänomen – Folgendes: »Nackte Ehrlichkeit wirkt, wenn nicht ganz besondere Umstände mithelfen, einfach als Spielverderberei, mit der weiter nichts anzufangen ist, als daß man darüber hinweggeht.«[26] Die »nackte Ehrlichkeit«, oder wie es bisher hieß, die *parrhesia*, das freimütige Für-wahr-Sprechen, wird von ihm negativ bewertet und nur unter »ganz besonderen Umständen« als hilfreich in Betracht gezogen. Dies Spielverderberei zu nennen, ist jedoch mehr als eine beiläufige Bemerkung. Es ist Ausdruck eines Ressentiments gegen das Soziale, genauer gegen das Füreinander. In Plessners Text kommt damit eine theoretische Grundhaltung zum Ausdruck, die man als Primat des Individuellen bezeichnen könnte: denn die *parrhesia* erscheint als Darstellung dessen, was eine Situation zum Kippen bringen kann, und das nicht in einem positiven Sinn, sondern nur als Spielverderberei, als lästige Ehrlichkeit, die dazu führt, sich

24   Helmuth Plessner: *Grenzen der Gemeinschaft. Eine Kritik des sozialen Radikalismus* in *Gesammelte Werke V Macht und menschliche Natur*, Frankfurt a.M.: Suhrkamp 1981, S. 70.

25   Vgl. ebd., S. 59. Dort stellt Plessner sein gesamtes Kapitel unter einen Spruch von La Roche-foucauld »Das Lächerliche entehrt mehr als Unehre«.

26   Ebd. S. 84.

tatsächlich mit einer anderen Person und ihrer Andersheit auseinandersetzen zu müssen.

Dieser Aspekt des Lästigen erscheint deswegen als solcher, weil die Ehrlichkeit der anderen Person meine Gedanken und mein Erleben der Situation vor eine Herausforderung stellt: Diese Ehrlichkeit zeigt auf die deutlichste und aufdringlichste Weise an, dass es eine andere Perspektive auf die Situation gibt, die dazu auffordert, über die soziale Situation als geteiltes Phänomen zu diskutieren und auch das je eigene Erleben in Frage zu stellen. Dass dies nicht durchweg angenehm ist, ist offensichtlich und nicht unwesentlich. Jedoch ist es die Konsequenz aus der Sozialität. Ihr wird in dieser Arbeit – wie sich schon im Titel *Als Andere unter Andere* zeigt – eine vorrangige Stellung eingeräumt. Sie im Alltäglichen aufzudecken, aufzuzeigen, welche Auswirkungen sie auf unsere Wirklichkeit hat, ist die Aufgabe der gesamten Arbeit gewesen. Sie führt an dieser Stelle dazu, Plessners Aussage als einseitig zu beschreiben, gerade wenn er die spielverderberische, nackte Ehrlichkeit in folgendes Beispiel überführt: »Versuchen wir uns bloß einen Augenblick den Verkehr einander kaum bekannter Personen vorzustellen, die sagen wollen, was sie denken oder gar voneinander vermuten. Nach kurzem Zusammenprall müßte sich Weltraumkälte zwischen sie legen.«[27] Das, was nach Plessner passiert, wenn man sich gegenseitig ehrlich etwas über die Situation darstellt, ist also gerade keine Annäherung aneinander, sondern ein Abstandnehmen voneinander.

Dies negativ zu betonen, erscheint jedoch nur innerhalb der plessnerschen Untersuchung von Bedeutung: Er wendet sich einem radikalen Dualismus zwischen Gesellschaft und Gemeinschaft zu, wobei Gesellschaft für die kulturell geordnete Umgangsweise miteinander steht, also für eine Distanz, während Gemeinschaft für die Nähe zu einander steht. Doch ist die *parrhesia* keine Praxis, die auf eine permanente Annäherung und den Verlust von Distanz gegenüber den Anderen aus ist. Sie ist ein Ethos, in dem dargestellt wird, wie etwas ist, was aber nicht heißt, dass diese Darstellung selbst ohne Form wäre oder nur Nähe *zwischen* einander suchen würde. Dies bedeutet also nicht, dass die *parrhesia* der Performativität enthoben wäre, sondern sie stellt selbst einen Teil der Art und Weise dar, wie eine soziale Situation erlebt wird. Wenn man also darstellt, wie man die Situation erlebt habt, steht man selbst wieder vor dem Erleben der Anderen. Man entzieht sich der eigenen Verantwortung in der Situation nicht, weshalb man natürlich auch bei der Art und Weise, wie man darstellt, wie man etwas erlebt hat, die Anderen nicht vergessen kann und sie als Andere verstehen muss. Dies bedeutet konkret, dass es in der Situation, in der man darstellt, wie es für einen ist, in dieser Situation zu sein, auch darauf ankommen muss, wem gegenüber man dies darstellt. Die sozialen Strukturen durchdringen sowohl das Gesellschaftliche als auch das Gemeinschaftliche. Sie gestalten das Nahe und die Distanz. Kenne ich die Person – wie in

---

27   Ebd., S. 107.

Plessners Beispiel – nicht gut oder noch gar nicht, wird der jeweilige Umgang, das Verhalten zu dieser Person und zur Welt ein anderer sein als bei Freunden oder der Familie. Doch stehen sich nicht zwei radikale Gegensätze gegenüber, sondern – bildlich gesprochen – es steht ein warmer oder kalter Umgang miteinander nicht für die Formen der Gemeinschaft und der Gesellschaft; sie sind vielmehr das Ergebnis oder der Anfang bestimmter sozialer Situationen und sozialer Strukturen, die nicht sauber zwischen Gesellschaft und Gemeinschaft zu trennen sind.

Deshalb muss der Akt der *parrhesia* das Risiko auf sich nehmen, sich dessen bewusst zu sein, dass sie selbst wiederum thematisiert und als unangenehm oder als hilfreich erlebt werden kann, als Möglichkeit, die eigenen Meinungen zum Erlebten denen anderer Personen anzunähern oder eben auch eine Distanz zwischen einander zu erzeugen. Diese Distanz muss jedoch nicht negativ bewertet werden, sondern sie kann zu einem gleichgültigen Verhalten zwischen einander führen, aber auch zur Akzeptanz der anderen Person, ohne eine persönliche Nähe hervorzurufen; genauso, wie ein Streit Nähe ausdrücken kann, die gerade dazu führt, einander nicht mehr zu akzeptieren oder die eine Person noch näher an die eigene Meinung heranzuziehen. In hitzigen Diskussionen, die in Streitigkeiten münden, geht es selten darum, die andere Person von sich wegzustoßen, als vielmehr darum, die Meinung der anderen Person in die eigene Meinung zu verwandeln oder zumindest darum, sie in der eigenen Meinung aufzuheben und ihr damit gerade nicht die Eigenständigkeit und eine gewisse Distanz in Bezug auf die erlebte Situation zum eigenen Erleben zuzugestehen.

Ein eingängiges Beispiel für einen solchen kolonialistischen Streit ist das einseitige Ende einer Beziehung. Es sei dahingestellt, welche Beziehungsform man ausgelebt hat, sei es eine polyamore, eine monogame, eine eheliche oder auch eine pansexuelle etc., der entscheidende Punkt ist die Einseitigkeit: Eine Person möchte die Beziehung fortführen und eine andere möchte Veränderung. Gesteht man dem anderen Standpunkt dabei keinerlei Berechtigung zu, dann ist der sich daraus entwickelnde Streit der Versuch, die eine Position in die eigene umzuformen und sie damit in der eigenen Position zu eliminieren. Je mehr Nähe man sich wünscht und je ehrlicher man die eigene Situation beschreibt, ohne dabei zu bedenken, dass zur eigenen Situation die andere Person dazu gehört, sie ein unumstößlicher Teil davon ist, desto mehr wird die Vereinseitigung offenbar und die Nähe erhält sich nur noch durch diesen Streit. Man versucht das »Problem«, die Schwierigkeit mit der Situation alleine und aus eigener Kraft zu lösen, so wie es Plessner vorsieht,[28] und gerät gerade dadurch in eine Gemeinschaft der Streitenden, wodurch man sich in der Nähe hält. Das Streiten ist die Verzweiflung, die Nähe beibehalten will, wo Distanz zu akzeptieren ist.

---

28   Vgl. ebd., S. 92.

Die *parrhesia* ist als Ethos also keine Leichtigkeit, keine Selbstverständlichkeit, sondern die Beachtung dessen, dass in jeder Situation Andere involviert sind, die entweder vor ähnlichen Problemen stehen, über die man gemeinsam stolpern kann, oder Anderen, denen man gerade durch die *parrhesia* eine andere Perspektive auf das Erlebte mitteilt. Die *parrhesia* ist in den meisten Fällen anstrengend und harte Arbeit an der sozialen Situation sowie dem eigenen Verständnis der Anderen als Andere. Obwohl ich bisher dafür argumentiert habe, dass wir als Andere unter Anderen leben und dadurch die Anderen unsere Bedingung der Wirklichkeit sind, ist dies nämlich keine Wiederholung einer offensichtlichen Tatsache, wenn man sich den Umgang miteinander vergegenwärtigt. In der Alltäglichkeit zeigen sich die Anderen zwar permanent indirekt oder direkt, aber diese theoretische Überlegung und Ausführung führt dazu, den eigenen Umgang mit Anderen immer dann als einseitig zu bestimmen, wenn die Anderen nicht als Andere im jeweiligen Verhalten einen Raum erhalten.

Damit ist die *parrhesia* eine Darstellungsform der labilen Responsivität, von der Waldenfels spricht, und des labilen Gleichgewichts im Zwischenraum des Miteinanders unter Anderen, in dem die Anderen als Andere zur Erscheinung kommen. So ist die *parrhesia* – nicht ganz im Sinne Plessners – ein »Ethos der Grazie«,[29] das sich der anstrengenden Aufgabe widmet, die Anderen als Andere zu behandeln, indem man ihnen Auskunft über die eigene Perspektive gibt. Es ist im wahrsten Sinne des Wortes die Schönheit bzw. Adäquatheit der Bewegung bzw. des Verhaltens miteinander. Plessner selbst siedelt die Grazie nur in der Gesellschaft an, da es in der Gemeinschaft zu sehr um die Nähe gehe, als dass man sich grazil verhalten könnte. Denkt man jedoch an sein Beispiel zurück, an dessen Ende »Weltraumkälte« steht, dann ist das freimütige Für-wahr-Sprechen gerade ein Respekt der*dem*den Anderen gegenüber, da aus einer ehrlichen Darstellung nicht notwendigerweise eine unfreundliche, aggressive oder beleidigende Darstellung werden muss, weder in der Gesellschaft noch in einer Gemeinschaft. Und selbst wenn: Teile ich Anderen meine Probleme und Abneigungen gegenüber bestimmten Verhaltensweisen und Strukturen mit, dann können sie selbst wiederum darauf reagieren und in meinem Verhalten eine akzeptable Perspektive erleben, auch wenn sie es anders sehen sollten und umgekehrt. Es ist, mit Plessner gesprochen, eine Frage des Takts, des Fingerspitzengefühls im Umgang miteinander, das gerade darin besteht, nicht nur auf sich, sondern auch auf die Anderen als Andere zu achten: »Takt ist der ewig wache Respekt vor der anderen Seele und damit die erste und letzte Tugend des menschlichen Herzens.«[30] *Parrhesia* ist also ein zweigesichtiges Ethos: Bei Meinungsverschiedenheiten oder unvereinbaren Perspektiven ist

---

29   Ebd., S. 80.
30   Ebd. S. 107.

sie ein Ethos des Aushaltens und Akzeptierens – solange die Akzeptanz auf Gegenseitigkeit beruht – und sie ist ein Ethos des gemeinsamen Veränderns von Strukturen und Verhaltensweisen, über die man gestolpert ist. Ihr Januskopf blickt auf gemeinsame Veränderung und auf distanzierte Agonie.[31] Diese beiden Seiten produktiv zu verbinden, ist die Grazie, die kunstfertige Praxis der *parrhesia*.

Was möglicherweise schon in der sprachlichen Form und der Lektüre der vorherigen Abschnitte zur *parrhesia* aufgefallen ist, die ich in diesem Sinnabschnitt benutzt habe, ist Folgendes: Ich habe *parrhesia* als Darstellungsform gebraucht und damit nicht als rein sprachliche Mitteilung. Ich berufe mich hier auf meine eigenen Ausführungen zum Begriff der Fassade – der mit Erving Goffman zu Beginn des zweiten Hauptteils eingeführt worden ist – um zu argumentieren, dass eine freimütige Ehrlichkeit nicht nur in der Sprache, sondern auch im Verhalten des Körpers, in der Darstellung der jeweiligen Fassade möglich ist. Dies geschieht, um die *parrhesia* nicht als ein rein sprachliches Konzept der permanenten Selbst- und Fremdreflexion zu beschreiben, sondern Züge der *parrhesia* in der ursprünglichen Responsivität der Menschen untereinander und zur Welt zu verankern. Denn wie ich schon im Unterkapitel *Miteinander in sozialen Räumen* argumentiert habe, ist die Darstellung unseres Erlebens als Fassade immer schon ein Antworten auf Andere in der Welt. Jede Geste, jede Mimik ist eine Antwort auf das Erlebte, die sich für Andere darstellt. So ist auch die *parrhesia* mehr als sprachliches Antworten; sie ist eine Möglichkeit, sich und damit die Situation darzustellen. Hier zeigt sich also der Gewinn der Betonung des Sozialen im alltäglichsten und im absurdesten Verhalten. Nicht ich antworte auf eine Situation, in der sich auch Andere befinden. Die Sozialität ist keine Nachordnung und auch nie nur ein einzelnes »Du«, von dem ich auf Andere schließe: Sie ist die Bedingung unserer Wirklichkeit. Ohne eine grundlegende Sozialität, die sich in Anwesenden und Abwesenden, in implizit bedingenden oder explizit angesprochenen und ansprechenden Anderen zeigt, könnte unsere Wirklichkeit nicht beschrieben werden, wie sie sich darstellt. Ohne diese Wirklichkeit mit Anderen, die sich als Fassade füreinander darstellen, wäre die *parrhesia* ein aussichtsloses Unterfangen und die sozialen Strukturen würden im eigenen Erleben nicht auftauchen. Woher sollten wir dann aber von ihnen wissen und wie sollten sie uns bestimmen, wenn sie sich nicht im Erleben darstellten?

Damit lässt sich an dieser Stelle auch eine Frage aufklären, die man an die Beschreibungen von Jean-Paul Sartre – vor allem im »Unaufrichtigkeitskapitel« – stellen kann: Wie ist es aus einer phänomenologischen Perspektive, die gerne mit einem Primat der Subjektivität und der Erstpersonalität bestimmt wird, möglich, in Beispielen Bestimmungen des »Innenlebens« der Anderen zu geben? Besonders prominent sind dabei die Beschreibungen über den Flirt zwischen einer Frau und

---

31 Vgl. Chantal Mouffe: *Agonistik – Die Welt politisch denken*, Frankfurt a.M.: Suhrkamp 2014, S. 32ff.

einem Mann und die des Kellners. In der »Flirtsituation« beschreibt Sartre anhand dessen, was er erlebt, in welcher Struktur der Flirt abläuft und dass er absichtlich im vagen gehalten wird, da ein explizites Eingehen auf die Avancen die spielerische und unverfängliche Offenheit dieses Flirts aufheben würde und ihn zur Artikulation eines tatsächlichen Interesses an einer körperlichen Interaktion werden lassen würde.[32] Hätte man in der phänomenologischen Beschreibung nur einen Primat der Subjektivität, dann wären alle diese Aussagen unbrauchbar und nicht Teil der Beschreibung der Situation, wie sie sich uns selbst gibt. Man Könnte keine Beschreibung der »Sache selbst« darin sehen, sondern nur wilde Spekulationen. Doch es erscheint plausibel, Sartre zu unterstellen, dass er selbst in *Das Sein und das Nichts* nicht mehr an einem Primat des Subjektiven festhält. Ein solcher Standpunkt würde das gesamte »Unaufrichtigkeitskapitel« sinnfrei machen, da die Unaufrichtigkeit immer mein Verhalten zu Anderen bzw. ein durch Andere Bedingtes kennzeichnet. Ähnlich wie bei diesem Flirt verhält es sich auch, wenn Sartre dem Kellner im Café zuschreibt, er spiele nur das Kellnersein und das auf eine übertreibende Weise, nämlich zu gut.[33] Man könnte entgegnen, dass von den Anderen zu sprechen immer die erste Person mit einschließt und dass Sartres Beschreibungen dennoch aus der Perspektive der ersten Person geschrieben sind. Doch der Unterschied liegt im Detail: Es ist nicht *die* Erste-Personen-Perspektive, sondern immer nur *eine*. Nicht die Allgemeinheit des bestimmten Artikels wird hier beschrieben, sondern das konkrete Erleben einer Situation, an der sowohl die beschreibende Person als auch die beschriebene teilhaben. Beide stellen sich miteinander dar und somit wird die Beschreibung nicht aus *der* Perspektive *der* ersten Person gemacht, sondern es ist eine Beschreibung des Verhaltens und wie es aufeinander wirkt.

Aber genau an diesem Punkt zeigt sich die Vorrangstellung der Sozialität: denn dieses Zu-gut-Spielen zeigt sich uns gerade in der Darstellung der Fassade der kellnernden Person. Es ist keine zusätzliche Interpretation des Verhaltens oder eine unphänomenologische Hinzufügung zur Beschreibung, sondern es ist genau das, was man erlebt; eine komplexe soziale Situation, in der Andere unter Anderen in der Welt agieren, die durch Artefakte, Sedimente und soziale Strukturen geformt ist. Man erlebt nicht einfach ein vereinzeltes Du, das ohne Verbindung zu sozialen Strukturen und konkreten Anderen isoliert alleine mir gegenübersteht, oder nur die eigene Perspektive, sondern man erlebt eine Vielheit an Anderen. Deshalb ist es auch kein Bruch mit der Phänomenologie, wenn man auf die erlebten sozialen Strukturen verweist, und die implizite Formungen der sozialen Situation explizit macht, sondern eine Konsequenz aus dem Vorrang der Anderen, der Sozialität, vor der abstrakteren Ich-Perspektive. Die sozialen Strukturen sind ebenso Bestandteil des Erlebens wie mein Denken, mein Handeln, mein Wahrnehmen, mein Fühlen,

---

32   Vgl. Sartre: *Das Sein und das Nichts*, S. 133.
33   Vgl. ebd., S. 139.

mein Imaginieren, dein Erleben, euer Erleben und alle Sedimente des Erlebens der Anderen, die vor uns waren oder in unserem Horizont sind; oder, wie es Judith Butler ausdrückt: »Ich kann ein konkretes Du und noch eine Anzahl anderer verlieren, und ich mag diese Verluste wohl überleben. Aber das ist nur möglich, wenn ich nicht die Möglichkeit eines Du überhaupt verliere. Ich kann nur überleben, wenn mein Leben über mich hinausgeht, wenn es auf ein indexikalisches Du verweist. Ohne das kann ich nicht sein.«[34]

Der Beginn der Kälte – um diesen Sinnabschnitt mit einer Referenz zum Anfang, der mit Plessner gemacht wurde, zu schließen –, der durch die Ehrlichkeit der *parrhesia* ausgelöst werden kann, ist damit nicht ein Schrecken, den es zu vermeiden gilt, sondern ein Umgang miteinander, durch den die Anderen als Andere behandelt werden. Gerade dies erfordert ein Fingerspitzengefühl für die Situation, das ich nur haben kann, wenn die Anderen als Andere schon in ihr vorkommen und nicht erst aus der Subjektivität abgeleitet werden müssen. Diese Labilität, die Anderen als Andere zu verstehen, gelingt nur, wenn man sich selbst als Andere*n seiner*ihrer selbst versteht, weil die Situation und die sozialen Strukturen, die sie formen, nicht von einem*r selbst stammen, sondern durch Andere und einen*r Selbst performativ erhalten werden. Will man also dem Diktum Husserls für die Phänomenologie auch in der Beschreibung immer noch Folge leisten und zu den Sachen selbst gehen, dann sind die Sachen selbst immer im Sozialen geteilt und nie nur aus einer Subjektperspektive beschreibbar, ohne sie so zu vereinseitigen, dass man an ihrem »Wesen« vorbei beschreiben muss. Unsere Wirklichkeit kann nicht von Anderen abstrahiert werden. Und so heißt zu den Sachen selbst zu gehen, die sozialen Strukturen auf der Oberfläche des Erlebens zu beschreiben.

Nähe, Distanz, Wirklichkeit Aus den drei Sinnabschnitten, die bisher in diesem Hauptteil ausgeführt wurden, lässt sich also schließen, dass man mit Anderen zusammen in dem permanenten Risiko lebt, das Gewohnte absurd erscheinen zu lassen und das Absurde als gewohnt, weil man nichts aus einer rein subjektiven Perspektive bestimmen kann, sondern alles nur durch die plurale Perspektivität, die sich als die Bedingung der Anderen für unsere Wirklichkeit darstellt. Diese ist immer eine soziale Wirklichkeit, in der sich das Erleben der Anderen unter sozialen Strukturen auf ihren Fassaden performativ verkörpert. Dieser komplexe Darstellungsprozess ist es, der den Ausgangspunkt für eine Arbeit – wie die hier vorliegende – bietet, die den Bereich der sozialen Wirklichkeit beschreiben will. Kurz: Unsere Wirklichkeit mit Anderen ist unbezweifelbar schon beim alltäglichsten Erleben komplex – was dazu führt, dass sowohl die Verweise auf die bestimmenden sozialen Strukturen als auch die auf die konstitutiven Anderen

---

34   Butler: *Krieg und Affekt*, S. 27.

beschrieben werden mussten, um sowohl das Alltägliche als auch das Besondere innerhalb der sozialen Situation aufzeigen zu können.

In diesem Sinnabschnitt soll es nun um das Verhältnis in der Wirklichkeit miteinander gehen, das sich durch Nähe und Distanz in unserer Wirklichkeit als Andere unter Anderen konstituiert. Dazu wird sich der Frage zugewendet, inwiefern Realität und Virtualität (bspw. als Digitalität) Vermischungsformen von Nähe und Distanz sind und dadurch auf doppelte Weise eine Bedeutung für die Wirklichkeit aufweisen können: Dabei wird das Erleben der Realität vorrangig als beispielgebender Bereich benutzt, um Verhältnisse der direkten Anwesenheit, der Nähe zu bestimmen. Der andere Bereich wird der der Digitalität sein; einer, der ein Miteinander über Distanzen ermöglicht und in dem man sich trotz fehlender körperlicher Anwesenheit dennoch darstellen muss; als eine Form abwesender Anwesenheit. Eine Studie, die dazu sehr aufschlussreich ist, ist *Die Gesellschaft der Singularitäten – Zum Strukturwandel der Moderne* von Andreas Reckwitz. Er bestimmt den Spielraum des Digitalen wie folgt: »Die digitalen Bilder, die Texte, die Klänge und Spiele – sie alle werden *performed*, und zwar vor einem Publikum, das selbst zum Mitspieler werden kann. Dieses Publikum befindet sich gegenüber den digitalen Performances im Zustand eines *Dauererlebens*.«[35] Der Bereich der Digitalität wird demnach benutzt, um Beispiele zu beschreiben, die sich besonders durch Distanz auszeichnen, wodurch die Vermischung von Nähe und Distanz bestimmt werden kann. Es gilt also die Verbindung zwischen der direkten Anwesenheit und Abwesenheit in der Realität und der abwesenden Anwesenheit (den immer zu »Mitspieler*innen« werden könnenden Anderen – laut Reckwitz) und der anwesenden Abwesenheit (den als Publikum zuschauenden Anderen) im Digitalen aufzuzeigen und deren Bedeutung für eine Theorie des Miteinanders darstellen zu können. Den Ausgangspunkt dazu bieten die bisher in dieser Arbeit getroffenen Bestimmungen, die sich in folgendem Zitat von Judith Butler wiederfinden lassen: »Ich bin bereits mit dir verbunden, und das macht mich zu dem Selbst, das ich bin und das auf eine Weise für dich empfänglich ist, die ich nicht vollständig vorhersagen oder kontrollieren kann.«[36]

Dieses Zitat bildet die Form ab, in der wir allgemein zueinander in Beziehung stehen: Wir sind einander ausgeliefert. Diese negativ anmutende Formulierung wurde von mir deshalb gewählt, um das positive Zitat Butlers zusammenzufassen, da im Ausgeliefertsein unser jeweiliges Risiko mitschwingt, unsere Meinungen und

---

35   Andreas Reckwitz: *Die Gesellschaft der Singulariäten – Zum Strukturwandel der Moderne*, Frankfurt a.M.: Suhrkamp 2017, S. 237. Die hier sehr kurz bleibende Beschreibung des Digitalen findet sich ausführlich bei Reckwitz und ist außerdem inspiriert von Günther Anders' Texten in *Die Antiquiertheit des Menschen* I & II.

36   Judith Butler: *Anmerkungen zu einer performativen Theorie der Versammlung*, Frankfurt. a.M.: Suhrkamp 2018, S. 146.

Verhaltensweisen, unser ganzes Weltverhältnis sowohl vor der Anwesenheit Anderer (Realität) als auch der abwesenden Anwesenheit Anderer (Digitalität) aufs Spiel zu setzen. Das eigene Weltverhältnis aufs Spiel zu setzen, ist nun also keine Besonderheit der direkten Kommunikation mit Anderen, sondern ein Ausdruck der generellen Responsivität der Menschen untereinander und zur Welt als ihrem Medium. Deshalb steht auch im Digitalem – dem momentan vorherrschenden Erlebensbereich für Virtualität – das jeweilige Verhalten zur Welt in Frage: Ploppt eine Nachricht auf meinem Smartphone auf, drängt sich eine Perspektive in meine Perspektive hinein, die beachtet werden kann und will; sie zwängt sich in den Fokus des Erlebens hinein. Ihr Inhalt kann mich affizieren, meine Meinung ändern, mich aufregen, umstimmen, verletzen; sie trifft mich. Das Thema einiger Tweets ist die Verurteilung zweier Ärztinnen zu einem Bußgeld. Das Bußgeld wurde ihnen auferlegt, weil sie Informationen über Schwangerschaftsabbrüche angeboten haben.[37] Dem Unverständnis dafür, nachdem der Artikel 219a erst zur Debatte stand, kann ich mich völlig anschließen, es empört mich und nimmt mich aus meiner momentanen Situation heraus. Aber nicht nur diese Information empört mich, sondern auch einige Kommentare auf diese Tweets werfen mir und Anderen Perspektiven ins Erleben, die so weit weg von meiner eigenen Meinung sind, dass sie nicht einfach an mir vorüberziehen, auch wenn ich an ihnen vorbeiscrolle.[38]

Die soziale Situation kann also sowohl virtuell wie real in verschiedene Relationen zu Anderen geteilt werden, für die William James' Theorie des *radikalen Empirismus* ein Angebot zur Spezifizierung darstellt: Sie soll ein Erleben beschreiben, in dem die mannigfachen und undurchsichtigen Beziehungen zwischen Gegenständen und Menschen, Menschen und Menschen und Menschen und Gegenständen und sozialen Strukturen und Menschen in der Welt nicht nur gedacht, sondern erlebt werden können.[39] Diese Beschreibung ist ein Vorschlag, um nicht in eine vereinzelte Sicht auf die Welt zurückzufallen, in der vereinzelte Klötze von Realität und Digitalität als konkrete Form von Virtualität aneinander gereiht werden, wodurch sie erst im Nachhinein synthetisiert werden und eine feste Organisation erhalten, die den pluralen Verknüpfungen zwischen verschiedensten Sphären nicht gerecht werden kann: Die Teile der Relation bilden eine Plurallektik in Distanzen und Nähen, also in *Abständen* zu anderen Weltverhältnissen, Meinungen und Dar-

---

37   Vgl. https://www.zeit.de/wissen/gesundheit/2017-11/schwangerschaftsabbruch-aerztin-giessen-werbung-amtsgericht-urteil (zuletzt aufgerufen am 28.7.2019).

38   Hier wurde nun nur die abwesende Anwesenheit bestimmt, also das Verhältnis zu Anderen im Digitalen, das aktiv interagiert. Doch es muss auch die negative Seite dieser Vernetzung durch Kulturprodukte erwähnt werden. Das von Reckwitz benannte Publikum rezipiert. Es rezipiert, wenn es will, fast ununterbrochen und wird dadurch nicht mehr aktiv, im schlimmsten Fall stumpft es emotional ab. Vgl. Reckwitz: *Die Gesellschaft der Singularitäten*, S. 233ff.

39   Vgl. James: *Pragmatismus und radikaler Empirismus*, S. 30.

stellungen des jeweils anderen Erlebens.[40] Um dies dennoch zu entwirren, stellt James in einer Reflexion verschiedene Arten der Beziehung zusammen, die aufsteigend »inniger« werden: Zum ersten ist es das »miteinander zu bestehen«[41] ohne weitere Bindung; dies ist damit gleichzeitig die stärkste Form der Distanz. Die zweite ist eine Verbindung durch die Zeit: Man ist entweder »gleichzeitig oder in einem zeitlichen Abstand zueinander«.[42] Danach kommt – als noch innigere Beziehung – die Räumlichkeit als Distanz oder Nähe, dann die Ähnlichkeit oder Unähnlichkeit und fast zuletzt die Beziehung der Aktivität des gemeinsamen Handelns, die in die innigste Verbindung übergeht, die man als Selbstbewusstsein bezeichnen könnte.[43] Den letzten Punkt kann man für diese Arbeit reformulieren, indem man auch hier anmerkt und betont, dass die innigste Beziehung des Selbstbewusstseins nicht die Beziehung zu sich selbst bedeutet, sondern die Beziehung zu sich selbst, die durch Andere ermöglicht und angestoßen wurde. Wenn man bspw. seine eigenen Meinungen durch das Risiko des Miteinanders jedes Mal wieder aufs Spiel setzt und sich dessen bewusst wird, lässt sich auch das Selbstbewusstsein – wie schon im ersten Hauptteil bestimmt – nicht ohne Bezug zu Anderen erleben.

Diese sechs Beziehungen, in denen man mit etwas oder – darauf wird hier der Fokus liegen – jemanden in Verbindung stehen kann, sind aber keine exklusiven Positionen, die man durchläuft: Man kann gleichzeitig zu Anderen in verschiedenen dieser Beziehungen stehen, sei es zu verschiedenen Anderen oder zu verschiedenen Aspekten eines*r Anderen. Dies lässt sich an einem Beispiel, das Sartre für das präreflexive Selbstbewusstsein gibt, sehr gut erkennen: Denkt man an die Ausführungen zum Zigarettenzählen, so ist es gleichzeitig möglich, zu zählen und sich bewusst zu sein, dass man zählt. Die Zigaretten sind mir räumlich nahe und gleichzeitig mit mir hier, durch mein Zählen bin ich aktiv mit ihnen beschäftigt und in der Verbindung, auf die das Zigaretten-Beispiel bei Sartre abzielt, ist man sich dessen selbst bewusst; denn die Antwort auf die Frage »Was machst du da?« kann in den meisten Fällen problemlos beantwortet werden, auch wenn man in die Sache, die man tut, vertieft ist.[44] Aber man steht dabei eben nicht nur zu dem Gegenstand in Bezug: Man steht in Bezug zu den Personen, die die Zigaretten hergestellt haben – dies scheint im ersten Moment nicht phänomenal gegeben, doch man erlebt sie implizit und kann auf sie reflektieren, gerade weil eine Zigarette nicht aus dem Nichts entsteht –, sie leben zur selben Zeit wie ich in dieser Welt. Dieses gemeinsame Leben in derselben Welt ist der Grund, warum bspw. Judith

---

40   Vgl. Francois Jullien: *Es gibt keine kulturelle Identität*, Frankfurt a.M.: Suhrkamp 2017, S. 37: Der Abstand »erweist sich […] als eine Denkfigur nicht der Identifikation, sondern der Exploration, die andere Möglichkeiten zutage fördert.«

41   James: *Pragmatismus und radikaler Empirismus*, S. 30.

42   Ebd. S. 31.

43   Vgl. ebd.

44   Vgl. Sartre: *Das Sein und das Nichts*, S. 17.

Butler von einer Ethik der Kohabitation spricht.[45] Und es ist die Bestimmung, die bei der Fokussierung Sartres auf den Übergang vom Präreflexiven zum Reflexiven herausfällt; das Angesprochen-Werden, dass den Anreiz bietet, aus dem Präreflexiven in eine Reflexion über das Getane überzugehen; und das auch nicht aus dem Nichts heraus, sondern um zu antworten, um handelnd miteinander in Beziehung zu treten und sich dabei des eigenen Erlebens des Zählens selbst bewusst zu sein, während man es in der Antwort als Zählen erkennt.

Was man also am Beispiel des Zigarettenzählens noch sehen kann, ist die vielleicht zufällige, aber nicht unwichtige Präsenz einer anderen Person. Jemand fragt: »Was machst du?« Den Anstoß zur Selbstreflexion bietet in dieser sehr alltäglichen Situation eine andere Person. Macht man sich diesen Gedanken explizit vorstellig und geht man davon aus, dass die Relationen, die mit James dargelegt wurden, immer enger werdende Beziehungskreise beschreiben, dann stehen wir selbst in der innigsten Beziehung, dem Selbstbewusstsein in Verbindung zu Anderen. Als Gegenbeispiel für die Bedingung der eigenen Selbstreflexion durch Andere könnte man Folgendes anführen: Ein Tag, an dem man sich alleine mit einem Buch, mit dem Laptop oder einer anderen Arbeit hinter dem Schreibtisch verschanzt, verläuft ganz ohne direkten Kontakt zu Anderen. Dennoch fragt man sich am Ende des Tages: Was habe ich getan? Es ist eine vergleichbare Situation mit der, die Sartre beispielhaft am Zigarettenzählen beschreibt, nur mit dem Unterschied, dass kein Mensch anwesend ist, der einen fragt, was man getan hat, und damit die Reflexion auf sich selbst anstößt. Trotz dieses plausibel wirkenden Gegenbeispiels muss man sich die Frage stellen, ob nicht auch diese Reflexion durch Andere angestoßen wird – denn die Konzeption der Reflexion auf sich selbst und das, was man getan hat, wird nur vor einer Vielheit an Perspektiven überhaupt praktikabel oder sinnvoll. Erlebte ich nicht andere Perspektiven und dächte ich nicht an andere Perspektiven, bevor und während ich reflektiere, wäre es nicht notwendig, auf mich selbst zu reflektieren und eine*n Andere*n zu erkennen. Es gäbe ja nur diese eine Perspektive, die sich selbst nicht hinterfragen würde. Doch dieser Punkt des Hinterfragens, des Auf-dem-Spiel-Stehens, ist es, den die Anderen und ihre Perspektiven auf die Welt und uns als Andere unserer je eigensten Wirklichkeit beibringen. Sie bedingen unsere Wirklichkeit selbst noch in der Reflexion auf uns selbst.

So lässt sich hier über eine theoretische Reflexion, angeregt durch Sartre und James, wieder auf die schon verteidigte These Deleuzes hinweisen, dass die Anderen die Kategorie der Möglichkeiten darstellen.[46] Wir sehen in Anderen unsere Möglichkeiten, aber auch unsere Abgründe, unsere Gefahren, dasjenige, was wir in anderen Situationen sein könnten oder wären – und auch das, was wir gerade

---

45   Vgl. Butler: *Anmerkungen zu einer performativen Theorie der Versammlung*, S. 132.
46   Vgl. Deleuze: *Differenz und Wiederholung*, S. 350.

sind bzw. machen. Die soziale Situation, der Begriff, der hier mit Eribon gefestigt wurde, ist also deshalb sozial, da alle Verbindungen – ob enge oder flüchtige, ob reale oder irreale – Verbindungen mit den Anderen sind. Die soziale Situation ist somit die Wirklichkeit der sechs mit James aufgezeigten Relationen (1. gleichzeitig zu sein; 2. zeitlich beieinander, voreinander oder nacheinander zu bestehen; 3. räumlich miteinander oder voneinander getrennt zu bestehen; 4. sich ähnlich oder unähnlich zu sein, ungeachtet der Zeit und des Raumes; 5. sich miteinander zu verhalten; und 6. sich seiner Möglichkeiten und Wirklichkeiten durch Andere selbst bewusst zu werden). Die soziale Situation besteht aus all diesen Relationen zugleich, solange Menschen in der Welt erleben, also während sie handeln, denken, imaginieren, wahrnehmen und fühlen. So besteht ein untrennbares Gewirr aus Relationen, das durch Kontinuität und Diskontinuität, Nähe und Distanz zu Anderen in einer Plurallektik bestimmt werden kann.

Sowohl im digitalen als auch im realen Verhalten miteinander steht man gleichzeitig in verschiedensten Verbindungen zueinander, die den Rahmen unserer Wirklichkeit mit Anderen aufspannen und jene dadurch als Bedingung der Wirklichkeit für uns ausweisen. Nähe und Distanz sind Verhältnisse, die immer wieder auf Andere verweisen und in Bezug zu Anderen in Erscheinung treten. Die hier vorliegende Arbeit ist somit eine Fokusverschiebung in der Beschreibung der Relationen der Wirklichkeit; alle hier mit James bestimmten Relationen lassen sich auch in der Fokussierung auf einen selbst oder auf die Gegenstände beziehen. Die Frage ist also nochmals: Warum werden hier die Anderen für diese Relationsbestimmungen herangezogen? Dies geschieht gerade in Bezug auf die plurale Perspektivität, die gegeben sein muss, damit unterschiedliche Beziehungen zueinander bestehen können, sei es zu unterschiedlichen Personen oder zu unterschiedlichen Aspekten einer Person. Es ist also eine Fokusverschiebung, um die Andersheit der Anderen als Fremdheit und Ähnlichkeit in den Beziehungen zu betonen und dadurch ihre Erlebbarkeit zu unterstreichen. Dies lässt sich zusammenfassen in dem Satz James': »Die Welt menschliche[n Erlebens] indes ist durch dieses oder jenes ihrer Glieder, durch alle diese Grade [die sechs Grade der Innigkeit, P.H.] ausgezeichnet.«[47] Die Wirklichkeit der Menschen ist ein Zusammenspiel von Relationen, die selbst auch wieder in Relationen stehen. Und diese Relationalität ist es, die für das menschliche Erleben der Anderen die Schaffung der Wirklichkeit bedeutet: Die Wirklichkeit besteht durch *Andere*.

Sie nicht zu betonen oder aus dem Fokus fallen zu lassen, ist theoretisch möglich, jedoch nur, wenn man die eigene Abhängigkeit zu Anderen nicht mitreflektiert oder sie absichtlich heraushalten will. Eine Theorie, die ohne die Anderen auszukommen versucht, stellt einen unbegründbaren Fall in vereinzelndes oder solipsistisches Denken dar. Doch nicht nur der reine Individualismus steht dem So-

---

47   James: *Pragmatismus und radikaler Empirismus*, S. 31.

lipsismus nahe, auch im Universalismus findet sich ein Weg, der sich, obwohl er sich allen zuwenden soll, keinem*r zuwendet: denn der Universalismus, der auf dem Denken an die Menschheit als Gattung begründet ist, läuft Gefahr, jegliche Unterschiede in einer alles umfassende Einheit aufzulösen. Was bedeutet das? Es bedeutet, dass es, wenn es um ein Denken in Hinsicht auf *die* Anderen geht, nicht durch einen abstrakten Bezug auf *die* Menschheit erreicht wird. Zu *den* Anderen gelangt man nicht universell, sondern in der konkreten Beschreibung – diese Beschreibungsform zu explizieren war die Aufgabe dieser Arbeit bisher.

Dem Universalismus und Individualismus entgegen kann mit Butler an dieser Stelle besonders auf die Vernetzung mit Anderen über Affekte im Digitalen hingewiesen werden, um im letzten Sinnabschnitt dieser Arbeit der solipsistischen Unmöglichkeit, wie sie im ersten Hauptteil bestimmt wurde, eine Möglichkeit zur Solidarität gegenüberzustellen, die zwischen universalistischen Verweisen auf ein allgemeines Menschsein und der Betonung der Exklusivität und Partikularität der Solidarität steht: »*Die Affekte werden kommuniziert, sie sind mitteilbar, und sie bilden in einer Situation physischer Isolation eine Art Netzwerk, über das sich eine emotionale und politische Allianz herzustellen vermag.*«[48] Die wichtigsten Aspekte einer solchen Möglichkeitsbeschreibung, die aus unserer Wirklichkeit mit Anderen folgt, werden also 1. die Responsivität (Kommunikationswirklichkeit), 2. die *parrhesiastische* Darstellung und 3. die positive Bezugnahme auf die pluralen Perspektiven sein, die trotz räumlicher und zeitlicher Distanz eine Nähe unter den sozialen Strukturen darstellen können. Dass all dies auf unserer Bedingung der Wirklichkeit, als Andere unter Anderen zu sein, gründet, gilt es zum Abschluss nochmals klar herauszustellen, um mit einem kritischem und produktiven Ende die hier dargestellte Theorie zu schließen.

Mögliche Solidarität – zwischen Risiko & Grazie Nachdem nun im letzten Sinnabschnitt das Verhältnis zwischen Nähe und Distanz sowie die Bedingtheit der Wirklichkeit durch Andere und ihre Perspektiven auf die Welt und uns selbst in der Selbstreflexion herausgestellt wurde, ist dieser abschließende Abschnitt einem positiven Weltverhältnis gewidmet, das sich durch *parrhesia* und *gemeinsames Stolpern* als mögliches Ethos des Miteinander verstehen lässt: Es ist die Solidarität, die das labile Gleichgewicht darstellt, in dem man sich der Anderen als Anderen und sich selbst als Andere*m unter Anderen im Erleben bewusst ist und sich dementsprechend den Anderen gegenüber mit Grazie verhält. Ich vertrete im Anschluss an das hier Geschriebene also eine Auffassung von Solidarität, die über ihre Bestimmung als Gefühl oder als Handlungspraxis hinausgeht. In der Solidarität treffen alle bewussten Fähigkeiten zusammen und werden zu einer Darstellung des Erlebens, in der es explizit um die Anderen und eine*n selbst als Andere*n geht. Was bedeutet

---

48   Butler:*Krieg und Affekt*, S. 52.

das genau? Es bedeutet, dass Solidarität eine komplexe Darstellung ausdrückt, die auf eine soziale Situation aus der Perspektive des Füreinander antwortet. Solidarisch zu sein heißt demnach nicht nur, sich solidarisch mit jemandem zu fühlen oder mit anderen zusammen zu handeln. Es heißt, die gesamte Darstellung auf ein Füreinander zu richten. Geschieht dies explizit durch Andere unter Anderen, nenne ich das explizite Füreinander Solidarität, wenn dadurch nicht selbst explizit ein Gegeneinander oder Nebeneinander miterschaffen wird. Ja, Solidarität ist ein schmaler Grat.

Für die einzelnen bewussten Fähigkeiten bedeutet dies also Folgendes: im Denken, die Anderen als Andere mit ähnlichen und unterschiedenen Perspektiven zur Geltung kommen zu lassen; in der Wahrnehmung, nicht ein Individuum als Problemursache zu sehen, sondern die Strukturen zu fokussieren; im Fühlen das Unbehagen, die Empörung oder auch das Vertrauen und die Euphorie als Verweise auf gemeinsamen Probleme und Möglichkeiten zu verstehen und nicht als exklusiv individuell; im Imaginieren, sich gemeinsam produktive Vorstellungen von Strukturen zu machen, die den Problemen entgegenstehen und das Füreinander betonen, und im Handeln gemeinsame Praxen zu entwickeln, die gegen Unterdrückung und Gewalt und gegen andere ähnliche Formen zu stehen. Alle bewussten Fähigkeiten sind in einer solidarischen Darstellung des Erlebens involviert, da Solidarität eine Antwortmöglichkeit darstellt, mit der Komplexität der sozialen Situation und ihren Zwängen umzugehen. Solidarität, in dieser Form beschrieben, ist eine Mischung aus aktiven Entscheidungen der Menschen und dem passiven Widerfahren von Strukturen in sozialen Situationen, die in eine kreative Produktivität gewendet werden, die die bestehenden zwingenden Strukturen negiert. Deshalb verstehe ich Solidarität als Darstellungsform des Erlebens, die aus dem grazilen Ethos der *parrhesia* in der Sorge erwachsen kann. Im Sorgen füreinander bewegt man sich auf einem schmalen Grat zwischen Distanz und Nähe, sei es in der *einspringenden Sorge* (wie gut kann man die Situation der anderen Person abschätzen, um zu verstehen, was man einander abnehmen kann), der *vorausspringenden Sorge* (wie gut versteht man, welches Verhalten man einer anderen Person spiegeln kann, um ihr zu helfen) oder beim *gemeinsamem Stolpern* (wie viel Kraftaufwand kann man einander zumuten, um die Strukturen zu verändern).

Warum aber mit Grazie? Grazie oder graziles Verhalten bestimmt sowohl ein anmutiges, ein angemessenes Darstellen in der Situation als auch Formen der tänzerischen, eleganten Bewegungen, die zwischen verschiedenen Problemen hindurchschwingen, und das Geschick, sich »aus der Affäre« zu ziehen, ein bestehendes Risiko nicht ausarten zu lassen. Man könnte also sagen, dass das grazile Verhalten nur deshalb grazil wirken kann, weil es sich der Schwierigkeit der Situation bewusst ist und sich nur deshalb mit Leichtigkeit darstellen kann, weil es angemessen darauf antwortet. Der Begriff der Grazie bestimmt in dieser Arbeit also die Schwierigkeit, im Angesicht des bestehenden Risikos aneinander ausgeliefert zu sein, sich aber dennoch so zu verhalten, dass die gleichzeitige Angewiesenheit auf Andere nicht als Problem, sondern als Teil der Lösung in Erscheinung treten kann. Man verhält sich demnach grazil, wenn man sich auf die Anderen als Andere bezieht, deren Perspektiven als die anderer Personen versteht, die wiederum die eigene Perspektive als eine andere Perspektive erleben, wodurch sowohl die eigene als auch die andere Perspektive aufs Spiel gesetzt wird. Der grazile Umgang ist damit ein Weg, das Füreinander darzustellen, der in der *parrhesia* geübt wird. Graziles und *parrhesiastisches* Verhalten ist der deutlichste Ausdruck dafür, uns als gleichwertig und verschieden, als Andere unter Anderen darzustellen. Es ist die Adäquatheit des Verhaltens, die Anderen als Andere zu verstehen und dieses Verständnis für sie darzustellen; oder wie es Butler formuliert: »Und weil wir diese Welt gemeinsam bewohnen, sind wir aufeinander angewiesen.«[49] Solidarität bedeutet daran anknüpfend also eine gemeinsame Haltung, sich des Aufeinander-angewiesen-Seins in der Form des Füreinander-Einstehens bewusst zu sein und dies deshalb auch darzustellen. Daran anschließend ist die gerade bestimmte Grazie also eine explizite Darstellungsform, die solidarisches Verhalten impliziert und es deshalb ermöglichen kann.

Aufeinander angewiesen zu sein (sich einander gegenseitig zuzumuten) und gleichzeitig einander ausgeliefert zu sein (sich zu widerfahren), ist damit der Ausgangspunkt für den weiteren Verlauf dieses Abschlussabschnitts. – Ich möchte nicht behaupten, dass diese Struktur des Angewiesen-ausgeliefert-Seins ausschließlich positiv zu bewerten ist. Das wäre eine Verkürzung der hier vertretenen Position. Doch diese Struktur (Angewiesen-ausgeliefert-Sein oder auch Zugemutet-widerfahren-Sein) ist die Bestimmung des Miteinanders, das sich sowohl in die Richtung eines Gegeneinanders als auch in die eines Füreinander bewegen kann. Der Blick liegt für den Abschluss dieser Arbeit jedoch auf dem Füreinander und so wird das Unterstützende und die Veränderbarkeit der Struktur des Miteinanders fokussiert. – Anderen ausgeliefert und auf sie angewiesen zu sein, beschreibt eine Struktur, die zwischen Partikularität und Universalität steht, denn man ist nicht nur ein Teil von etwas oder aufgehoben im Gesamten. Man ist sich in der *parrhesia* des Risikos bewusst, das für jede Person besteht, die Teil der erlebten sozialen Situation ist. Diese Teilhabe ist nicht reglementiert oder strukturell exklusiv; gerade, weil sich die soziale Situation mit jeder hinzukommenden Person verändern kann und sie nicht allein räumlich zu verstehen ist, ist sie nie abgeschlossen. Die sozialen Situationen finden sich in Wiederholung und können dadurch sowohl räumlich als auch zeitlich nicht nur singulär, sondern müssen miteinander erlebt werden. Diese Art und Weise, Solidarität zu denken, findet sich auch bei Sabine Hark, Rahel Jaeggi, Ina Kerner, Hanna Meißner und Martin Saar in *Das umkämpfte Allgemeine und das neue Gemeinsame – Solidarität ohne Identität*:

---

49   Ebd., S. 25.

> Wer Solidarität mit Anderen fordert und davon überzeugt ist, dass es Politik aus Solidarität, in Solidarität geben kann und geben sollte, sieht die Anderen als Gegenüber und Bezugspunkt von moralischen Ansprüchen [...]. Solidarität politisch zu denken bedeutet, diese Forderungen nicht aus den besonderen Eigenschaften der Anderen oder besonderen Erfahrungen mit ihnen abzuleiten, sondern aus dem, was wir mit ihnen teilen, ohne dass es uns oder ihnen alleine gehört.[50]

Versteht man Solidarität auf diese Weise, als Struktur des Füreinander, die sich durch geteilte problematische soziale Strukturen an unterschiedlichen Orten und Zeiten aufbaut, weil diese Strukturen gemeinsam erlebbar sind, wird es möglich die Solidarität Schritt für Schritt auszuweiten. Sie muss dadurch weder auf allgemeine Prinzipien aufbauen noch begrenzt durch direkten Umgang einzelner Individuen miteinander gedacht werden. Dies bedeutet also, dass man nicht abstrakte Ordnungsebenen auf das Erleben der sozialen Situation aufbauen kann, um das Problem zu bestimmen, das man miteinander teilt, sondern dass man diese problematische Struktur durch das Wiederholen bestimmter Erlebnisse erreicht, da das Problem dann aus mehreren konkreten Perspektiven eingegrenzt wird, die alle erlebt wurden.

Man kommt also nicht zur Solidarität mit Anderen, wenn man sie nur als Teil einer anderen oder der gleichen Gruppe ansieht.[51] Dies würde bedeuten, Partikularität über das Erleben der Anderen zu stülpen.[52] Genauso wenig funktioniert es allerdings, eine allumfassende oder universalistische Struktur über den gesamten Bereich des Erlebens zu legen: Natürlich sind wir alle Menschen, aber Solidarität qua Menschsein erscheint wie eine Vorstellung ohne Bindung an das wirkliche Erleben.[53] Würde durch die Einführung des Ideals schon seine Realisierung erzeugt, bräuchte niemand mehr für Sichtbarkeit und Respekt für besondere Bedürfnisse zu kämpfen, die jedem*r durch das Menschsein schon zukommen sollten. Noch

---

50   Sabine Hark, Rahel Jaeggi, Ina Kerner, Hanna Meißner & Martin Saar: *Das umkämpfte Allgemeine und das neue Gemeinsame. Solidarität ohne Identität*, in: Sabine Hark, Friederike Kuster, Katharina Liebsch, Aline Oloff, Regine Othmer, Birgit Riegraf, & Tanja Thomas (Hg.): *Feministische Studien*, Band 33, Heft 1, Aufl. 1, Stuttgart: 2015, S. 99.

51   Vgl. ebd., S. 103: »Gesucht werden konnte also nach nicht weniger als den heute möglichen Formen der Kooperation und der wechselseitigen Verantwortung, in denen das, was allgemein, jede_r zukommend und fur jede_n verbindlich ist, nichts Vorausgesetztes, Selbstverständliches ist, sondern ein erst in Praktiken und Beziehungen herzustellender Bezugspunkt, den wir erst teilen müssen, um ihn zu erfahren.«

52   Vertreter*innen sind bspw. David Hume und Richard Rorty; vgl. Kurt Bayertz: *Solidarität – Begriff und Problem*, Frankfurt a.M. Suhrkamp, 1998, S. 20ff., oder auch Charles Taylor, vgl. Charles Taylor: *Wieviel Gemeinschaft braucht die Demokratie – Aufsätze zur politischen Philosophie*, Frankfurt a.M.: Suhrkamp, 2002, S. 7.

53   Vertreter*innen sind bspw. die stoische Philosophie, Henri Bergson, John Stuart Mill, Max Scheler u.a. vgl. ebd. S. 15ff.

problematischer ist jedoch, dass das Ideal selbst als Ausschlusskriterium fungiert, solange es »nur« durch eine bestimmte Gruppe an Menschen als Ideal gesetzt wurde und die Schwierigkeiten Anderer nicht mitdenkt. Didier Eribon fasst diesen Gedankengang folgendermaßen zusammen: »Die Vorstellung einer nationalen Gemeinschaft [Partikularismus, P.H.] ist ein Irrtum, die des planetarischen »Gemeinsamen« [Universalismus, P.H.] eine depolitisierende Utopie. Die soziale Welt besteht immer aus heterogenen, divergierenden, widerstreitenden Geschichten und Traditionen.«[54] Und gerade weil die »soziale Welt« in verschiedensten Perspektiven und Facetten schillert, ist ein Ismus als ideales Konzept, sich in ihr zu verhalten, unmöglich. So ist die hier vertretene Pluralität der sozialen Situation kein ideales Konzept, sondern eine Folge unserer Wirklichkeit mit Anderen. Mein hier gegebener Vorschlag bezieht sich deshalb auf das Grazile als dargestellte Leichtigkeit im Umgang mit Schwierigkeit, weil aus den gegebenen Strukturbeschreibungen zwar die Möglichkeit eines Füreinander als solidarisches Einstehen gegen Unterdrückung und andere Probleme besteht, jedoch die sozialen Situationen selbst ihre Strukturzwänge präsentieren, auf die Solidarität eine divergente und plurale Antwort sein kann.

Was ist aber dann diese Solidarität zwischen Partikularität und Universalismus? Sie ist keine Kategorie, um etwas zusammenzufassen. Sie ist ein Verhalten, in dem sich das Miteinander als Füreinander darstellt, ein Verhalten, das durch eine gewisse Grazie das Risiko im Umgang miteinander nicht verdeckt, sondern es in seiner Form als Risiko bewusst aufrechterhält und versteht, dass dieses Risiko für Andere unter Anderen in der sozialen Situation besteht. Kurz gesagt: Es ist die Darstellungsform des je eigenen Erlebens, als Andere unter Anderen zu sein. Grazie bedeutet dabei also nicht – und das sei hier besonders betont –, dass man sich zurückhält und die Probleme und Sorgen nicht ausspricht, um sie zur Harmonie zu zwingen, sondern dass man sie passend adressiert, dass man mit dem Problem offen umgeht. Es geht in der Solidarität nicht darum, welche Gruppe von Menschen man ausgrenzt, sondern gegen oder für welche sozialen Strukturen man kämpft. Die Grazie, mit der das Risiko zu seinem Recht kommt, als Risiko gelebt zu werden, ist somit eine produktive solidarische Haltung, die sich gegen die konkreten Strukturen richtet, die das Risiko in der erlebten sozialen Situation darstellen; oder kurz: Wenn man solidarisch ist, kämpft man nicht gegen eine oder mehrere konkrete Andere, sondern *gegen unterdrückende, benachteiligende soziale Strukturen,* denen man gemeinsam unterworfen ist.

Solidarität ist damit ein Erleben der gemeinsam erkämpften Veränderung sozialer Strukturen und nicht das absichtliche Ausgrenzen bestimmter Personen. Es ist ein Kampf gegen die konstituierenden Bedingungen, unter denen man gemeinsam lebt, gegen die Sedimentierungen unterdrückender Verhaltensweisen, die nie-

---

54   Eribon: *Gesellschaft als Urteil,* S. 201.

mand von uns selbst hervorgebracht hat und die man durch die eigenen Verhaltensweisen wieder mit hervorbringt. Wenn man also überhaupt gegen jemanden kämpft, dann gegen die Wiederholungen der sozialen Strukturen, die Andere unterdrücken; und diesen Kampf kann man nicht alleine führen. Man kann an dieser Stelle die Frage Butlers aus *Psyche der Macht* folgendermaßen in eine Form übertragen, in der nicht die Frage nach dem Subjekt im Singular gestellt wird, sondern nach den Subjekten, den Anderen im Plural, um sie in eine Frage nach der Möglichkeit von Solidarität zu verwandeln:

> Wir sind »zur Wiederholung der gesellschaftlichen Normen gezwungen, durch die [wir, P. H.] hervorgebracht wurde[n], aber diese Wiederholung bringt Risiken mit sich, denn wenn es einem nicht gelingt, die Norm »richtig« wiederherzustellen, wird man weiteren Sanktionen unterworfen und findet die vorherrschenden Existenzbedingungen bedroht. Und doch: wie sollen wir ohne eine Wiederholung, die das Leben – in seiner derzeitigen Organisation – aufs Spiel setzt, auch nur beginnen, uns über die Kontingenz dieser Organisation klarzuwerden und performativ die Umrisse der Lebensbedingungen neu zu zeichnen?[55]

Die Veränderung der Lebensbedingung bzw. der sozialen Strukturen verweist – folgt man dieser eher rhetorischen Frage Butlers – darauf, wodurch Solidarität möglich wird: Es ist die Kontingenz, das heißt, die Rechtfertigungslosigkeit der bestehenden sozialen Strukturen aus einem abstrakten und ewig gültigem Prinzip. Oder anders: Weil die sozialen Strukturen sich nicht auf ein feststehendes, überzeitliches Prinzip berufen können, sind sie veränderbar. Dieser Aspekt des Durch-Menschen-gemacht-Seins bzw. der Historizität sozialer Strukturen darf jedoch nicht verdecken, dass es eine enorme Anstrengung bedeutet, sich von der Macht der Strukturen auch nur kurz zu lösen, um sie zu verändern, oder, wie es früher in dieser Arbeit hieß, sie decodieren und recodieren zu können.

Ein Beispiel für diese Schwierigkeit, das sicherlich zu seiner Zeit noch mehr Überzeugungskraft entfaltete, liefert Jean-Paul Sartre in der Beschreibung einer Situation, aus der heraus man *nur gemeinsam, solidarisch* ausbrechen kann. Diese Beschreibung findet sich in seinem zweiten Hauptwerk *Kritik der dialektischen Vernunft*, in dem die Verwirklichung der ontologischen Freiheit jedes Menschen an die gemeinsame Aktion gegen bestehende Verhältnisse gebunden wird. Dies stellt eine Transformation seiner Theorie aus *Das Sein und das Nichts* dar, da nicht mehr ein einzelnes Subjekt sein Verhalten zur Welt frei verändern kann, sondern nur solidarisch die nötige Kraft oder Anstrengung dafür aufgebracht werden kann. Sein Beispiel dafür sieht – paraphrasiert, da es sich über mehrere Seiten erstreckt – wie folgt aus: An einer Haltestelle wartet eine bestimmte Anzahl von Arbeiter*innen auf

---

55   Judith Butler: *Psyche der Macht – Das Subjekt der Unterwerfung*, Frankfurt a.M.: Suhrkamp 2001, S. 32.

einen Bus, der sie zur Arbeitsstelle bringen soll. Der Bus selbst hat jedoch zu wenig Plätze, um alle Arbeiter*innen zu befördern. Man steht vor der gemeinsamen sozialen Struktur des Arbeiten-Müssens, aber Nicht-dort-Ankommen-Könnens. Deshalb werden Ordnungsnummern gezogen, um zu sichern, wer mitfahren kann und wer »überzählig« ist. »Es ist für mich ja sehr wichtig, ob ich die zehnte Nummer habe oder die zwanzigste. Aber ich bin Zehnter *durch die Anderen*, insofern sie Andere sind als sie selbst, das heißt, insofern sie nicht in sich selbst den Grund ihrer Ordnungsnummer besitzen.«[56] Hier wird die Bedingung unserer Wirklichkeit, als Andere unter Anderen zu sein, deutlich hervorgehoben: Sie stellt uns nebeneinander (Sartre nennt dies Serialisierung) in dieselbe Situation und damit unter dieselben sozialen Strukturen.

Doch daraus erwächst noch keine Lösung des Problems, denn die Ordnungsnummern bezeichnen eine Gruppe an Menschen, die in den Bus einsteigen dürfen und eine Menge an Menschen, denen dies verwehrt bleibt. Somit liegt hier noch keine Solidaritätsform vor, wenn einfach Nummern gezogen werden und man einsteigt oder nicht einsteigt. Man beugt sich der Struktur und die Anderen werden zu Konkurrenten. Zur solidarischen Praxis wird diese Situation, sobald auf die Situation nicht mit Einverständnis, sondern mit Empörung oder einer anderen Darstellung von Unverständnis über die unnötige Konkurrenz reagiert wird. Dann wird freimütig das Risiko eingegangen und dadurch bewusst aufrechterhalten, nicht mitgenommen zu werden, vom*n der Arbeitgeber*in sanktioniert zu werden, kurz: in irgendeiner Form verletzt zu werden. Diese *parrhesiastische* Darstellung birgt die Möglichkeit zur Solidarisierung und zur gemeinsamen Boykottierung der Situation, um den Anderen als Anderen keine Exklusion als die, die nicht mitfahren können, widerfahren zu lassen, sondern sich gegenseitig zu Komplizen zu machen, die die soziale Struktur nicht wiederholen und damit performativ erhalten, sondern ihre Labilität und damit ihre Rechtfertigungslosigkeit zu offenbaren. Dies geschieht durch eine gemeinsame Darstellung des Erlebten in der Form, es in ein Füreinander zu verändern.

Die *parrhesiastische* Darstellung einer einzelnen Person reicht jedoch nicht, um eine tatsächliche solidarische Darstellung zu verkörpern, durch die die Struktur verändert wird. Sie muss auf Andere treffen, die mit Grazie dieses Risiko verstehen, es annehmen und selbst wiederholen. Damit ist Solidarität selbst auf die Performativität angewiesen, die die sozialen Strukturen hervorbringt. Daraus lässt sich bestimmen, dass die Kontingenz allein nicht die hinreichende Bedingung für solidarische Darstellungen sein kann. Mit den in dieser Arbeit geleisteten Beschreibungen, dass als Andere unter Anderen zu (er)leben ein Risiko darstellt, das mit Grazie als dieses Risiko offengelegt und erlebt werden kann, lassen sich die drei Punkte

---

56   Sartre: *Kritik der dialektischen Vernunft*, S. 279.

für die Bestimmung der Solidarität bezeugen, die zum Ende des letzten Sinnab-schnitts gegeben wurden: Zum einen muss eine generelle Responsivität der Men-schen untereinander und damit zur sozialen Situation gegeben sein, was heißt, dass jedes Verhalten eine Antwort auf eine soziale Situation ist, auf die wieder-um geantwortet werden kann. Dieses Vermögen muss für eine solidarische Dar-stellung tatsächlich verwirklicht, also ausgeführt werden. Zum anderen kann die Antwort nicht jede Form annehmen, sondern sie muss tatsächlich darstellen, wie es für eine*n jede*n ist, diese Situation als Andere*r unter Anderen zu erleben, oder kurz: Man muss sich *parrhesiastisch* verhalten, indem man ehrlich darstellt, wie die Situation auf das eigene Erleben wirkt, um gemeinsam die Strukturen zu verändern. Zuletzt bedarf es eines Verhaltens, das adäquat darstellt, dass man die Anderen als Andere erlebt und deshalb sowohl das Risiko als auch die gemeinsame soziale Struktur versteht, die sie freimütig dargestellt haben. Aus ihm folgt in der Beispielsituation des Wartens auf den Bus möglicherweise, dass man nicht einfach in den Bus einsteigt und andere draußen lässt, sondern dass man den Bus aufhält, ihn im Extremfall stilllegt, und somit das Erleben dieser sozialen Situation in eine solidarische Darstellung verwandelt. Zu betonen ist jedoch, dass die solidarische Darstellung nicht nur positiv gewertet werden kann. Für diejenigen Personen, die sich nicht in der Darstellung wiederfinden, kann das solidarische Verhalten ab-schreckend und einschüchternd wirken.

Mit diesen Ausführungen kann man die Möglichkeit für Solidarität also in der generellen Kontingenz menschlich gemachter Strukturen und in unserer Be-dingung der Wirklichkeit, als Andere unter Anderen zu (er)leben, aufweisen. Die Wirklichkeit der Solidarität setzt demnach ein Verhalten zur Welt und zu Ande-ren voraus, das sich selbst als permanenten Kampf und permanente Anstrengung darstellt, da es nicht leicht ist, gleichzeitig das Risiko der Responsivität *parrhesi-astisch* und *grazil* offensichtlich zu halten. Anders formuliert: Es ist eine nicht zu unterschätzende Anstrengung, freimütig darzustellen, was das Problem ist, und dabei nicht die Person, die das Problem darstellt, völlig als das Problem zu identi-fizieren, sondern sowohl ihr Verhalten als auch die sozialen Strukturen als Grund für die verletzende Situation zu adressieren. Das meint es, wenn man sich im Be-wusstsein der Schwierigkeiten dennoch mit Leichtigkeit verhält. Das Grazile ist ein anstrengender Kampf in mehrere Richtungen. Doch nur in dieser Art und Weise werden die pluralen Weltverhältnisse nicht zu Problemen, sondern zur Möglich-keit, in einem der Weltverhältnisse oder ihrer Kombination eine Lösung gegen die unterdrückenden Strukturen zu erkennen, die die geteilte soziale Situation bedin-gen.

Dank der Responsivität können *parrhesia* und Grazie also ein Erleben zur Dar-stellung bringen, in dem solidarische Verhaltensweisen nicht bedeuten, gegen kon-krete Andere oder für eine allgemeine Menschheit zu kämpfen, sondern gemein-sam über soziale Strukturen zu stolpern und die Wiederholung dieser Strukturen als Problem zu erkennen, das man durch unterschiedlich starke Anstrengung gemeinsam zu lösen versuchen kann. Was das Beispiel des Wartens auf den Bus und die gerade gegebene Definition der Solidarität also offenbart, ist ein Weg zwischen Partikularismus und Universalismus, da man gegen konkrete soziale Strukturen kämpft, die man gemeinsam erlebt hat und die für Andere deshalb ebenso erlebbar sind. Als Andere unter Anderen zu leben bedeutet, dass »ich« und »du«, genauso wie »wir«, »ihr« und »sie« nicht durch starre Grenzen voneinander getrennt sind, sondern dass wir uns immer auf den Schwellen zwischen diesen Zuschreibungen bewegen und sie sogar überschreiten können.

Dennoch muss ich hier mit Eribon auf folgenden Sachverhalt hinweisen, der die Schwierigkeit für eine solidarische Darstellung noch deutlicher macht, da seine Beschreibung ein Blick auf die gesellschaftliche Realität ist: »Der Gegensatz zwischen »uns« und »denen« bleibt für die populären Klassen konstitutiv, auch wenn der Inhalt des »Wir«, mit dem man sich identifiziert, und des »Sie«, von dem man sich absetzt, fluktuiert.«[57] Das hier Vorgestellte ist darauf ausgerichtet, diese Fluktuation nicht nur innerhalb des »wir« oder des »sie« zu ermöglichen, sondern übergreifender. Dies lässt sich theoretisch – wie hier geschehen – beschreiben, kann aber in der jeweiligen Lebenswirklichkeit eine fast unüberwindliche Aufgabe darstellen. Anders formuliert ist dies die Kehrseite der Kontingenz: Man kann die sozialen Strukturen durch ihre Performativität aufbrechen, was heißt, sie zu re- und zu decodieren, aber man muss es nicht, und wenn man es versucht, gibt es keine Garantie für das Gelingen. Andererseits sind wir gezwungen, mit Anderen – ob sie uns fremd oder ähnlich erscheinen – auf irgendeine Art und Weise zusammenzuleben. Daraus kann man mit Julia Kristeva folgende Hoffnung für die Form eines Zusammenlebens beschreiben: »Eine paradoxe Gemeinschaft ist im Entstehen, eine Gemeinschaft von Fremden, die einander in dem Maße akzeptieren, wie sie sich selbst als Fremde erkennen.«[58] Dies stellt jedoch keine bloße Setzung dar, sondern eine ethische *Aufgabe!* Butler schreibt dazu: »Die ethische Beziehung bedeutet, eine bestimmte egologische Perspektive abzutreten und einen Standpunkt einzunehmen, der grundlegend von einem Modus der Anrede strukturiert ist: Du rufst mich an und ich antworte. Wenn ich antworte, dann nur, weil ich schon verantwortlich war«.[59] Sie leitet damit die Verantwortung füreinander aus der Notwendigkeit der Konstitution der Anderen unter Anderen durch eben die Anderen, der Kohabituation in derselben Welt ab, weil man nur dadurch – im Sinne Waldenfels' – aufeinander antworten kann.

Die Frage, die sich stellt, ist also wie man von der notwendigen Kohabituation zu diesem Ethos der *parrhesiastischen Grazie*, also zum hier vorgestellten Vorschlag

57   Eribon: *Gesellschaft als Urteil*, S. 219.
58   Kristeva: *Fremde sind wir uns selbst*, S. 213.
59   Butler: *Anmerkungen zu einer performativen Theorie der Versammlung*, S. 147.

für Solidarität gelangt: Wie verstehe ich mich selbst und Andere als Andere*r unter Anderen? Die vorliegende Arbeit hat versucht, auf diese soziale Fragestellung zu antworten: Der Weg führte über eine generelle Betonung der Bedeutung der Anderen für unsere Wirklichkeit, aus der sich die Notwendigkeit ergibt, sich selbst im eigenen Erleben unter sozialen Strukturen für Andere darstellen zu müssen, zu Formen der Fokussierung der Anderen in Sorgestrukturen, zu der gerade formulierten möglichen Solidarität. Dies muss als Prozess einer Reflexion verstanden werden, der sich in alltäglichen wie in extremen sozialen Situationen durch das Widerfahrnis anderer Perspektiven anstößt, aber nie völlig aus seinen eigenen Bedingungen heraustreten kann. Wir sind mit Anderen in sozialen Strukturen verhaftet: Unsere Wirklichkeit ist, als Andere unter Anderen zu (er)leben, d.h. immer miteinander leben zu müssen, sowohl gegeneinander zu agieren, nebeneinander in Registern der Bürokratie zu stehen als auch füreinander einstehen zu können.

Mit William James kann man, auch wenn es das Zitat aus seinem eigenen Kontext heraustrennt, sagen, dass damit »[d]er ganze Inhalt dieses Begriffs [der sozialen Situation, P.H.] nichts anderes [ist] als eben die Tatsache des Kohärierens. Hinter dieser Tatsache ist nichts.«[60] Er kann demnach in der von Butler beschrieben Kohabitation münden und bietet somit die Möglichkeit, Solidarität zu beschreiben – eine Solidarität, die *zwischen* Universalismus und Partikularismus liegt – und im Gegenzug jede solipsistische Neigung, jede Abkehr von Anderen als Illusion zu bestimmen: denn es besteht für uns eine Notwendigkeit der Form nach, in der wir Wirklichkeit erleben, nämlich sie als Andere unter Anderen zu erleben. Unser Erleben stellen wir in Bezug zu, im Blick für und in der Betrachtung durch Andere dar. Konkret bedeutet dies für eine Solidarität, die durch die Alterität der Anderen die Alterität des eigenen Selbst erlebbar darstellt, dass dies nicht als Manko oder Problem angesehen wird, sondern als Form in der Solidarität zwischen Partikularismus und Universalismus möglich sein kann, in der gerade durch die Alterität die Veränderbarkeit von sozialen Strukturen bestimmt werden kann, weil sie nicht notwendig sein können; Eine Form, die versucht, die erlebte Wirklichkeit in ihrer Komplexität bestehen zu lassen; als ein Zusammenführen von Distanz, Nähe, Horizont, Fokussierung und Reflexion, das sich zwar nicht als Eindeutigkeit, jedoch am vollständigsten und klarsten zeigt, wenn man die Fassaden der Anderen als das beschreibt, als was sie hier herausgestellt wurde: die Darstellung des intentionalen Erlebens füreinander, die Bedingung unserer Wirklichkeit, einander zu verstehen.[61]

»Das heißt aber: Wenn das Wesen der Philosophie darin besteht, diesseits aller Gewissheiten [zu den Strukturen, P.H.] zurückzugehen, wenn sie von der Kritik

---

60   James: *Der Pragmatismus*, S. 54.
61   Vgl.: Butler: *Anmerkungen zu einer performativen Theorie der Versammlung*, S. 133.

lebt, dann ist das Antlitz [der, P.H.] Anderen der eigentliche Anfang der Philosophie. [...] Diese [soziale, P.H.] Situation ist moralisches Bewusstsein; meine Freiheit ist dem Urteil [der, P.H.] Anderen ausgesetzt«.[62]

Damit ist das hier beschriebene Erleben seiner*ihrer selbst als Andere*r unter Anderen keine abstrakte Aufhebung problematischer und unterdrückender Beziehungen zu Anderen (sozialer Strukturen), nur weil durch die Beschreibung auch eine Möglichkeit für ein solidarisches Füreinander aufgezeigt werden kann. Das Erleben – als Andere unter Anderen zu sein – stellt sich als die Grundstruktur des menschlichen Lebens dar, als die Form, in der wir einander im Miteinander ausgesetzt und aufeinander angewiesen sind. Die Fokussierung des Erlebens ermöglicht es, die sozialen Strukturen in den Blick zu nehmen, gerade weil das Erleben mit Anderen geteilt ist. Diese Fokussierung der Anderen zeigt sich am deutlichsten in der gemeinsamen Sorge füreinander. Dieses Sich-füreinander-Sorgen heißt, zu verstehen, dass wir als Kompliz*innen aneinanderkleben, ob wir wollen oder nicht. In Frage steht jedoch, ob wir diese Beziehung explizit machen oder nicht. Die Kompliz*innenschaft ermöglicht es jedenfalls, miteinander füreinander gegen die Wiederholung von sozialen Strukturen einzustehen, über die man gemeinsam gestolpert ist: d.h. aus dem Stolpern Gesellschaftskritik folgen zulassen, weil man den bestehenden sozialen Strukturen andere gegenüberstellen kann. Weil wir gemeinsam stolpern ist die Negation der sozialen Strukturen möglich, die uns gegeneinander zur Gewalt und zu Unterdrückung oder – was dasselbe wäre – bloß aneinander vorbei zum »Weiter-So« führen werden.

Wozu also das Alles? Damit sich das, was Susan Sontag in ihrer Beschreibung, wie wir das Leid Anderer betrachten, sagt, *verändert*; damit nicht »der andere, selbst wenn er kein Feind ist, uns nur als jemand [gilt], den man sehen kann, nicht aber als jemand, der (wie wir) selbst sieht.«[63] Damit wir je selbst durch die Anderen soziale Strukturen produzieren und reproduzieren, in denen wir uns als Andere unter Anderen erleben können.

---

62   Levinas: *Die Spur des Anderen*, S. 207f.

63   Susan Sontag: *Das Leiden anderer betrachten*, München/Wien: Carl Hanser 2003, S 86.

Literaturverzeichnis

A

Anders, Günther: *Die Antiquiertheit des Menschen I. Über die Seele im Zeitalter der zweiten industriellen Revolution*, München: C.H. Beck, 1985.

: *Die Antiquiertheit des Menschen II. Über die Zerstörung des Lebens im Zeitalter der dritten industriellen Revolution*, München: C.H. Beck, 1988.

B

Badiou, Alain: *Deleuze.* »*Das Geschrei des Seins*«, Zürich/Berlin: diaphanes, 2003.

: *Das Sein und das Ereignis*, Zürich/Berlin: diaphanes, 2005.

Bayertz, Kurt: *Solidarität – Begriff und Problem*, Frankfurt a.M.: Suhrkamp, 1998.

de Beauvoir, Simone: *Das andere Geschlecht – Sitte und Sexus der Frau*, Reinbek b.H.: Rowohlt, 1992.

: *Das Alter*, Reinbek b. H. Rowohlt, 1977.

: *Für eine Moral der Doppelsinnigkeit*. In dies.: *Soll man de Sade verbrennen – Drei Essays zur Moral des Existenzialismus*, Reinbeck b.H.: Rowohlt, 1983.

: *Soll man de Sade verbrennen – Drei Essays zur Moral des Existenzialismus*, Reinbeck b.H.: Rowohlt, 1983.

Bedorf, Thomas: *Verkennende Anerkennung – Über Identität und Politik*, Frankfurt a.M.: Suhrkamp, 2010.

: *Andere – Eine Einführung in die Sozialphilosophie*, Bielefeld: transcript, 2011.

Bedorf, Thomas & Röttgers, Kurt (Hg.): *Das Politische und die Politik*, Frankfurt a.M.: Suhrkamp, 2010.

Bedorf, Thomas; Fischer, Joachim & Lindemann, Gesa (Hg.): *Theorien des Dritten – Innovationen in Soziologie und Sozialphilosophie*, München: Wilhelm Fink, 2010.

Berger, Peter L. & Luckmann, Thomas: *Die gesellschaftliche Konstruktion der Wirklichkeit – Eine Theorie der Wissenssoziologie*, Frankfurt a.M.: Fischer, 1980.

Bergson, Henri: *Materie und Gedächtnis*, Hamburg: Felix Meiner, 2015.

Betscharts, Alfred (Hg.): *Demokratie in der Krise – Die politische Philosophie des Existentialismus heute. Sartre, Camus, Beauvoir im Zwiegespraech mit Kierkegaard, Nietzsche, Schmitt, Arendt, Foucault und Butler*, Frankfurt a.M.: Peter Lang, 2017

: *Sartres politische Spätphilosophie – vom Marxismus zum Anarchismus*. in ders. (Hg.): *Demokratie in der Krise – Die politische Philosophie des Existentialismus heute. Sartre,*

Camus, Beauvoir im Zwiegespraech mit Kierkegaard, Nietzsche, Schmitt, Arendt, Foucault und Butler, Frankfurt a.M.: Peter Lang, 2017.

Bonnemann, Jens: *Der Spielraum des Imaginären – Sartres Theorie der Imagination und ihre Bedeutung für seine phänomenologische Ontologie, Ästhetik und Intersubjektivitätskonzeption*, Hamburg: Felix Meiner, 2007.

: *Sartre und die Macht der Dinge. Überlegungen zum Weltverhältnis zwischen Handlung und Welt.* in Lembeck, Karl-Heinz; Mertens, Karl; Orth, Ernst Wolfgang (Hg.): *Phänomenologische Forschung*, Hamburg: Felix Meiner, 2009.

: *Risse im »stahlharten Gehäuse«. Ist der Mensch bei Sartre wirklich in jeder Situation frei?* in Ziemann, Andreas (Hg.): *Offene Ordnung? Philosophie und Soziologie der Situation*, Wiesbaden: Springer, 2013.

: *Fliegen oder Springen* in Rosa, Hartmut & Vieweg, Klaus (Hg.): *Zur Architektonik praktischer Vernunft – Hegel in Transformation*, Berlin: Dunker & Humblot, 2014.

: *Wahrnehmung als leibliches Widerfahrnis. Eine Phänomenologie des Leib-Welt-Verhältnisses*, Münster: Mentis, 2016.

Buber, Martin: *»Ich und Du«* in: ders., *Das dialogische Prinzip*, Darmstadt: Lambert Schneider, 1984.

: *Das dialogische Prinzip*, Darmstadt: Lambert Schneider, 1984.

Butler, Judith: *Das Unbehagen der Geschlechter*, Frankfurt a.M.: Suhrkamp, 1991.

: *Körper von Gewicht – Die diskursiven Grenzen des Geschlechts*, Frankfurt a.M.: Suhrkamp, 1997.

: *Geschlechtsideologie und phänomenologische Beschreibung – Eine feministische Kritik an Merleau-Pontys Phänomenologie der Wahrnehmung* in Silvia Stoller & Helmuth Vetter (Hg.): *Phänomenologie und Geschlechterdifferenz*, Wien: WUV, 1997.

: *Psyche der Macht – Das Subjekt der Unterwerfung*, Frankfurt a.M.: Suhrkamp, 2001.

: *Performative Akte und Geschlechterkonstitution – Phänomenologie und feministische Theorie* in Uwe Wirth (Hg.) *Performanz – Zwischen Sprachphilosophie und Kulturwissenschaften*, Frankfurt a.M.: Suhrkamp, 2002.

: *Gefährdetes Leben – Politische Essays*, Frankfurt a.M.: Suhrkamp, 2005.

: *Haß spricht – Zur Politik des Performativen*, Frankfurt a.M.: Suhrkamp, 2006.

: *Krieg und Affekt*, Zürich/Berlin: diaphanes, 2009.

: *Anmerkungen zu einer performativen Theorie der Versammlung*, Frankfurt a.M.: Suhrkamp, 2018.

Brüssermann, Jakob: *Sein und Situation – Zu den Forderungen einer Ontologie des »ich bin«*, Freiburg/München: Karl Alber, 2017.

C

Camus, Albert: *Der Mythos des Sissyphos*, Reinbek b.H.: Rowohlt, 1999.

: *Der Mensch in der Revolte*, Reinbek b.H.: Rowohlt, 2013.

D

Dabag, Mihran; Kapust, Antje & Waldenfels, Bernhard (Hg.): *Gewalt: Strukturen, Formen Repräsentationen*, München: Wilhelm Fink, 2000.

Deleuze, Gilles: *Spinoza – Praktische Philosophie*, Berlin: Merve, 1988.

: *Differenz und Wiederholung*, München: Wilhelm Fink, 1992.

: *Die Logik des Sinns*, Frankfurt a.M.: Suhrkamp, 1993.

: *Unterhandlungen 1972- 1990*, Frankfurt a.M.: Suhrkamp, 2017.

Deleuze, Gilles & Guattari, Félix: *Rhizom*, Berlin: Merve, 1977.

: *Anti Ödipus – Kapitalismus und Schizophrenie I*, Frankfurt a.M.: Suhrkamp, 2014.

: *Gespräch über den Anti Ödipus (mit Felix Guattari)* in, Deleuze (Hg.): *Unterhandlungen 1972- 1990*, Frankfurt a.M.: Suhrkamp, 2017.

Dennett, Daniel C.: *Quining Qualia*. in Marcel, A. & Bisiach, E. (Hg.) *Consciousness in Modern Science*, Oxford: Oxford University Press, 1988.

Dilthey, Wilhelm: *Der Aufbau der geschichtlichen Welt in den Geisteswissenschaften*, Frankfurt a.M.: Suhrkamp, 1993.

Dreyfus, Hubert L. (Hg.): *A companion to phenomenology and existentialism*, Malden, Mass.: Blackwell, 2007.

: *The Roots of Existenzialism*. in Dreyfus, Hubert L. (Hg.): *A companion to phenomenology and existentialism*, Malden, Mass.: Blackwell, 2007.

E

Eco, Umberto: *Über Spiegel*, München/Wien: Hanser, 1988.

Eribon, Didier: *Rückkehr nach Reims*, Frankfurt a.M.: Suhrkamp 2016.

: *Gesellschaft als Urteil*, Frankfurt a.M.: Suhrkamp, 2017.

Ernaux, Annie: *Die Jahre*, Frankfurt a.M.: Suhrkamp, 2017.

Eßlinger, Eva; Schlechtriemen, Tobias; Schweitzer, Doris & Zons, Alexander (Hg.): *Die Figur des Dritten – Ein kulturwissenschaftliches Paradigma*, Frankfurt a.M.: Suhrkamp, 2010.

F

Fellmann, Ferdinand: *Gelebte Philosophie in Deutschland – Denkformen der Lebensweltphänomenologie und der kritischen Theorie*, Freiburg/München: Karl Alber, 1983.

Flatscher, Mathias; Laner, Iris u.a. (Hg.): *Neue Stimmen der Phänomenologie*, Band 1, *Die Tradition, das Selbst*, Nordhausen: Traugott Bautz, 2011.

Flynn, Thomas R.: *Sartre, Foucault, and Historical Reason – a poststructuralist mapping history Vol. II*, Chicago/London: The University of Chicago Press, 2005.

Frank, Manfred: *Das individuelle Allgemeine*, Frankfurt a.M.: Suhrkamp, 1985.

: *Fragmente einer Geschichte der Selbstbewusstseinstheorien von Kant bis Sartre* in ders. (Hg.): *Selbstbewusstseinstheorien von Fichte bis Sartre*, Frankfurt a.M.: Suhrkamp, 1991.

: *Selbstbewusstseinstheorien von Fichte bis Sartre*, Frankfurt a.M.: Suhrkamp, 1991.

Foucault, Michel: *Der Mut zur Wahrheit – die Regierung des Selbst und der Anderen II*, Frankfurt a.M.: Suhrkamp, 2012.

Frisch, Max: *Stiller*, Frankfurt a.M.: Suhrkamp, 1973.

: *Mein Name sei Gantenbein*, Frankfurt a.M.: Suhrkamp, 1975.

G

Gehring, Petra: *Ist die Phänomenologie eine Wirklichkeitswissenschaft? – Überlegungen zur Aktualität der Phänomenologie und ihrer Verfahren*, in Mathias Flatscher, Iris Laner u.a. (Hg.): *Neue Stimmen der Phänomenologie Band 1 Die Tradition, das Selbst*, Nordhausen: Traugott Bautz, 2011.

Gillisen, Matthias: *Philosophie des Engagements. Bergson – Husserl –Sartre – Merleau-Ponty*, Freiburg i.Br.: Karl Alber, 2008.

Goffman, Erving: *Wir alle spielen Theater – Die Selbstdarstellung im Alltag*, München: Pieper, 1969.

: *Interaktionsrituale – Über Verhalten in direkter Kommunikation*, Frankfurt a.M.: Suhrkamp, 1986.

Grathoff, Richard: *Alfred Schütz, Aron Gurwitsch Briefwechsel 1939-1959*, München: Wilhelm Fink, 1985.

Gurwitsch, Aaron: *Die mitmenschlichen Begegnungen in der Milieuwelt*, Berlin/New York: de Gruyter, 1977.

H

Hark, Sabine; Jaeggi, Rahel; Kerner, Ina; Meißner, Hanna & Saar, Martin: *Das umkämpfte Allgemeine und das neue Gemeinsame. Solidarität ohne Identität*, in Hark, Sabine; Kuster, Friederike; Liebsch, Katharina; Oloff, Aline; Othmer, Regine; Riegraf, Birgit & Thomas, Tanja (Hg.): *Feministische Studien*, Band 33, Heft 1, Aufl. 1, Stuttgart: 2015.

Hark, Sabine; Kuster, Friederike; Liebsch, Katharina; Oloff, Aline; Othmer, Regine; Riegraf, Birgit & Thomas, Tanja (Hg.): *Feministische Studien*, Band 33, Heft 1, Aufl. 1, Stuttgart: 2015.

Heidegger, Martin: *Sein und Zeit*, Tübingen: Niemeyer Verlag, 2006.

Hetzel, Andreas: *Vertrauen als Affekt der radikalen Demokratie* in Thomas Bedorf & Kurt Röttgers (Hg.) *Das Politische und die Politik*, Frankfurt a.M.: Suhrkamp, 2010.

Husserl, Edmund: *Logische Untersuchungen*, Band I, *Prolegomena zur reinen Logik* (Text nach Husserliana XVIII), Hamburg: Felix Meiner, 1992.

: *Ideen zu einer reinen Phänomenologie und phänomenologischen Philosophie* (Text nach Husserlian III*1 und V), Hamburg: Felix Meiner, 1992

Horster, Detlef: *Sozialphilosophie*, Leipzig: Reclam, 2005.

I

Ingarden, Roman: *Zur Objektivität der sinnlichen Wahrnehmung Gesammelte* Werke Band 8, Tübingen: Niemeyer Verlag, 1997.

J

Jaeggi, Rahel & Celikates, Robin: *Sozialphilosophie: eine Einführung*, München: C.H. Beck, 2017.

James, William: *Pragmatismus und radikaler Empirismus*, Frankfurt a.M.: Suhrkamp, 2006.

: *Der Pragmatismus – Ein neuer Name für alte Denkmethoden*, Hamburg: Felix Meiner, 1994.

Jay Martin: *The Lifedworld and Lived Experience* in Dreyfus, Hubert L. (Hg.): *A companion to phenomenology and existentialism*, Malden, Mass.: Blackwell, 2007.

Jonas, Hans: *Der Adel des Sehens: Eine Untersuchung zur Phänomenologie der Sinne*, Frankfurt a.M./Leipzig: Insel, 1994.

Jullien, Francois: *Es gibt keine kulturelle Identität*, Frankfurt a.M.: Suhrkamp, 2017.

K

Kant, Immanuel: *Kritik der reinen Vernunft*, Frankfurt a.M.: Suhrkamp, 1974.

Kristeva, Julia: *Fremde sind wir uns selbst*, Frankfurt a.M.: Suhrkamp, 1990.

Krohn, Wolfgang & Krücken, Georg: *Risiko als Konstruktion und Wirklichkeit – Eine Einführung in die sozialwissenschaftliche Risikoforschung* in dies. (Hg.): *Riskante Technologien: Reflexion und Regulation – Einführung in die sozialwissenschaftliche Risikoforschung*, Frankfurt a.M.: Suhrkamp, 1993.

(Hg.): *Riskante Technologien: Reflexion und Regulation – Einführung in die sozialwissenschaftliche Risikoforschung*, Frankfurt a.M.: Suhrkamp, 1993.

L

Landsberg, Paul Ludwig: *Die Erfahrung des Todes*, Luzern: Vita Nova, 1937.

Lembeck, Karl-Heinz; Mertens, Karl; Orth, Ernst Wolfgang (Hg.): *Phänomenologische Forschung*, Hamburg: Felix Meiner, 2009.

Levinas, Emanuel: *Die Spur des Anderen – Untersuchungen zur Phänomenologie und Sozialphilosophie*, Freiburg/München: Karl Alber, 1983.

: *Totalität und Unendlichkeit – Versuch über die Exteriorität*, Freiburg/München: Karl Alber, 1987.

Liebsch, Burkhard (Hg.): *Sozialphilosophie*, Freiburg/München: Karl Alber, 1999.

Löwith, Karl: *Das Individuum in der Rolle des Mitmenschen*, Stuttgart: J.B. Metzler, 1981.

M

Marcel, A. & Bisiach, E. (Hg.): *Consciousness in Modern Science*, Oxford: Oxford University Press, 1988.

Mead, George Herbert: *Geist, Identität und Gesellschaft*, Frankfurt a.M.: Suhrkamp, 1973

Meißner, Stefan: *Immer wieder Neues. Neuheit als kognitiver Erwartungsstil in Arbeitssituationen* in Ziemann, Andreas (Hg.): *Offene Ordnung? Philosophie und Soziologie der Situation*, Wiesbaden: Springer, 2013.

Merleau-Ponty, Maurice: *Phänomenologie der Wahrnehmung*, Berlin: de Gruyter, 1966.

: *Die Abenteuer der Dialektik*, Frankfurt a.M.: Suhrkamp, 1974.

: *Das Primat der Wahrnehmung*, Frankfurt a.M.: Suhrkamp, 2003.

: *Das Sichtbare und das Unsichtbare*, München: Wilhelm Fink, 2004.

: *Zeichen*, Hamburg: Felix Meiner, 2007.

Mertens, Karl: *Die Bedeutung der Situation im kooperativen Handeln*. Ziemann, Andreas (Hg.): *Offene Ordnung? Philosophie und Soziologie der Situation*, Wiesbaden: Springer, 2013.

Mohanty, J. N.: *Intentionality*. in Dreyfus, Hubert L. (Hg.): *A companion to phenomenology and existentialism*, Malden, Mass.: Blackwell, 2007.

Mouffe, Chantal: *Agonistik – Die Welt politisch denken*, Frankfurt a.M.: Suhrkamp, 2014.

P

Plessner, Helmuth: *Elemente menschlichen Verhaltens* in ders. Gesammelte Schriften VIII, *Conditio Humana*, Frankfurt a.M.: Suhrkamp, 1983.

: Gesammlte Schriften VIII, *Conditio Humana*, Frankfurt a.M.: Suhrkamp, 1983.

: *Grenzen der Gemeinschaft. Eine Kritik des sozialen Radikalismus* in ders.: Gesammelte Schriften V, *Macht und menschliche Natur*, Frankfurt a.M.: Suhrkamp, 1981.

: Gesammelte Schriften V, *Macht und menschliche Natur*, Frankfurt a.M.: Suhrkamp, 1981.

Posselt, Gerald: *Politiken des Performativen – Butlers Theorie politischer Performativität*, in ders., Schönwälder-Kuntze, Tatjana & Seitz, Sergej (Hg.): *Judith Butlers Philosophie des Politischen – Kritische Lektüre*, Bielefeld: transcript, 2018.

Posselt, Gerald; Schönwälder-Kuntze, Tatjana & Seitz, Sergej (Hg.): *Judith Butlers Philosophie des Politischen – Kritische Lektüre*, Bielefeld: transcript, 2018.

R

Reckwitz, Andreas: *Die Gesellschaft der Singularitäten – Zum Strukturwandel der Moderne*, Frankfurt a.M.: Suhrkamp, 2017.

Ricœur, Paul: *Das Selbst als ein Anderer*, München: Wilhelm Fink, 2005.

: *Wege der Anerkennung*, Frankfurt a.M.: Suhrkamp, 2006.

Rosa, Hartmut & Vieweg, Klaus (Hg.): *Zur Architektonik praktischer Vernunft – Hegel in Transformation*, Berlin: Dunker & Humblot, 2014.

Röttgers, Kurt: *Kategorien der Sozialphilosophie*, Magdeburg: Scriptum, 2002.

S

Sartre, Jean-Paul: *Das Sein und das Nichts – Versuch einer phänomenologischen Ontologie*, Reinbek b.H.: Rowohlt 1952.

: *Fragen der Methode*, Reinbek b.H.: Rowohlt, 1964.

: *Kritik der Dialektischen Vernunft – Theorie der gesellschaftlichen Praxis*, Reinbek b.H.: Rowohlt, 1967.

: *Sartre über Sartre: Interview mit Perry Anderson, Ronald Fraser und Quintin Hoare* in *Sartre über Sartre Autobiographische Schriften* Band 2, Reinbek b.H.: Rowohlt, 1977.

: *Sartre über Sartre Autobiographische Schriften* Band 2, Reinbek b.H.: Rowohlt, 1977.

: *Der Idiot der Familie – Gustave Flaubert 1821 bis 1857* Band I *Die Konstitution*, Reinbek b.H.: Rowohlt, 1977.

: *Der Idiot der Familie Gustav Flaubert* Band II *Die Personalisation 1.*, Reinbek b.H.: Rowohlt, 1977.

: *Der Idiot der Familie Gustav Flaubert* Band IV *Elbehnon oder Die letzte Spirale*, Reinbek b.H.: Rowohlt, 1978.

: *Baudelair*, Reinbek b.H.: Rowohlt, 1978.

: *Saint Genet, Komödiant oder Märtyrer*, Reinbek b.H.: Rowohlt, 1982.

: *Marllarmés Engagement*, Reinbek b.H.: Rowohlt, 1983.

: *Wahrheit und Existenz*, Reinbek b.H.: Rowohlt, 1998.

: *Die Transzendenz des Ego*, in: ders., *Die Transzendenz des Ego Philosophische Essays von 1931-1939*, Reinbek b.H.: Rowohlt, 1997.

: *Skizze einer Theorie der Emotionen*, in: ders., *Die Transzendenz des Ego Philosophische Essays 1931-1939*, Reinbek b.H.: Rowohlt, 1997.

: *Die Transzendenz des Ego Philosophische Essays von 1931-1939*, Reinbek b.H.: Rowohlt, 1997.

: *Entwürfe für eine Moral*, Reinbek b.H.: Rowohlt, 2005.

: *Der Ekel*, Reinbek b.H.: Rowohlt, 2013.

, Halle: Niemeyer, 1927.

Schönwälder-Kuntze, Tatjana: *Haben philosophische Methoden politisches Gewicht?*, in Posselt, Gerald; dies. & Seitz, Sergej (Hg.): *Judith Butlers Philosophie des Politischen – Kritische Lektüre*, Bielefeld: transcript, 2018.

Schuchter, Patrick: *Sich einen Begriff vom Leiden Anderer machen – Eine Praktische Philosophie der Sorge*, Bielefeld: transcript, 2016.

Schütz, Alfred: *Der sinnhafte Aufbau der sozialen Welt – Eine Einleitung in die verstehende Soziologie*, Frankfurt a.M.: Suhrkamp, 1974.

Sontag, Susan: *Das Leiden anderer betrachten*, München/Wien: Carl Hanser, 2003.

Stoller, Silvia: *Existenz – Differenz – Konstruktion Phänomenologie der Geschlechtlichkeit bei Beauvoir, Irigaray und Butler*, München: Wilhelm Fink, 2010.

Stoller, Silvia & Vetter, Helmuth (Hg.): *Phänomenologie und Geschlechterdifferenz*, Wien: WUV, 1997.

T

Tax, Sissi: *manchmal immer*, Graz/Wien: literaturverlag droschl, 1995.

Taylor, Charles: *Wieviel Gemeinschaft braucht die Demokratie – Aufsätze zur politischen Philosophie*, Frankfurt a.M.: Suhrkamp, 2002.

Theunissen, Michael: *Der Andere – Studien zur Sozialontologie der Gegenwart*, Berlin/New York: de Gruyter, 1977.

V

Vogl, Joseph: *Über das Zaudern*, Zürich/Berlin: diaphanes, 2008.

W

Waldenfels, Bernhard: *Der Spielraum des Verhaltens*, Frankfurt a.M.: Suhrkamp, 1980.

: *Im Labyrinth des Alltags*, in ders., Jan M. Broekmann & Ante Pazanin (Hg.): *Phänomenologie und Marxismus 3 Sozialphilosophie*, Frankfurt a.M.: Suhrkamp, 1978.

: *In den Netzen der Lebenswelt* Frankfurt a.M.: Suhrkamp 1985.

: *Der Stachel des Fremden*, Frankfurt a.M.: Suhrkamp, 1990.

: *Antwortregister*, Frankfurt a.M.: Suhrkamp, 2007.

: *Sozialität und Alterität. Modi sozialer Erfahrung*, Frankfurt a.M.: Suhrkamp, 2015.

: *Erfahrung, die zur Sprache drängt – Studien zur Psychoanalyse und Psychotherapie aus phänomenologischer Sicht*, Frankfurt a.M.: Suhrkamp, 2019.

Weil, Simone: *Über die Ursachen von Freiheit und gesellschaftlicher Unterdrückung*. Zürich: Diaphanes, 2012.

Weismüller, Christoph: *Zwischen analytischer und dialektischer Vernunft – Eine Metakritik zu Jean-Paul Sartres Kritik der dialektischen Vernunft*, Würzburg: Königshausen & Neumann, 2004.

Wiesing, Lambert: *Das Mich der Wahrnehmung – Eine Autopsie*, Frankfurt a.M.: Suhrkamp, 2009

Wirth, Uwe (Hg.) *Performanz – Zwischen Sprachphilosophie und Kulturwissenschaften*, Frankfurt a.M.: Suhrkamp, 2002.

Z

Zanetti, Sandro: *Einleitung*, in ders. (Hg.): *Schreiben als Kulturtechnik*, Frankfurt a.M.: Suhrkamp, 2012.

Schreiben als Kulturtechnik, Frankfurt a.M.: Suhrkamp, 2012.

Ziemann, Andreas (Hg.): *Offene Ordnung? Philosophie und Soziologie der Situation*, Wiesbaden: Springer, 2013.

Internetquellen

https://www.zeit.de/wissen/gesundheit/2017-11/schwangerschaftsabbruch-aerztin-giessen-werbung-amtsgericht-urteil (zuletzt aufgerufen am 28.07.2019).

https://twitter.com/nke_ise/status/897756900753891328?s=19 (zuletzt abgerufen am 06.10.2019)

Philosophie

Andreas Weber
Sein und Teilen
Eine Praxis schöpferischer Existenz

2017, 140 S., kart.
14,99 € (DE), 978-3-8376-3527-0
E-Book: 12,99 € (DE), ISBN 978-3-8394-3527-4
EPUB: 12,99 € (DE), ISBN 978-3-7328-3527-0

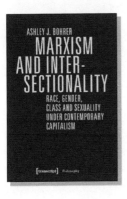

Ashley J. Bohrer
Marxism and Intersectionality
Race, Gender, Class and Sexuality
under Contemporary Capitalism

2019, 280 p., pb.
29,99 € (DE), 978-3-8376-4160-8
E-Book: 26,99 € (DE), ISBN 978-3-8394-4160-2

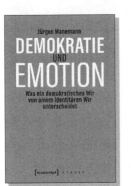

Jürgen Manemann
Demokratie und Emotion
Was ein demokratisches Wir
von einem identitären Wir unterscheidet

2019, 126 S., kart.
17,99 € (DE), 978-3-8376-4979-6
E-Book: 15,99 € (DE), ISBN 978-3-8394-4979-0

**Leseproben, weitere Informationen und Bestellmöglichkeiten
finden Sie unter www.transcript-verlag.de**

Philosophie

Harald Lemke
Szenarien der Ernährungswende
Gastrosophische Essays zur Transformation
unserer Esskultur

2018, 396 S., kart.
29,99 € (DE), 978-3-8376-4483-8
E-Book: 26,99 € (DE), ISBN 978-3-8394-4483-2
EPUB: 26,99 € (DE), ISBN 978-3-7328-4483-8

Jürgen Manemann, Eike Brock
Philosophie des HipHop
Performen, was an der Zeit ist

2018, 218 S., kart.
19,99 € (DE), 978-3-8376-4152-3
E-Book: kostenlos erhältlich als Open-Access-Publikation
E-Book: ISBN 978-3-8394-4152-7

Anke Haarmann
Artistic Research
Eine epistemologische Ästhetik

2019, 318 S., kart.
34,99 € (DE), 978-3-8376-4636-8
E-Book: 34,99 € (DE), ISBN 978-3-8394-4636-2
EPUB: 34,99 € (DE), ISBN 978-3-7328-4636-8